新版

現代社会と法原理

―共生社会の自由，生命，福祉，平等，平和を求めて―

河見　誠　著

成文堂

新版まえがき

本書の旧版『現代社会と法原理――自由、生命、福祉、平等、平和のゆくえ――』を世に送り出して、実に一七年が経つ。法原理検討の題材としてそのなかで取り上げた現代的諸問題を取り巻く状況は、様々な変化を見せてきている。それ故ずっと改訂したい、改訂しなければ、と思いつつも、現在に至ってしまった。それはひとえに自身の怠慢と能力不足によると告白するしかない。しかしこの間、不十分ながらも法原理と諸問題について考え続けてきた中で、一人ひとりの生と死からグローバルな平和まで、どの問題を考える際にも共通して貫かれることが求められる視座と姿勢が明確になってきた。その視座と姿勢とは、共生とケアである。

本書の旧版における副題は「自由、生命、福祉、平等、平和のゆくえ」であった。その「ゆくえ」はケアの関わりに基づく共生社会であるべき、ということが現在到達するに至っている私の確信である。そのことを明示するため、「共生社会の自由、生命、福祉、平等、平和を求めて」と副題を新たにし、新版として改訂を行うこととした。もともと共生は、人間という視座とともに本書の柱であったけれども、改訂は、全体にわたり共生という視座が貫かれているか確認していく作業となった。本書の構想と目指すところについては、続く「旧版　まえがき」を参照していただきたいが（そこでの第4章は新版第5章、第5章は新版第6章と読み替えてほしい）、この共生という切り口から新版における章立てを整理することで、改めて次のように全体の組み立てを説明することができる。

第1章「自由の尊重」、第2章「生命の尊重」は、生命倫理の諸問題（脳死・臓器移植、安楽死）を題材にして自由、生命の意味する内容を問い直し、私たちが現代社会の在り方（共生社会というゆくえ）を展望する際に立脚すべき人間観を提示する章と言える。人間は一人では生きていけず他者の関わりを必要とすることを否定する立場はほとんどないと思われるが、ここで提示された人間観に基づくならば、その関わり・姿勢はケアの関わり・ケアの姿勢ということになる。

第3章「福祉の実現1」は、「ケアの関わり」がいかなる枠組みを持つかということを家族に関わる諸問題を題材にして、共生のモデルとして提示する。加えて今回、第4章「福祉の実現2」を新たに追加した。そこでは介護保険とホスピスを題材にして、ケアの関わりが法と社会の在り方をどのように転換させることになるか（「ケアの関わり」の広がり）、そしてケアの関わりがいかなる内容のものとして「共に生きる」共生の世界を生み出すことになるか（「ケアの関わり」の深まり）を論じる。この二つの章を真ん中に置いたことは、本書全体を貫く筋が「ケアの関わり」に基づく共生社会であることを特徴づけている。

第5章「平等な取り扱い」は家族関係や社会福祉・医療の現場におけるような直接的支援の関わりを超えた社会・国家レベルにおいて（日本における外国人、とりわけ在日韓国・朝鮮人に関わる問題を題材に）、第6章「平和の創出」はさらにグローバル世界において（バングラデシュにおける貧困解消の取組を題材に）、共生社会を実現していく法原理と人間関係の在り方を論じるものである。

このように新版においては、「ケアの関わり」について詳細に検討する第4章を設けたことが最も大きな追加である。次いで大きな追加としては、第1章のトピックである脳死・臓器移植に関し二〇〇九年に臓器移植法の大きな改正があったため、同章第1節第2節を受けた「改正法から展望する自由のゆくえ」と題する第3節を設けた。その他にも全体にわたり、状況変化があったところについてかなり追記したが、脚注を用いて詳しく述べた箇所も多い。論述の構成・流れを崩したくなかったためであるけれども、この一七年間という時間の経過をむしろ大事にし、この間どのように状況が変化してきたかできるだけよく見えるようにしようという判断にも基づく。

新版では上記のような追加・追記によりかなり頁数は増えたものの、基本的な構成と内容については、旧版に大きく手を加えることはしていない。現代社会の諸問題の解決のためには根元的問いに向き合わねばならないこと、その有効な取り組み方として「法原理」の検討を行うこと、それは自らの生き方を創り上げていく「人間関係の原理」の検討でもあること、といったコンセプトは旧版と変わっていないためである。

新たに追加した章、節は、既発表論文に加筆修正を加えたものであるので、ここに初出論文を記しておく。

「脳死・臓器移植をめぐる公共的議論と法の役割」青山学院女子短期大学紀要第六四輯、（二〇一〇年）一―一三頁。（第1章第1節）

「ケアの重層構造と法――介護保険とホスピスから考える」日本法哲学会編『法哲学年報二〇一六――統一テーマ　ケアの法　ケアからの法――』（有斐閣、二〇一七年）八三―九七頁。（第4章第1節）

「自立・自律・存立――人間の尊厳と「共に生きる」ケア」『法の理論36』（成文堂、二〇一八年）一四三―一六八頁。（第4章第2節）

長きにわたり忍耐をもって改訂を待ってくださり、新版としての改訂を申し出た際には快く受けいれて、速やかに刊行へと進めて下さった成文堂の皆さま、特に阿部成一社長、そして編集部の篠崎雄彦氏に、心より感謝の意を表したい。

二〇一九年八月

河　見　　誠

旧版まえがき

「人間とはどのような存在であるのか」「生きるとはどういうことか」「家族は何のために存在するのか」「他者とどのように関わり合えばよいのか」「国家の存在する意味はどこにあるのか」「相異なる人々や民族や国家が争い合うことなしに共存することが可能であるのか」——昨今、こういった根元的な問いを突きつけられるような事件や出来事が、たたみかけるように私たちの身の回りに、数多く噴出してきているように感じられる。

私たちはそのような深い問いに、必ずしも明確な答えを持つことができないかも知れない。しかし現代的な事件や出来事に真摯に対処しようとする場合には、これらの根元的な問いに、少なくとも向き合わなければならないだろう。既存の枠組みやルールでさしあたりの対処をすることは可能かも知れないが、事件や出来事が生じてくる根元的部分に少しでも近づいた形で対応を提示しなければ、当事者にとってあまり意味のある解決とはならず、その対処が今後の指針となることも難しい。悪くすれば、事件や出来事は再び別の形で繰り返されることになろう。

それ故に、根元的な問いに向き合うことが、遠回りに見えて実は現代的な事件や出来事の解決に有効であると思われるが、それは同時に、事件や出来事そしてそれらの解決に関係する者たちが、自らの生きていく基本姿勢を自分の問題として問い直し始めることをも意味しよう。上に挙げたような問いは、自らの生き方に自分なりの答えを出すことを迫るものでもあるからである。それだけに、この作業を開始するには勇気と覚悟が必要であるし、継続するには謙虚さと忍耐が求められよう。しかしそのことは、事件や出来事の解決に繋がるだけでなく、現代社会の難問を契機として、私たち自身がより豊かな生き方を展開していくための道を歩み始めることにも繋がると言えるのではないだろうか。
こういった期待を込めて、本書は、現代的な事件や出来事を題材にしつつ、それらが投げかけてくる根元的な問いに特に深く関わると思われる原理を取り上げ、その意味内容を掘り下げて問い直していく。すなわち、
第1章では「自由の尊重」原理を「脳死・臓器移植」から、
第2章では「生命の尊重」原理を「安楽死」から、
第3章では「福祉の実現」原理を「家族」問題（夫婦別氏論議と東海大学安楽死事件）から、
第4章では「平等な取り扱い」原理を「在日韓国・朝鮮人」問題から、
第5章では「平和の創出」原理を「飢饉と貧困」（特にバングラデシュでの取り組みなど）から、
論じていく。
本書ではこれらの五つの原理を「法原理」として検討していく。法は現代の私たちが生きていく上で重要な枠組みの一つであると同時に、法的規律があるから事件や出来事がまさに事件や出来事になるということも多く、法の世界を立脚点とすることは、現代社会について考える有効なやり方であると思われるからである。しかしこれらの原理は、私たちが人間関係の中で相互の人生を構築していくための原理でもありうる。従って、ここでの「法原理」の検討を、そのまま「人間関係の原理」の検討と捉えることも可能である。
同じ原理であっても、法原理と人間関係の原理は、目的や名宛人を異にする側面があり、必ずしも同一ではない。そして法原理は「法哲学」あるいは「法倫理学」の検討課題であり、人間関係の原理は「人間関係論」あるいは「社会倫理学」の検討課題である。しかし、そもそも法的関係は人間関係の重要な一部であり、従って「法哲学」「法倫理学」は、法原理の中に人間関係をどう位置づけるべきかということを課題としなければならないし、「人間関係論」

「社会倫理学」は、人間関係の原理の中に法をどう位置づけるべきかということを課題にしなければならないのである。それ故、結局両者は、原理の検討において、同じ課題に別の観点から切り込んでいくに過ぎないとも言える。この意味で、本書のタイトルを『現代社会と人間関係の原理』と読み替えても差し支えない。

本書は、自由、生命、福祉、平等、平和について概説をしたり学説を整理するというスタイルはとらなかった。あくまで、具体的テーマに即して論じること、そして私自身の考え方をかなり前面に押し出して論じることに徹した論文集の形をとっている。その主たる理由は、具体的事件や出来事が突きつけてくる問題提起を自分の問題として引き受けて検討を加えていかなければ、たとえ法原理の細かい検討分析ができたとしても、上に述べたような意味での、私たちが生きていく基本姿勢の問い直し、位置づけ直しに繋がっていかないだろうと考えたからであるが、他にも次のような二つの理由がある。

複数の法原理はどれか一つに収斂するのではなくて、それぞれが相互に関連しあいながら具体的法規範に結実していくことで法秩序を形成し、人々の「善き」生き方を支える「場」を作る役割を果たすものである、と私は考えている。しかし法原理同士は、しばしば対立しあうかのような様相を呈するので、具体的な問題ごとに、法原理を位置づけ直していかなければならない。と同時に、その具体的な作業を通して法原理の内容も深められていき、法原理相互の関連が見いだされ、よりよい法秩序の在り方へと導かれていくことが期待される（人間関係についても同じことが言えるだろう）。具体的テーマに即して論じたのは、そのためでもある。

また、本書のかなりの部分は、「人間関係論」という授業で扱ってきた事柄をまとめたものである。そこでは人間関係について、授業参加者が自分の問題として考えるための材料を提示して、共に考えることを呼びかける、という講義スタイルをとってきた。しかし共に考える授業にしていくためには、ただ材料を提示して、さあ皆さん考えてください、というスタイルでは不十分で、まず講義者自身が、提起する問題を自分の問題として受け止め、そこで考えたことを自分の言葉で語るところから始めていくことが必要ではないだろうか。とりわけ「人間関係論」は、そのようなスタイルで展開することが許される授業だと、私は考えている。授業参加者（講義者と受講者）自身が豊かな人間関係を実際に作り上げていくことができなければ、授業を受ける意味がないからであり、その意味で授業自体が人間関係形成に向けた生きた対話を（授業参加者の間で）実践していく場であって然るべきだと思われるからである。同じことは、法や倫理について自分の問題として考えようとする授業（私の関連する範囲で言えば、「法哲学」や「生命倫理」など）についても言えよう。そのようなやり方を紙面でも踏襲して展開することを試みようとしたのが本書なのである。それ故本書は、人間関係、法、倫理に関心があり、かつ現代社会の諸問題を自分の問題として深く考えたいと思っている読者に対し、生きた学問的対話の場を提供することを目指したものでもある。私自身の考え方をかなり前面に押し出して論じたのは、そのような理由にもよる。

ここでは「自由の尊重」をはじめ、五つの法原理を取り上げる。しかし、法原理がこの五つに限られるわけではない。特に重要な法原理を選んだということであるが、しかしもう一つ重要な原理として「民主主義」を挙げるべき、と言われるかも知れない。基本的人権の尊重、国民主権、平和主義が日本国憲法の三要素であることは中学の教科書でも触れられていることである。そのうち、基本的人権の尊重、平和主義に対応する法原理については本書の課題となっているが、国民主権については独立の章として扱っているわけではない。但し、「国民」という発想の問題点、そして主権在民という民主主義のあるべき姿については、第4章、第5章でかなり触れている。法原理間のバランスから言って、「民主」に関する独立の項目を立てるべきだったかも知れないが、今回は平等や平和との関連の中でしか論じることができなかった。もし将来に機会があれば、例えば地方自治などの具体的な問題を通して、

「民主主義」という法原理についても正面から検討してみたいと考えている。

また、五つの法原理をこの順番で並べていったのは、現代社会の問題を、一人称、二人称、三人称の順に考えていくことができるようにするためでもある。すなわち、個人の自由と生命（第1章、第2章）、家族や隣人（第3章）、日本社会（第4章）、そして国際社会（第5章）へと、徐々に人間関係が広がっていくような章の流れになっている。法や人間関係を考える切り口として、原理ごとに別個に考えていくというやり方と共に、人間関係の広がりに沿ってそれらの原理を結びつけつつ考えていくというのも、一つのやり方ではないかと思われる。

そういうわけで本書は全体として連続した叙述となっているはずであるが、論文形式をとったため、各章ごと、また各節ごとにバラバラに読むこともできる。原則的に、各節の最後を「結び」でまとめ、区切りをつけているので、個別のテーマに特に関心があり、時間の余裕のない読者は、各章の「はじめに」と併せて、関心のある節だけを読むことでも、概略を理解することができるであろう。但し、第4章だけは他の章と異なり、三節構成をとっており、そこでの三つの節が比較的密接な繋がりを有する一つのまとまりになっているので、第3節の最後だけに「結び」をつけている点に留意してほしい。

なお、本書の半分ほどは、すでに公表した論文に加筆修正を加えたものである。以下に対応する箇所を付記して、初出論文を挙げておく。

「臓器移植法と現代日本社会」青山学院女子短期大学紀要第五二輯（一九九八年）一四九―一六四頁。（第1章第1節）

「苦痛と苦悩と安楽死――重度の身体障害者ケリー・ナイルズの事例を手がかりに――」青山学院女子短期大学紀要第五四輯（二〇〇〇年）九三―一一五頁。（第2章第1節）

「いのちと身体――『からだとしての身体』から考える安楽死の要件」青山学院女子短期大学紀要第五五輯（二〇〇一年）九七―一一七頁。（第2章第2節）

「夫婦別氏論議の落とし穴――『夫婦同氏創氏』論の提案――」青山学院女子短期大学総合文化研究所年報第四号（一九九六年）二一五―二二八頁。（第3章第1節）

「患者の自己決定と家族――東海大学安楽死事件から考える」青山学院女子短期大学総合文化研究所年報第八号（二〇〇〇年）七三―八八頁。（第3章第2節）

最後になったが、本書を出版するに当たっては、成文堂の皆さん、とりわけ阿部耕一社長と本郷三好編集部次長に大変お世話になった。ここに厚く御礼を申し上げたい。

二〇〇二年四月

河　見　誠

目次

第2章　生命の尊重──安楽死から考える

第5章　平等な取り扱い――在日韓国・朝鮮人問題から考える

第1章　自由の尊重——脳死・臓器移植から考える

1　はじめに——自由と自己決定

「自由の尊重」は、近代憲法の中心的な原理である。しかし現実を見てみると、自由を制約するような法的規制が多く存在する。もちろん、法は人々の自由な主張が対立し合うことを前提とし、その調整を図るために存在するのだとすれば、法的規制が自由の制約を伴うのは、ある意味で当然のことと言える。しかし、法的規制の中には、個人間の自由の調整とは言い難いような個人の生き方への介入であるように思われるものも、しばしば見られる。特に、他者を直接に攻撃したり侵害しておらず、本人の問題と言ってもよいような事柄に対する規制や介入もあり、それらに対して個人の自由を擁護するために「自己決定権」という概念が用いられるようになってきた。

自己決定権は、個人の自由の領域を確保するためには、極めて有効な概念であると言える。この権利が認められることにより、その領域の問題に関しては本人の許可なき限り国家のみならず何人も立ち入ることが許されなくなる。しかし、問題は自己決定権の範囲と内容である。他者を直接に攻撃したり侵害しないケースであれば、それらはすべて自己決定権の領域に入ると言えるのであろうか。それは、自由が唯一の究極的な価値であると認める場合にのみ成り立つ主張である。また、上では「本人の問題と言ってもよいような事柄」と記したが、本人「のみ」に属する問題といったものがどれほど存在するのであろうか。人間は他者との関係の中で生きているものであるとすれば、その関係を一方的に断絶させて個人の自由の王国を設立することは、他者に対して攻撃や侵害という形では現れてこない大きな影響を与えるかも知れないし、また本人の生き方をかえって閉塞させてしまう恐れもあるかも知れない。

このように、たとえ個人的事柄に関してであっても個人の自由に完全に委ねられるとは単純には言えない、とすることは、「自らが適当と信ずるところにしたがって、自分の行動を規律し、その財産と一身とを処置することができ、他人の許可も、他人の意志に依存することもいらない」といった独立した存在としての個人の自由を「原点」にして法秩序を構築していこうとする自由主義的アプローチ(1)に対して疑問を呈することを意味する。もっとも、「自由の尊重」が究極的な原理であることに疑問を呈することは、「自由」が重要な価値であることの否定に必ずしも結びつくわけではない。また、本人「のみ」に属するような事柄は存在しないという立場に立つとしても、その中には「主として」本人に属するかあるいは少なくとも関わるものがあると言える可能性は残されている。従って、個人的事柄だからということで自己決定権を全面的に肯定することは拙速であるとしても、それを全面的に否定することもまた短絡的に過ぎるだろう。だとすれば、自由主義的アプローチへの疑問は、「自由の尊重」原理を否定するというよりも、その原理の法秩序における位置づけを、もう一度問い直す作業を要請することになろう。その問い直しのヒントは、「個人の自由」を原点とするアプローチにはどのような問題があるかということを探っていく中で見出すことができると思われる。そのためにはやはり、「個人の自由」を最も強力に擁護する自己決定権に基いた具体的な主張に着目することが有効であろう。そこで本章では、脳死・臓器移植という医療に関わる問題をとりあげ、そこで主張されている自己決定権の範囲と内容を、自由以外の価値及び他者との関係性を念頭に置きながら批判的に検討していき、「自由の尊重」の位置づけ直しを模索していくことにする。

医療に関わる問題を取り上げるのは、自己決定権が非常に重要な位置を占めている領域の一つだからである。自己決定権は、アメリカで一九六〇年代、女性解放や公民権運動と並んで展開された、医療上のパターナリズムに対する患者の権利運動の柱であった。患者の権利運動はその後世界的に展開されてきているが、自己決定権は現在もその中心的柱であり続けている[2]。それだけに医療問題は、ここでの問い直しの出発点にふさわしいと考えられる。

そしてその中でも脳死・臓器移植を取り上げるのは、それが本人の生命や身体に直接関わる事柄だからである。「自己の生命、身体の処分に関わる事柄」は自由主義的観点からは、プライベートな領域に位置づけられるのが一般的であろう[3]。しかも同じプライベートなこととされる事柄の中でも服装や身なりなど以上に、本人にとって非常に重大な事柄と言える。従って、特にこの事柄においては、自己決定の「権利」性がより強く主張されることになろう。

そこで以下、第1節では、いわゆる臓器移植法（「臓器の移植に関する法律」）の成立背景を見ながら、「脳死」に関する自己決定が認められるようになった理由を批判的に分析することを通して、「自由の尊重」の法秩序における位置づけを捉え直そうと試みる。次に第2節では、脳死による「臓器移植」に関する自己決定を正当化しようとする（臓器提供意思表示カードに典型的にあらわれる）論理の矛盾、一面性、表層性を指摘しつつ、新たな人格観、身体観に基づいた自己決定権の位置づけを探っていく。そのなかで、「自由の尊重」の倫理的及び法的意味を明らかにしていきたい。そして第3節では、二〇〇九年に行われた法改正が、ここで述べる「自由の尊重」の位置づけ直しという観点からどのように評価されるかについて論じ、自由のゆくえを展望することにしよう。

第1節　臓器移植法と現代日本社会——死に関する自己決定と法

一　脳死論議消滅の不思議

一九九七年に臓器移植法が成立し、日本でも「脳死した者」からの臓器移植が法的に認められることとなった。その後、一九九九年二月に、法成立後初めての脳死者からの臓器移植が行われ、事例は少しずつではあるが、積み重ねられてきている。そして、二〇〇九年の法改正後、(4)その数は増加を見せている。(5)

長い間、日本には独特の死生観、遺体観があるので、脳死も臓器移植も文化的に日本に馴染まないと強く言われてきた。(6)にもかかわらず、なぜ脳死者からの臓器移植を認める法律が成立を見たのであろうか。

一つの重要な要因は、日本移植学会の強い姿勢であると考えられる。なかなか脳死者からの臓器移植を合法化する法律が成立しないため、一九九六年九月に前の臓器移植法案が国会解散に伴って廃案になった後、移植学会は、法がなくても脳死者からの臓器移植を行う、という決意を表明した。この強い決意を目の前にして、国会が今度こそは決断を迫られることになったという背景があるのではないかと思われる。(7)

しかし、もし日本社会全般に、脳死や臓器移植に対して根強い否定感情があったとするならば、成立した法に対して、強い反発が提起されたことであろう。ところが現実には、法の成立以降は、「脳死は人の死か」「法的に人の死と認めてよいか」「脳死者からの臓器移植を（法的に）認めるべきか」という議論は、少なくともマスコミ及び世論のレベルにおいては急速に消滅してしまった感がある。(8)高知における法成立後初の脳死移植では、多くの報道機関が詰め寄せ、脳死判定や報道の在り方について数多くの問題が指摘されたが、その問題の中にはもはや「脳死は（法的に）人の死か」「脳死者からの臓器移植を（法的に）認めるべきか」といった最も基底的な議論はほとんど見られることはなかったように思われる。脳死と臓器移植の肯定を前提にした上で、論点は脳死判定の正確さ、報道とプライバシー、移植医療システムといった問題に移行しているのである。(9)

これは、日本人の死生観、遺体観が、論者達が主張してきた程には独特のものではなかったか、あるいは近年大きく転換したことを意味するのであろうか。特に、法改正後の脳死下での臓器移植の増加は、そのことを実証しているということであろうか。

確かに一九八五年に厚生省竹内班の脳死判定基準が提示された後、多くの議論が展開され、一九九二年には脳死臨調が最終答申を出し、一九九四年には国会に最初の法案が提出された。このように、臓器移植法成立以前に形成されてきた下地を見るならば、長い期間にわたる議論の積み上げがあり、その過程で、脳死や臓器移植を認める方向での日本人の死生観、遺体観の転換がある程度窺われるようにも見える。(10)しかし脳死臨調の最終答申は、脳死に関する賛否両論併記という異例の形で発表されたのであり、このことは結局、一つの結論を見いだすことができなかったという表明でもある。また、一九九四年四月に国会に提出された、脳死を人の死とすることを前提とした法案も、実質的には審議されることなく先送りされ、一九九六年六月に修正案が提出されたが、上述のように審議されないまま廃案となってしまったのである。つまり、脳死は（法的に）人の死であるかということについても、また脳死者からの臓器移植を合法化してよいかということについても、十分なコンセンサスはなかったと同時に、法をめぐる公共的な議論もなお結論を見る程には十分に成熟していなかったと言えよう。

その後、一九九七年四月二四日に衆議院で中山案が可決され、六月一七日に参議院で折衷的な関根案が可決するに至ったのであるが、その成立過程も単純ではなかった。衆議院で、脳死を人の死とする中山案に対抗して脳死は人の死ではないとする金田案が出され、その後参議院で金田案を受け継いだ猪熊案が出されたが、結局唐突な形で出てきた折衷的な関根案が本法となったのである。[11] このような紆余曲折を辿ったのは、国会が脳死者からの臓器移植を法的に可能にすることを第一に動いたということであろうが、裏を返せば「脳死を（法的な）人の死と認めてよいか」の議論に決着がつきそうにない状況を反映したことによると思われる。

また、二〇〇一年二月に起こった「えひめ丸」と米軍潜水艦の衝突の悲劇における遺族の反応を見るとき、日本人の死生観、遺体観は二一世紀に入ってもなお、以前と同じような形で存続していると考えても間違ってはいないであろう。「日本の家族はなぜそこまで捜すことにこだわるのか」というアメリカの記者の疑問は、捜索の継続をあくまで求め、せめて「スリッパ一つでもいい。あいつがここにいた、と分かる物を持って帰りたい」と遺体や遺品にこだわるえひめ丸の遺族と、生存の可能性が認められなくなった時点で捜索を打ち切ろうとするアメリカ人との違いを如実に表している。[12] より最近の例を見ても同様のことが言える。二〇一二年六月に起こったアメリカ・アラスカ州の雪崩事故において、行方不明になった日本人四名について、アメリカの捜索隊員は崩落事故の危険を招くとして遭難四日後に捜索を打ち切ったのであるが、このことに関し、日本山岳協会専務理事の尾形好雄氏は、国内での遭難事故に伴う捜索期間に比べ海外は短く、「国内では雪解けを待って捜索を続ける。身体を家族の元に、と考える日本と欧米の考え方には違いがある」と指摘している。[13]

そして、確かに法改正後、脳死下の臓器提供は増加したが、それ以前の心臓死下の臓器提供とあわせた数はほぼ変化なく、むしろ減少傾向にある。臓器提供に積極的な人たちは、実は日本においては、昔も今も変わることなく、依然として少数のままに留まっていると言えそうである。[14]

このように、日本人の死生観、遺体観がそれ程変わっていないとすれば、そしてそれが概ね脳死や臓器移植の否定につながるものであるとすれば、どうして脳死者からの臓器移植を明確に肯定する法が成立した後、「脳死は人の死か」「法的に人の死と認めてよいか」「脳死者からの臓器移植を（法的に）認めてよいか」という論議が急速に消滅してしまったのであろうか。成立以前そして成立過程でも、それらが非常に大きな議論の対象であっただけに、この論議消滅は「不思議」という印象を与える。以下、この不思議を契機にして、現代日本社会を支えている考え方を明らかにするとともに、批判的に検討を加えてみることにしたい。その検討の中で、「自由の尊重」という原理の法秩序における位置づけの問い直しがなされていくであろう。

二　なぜ脳死論議が消滅したか

(一)　現代大衆社会・情報社会の論理

何故、あれほど激しく論じられていた脳死論議が消滅したのであろうか。第一に考えられることは、熱しやすく冷めやすいというのが、特に現代の大衆社会の常である、ということである。複雑でなおかつ速いスピードで変化していく現代社会においては、物事を真剣にじっくりと考える「暇」がない。じっくり考えていると、社会の流れに取り残されていってしまうのである。マスコミは、センセーショナルな話題を追いかけ続けていくことにより、この社会の流れを助長してきた。そしてインターネットの普及による高度情報社会化は、社会変化のスピードにさらに拍車をかけている感がある。その情報の洪水とも言える状況のなかで、現代社会の大衆はさらに情動的に、一過的に反応することになる。それ故上述の現象は、大衆社会化と情報文化が深く根をおろしている現代日本社会においては、当然の帰結と言うことができるかも知れない。

（二）伝統的日本社会の論理

しかしそれだけでなく第二に、日本社会に特有の原因も見ることができる。日本人は白黒をはっきりつけることを嫌う、とよく言われる。争いごとにおいて勝者と敗者を生み出すことによって両者の関係が険悪になり壊れてしまうという恐れから、「丸くおさめる」紛争解決が好まれる、ということである。この考えからすれば、「正義」よりも「和」の方に価値がある。ところが、「そもそも死とは何か」などという根元的な問いかけは、議論を進めるほど対立を深め、また一つの「正しい」答えが出されると必ず満たされない人々が発生するものなので、「和」の論理からすると、好ましくない状況をもたらす。それ故この観点から言えば、曖昧な決着となったこと自体が成功した決着であった、ということになろう。

対立する二案の折衷案として成立した臓器移植法における脳死の扱いは、極めて曖昧なものである。一つ目には、臓器摘出の対象は、第六条第一項では「死体（脳死した者の身体を含む）」とされている。これは中山案の「死体（脳死体を含む）」以上に、脳死状態にある者の体が死体であると断言することを巧妙に避けている。むしろ金田案等の「死体又は脳死状態にある者の身体」という表現にかなり歩み寄っている。改正法においてもこの表現は同じままである。

二つ目には、旧法第六条第二項では「『脳死した者の身体』とは、その身体から移植術に使用されるための臓器が摘出されることとなる者であって脳幹を含む全脳の機能が不可逆的に停止するに至ったと判定されたものの身体をいう」と規定され、全脳死状態となっても、「臓器が摘出されることとな」らない場合は、「死体」として扱われないこととされた。

改正法においては、「その身体から……臓器が摘出されることとなる者であって」という部分が削除されたけれども、第六条第三項で脳死判定は臓器提供の希望がある場合に限定されているので、脳死判定はされたけれども臓器摘出がなされなかった場合も「脳死した者の身体」に加えられうることになると言えるかも知れないが、実態は基本的に変わるものではない。臓器提供希望がない場合は、脳死した者の身体は「死体」として扱われないと言えるからである(15)。

三つ目には、この脳死者の扱いが法一般の死期かどうか、例えばこの規定に該当する場合に相続が開始されると法的に考えてよいかどうか、については不明である(16)。

このように、「脳死を法的に人の死として認めてよいか」という問題は、答えを曖昧にし先送りする形が取られ、決着を見ないままになっている。しかしこの曖昧さが「丸くおさめる」という点からは成功と考えられるわけである。

(三) 両者の共通点としての悪しきエゴイズム

さて、この二つの要因は異なった背景に由来するものであるけれども、共通した特徴がある。すなわち、「客観的原理に基づいた公共的な議論をねばり強く継続する姿勢と覚悟の欠如」である。そしてそのことは悪しきエゴイズムに結びつくことになろう。

大衆社会化は、いわゆる「孤独な群衆(17)」を生み出した。通勤電車を見るとわかるように、大衆社会においては、人々は密接に関わり合うように見えながら、精神的絆によって繋がれることのないバラバラの個として存在している。その人々を動かす動機は、共有された客観的な公共的な原理ではなくて、バラバラの個々人がもつ一過的な情動となる。しかしそこで各人がもつ情動は、マスコミ的に一般普及された、平板で均質なものである。このようにして、全体として極めて一体的であるように見えながら、それはエゴイスティックな個々人が同じ方向に目を向けているだけのことであり、個々人のレベルでは全く孤立して孤独である、という現代の大衆社会の歪んだ構造が作り上げられる。高度情報社会の急速な進展は、この大衆化した文化・社会の均質的一体性を解体していくことになるが、その負の側面として、人々はむき出しの一過的な情動に基づいた結合と離散を繰り返すことになり、孤立、孤独化が加速している感がある[18]。

これに対し、「和」の論理は、集団的エゴイズムには結びつくとしても、個人レベルでのエゴイズムには繋がらないように見えるかも知れない。しかし他者との対立を回避することを第一にする論理は、できるだけ争いのコストを少なくして自己の枠組みを大事にしようとする態度に由来するとも言えるのではないだろうか。とすれば、共同体の維持が求められるとしても、その動機は、他者の尊重よりもむしろ自らの生活の安定と満足ということになる。

このようにして、一貫した理念や原理、及びそれらを基盤にした対話の欠如は、確かに煩わしい問題から解放された生き方、柔軟な生き方をもたらすかも知れないが、しかし同時に悪しきエゴイズムを、すなわち公共性の喪失、一過的感情論、無責任、節操のなさ、孤独で閉じた人格、人格的成長の機会喪失等々を生み出すことになろう[19]。

(四)　最大の要因としての自由主義

自由主義は、そのような大衆社会化の問題性を克服する試みとして、そして日本においては和の論理も含めた日本的枠組みを克服するものとしても、期待されてきた。今日でも、上述のような社会状況を深刻に受け止める人々がよって立つ思想基盤としては、最も主流のものであると言えよう[20]。現代大衆社会の群衆の論理、伝統的日本社会の和の論理に対抗して言えば、近代的「市民」の論理、ということになろう。この論理は、個人の「自由」を第一の価値とする。それ故、個人の自己主張を排除する傾向のある日本的枠組に対する抵抗の論理となる。と同時に「自由」という普遍的価値に立脚することにより、「他者の」自由をも尊重すべき、という公共性の論理が生み出され、悪しきエゴイズムに対抗する論理ともなるのである。この自由主義は、戦後日本において、憲法の基本原理と解され、普及するに至っている。そして多くの人が、少なくとも理念的には行動原理として受容しているように思われる。

さて実は、「脳死は人の死か」「法的に人の死と認めてよいか」という議論が消滅した事態に関する第三の、そして最も大きな要因は、この自由主義の普及にあるのではないだろうか。

この法律は、臓器提供の意思がある場合に限り(家族の反対がないことが条件ではあるが)脳死を人の死と認め、そうでない場合には従来通り、とした。このことによって、死の概念が多義的で曖昧なものになった代わりに、脳死反対論者、臓器を提供したいという人々、移植を求める人々、この三者の主張、生き方がある程度認められる法律となったのである。脳死に反対する者は臓器提供拒否の意思を表明することによって(旧法においては脳死による臓器提供の意思を表明しないことだけでも)、従来通りの死の判定により死を迎えることができる。臓器を提供したいという人々は(家族の反対がない限り)、脳死による臓器提供をすることができる。このことにより、レシピエントや移植医は移植臓器を得られるとともに、生きた人を殺して手に入れたという恐れがなくなり、良心の呵責や殺人罪の訴追から逃れることができるのである。まさに「三方一両損」的解決である。[21]

(五)　自由主義の枠組み

自由主義から言えば、これは大変上手で「賢明な」(prudential) 解決、ということになるのではないか。自由主義の枠組みは大ざっぱに言えば次のようなものである。すなわち、まず「善」と「正」を分離する。前者は各人の生き方の構想の問題であり、他者が介入できない私的領域に属し、後者はその善の実現段階においてぶつかり合う利害調整の原理である。そして、法に代表される社会的ルールは「正」を体現しなければならないが、あくまでそれは各人の善実現の調整であり、善の内容に踏み込むことは許されない。人々のもつ価値観人生観の優劣を客観的に判断することは困難であるし、もしできたとしても一定の価値の受容を強要することは「善」の私的領域への不当な介入である。また、特に人々の価値観人生観の多様な現代社会においては、理念的にも現実的にも、法的（社会的）ルールが善の領域に介入しない、という絶対的前提を堅持することがますます求められている。

概ね、以上のような考えとして要約できる自由主義の立場からすれば、臓器移植法は、「脳死は（法的に）人の死か」等々に関する人々の考え方の違いから生ずる激しい対立を、一定の考え方に軍配を上げることなしに調整した解決、各人の価値観人生観を平等に尊重した解決、として評価されることになろう。日本は戦後、特に都市部においては急速に共同体が崩壊し、欧米よりもはるかに個人主義的社会に変容したと言われる[22]。そのような社会状況に鑑みるならば、本法成立後「脳死」論議が急速に消滅してしまった最も大きな要因は、その解決が善の多様性の尊重という自由主義的原理が貫かれたものであった、ということに対する容認と合意が国民内に形成されたことによるのではないだろうか。

このように考えるならば、本法成立後の議論の動きがよく説明できよう。臓器移植法の見直しにあたってその後論じられてきた問題は、子どもの臓器移植はどのような条件なら認められるか、本人の臓器提供の意思を家族が覆すことが認められてよいのか、臓器提供者の意思（すなわち善の構想）が最大限尊重されるために意思確認を書面以外に拡大すべきか、また実質的な臓器移植のネットワークをどのようにつくるか、臓器の配分をどうするか、等々である。これらは、脳死後の移植に賛同あるいは関係する人たちを中心とした「正」（調整）の問題である。

臓器移植法成立後、臓器移植に賛同あるいは関係する人々の具体的問題に視点が転換していったことは、自由主義の視点からすれば、当然の結果であったと言うことができよう。すなわち、脳死及び臓器移植に反対の人たちは脳死判定も臓器移植もされないことになったので、それらの人たちの善の尊重に関しては解決済みとして考察対象から除外され、後の問題は賛同する人たちの善の構想あるいは自己決定をどこまでどのように尊重するかということのみ、となるのである。ここでは、「欲しい人がいてあげてもいい人がいれば、外から文句を言うべきでない」という自由主義的な法的倫理的枠組みが、議論の核となっていく。(23)

三　自由主義の問題点――法における客観性に基づく公共的議論の必要性

(一)　自由主義と価値相対主義

以上述べたような自由主義的解決は、第二の要因である日本的な「丸くおさめる」対立回避傾向とも結合しやすく、日本社会にとっては説得的であるように見えるかも知れない。しかしそれは本当に賢明な（prudential）解決と言えるのであろうか。

自由主義の根拠となる考えは、上述のところからすれば、①価値相対主義、②法と道徳の分離、③多様な価値観の人々から構成される現代社会における法の実効性、にまとめることができる。

しかしまず第三点は十分な根拠とは思われない。私たちは現代社会が極めて多様な社会であり、それ以前の時代、特に古代中世の如き単一の価値が社会に普及していた時代のように、支配的道徳をもって社会全体を規律することはできない、この現実的側面から言っても、第二点の「法と道徳の分離」は不可避である、と考えがちである。しかし果たして現代社会だけが多様な社会であったのだろうか。フィニスは、ソクラテス、イエスやパウロ、アウグスティヌス、トマス・アクィナスらの時代を見るとき、「中絶、嬰児殺、自殺、姦淫、避妊、同性愛、窃盗、嘘に関して、道徳規範は今日に『劣らず複雑で多様な』状況にあった当時の男女の良心に宛てられていた」と述べる[24]。つまりあらゆる時代において、道徳観価値観は常に多様であったのであり、近代以降とそれ以前の社会の違いは、結局その葛藤をどのように解決するかの理念の違いに由来すると思われる。

従って、自由主義の根拠の中心となるものは、やはり第一の価値相対主義ではないだろうか。この主義によれば、何が善き生き方であるかを客観的に判断する基準は見いだすことができないし、法と道徳の関わりを定める客観的原理も見いだされえない。客観的な基準も規範も見いだすことができない以上、特定の善き生き方がこれであると誰か他者に主張することは根拠のないことであり、ましてや法をもって強制することは恣意的な抑圧以外の何物でもない。このことから理念的に、「正」と「善」の分離、「法と道徳の分離」が帰結されることになる。

換言すれば、価値相対主義に基づくならば、何が善き生き方かという問題は主観レベルの問題となり、また法は、その主観の世界を支え調整するということ以上の客観性をもたない、どのような内容も入れることのできる道具的存在となるのである。

しかし私見では、根本的に法も道徳も主観に帰するべきものではない。価値相対主義的立場から言われる「客観性」の不存在の主張は、近代科学的な理論知の視点に基づくであり、必ずしも実践知にあてはまるものではないからである[25]。但し、本節では価値相対主義への批判まで立ち戻った法哲学的議論を直接に展開はしない[26]。むしろ、「脳死は（法的に）人の死か」という問いかけを、個人の自由な自己決定に委ねずに客観的に論じるやり方を提示することを通して、そのような客観的議論の必要性、優越性を訴えかけることにしたい。

(二) 法における客観性

「法と道徳」という表現からしても、客観性については、善それ自体の客観性と、法における客観性があると思われるが、脳死及び臓器移植に関する議論においては、この両者の混乱があるように見受けられる。この区別をすることから、錯綜した議論状況が整理され、脳死論議の消滅という現象の問題点が見えてくるのではないだろうか。そこで今まで「脳死は人の死か」に「法的に人の死と認めてよいか」を並べたり、あるいは括弧して「脳死は（法的に）人の死か」と表現してきた。その表現は、脳死論議においても「法」に固有の領域が存し、その領域においては固有の原理に基づいて賛否が決定されなければならないことを前提としている。日本の臓器移植法の解決は、一義的な答えを避け、臓器提供者及び家族の「主観」的考えに委ねるというものであった、と解されうる。しかし脳死は「法的に」人の死か、という問いに関しては、一義的に客観的に答えることができるし、答えるべきではないだろうか。

法的レベルにおいて人（＝自然人）の死を考えてみると、それは（取引や家族関係における）民事的主体、（法益保護や刑罰の対象としての）刑事的主体、さらにはもっと広く様々なレベルでの人権主体としての資格の全面的不可逆的喪失と言える。これらの主体は「この世」における社会生活関係の主体のことであり、そしてその社会生活関係は多種多様多元的であるけれども、それらに共通する一般的原則を定めたものが法であると言えよう。従って、「脳死は人の死か」という問題は、法的レベルにおいては、「この世における社会生活主体」という「一般的」な法的主体性を、脳死状態という具体的な状態にある者が有しているかどうか（に関する社会的合意）の問題と言える。

(三) 法的レベルでの死

従って、まず医学的な生死の基準をそのまま受容するべきではない。生物学的生命体レベルの生死は、社会「生活」主体的側面における生死とは別のレベルのものだからである。

しかし、脳死論議は医学的レベルではなくて文化的レベルにおいて論じられるべきであり、当該社会の死生観の問題であるという議論も、「法的主体」というレベルにおいては的外れである。換言すれば、「あの世」に関する議論は除外されるべきである。例えば、脳死を人の死と認めることは心身二元論的な西洋的考えであって、日本人の死生観に合致しない、というある種の宗教的議論が展開されることがある。脳死容認が心身二元論に結びつくという主張は誤解に基づくと思われるが[27]、いずれにしても、この主張が死生観という文化的宗教的意識レベルの議論に留まる限り、法的主体性の根拠とされるべきではない。

もちろんその主張が、脳死後も身体あるいは精神が「この世の社会生活主体」として社会的に実際に位置づけられている（あるいは位置づけられるべきだ）、というものであるならば、法的議論の対象に入ってくる。その際に主張される日本人の死生観は、生死の境界の曖昧さ、換言すれば、死の連続性という観念に基づくものと思われる。例えば次のような説明になるのではないだろうか。すなわち、魂は肉体の死の瞬間にあの世に行くのではなくて、しばらくその境界線上を浮遊しており、この世の家族によってあなたは確かに死んだのだよという意味の様々な儀式がなされることを通して、魂は自分が死んだということを確認し、あの世に向かっていく。特に不幸な死に方をしたり、この世に恨みがあったりすると、あの世に行くことを拒み、怨霊として留まり、この世に悪さをする。従って、不幸な死に方をしたときほど、家族は皆で心を込めてその死者を手厚く扱い、死者がこの世に思い残すことなくあの世に行ってもらうことに全力を尽くす、ということになろう。このような死の過程を、近代医学の死亡判定において強引に断絶させられることに対する抵抗が、この議論の基盤にあると考えられるのである。

しかし現実の社会において、そのような連続的過程の中にある死者が「この世の社会生活主体」として扱われているであろうか。現在の日本の法体系において、死者自身に所有権を与えたり、損害賠償を認めたり、刑罰を加える法を見ることはできない。もし死者が連続的に「この世」から「あの世」に移行する者であるということが「社会生活主体」レベルで主張されるとすれば、そのような法的主体性が死者にも認められ、あるいは連続的に消滅していくという法制度でなければならないだろう。ところが現実の法においては、死亡の時点で民事的には相続が始まり、刑事的には当人に対しての訴追は終結することになっている。そしてこのような法的扱いに対して、人びとの意識においても疑問が呈されているとは思えない。日本人の死生観から「脳死を法的な人の死とすること」に反対する人たちも、死者の法的主体性を連続的な死の過程全体に認めるべき、という主張をしているとは思えない。しかしそのように主張しない限り、この反対論は首尾一貫しないのではないだろうか。但しその場合には、「法的」な死亡の一義的判定それ自体に反対すべきことになるから、従来の心臓死をベースとした三兆候による判定も批判対象としなければならないであろう。

（四）「社会の決定」と「（家族及び）自己の決定」

医学的レベル、宗教的（文化的）レベルの議論の他にも、二人称的レベルの議論、すなわち家族の主観的感情（突然の死であって受け入れがたい）に基づいた議論も除外されるべきである。「法的」レベルにおいて問題となるのは、「社会」生活主体としての資格の喪失時点だからである。

従って同様に、一人称的レベルの議論もまた除外されるべきことになる。つまり、いつ自分が死んだことになるかについて、「自己決定権」は存しないと考えられる。「社会」的な主体の資格喪失は「社会」的問題であり、「個人」レベルで決する性質の問題ではない。どこまでが「社会の決定」の領域で、どこまで「自己の決定」に委ねてよいか、これを決定するのが法の重要な役割であろう。「自己決定」は絶対ではないのである。とりわけ「社会」的主体の始期終期という問題は、社会の存続にとっても（社会構成員の範囲確定）、残りの社会構成員の扱いにとっても（例えば相続開始時点、殺人罪か死体損壊罪かの境界線として）極めて重要な事項である以上、「自己の決定」に委ねるべき問題ではない、と考えられる。

（五）「自己決定」に委ねないという「法における賢慮」

以上のことを肯定しながらも、（臓器移植法がそう解釈されるように）社会は、死亡の時点を家族や個人の主観的判断に委ねる、という「社会」的決定をすることも事実としては可能である。しかしそれは一般性（予測可能性、ルール性）確保という法の社会的役割を、社会にとって重大な領域において放棄することである。そのことは法及び社会にとって大きな動揺をもたらすであろう。そしてその動揺は、死をめぐる様々なレベル（医療レベル［治療対象・内容の安定化］、宗教的文化的レベル［死亡の時点以外の観点から死の意味を捉えて論じる視座］、家族レベル［死の様々なレベルの中で本人の死への家族の関わりを深めていくプロセス］、個人レベル［死への向き合いと受容］等々）の世界を不安定にしたり貧しくすることになるのではないだろうか。だとすれば、「三方一両損」的解決は決して「賢明な」（prudential）解決とは言えない。

上記二において、二つの要因（大衆社会・情報社会化と日本的対立回避傾向）に対し、「客観的原理に基づいた公共的議論」の姿勢の欠如として批判した。脳死論議の消滅がこれらの要因を背景としたものであるとすれば、それは日本社会の克服すべき課題として、深刻に受け止められるべきであろう。これらに対し、近代的「市民の論理」の現代的台頭というもう一つの要因を背景にした自由主義的解決は、善実現の調整という一定の原理に基づいて公共的議論を回復しようとした。しかし上述のように、法的レベルの死（死亡）の問題は医学や宗教や文化や家族や個人のレベルのそれとは異なる、という法の存在性を考えるときに、どれかのレベルに法的な死の判断を委ねるのは法的視座から考えることの放棄であり、またもしそのような委任が法的決定として意識的になされたものであるとするならば、それは人間や社会に対する法の役割の放棄に陥ってしまうであろう。

法が単なる利害調整に陥るとき、その存在意義を喪失し、さらに事柄全体の多元的立体的存在構造をかえって破壊してしまうことになる。法が一定の調整の役割を持つことは否定できないが、しかしその調整は、例えば本節の問題で言えば「この世における社会生活主体」といった「客観的」原理に基づいた調整でなければならない。すなわち「法における賢慮」(jurisprudentia) とは、ナマの感情や意見についての原理なき利害調整ではなく、客観的な法原理を基盤として具体的問題における法的正しさを追求する営為ではないだろうか。

四　結　び——法の果たす役割の限定性と重要性

以上、「脳死は法的に人の死と認めうるか」に関しては、客観的に一義的に確定すべき、と論じた。但しこれは、「脳死」が法的に人の死である、ということを直ちに肯定するものではない。一義的に確定する内容として、脳死と心臓死のいずれが、当該社会の「法的主体性」の終了時期としてふさわしいかを考えること、これがまさに pru-dentia の領域であると思われる。この世における主体性の喪失の不可逆性を、より統合的に証拠づけるのは脳死の方であるように思われるが、しかし例えば当該社会が臓器売買などの横行によりあまりに露骨に人間の手段化に走ったり、医療の実態が脳死体を完全にモノとして扱うようなものであるとすれば、心臓死に死期を引き戻すことによって、生命の尊重や人間の尊厳の尊重を優先することが法の役割として求められるかも知れない。また、そのような法的レベルの議論において社会的合意が得られない場合には、より疑わしくない時点、すなわち死期として遅い時点の方を法的な死の時点とすべき、というのが人権の法理であろうかと思われる。

それから、以上の議論は脳死は「人の死か」について何も語っていないことにも留意すべきである。脳死に関して法が求めるべき社会的合意は、まさに「法的主体という視点から」といった限定された問題領域における合意であり、人間の全領域を支配する概念を提起しようとするわけではない。つまり、法的にある時点を死（死亡）とすることは、純粋に医学的な死（死亡）の定義はもちろん、家族などにとっての死、本人の死生観、宗教上の死を排除するものではない。例えば、家族がどのような儀式をもって死の受容プロセスを展開するか、これはある程度家族の自由である。[28] 法はあくまで「この世の社会生活」を規律するものであり、死の時点の確定に関しては、人の社会生活主体としての「資格」について定めるだけである。あの世のことや、プライベートな生活上の考え方にまで直接介入するものではない。脳死を法的に人の死と認めることは、死生観や宗教的考えの「場」をむしろ保障しようということである。法において、従って臓器移植に関する法において求められる prudentia とは、医療において患者や家族の「善き」生き方を支える「場」を作ることに向けてのものなのである。[29]

法が人間及び社会の（「多様」だけでなくて）「多元」的な存在構造を支える役割を果たすためには、世論の感情的反応の沈静や、様々なレベルの利害や生き方の対立を「丸くおさめる」単なる「調整」に向かうのではなく、その存在構造において果たすべき客観的役割に向かうべきであると考えられる。脳死をめぐって問題提起された死期に関する自己決定に関して言えば、それを「自由の尊重」の問題にしないことが、法の果たすべき重要な役割であると思われる。

第２節　脳死による臓器移植——身体に関する自己決定と法

一　自己決定制約原理と臓器提供意思表示カードの論理

(一) 私的領域における自己決定を制約する法原理

前節では「法的決定」の領域に属する問題（「社会生活主体としての生死の決定」）は「自己決定」に委ねるべきではない、と論じた。それではもっと個人的あるいは私的な領域に関してはどうであろうか。たとえ生死の時期の決定が法的領域の問題であるとしても、生命、身体の「処分」に関する事柄はなお私的領域に属すると考えることは可能である。だとすれば、自由主義的立場からすれば、少なくとも臓器提供のような「身体の処分」は、完全なる自己決定の領域でなければならないとされるだろう。しかし現実には、そのような私的領域における自己決定に関しても、しばしば制約が加えられている。その制約理由を法原理としてまとめてみよう。

まず第一に「生命の尊重」である。他者を侵害する行為が自己決定を根拠にして正当化され得ないことはもちろんであるが、「生命の尊重」原理からすると、自己を侵害する行為の禁止あるいは制約も、必ずしも不当であるとは言えない。例えば生体臓器摘出がドナー自身の死亡を招いたり、重大な障害をもたらす場合は、たとえその要請が真摯な自己決定に基づくものであっても、法的に容認されないのが一般的であろう。この法的禁止を「自由の尊重」のみを究極的原理とする立場から説明するのは難しい。確かに自分自身で臓器摘出をするのではないため、摘出者側が「他者を侵害する行為」と言えなくもないが、本人の真摯な要請がある場合には、それを拒むことの方が本人の自由の侵害に当たるからである。もちろん摘出する側の自由もあるので、必ずしも本人の要請に従う必要はないとは言える。しかし「自由の尊重」のみの立場からは、たとえそれが死亡を招くものだとしても、本人と摘出者側の両者が同意している場合に摘出行為を禁止することは、原理的には正当化し得ないだろう。自己侵害につながる自己決定を制約するためには、やはり「生命の尊重」といったような、「自由の尊重」以外の原理を持ち出す必要があると思われる。なお、他者が関与することのない自殺や自傷行為は必ずしも法的規制の対象となるわけではないが、それらを阻止しようとする他者の行為が不法行為ともされない以上、法秩序全体として、「生命の尊重」が「自由の尊重」よりも上位に位置する法原理であると考えられる余地は十分にある。

また、他者も自己も直接的には侵害していない場合であっても、自己決定の制約が考えられうるケースがある。例えば、他者との協力を拒み極めて利己的な行動を繰り返している場合や、周りにどんなに困っている人がいても全く無関心に自己の資産を蓄積することだけに熱中している場合、少なくとも倫理的に批判の対象になりうるし、法的にも制約される余地がありうる。公共財や社会福祉のための強制的徴税は、直接的侵害を理由としない自己決定に対する法的制約の例として考えることが可能である。この場合、「福祉の実現」が「自由の尊重」を制約する第二の法原理として働いていると考えられる。

あるいは再び臓器移植に関連して例を挙げると、臓器移植が合法とされているにもかかわらず、相互に納得した上であっても有償で臓器提供をすることが禁止されている場合、それは人間の身体を商品として扱ってはならないといったような、いわば「人間の尊厳の尊重」という観点からの倫理的非難が主たる根拠とされていると考えざるをえない。とすれば、この「人間の尊厳の尊重」が、「自由の尊重」制約の第三の法原理として挙げられよう。(30)

以上、自己決定の制約をもたらす法原理として、「生命の尊重」「福祉の実現」「人間の尊厳の尊重」を挙げた。自由の尊重「のみ」を基底に置くといった強固な自由主義的立場には立たない者は、それぞれの考える形でここに挙げたような法原理の要請を満たさない限り、私的領域に属する事柄と言えども自己決定を権利として認めることはないだろう。しかし逆に言えば、これらの法原理に抵触しないことが示されれば、その範囲では上記のような強固な自由主義的立場に立たない者であっても、自己決定を権利として尊重することになりうる。それ故、私的領域に関して自己決定権を積極的に確保しようと考える者は、少なくとも戦略として、単に「自由の尊重」のみを主張するのではなくて、他の法原理に抵触しないこと、さらには他の法原理も積極的に実現されることを包括的に説明して訴えかけようとするであろう。

しかし「自由の尊重」を中心に据えて他の法原理を補足的に位置づけつつ包括的に取り込んでいこうとする「自由のための戦略」は、かえって自由の尊重の否定に至る自己矛盾に陥ったり、他の法原理の一面的表層的理解によって自由の捉え方も一面的表層的になってしまうのではないか。もしそうだとすれば、自由主義的立場はその戦略を放棄して、徹底した「自由の尊重」のみの強固な主張にこだわる道に進むか、あるいは「自由の尊重」と他の法原理との関係を全く新たに模索し直す道に進むかを選択しなければならないだろう。本節ではその「自由のための戦略」の典型と考えられる「臓器提供意思表示カード」を支える論理を批判的に検討することを通して、前者（強固な自由主義的立場にこだわる道）の貧しさを指摘しつつ、後者（自由の尊重と他の法原理との新たな関係模索の道）の可能性を示すことを試みたい。

(二)　臓器提供意思表示カードの論理

「いのちへの優しさとおもいやり――臓器移植は、あなたの優しさとおもいやりによる臓器の提供があってこそ、成り立つものです」

これは、臓器移植法制定後、日本臓器移植ネットワークが、臓器提供意思表示カードと一緒に配布してきた説明リーフレットの文面である。このキャッチフレーズは短いものであるけれども、その中には、臓器移植を肯定し推進する立場の基本前提が凝縮されている。まず第一に「あなたの」提供によって「こそ」成り立つこと。つまり臓器提供が、その臓器の帰属する本人（ドナー）の明確な自己決定を基底にしていることを示している。第二に、臓器提供は「優しさと思いやり」によるものであること。従って、臓器を提供しようというドナーの自己決定が、倫理的に正当で更に推奨されるに値するものとして位置づけられていると言える。第三に、臓器提供は「いのち」への優しさとおもいやりにつながること。すなわち、臓器提供が「いのち」、とりわけ臓器移植される者（レシピエント）の「いのち」を生かすことにつながる行為であると考えられているのである。そして、これらの前提に基づくことで、脳死による臓器提供の自己決定が尊重されるべきことを、強く根拠づけようと意図されていると考えられる。[31]

この論理からすると、次のような道筋で、臓器提供の自己決定は否定されざるべき権利として位置づけられることになる。

前節で検討したように、臓器移植法における死の取り扱いには大きな問題があると言えるが、ともあれ法制定により、曲がりなりにも脳死を人の（法的な）死とする道が開かれたことによって、脳死状態のドナーからの臓器提供が、ドナーの「生命の尊重」に反する自己を侵害する行為（自死あるいは同意殺人）ではなくなった。また、臓器提供は利己的であるどころか、困っている人に多大な「贈りもの」をすることである。これは「優しさとおもいやり」の行為として倫理的に賞賛されるべきであり、推奨されこそすれ制約されるいわれはない。逆に、臓器提供を拒む者の方が、他者の苦しみに対して無関心であるとして倫理的に低く評価され、少なくともそのような者には臓器提供に関して口を挟む倫理的資格がないということにさえなるかも知れない。そして、臓器提供は単に人道的であるだけでなく、レシピエントの生命を救うという結果をもたらす。生命が救われるだけでなく、病気からも解放された生活を送ることができる可能性も与えられるわけであるから、レシピエント側から見た場合には、「生命の尊重」のみならず「福祉の実現」という法原理にも大いに合致する行為と主張されうる。さらに、この「生命のリレー」が無償の愛、優しさと思いやりに展開されていく限りは、臓器売買におけるような「人間の尊厳」侵害を見ることはないだろう。従って、営利的な臓器あっせんの法的禁止が徹底している限り、臓器提供の自己決定は最大限尊重されるべきである、という結論に到達するというわけである。

(三)　臓器移植法における遺族の拒否権・決定権

このようにして、臓器提供意思表示カードの論理からすると、脳死による臓器移植は、「欲しい人がいて、あげてもいい人がいるなら、外から阻止されるいわれはない」という自己決定権の領域に完全に属する事柄とされることになる。しかし、よく考えてみると、この論理には矛盾、一面性、表面性が満ちているように思われる。そして、その問題点を自ら認めるかのように、臓器移植法は、本人の自己決定権を制約する大きな条件を提示している。「死亡した者が生存中に有していた自己の臓器の移植術に使用されるための提供に関する意思は、尊重されなければならない」(第二条)ことを基本的理念としながら、家族(遺族)の同意を臓器提供の不可欠の要件としているのである。旧法は「狭い同意方式」(「本人の書面による意思表示」を必須の条件とする)[32]を採用しながら、遺族がいるときには「遺族が当該臓器の摘出を拒まないとき」に限り、臓器提供が認められることとした(第六条第一項)。このような、臓器移植における遺族の拒否権を正当化する根拠は、上述の意思表示カードの論理の中には含まれていない。とすれば、遺族の拒否権は本人の自己決定権に相容れないものとして否定されるべきということになるのだろうか。ところが改正法は「広い同意方式」（本人が反対の意思表示をしていない場合には、遺族の意思によって臓器提供を認める）に転換し、遺族に拒否権に加えてさらに決定権まで容認するに至っている（第六条第一項二）。なお、第二条は改正されていないままである。

当該論理からするとこれは矛盾であり、それがさらに広がっているように見える。本節の目的は自己決定権の擁護ではなく、自由の尊重という法原理の適切な位置づけを模索することである。それ故、自由の尊重という観点からすると矛盾のように見える点は、その法原理の問い直しの作業にとって、重要な鍵を与えてくれるものと考えるべきであろう。従って、次に、遺族の拒否権・決定権を切り口にして、意思表示カードが則っていると思われる、自己決定権を貫徹しようとする論理の矛盾、一面性、表層性を明らかにしていくことにしよう。

二　遺体は誰のものか

(一)　三つの疑問

「臓器移植は、あなたの……臓器の提供があってこそ、成り立つものです」という主張は、あなた、つまり臓器が帰属している本人に、その臓器を自由に使用したり処分する権限がなければ成り立たない。その意味で、「自分の身体は自分のもの」という考えを当然の前提にしていると言える。しかしこの考えに対しては、直ちに次のような疑問を提起することができよう。第一に、そもそも身体を自由に処分しうると考えてよいのか、という根本的な疑問である。第二に、たとえそうだとしても、自分の身体は本当に自分「だけ」のものであるのか、という疑問である。第三に、たとえ「自分の身体は自分だけのもの」であるとしても、自分の「遺体」は自分のものと言えるか、という疑問である。まず、第三の疑問から検討してみよう。

(二) リバタリアニズムと自己所有権テーゼ

個人の自由を最大限に尊重する思想として、リバタリアニズムが挙げられる。自由主義的立場の中でも、福祉国家を擁護するリベラリズムは精神的自由や政治的自由を尊重すべきとするが、経済的自由や財産権への介入や財の再分配を正当と見なす。これに対し、リバタリアニズムは精神的政治的自由も経済的自由も共に最大限尊重すべきと主張する。その意味で、最も徹底して個人の自由を尊重しようとする考えであると言えよう。そしてこの主張は「私の身体は私のものだ」という命題に支えられているのである。これは(狭義の)自己所有権テーゼと言われ、「各人は自分自身の人身と能力の道徳的に正当な所有者である。それゆえ、各人は他の人びとを侵害しない限りで、その能力を自分の好きなように用いる(道徳的な)自由がある」と言い表されている。そして自己の身体への所有権を有するならば、「その労働の産物とその代価としての財産の権利」も有することになるというわけである(広義の自己所有権テーゼ)[33]。この考えは、日本国憲法を含め近代憲法の思想的起源であるジョン・ロックの自然権論を徹底させたものと言える[34]。

このようにリバタリアニズムは自己所有権テーゼ、すなわち「私の身体は私のものだ」という命題を根本にして成り立つのであるが、その一つの根拠づけとして森村進は、ハリスの言う「生存のくじ」の反直感性を十分に説明できるのは自己所有権テーゼしかない、と述べる。すなわち、社会のメンバーのうち健康な人々がすべてくじを引き、当選者は健康な臓器を自らの不養生によらない病人に移植することで、僅かの犠牲により多くの病人が助かり、多くの人が長生きできるようにするために、強制的な臓器提供くじを制度化する、という反直感的な提案に対し、最も確実で一番素直な反論は、「病人はたとえ臓器移植されなければ死んでしまうとしても、他人に対して臓器提供を要求する権利など持っていない。身体の支配権を持っているのは他の誰でもない本人自身だ」という自己所有権テーゼによるものである、とするのである。[35]

この立場によるならば、他者による強制的な臓器提供が否定されると同時に、自由意思による臓器提供を他者が阻止することも基本的には否定されることになろう。[36] つまり、第三者はもちろん、家族と言えども、本人の自由な臓器提供の意思がある場合に、それを阻止することは許されない、というのが自己所有権テーゼの帰結である。従って当然の如く、臓器提供に関しては本人の自己決定権が絶対的に有効であり、遺族の拒否権は全面的に否定されることになりそうである。

(三)　リバタリアニズムと死者

ところが、「脳死」による臓器移植に関して考えてみると、自己所有権テーゼは、逆に本人の自己決定権を否定する帰結を導くのではないだろうか。

リバタリアンは「自由の領域を各人の身体を基礎として極めて物理的に把握している」のであり、物理的な意味で排他的支配可能性がない場合には自己所有を認めない。従って、支配される側が、例えば著作権や特許権や商標などの無体財産である場合には「自然な排他性」がないため、そこには自己「所有」が成り立たず、それらの権利はリバタリアニズムから認めにくいものとされる。[37] とすれば逆に支配する側に物理的な支配可能性がなくなった場合、そこには「自己」所有それ自体が成り立たないと考えられるべきであろう。私が死亡して物理的支配が不可能になったとき、自己所有は消滅する。従って、生前に絶対的であった自己所有権も、死亡後には直ちに消滅することになるのである。

この点に鑑み森村は、遺贈する権利や遺族による遺産相続の権利は、リバタリアニズムからは基本的に認めることができないと主張する。すなわち、相続は「財産の所有者が死後自分の遺産を処分する権限を認める制度」だが、「そもそも何の意思も持たない死者は行為者たりえないから、自然権の主体たりえない、と考えるべきだからである。リバタリアニズムは人々の自由を尊重するものだが、死者はもはや行為主体ではなく、自由も不自由もないのである。それゆえ死者の遺産には誰も正当に権限を持っているとは言いにくい。」また、残された財産に関しては「死者個人だけでなく、家族をも財産の持ち主と考えているから相続を当然視する」のかも知れないが、しかし「リバタリアニズムは家族の道徳的・社会的・経済的意義を進んで認めるとはいえ、その権利観はあくまで個人主義的なものである。夫婦も親子も道徳上、また法律上、別々の人格である。もし所有者が自分の財産を家族の共有財産にしたければ、それを生前（部分的に）家族に贈与してそうすることができる。そうしなかった以上、家族が遺産を相続するのが当然だと考えるべきではない。[38]」このように、個人の自由を最大限尊重する立場に立つ場合、本人が死亡してしまった以後は、生前の遺言による遺産分配の決定権も、遺族の遺産に対する権利も正当化されないことになっていく。

同じことが広義の自己所有権のみならず狭義の自己所有権についても言えるはずであるから、この立場からすれば遺産と同様、遺体についても本人の処分（指示）権は存在し得ず、さらには遺族にも処分権は存在しないことになろう。遺体は誰のものでもないか、そうでなければ皆のものと言える。皆のものであるとすれば、遺産に関する「正当な所有者がいない財産を取り上げる税」としての相続税が広く正当化されるのと同様に、本人が生前にどのような指示をしたかは一切考慮することなく、さらには家族の要望も無視して、例えば政府が管理をして抽選したり一定の基準で配分することが認められることになろう(39)。

最も徹底的に個人の自由を認める立場は、生きている間の臓器提供の自己決定を絶対化することはできるが、死亡後に関してはその尊重の根拠を失い、今度は現実に生きている人々の自己決定を絶対的に尊重することになっていく。「死者の自己決定権」は存在しないのである。「生命の尊重」原理に配慮し、「脳死」を人の死とする道を開いたことが、「自由の尊重」の観点からは、かえって本人の自己決定を無にしてしまうという皮肉な帰結を生んでしまう。しかもその論理を徹底していくならば、本人のみならず遺族の権利も否定されていく。とするならば、本人の明確な意思表示と遺族の拒否権、意思表示がない場合の遺族の決定権という臓器移植法が定めた条件は全く不要であることになる。このように、「自分の遺体は自分のものであるのか」という第三の疑問について考えていくとき、意思表示カードの論理の内在的「矛盾」を見出すことができる。

三　記号としての身体

(一)　人格観と身体観の転換

以上の徹底したリバタリアニズムの帰結は、脳死による臓器移植において本人の自己決定権を主張しようとする者にとっても、臓器移植は倫理的に非難されるべきとして自己決定権に委ねることを否定しようとする者にとっても受け容れがたいものであろう。しかし「私の身体は私のもの」という基本命題を徹底して考える場合、上述のような帰結に至ることは避けられないように思われる。もしこの帰結を回避しようとするならば、「私の身体は私のもの」という基本命題に何らかの修正を加えなければならない。本人の自己決定権を死亡後においても認めようとする立場に立つならば、その修正は「死亡後の私の身体」も私のもの、というものになるであろう。しかしそのような主張はいかにして可能になるであろうか。

死亡後も身体に対して私の支配が及ぶと考えるためには、死亡によっても私という人格は消滅しないという前提に立たなければならない。そのためには、人格を物理的支配や意識の消滅という事実的な一側面に還元するのではない人格観が要請される。それは人格を人生のトータルな物語の主体として位置づけるやり方、すなわち「物語としての人格」観に行き着くのではないだろうか。人格が過去の生き方との連続の中で歴史的に位置づけられるものだとするならば、死亡という出来事もそれ以前の過去の生き方との関連の中に捉えることで、人格という枠組みの中に取り込まれて然るべきだからである。死亡した人の人生は、死亡の瞬間に無になるわけではない。死亡後の身体の扱いも含め、人生全体の在り方として、その人の人格の締めくくりにふさわしいパッケージがあり得ると言えよう。今までの人生にふさわしい死亡後の扱いをされて初めて、その人の人生の物語が完結し、周囲の人や次の世代に受け継がれていくことが可能となるのである。このような、各人の人生の物語の完成という視点から考えるならば、死亡後の扱いについて本人の望む形で全うされるべき倫理的理由が出てくる。そしてそれは、本人の人格展開が死亡後もなお未完了の形で残存している、ということを意味する。

但し、このような人格観は、身体が人格的な意味を担う代替不能のものと位置づけられることを要請することになろう。身体は単に人格という中身を入れるための代替可能な「容器」ではなく、身体と人格は本人にとって分かちがたく結びついている、ということである。死亡後も人格が消滅するわけでないとするならば、人格と不可分に結びついていた身体はなお人格との関係性を喪失しておらず、むしろこの世に残された、人生の物語の唯一の体現主体としての役割を人格から委ねられたものとして、本人にとって今までよりもさらに重要な位置を占めるようになるとすら言えるであろう。

このような身体観を出口顕に倣って、「商品としての身体」観に対する「記号としての身体」観と位置づけることができよう。すなわち、「身体は『商品』ではなく、その身体の『持ち主』である人格と分かちがたく結びついて」おり、従って当該人格の属性や特徴を代替不能な形で体現するメトニミー（換喩）になりえるのだ、という身体観である。[40]これに対し、「商品としての身体」観によるならば、「身体は単なる物質あるいは容器であり、そこに宿っていた人格の痕跡を死後は一切留めることはな」く、従って自由に交換可能な「商品」である。現行の臓器移植システムは、基本的に「商品としての身体」観に基づいて展開されていると考えてよいであろう。なぜなら、「商品の市場での取引がその場限りの『無縁』のものであることをなぞるように、臓器提供に際しても、ドナーとレシピアントは原則的に互いに匿名の関係であり続ける」ことをルールとして強いるからである。提供される臓器はドナーの痕跡を消し去られることによって、自由に交換可能な物質あるいは容器として位置づけ直されることになる。[41]

従って、もし脳死による臓器移植において本人の自己決定権を認めようとするならば、現行の臓器移植システムのよって立つ「商品としての身体」観から「記号としての身体」観に転換しなければならない。身体を本人にとって代替不能なものと位置づけることは、一見、臓器移植の否定に結びつくように見える。しかし、臓器移植という身体の扱われ方が、本人の人生の物語の締めくくりとしてふさわしいと考えられるケースもあり得るのである。「記号としての身体」観に基づく臓器移植にどのようなケースがあり、それらを自己決定権に委ねることが本当に容認されてよいかについては後ほど検討するが、「記号としての身体」観と臓器移植は必ずしも相容れないものではない。[42]

しかしこの人格観と身体観の転換は、臓器移植自体を否定しないとしても、現行の臓器移植システムの在り方に、大きな転換を要請することになろう。少なくとも本人が希望する場合には、臓器の匿名性は否定されなければならず、さらに本人によるレシピエントの指定にも応じなければならない。これは、臓器はドナーの人格的痕跡を留めたものでないことを前提として展開してきた移植医療の在り方に対し、根本的な疑問を提起するものである。近代医療の最先端に位置する移植医療が、このようなドナー（や家族）からの人格的要請を引き受けられる構造を持ちうるかはかなり疑問であり、[43] またそのように「顔の見える」臓器移植を行っていくことが「人格的」医療と言えるかどうかも一考を要する。[44] そのことは別にしても、もし死亡後の身体への自己決定権を認めようとするならば、人格観と身体観の転換と共に、少なくとも脳死による臓器移植システムとそれを支える移植医療の基本理念の変更が必須の条件である。

(二) 家族にとっての記号

ともあれ、物語としての人格観と記号としての身体観への転換によって、臓器提供に関する本人の自己決定権を容認しうる可能性が、現行の臓器移植システムの論理とは異なった形で開かれることになる。そしてそのことは、死亡後の身体の扱いが本人「のみ」の決定権に属することを意味せず、むしろ家族など近親者の関与の余地を開く。

死はその本人だけに意味を持つわけではない。死者に深い関わりを持っていた人々、とりわけ家族の人生（の物語）にも重大な影響を与える。特に、脳死による臓器移植が問題となるケースにおいては、身近な人の死は突然のことであって、家族にとって大きなショックであるのが通常であろう。そもそも、病院に運ばれた段階では救急医療対象であり、家族は生存を期待する立場にあったわけである。とすれば、家族にとって身近な人の死を受け容れ、乗り越えていくことは非常に大きな課題となる。その際、死亡に立ち会うことが死を受け容れるために重要な要件となると思われるが、残念ながら救急医療及びその後の脳死判定は、家族から切り離された密室で行われるのが通常であろう。

もっとも、希望すれば脳死判定に立ち会うことはできる。しかしその場合でも、その前の救急医療段階での立ち会いは通常許されるものではないから、家族と患者の時空の共有は、当該患者が脳死に至るプロセスの中の、死亡の「判定」段階のみを切り取ったものとなる。しかも脳死の場合には、心臓死のように生と死の断絶を認めざるを得ない明白な具体的現象（心停止、呼吸停止）が突きつけられるわけではない。従って、脳死判定に立ち会ったとしても、それは死の受容の契機として強いものとは一般的には言い難い。

それだけに、死亡後の身体をどう扱うか、この問題が、家族の側の死の受容にとって決定的に重要な要因になってくる。物語として人格を捉え、死者（本人）が自己（家族）の物語の極めて重要な登場人物である場合、本人の死亡後の身体は、家族にとってはなお本人を代替不能に体現する「記号」であり続ける可能性が高い。そして本人との人格的関係を締めくくるために、生前のコミュニケーションが不十分である度合いが大きいほど、死亡後の身体の記号性は強くなるであろう。上に述べた脳死発生の突然性や救急医療の現実、脳死の非具体性からすると、その強さは相当に大きいことが想像される。

この点に鑑みると、意思表示カードの前提とする「優しさと思いやり」はレシピエントのみに向けられており、家族を考慮していないという「一面性」が見えてくる。脳死による臓器移植は、レシピエントの「福祉の実現」には資するかも知れないが、家族の「福祉の実現」に反する可能性もあるのである。この、家族へのまなざしの欠如は、記号としての身体観の欠如のあらわれであり、小松美彦の言葉で言えば、「死と死亡の混同」を意味している。すなわち「死亡」（の判定基準）のみに関心が集中していて「死」が視野に入れられていないということである。小松は、母親が運転していた車の事故により脳死状態になった関藤有紀をめぐる、家族を巻き込んだいわば家族のための「ケシの実の医療」の例を挙げ、本人の「死」はその死亡に関わった人々の生に深い関係を有すると共に、それらの人々によって作り上げられていくものでもあることを示そうとしている[45]。このように本人のみならず家族の生のためにも、家族と共に「死」を作り上げていく医療の可能性を、死亡を契機に直ちにレシピエントに向かっていく脳死による臓器移植は、閉ざしてしまう恐れがあるのである。確かに現行法では遺族の拒否権が認められており、結果的には家族を考慮に入れる形がとられている。しかし意思表示カードの「優しさと思いやり」の論理は、本人の希望にもかかわらず遺族が臓器移植を拒否する場合に、本人の「優しさと思いやり」を拒否したという負い目を感じさせるような、偏った枠組みを形成していると言えるであろう。

(三) 家族と本人のいずれが優先されるか

しかしそれでは、家族の「福祉の実現」を考慮に入れ、家族が本人の死亡後の身体の扱いを決定する権利を優先的に持つべきと言えるであろうか。

本人の死亡が突然であり、しかも家族が突然の死亡に責任や負い目や後悔を感じている場合、「ケシの実の医療」を求めることは、家族の「福祉の実現」にとって望ましいことであるかも知れない。しかし本人がそのような医療を望まず、さらに脳死による臓器移植の明示の意思表示をしている場合、家族の決定と本人の決定のいずれを優先させるべきであろうか。改正法では、家族の決定が優先されることになっている。死体が法的には死者の所有物でない以上、残された家族に死体の扱いに関する優先的な地位を認めることも法的に可能な立場であるようにも見えるが、前述のように、所有という観点から考えれば、死亡後の身体は本人のものでも、また家族のものでもない。では人生の物語という観点からはどうか。

死者の人生の物語の尊重と、家族の死の受容のどちらが優位に立つべきかを考えるとき、結論を言えば前者である。なぜなら、家族は自分の人生の物語が引き続き継続していくであろう存在であり、将来において、（遺体の扱い方とは）別のやり方でその死者の死を受け容れ自らの人生の物語に位置づけ直すことのできる可能性が開かれているのに対し、死者にとっては物語をどう完結させるかということが（すなわち死亡後の本人の扱われ方が）、それまでの人生の意味にとって決定的に重要な事柄となってくるからである。そして死者の人生の物語の展開は、（生存している家族とは異なり）自らの能動的な関わりの中にはあり得ず、死亡後においては身体がその物語の唯一の担い手、（受動的ではあるが）アクターとなる。死者においては身体の扱われ方が物語の中心となるのである。受動的にしか物語が展開できない者は、能動的に物語を創造できる者に対して、社会的弱者とも言え、人権の法理からも、死者の物語の尊重が優位に立つべきといえよう。

もちろん、家族の人生の物語にとって死者の死亡後の扱いが重要な意味を持つことには変わりがない。従って、絶対的に死者の物語を優先するべきとは言えない。しかし、死亡後の扱いが当該死者の人生の物語に極めて重要な意味を持ち、決定的な事柄なので、かくかくしかじかの形で取り扱って欲しい、という本人の意図が明確である場合は、家族はその意思を尊重すべきということになろう。つまり臓器移植法で言えば、書面でドナーになることを明確に意思表示している場合である。そして書面に準じるぐらいの強い意思表示があったことを確認できる場合にも、理論的にはその意思を尊重すべきと言えるであろう。いずれにせよ、この点で遺族の拒否権容認には問題があると言うことができる。

これに対し、死亡後の扱いについて明確な考えが口頭でも表明されていなかった、あるいは迷っていたと言う場合には、死亡後の扱いが当該死者の人生の物語にとってどのような意味を持つか明らかでないので、結局、どう扱っても死者個人の生き方という観点だけからすれば、深刻な影響はないであろう。従って、そのような比較的多く生じると考えられるケースにおいては、本人の意思以外の側面、主として家族の死の受容という観点において、死亡後の扱いを決めることが許される余地が出てくる。但し、どの範囲で認められるかは、家族の絶対的な自己（あるいは自家）決定によるのではなく、諸般の事情を考慮しながらの法政策的な「社会の決定」の問題と言える。

四　そもそも身体を自由に処分しうるか

以上に述べた三は、二（一）に挙げた三つの疑問の第二、すなわち、身体を自由に処分しうるとしても、自分の身体は自分「だけ」のものであるのか、という疑問に対する答えとなる。徹底したリバタリアニズム、そして現行の臓器移植システムと意思表示カードが前提にしていると考えられる人格観、身体観による場合、自分の身体は自分「だけ」のものということになるが、死亡後の身体については本人の自己決定権を認めることは論理的にできなくなる。本人の意思が死亡後の身体にも及ぶものと考えるためには、人格観、身体観の転換が必要である。そのことによって身体は自分「だけ」のものではなくなるが、しかし上述のように考えることによって、その扱いについて基本的に本人の生き方に基づいた意思を優先させることは可能になる。(46)

しかしその結論はあくまで、「身体を自由に処分しうるとしても」という条件付きのものである。ここで疑問の第一、「そもそも身体を自由に処分しうると考えてよいのか」という根本的疑問に立ち返らなければならない。もし身体の自由な処分が許されないならば、臓器移植それ自体が認められないことになる。これは、本人の意思によって左右できない価値を人間の身体が有しているかどうか、という「人間の尊厳」の尊重の問題である。

（二）商品と作品と人間の尊厳

「人間の尊厳」の定義は論者によって様々でありうるが、人間の尊厳に「反するもの」を出発点とすることで、この根本的疑問に対する答えを模索することができよう。

一（二）で述べたように、臓器売買は「人間の尊厳の尊重」に反するという倫理的非難があり、実際に臓器移植法は臓器売買を禁止している。しかしそれだけで人間の尊厳からの倫理的避難を回避しえるであろうか。臓器売買の禁止の根拠は、「人間の身体を商品として扱ってはならない」というものであろう。しかし三（一）で指摘したように、臓器移植システムが、「商品としての身体」観に立脚しているとすれば、それ自体において「人間の尊厳」に反する恐れがあることになる。

そこで述べたように、現在のシステムにおいては、移植における匿名性が強く求められている。しかしそこに現れるような「譲渡されたら『もとの持ち主』の痕跡がいっさいとどめられない」（あるいはとどめるべきではない）という臓器の位置づけは、売買がなされない場合でも同様である。そのことは、「本来ならば報酬として金銭が支払われるべきところを、自発的に受け取りを放棄しただけのことであり、商品としての性格が消滅したわけではないのだ」と出口が指摘するとおりである。にもかかわらず、金銭取引に抵抗があり、「優しさとおもいやり」といった言葉を持ち出してボランティアという善意の名の下に覆ってしまおうとすること自体が、実は身体の「商品化」に対する後ろめたさのあらわれであるとも考えられる。少なくとも「移植医療や臓器提供を推進する側にとっては、臓器は『商品』なのである。」この点を無批判に通り過ぎてしまう意思表示カードの論理は、「表層的」と言わざるをえない。[47]

それでは「記号としての身体」観に転換しさえすれば、臓器移植が人間の尊厳の尊重に反する恐れはなくなるのであろうか。この身体観は、身体が単なる肉塊として扱われることを拒否し、本人（及び家族などの関係者）の人格を反映した形で扱われることを要求する。その際に身体が記号として象徴的に表す人格とは、本人の人生（及び本人との関係性）の締めくくりにふさわしいパッケージとして、本人（及び家族などの関係者）が主観的にイメージする物語であり、身体はその物語の完成に不可欠の配役を担っている。いわば人生の物語という「作品」の中での、個性ある重要な登場人物として、身体を位置づけることができよう。このことにより、身体は人生の「作品」の代替不可能な一部を構成することになり、「商品」として扱われることからは解放される。そのような要求を「身体の記号化への自己決定権」として、新たな自己決定権を構想することも、上述のように一応は可能であろう。しかし私たちは、人生の物語を全く自由に「自己決定」して構想することができるのであろうか。また、登場人物を思うがままに「記号化」して、配役することが許されるのであろうか。

（二）孤独な超越者への「自己決定」

万能のスーパーマンになりたいという欲求は、誰でも皆持っているかも知れない。しかし現実にスーパーマンとして生きようとするならば直ちに壁にぶち当たる。なぜなら、私たちが生きているのは、スーパーではない単なる人によって構成されている人間の社会であり、また私たちの身体も、スーパーマンとして生きる機能を持っていない有限な人間の身体だからである。このような人間の社会性と有限性を念頭に置かない記号化への自己決定は、それを徹底して推し進めていくならば、人間としての人格と身体を破壊する帰結を生むであろう。その危険性が大きい場合、「人間の尊厳」に反する恐れのある自己決定と位置づけられ、倫理的には否定されなければならない。

関正勝は、「尊厳ある死」の主張は「現代の病院の中での死に象徴される管理と操作の対象となった死から、人間の尊厳にふさわしい個別性、個有性を取りもどす主張である」と述べる。この指摘に従うならば、死において人間の尊厳を取り戻すということは、死の「管理と操作」からの解放によって死の人格的意味を回復することである。それは自分の今までの人生から、また人間関係から切り離された死は人間的ではない、という確信に基づく主張であり、それ自体は正しいと思われる。しかし、病院の「管理と操作」から解放された死が、今度は個々人に個別の「管理と操作」の対象になるとすれば、やはり死がその本人の人生と人間関係から切り離されてしまうことにならないだろうか。その危険性を関は次のように述べる。すなわち「『自分の命を生かそうとする者』とは、自分の手で自分の生存を確保しようとする者であり、そのために自分の生命を危険に晒す一切のものを排除するのであり、有限性のしるしである死をさえ遠ざけて自ら超越的であろうとする者である。彼は他者との関係を断って自己破壊的な孤独と相克のうちに死なざるを得ない。」このように、人間が有限な存在であるとするならば、死はその「有限性のしるし」の最たるものであり、死それ自体を否定しようとする人間の試みは必ずや失敗に終わるであろう。死を克服できないと分かっても、人間としての有限性を受け容れられない場合には、死に方や死亡後の身体を自己の「管理と操作」の下に置くことで、あくまで有限性に抗おうとするかも知れない。しかし、死を自己に対して「決定」されたこととして受け容れることを拒み、逆に死それ自体を「自己決定」の対象にしようとするとき、人間としての（有限な存在としての）存在性に反する物語を展開していく恐れが出てくる。これは有限者が超越者になろうとする試みであるが、人間が有限である以上、この試みは「自己破壊的」である。と同時に、個人に閉塞した「孤独」な生き方しかもたらさないであろう。病院において、身体が「管理と操作」の対象とされる際には他者との人間関係もそのための手段として「管理と操作」の対象になるのと同様に、「死の自己決定」においても、死に方や死亡後の身体が「管理と操作」の対象とされる延長線上で、他者もそのための手段として位置づけられざるを得ないからである。このような、人間の有限性（という存在性）を否定回避して死それ自体を自己の「管理と操作」の下に置こうとする「孤独な超越者への自己決定」は、いかにそれが「記号としての自己決定」であるとしても、倫理的に容認し得ない可能性がある。[48]

このことを脳死による臓器移植において具体的に考えてみると、ドナー本人が「自らの意思の力で、死亡後の自らの身体の命運を取り決める」のだという意思の現れとして臓器移植を望む場合や、[49] さらに本人の死を受け容れることができず、「見知らぬ他者の体内においてであるにせよ、臓器というかたちで故人にどこかで生き続けていてほしいという思い[50]」から家族が臓器移植を願い出る場合もまた、「孤独な超越者への自己決定」につながるものと言えそうである。

そして更に突き詰めれば、そもそも（死亡の定義を心肺停止から脳死へと動かしてまで）「死体（脳死した者の身体を含む）（第六条）」をレシピエントが生きるために用いようとすること自体、有限性に向き合うことの拒否に基づく、他者の死と身体の「管理と操作」のあらわれとは言えないだろうか。

（三）臓器移植は「隣人」愛の記号となりうるか

だとしても、脳死による臓器移植において、倫理的に容認しうる「記号化への自己決定」もありうるだろう。一つの可能性は「隣人愛」としての臓器提供である。例えば、病気に苦しんでいる他者の苦しみを自分の痛みのように感じ、隣人としてできる範囲の支援をしようという決意の現れとして臓器提供がなされる場合は、死の「管理と操作」とは異なった文脈の生き方に基づく自己決定と解することができる。死や病気という人間の有限性を抱えた者同士の「隣人」としての共感（共苦）に基づく「苦しみからの解放のための支援」は、人間の有限性の否定や回避と言うよりも、むしろ有限性に対する一つの向き合い方として、倫理的に肯定できると思われる。確かに臓器移植は多くの場合、単に苦しみからの解放というよりも、死という人間の有限性それ自体を拒否し乗り越えようとする性格を露骨な形で有しているように見えるけれども、ドナー側と同様レシピエント側も、この「苦しみからの解放」を第一の目的と考えているならば、隣人愛に基づく臓器移植に限り、倫理的に容認しうる可能性が開かれていると言えるかも知れない[51]。

ところが、臓器移植はレシピエントに「新たな苦しみ」をもたらす恐れも十分にあるのである。提供された臓器は、部品のように機能するわけではない。多くの場合レシピエントは拒絶反応に苦しみ、免疫抑制剤によってかろうじて死亡を免れる。臓器は本来、「商品」化のみならず、「作品」化もできない強い個性を有するものなのである。身体に「生命のリレー」と言われるような「隣人愛」の「記号」を担わせるためには、提供された臓器がレシピエントの中で、隣人愛の助け合いを表す「作品」として組み込まれなければならないが、そのためにはやはりドナーの臓器が「人類」共通とまではいかなくとも二者の間に共通に利用可能なものとして加工の対象になりうるものでなければならない。しかし、本質的にドナーの臓器は、レシピエントの人生の物語で一定の役割を果たす作品となることさえ拒むような登場人物なのである。

身体をレシピエントの一部にしようという商品化ないし作品化の努力は、免疫抑制剤の開発によって進められ、とりわけ一九七〇年代後半のシクロスポリンの登場により、飛躍的な効果を上げたと言われている。確かに急性拒絶反応を抑えることにはかなりの確率で成功したけれども、まず「消化管のリンパ腫のほか、急性・慢性腎毒性、高血圧、肝毒性、多毛症、貧血、神経毒性、内分泌と神経系の合併性、胃腸障害」、さらには躁うつ症状など、数多くの副作用がありうることが指摘されなければならない。更に深刻なことに、「晩期もしくは慢性拒絶反応の発生率の増加という結果」も生みだしている点を看過してはならない。五年後には三分の一から二分の一の移植臓器が拒絶されてしまうというのである。「このやっかいな免疫反応に対する現在唯一可能な対処法」は、二回、三回とまた別の臓器を再移植することしかない。しかしこの繰り返しは、臓器移植を一回的なドナーとレシピエントの出会いによる隣人愛の世界から、複数のドナーをレシピエントの自己生存のための手段として位置づける「管理と操作」の世界にどんどん近づけていくことになるのではないだろうか。臓器移植が、最初は隣人愛からスタートしても、結局は他者の手段化による「孤独な超越者への自己決定」に陥っていく運命に至る、ということを悟っているかのように、レシピエントの身体はドナーの臓器に拒絶反応を示し続ける。「他者からもらった組織や臓器に対する個体がもつ先天的な容赦のない不寛容」は、「作品」化も受け付けず、残り続けるのである。[52]

ドナーの臓器が完全にレシピエントのものにならないことは、現在の移植手術の目的と手法によっても決定づけられている。例えば心臓移植手術をする目的は、体内に血液を送り出すポンプの交換ということに集約されよう。それゆえ、パイプの部分から切り取ってつなぎ合わせる、という手法をもって手術が行われる。しかし、心臓は単に血液ポンプとしての機能を果たすだけではない。私たちは驚いたり悲しんだり緊張したときに、心臓がどきどきすることを経験する。つまり身体は、こころの状態と一体となって反応するという側面があり、とりわけ心臓は「どきどき」感覚を通して心と身体をつなぐ役割を果たしていると言える。その感覚を伝える働きをするのが自律神経であるが、心臓移植の際にはそれらは切断されてしまう。切断された神経を移植手術の際につなぐことは、心臓に関しては現段階では不可能のようである。[53] 心臓移植を受けたロバート・ペンザックは、この異物感を「私の中にエイリアンがいるようだ」と述べている。[54] 身体的な拒絶反応を何とか抑えることができたとしても、心を含めたその人の全存在における臓器の機能は、必ずしも他者の臓器によって代替しうるものではない。このことは心臓という、脳死による臓器移植の中心的な臓器において生じている、代替不可能性の現実である。

そして拒絶反応やどきどき感覚の喪失は、「自己に本来属してはいない他者の身体に由来する臓器が自己の身体にあることを、レシピエントに絶えず思い起こさせることになる」のだが、それは単に身体的に異物感を感じるということだけではなく、人格的アイデンティティの危機を生み出す可能性もある。例えば、自分の性格が実際に移植された臓器の持ち主の性格へと変化したと考えたり、二つの人生を生きている、あるいは別の人格として生きていると感じている患者もいる。ある心臓移植患者たちに対するインタビューでは、患者の大多数は自分の性格は変化していないと考えているが、しかし興味深いことに、その多くは質問に対して「すぐさまそんな考えはばかげていると答え、唐突に話題を変えたり打ち切ったりした」という。この態度は、臓器を単なる部品として理性的に位置づけることによって、自己の人格の中に他者の人格が入り込むことを防衛しようとしていると言えないだろうか。それだけ、移植臓器は自己の人格の中に他者が侵入してきたことの記号として働く力が極めて強いと考えられる。(55)

このように、当初の意図としては、有限性の共感に基づき生命を支える「隣人」愛による支援として臓器提供がなされるとしても、その気持ちとは裏腹に、ドナーは提供臓器を通してレシピエントの人格に対する「侵入者」となってその存在を揺るがし、悩ませるという結果をもたらしうる。身体的にも生命を支えることであると単純に言えないだけでなく、人格のアイデンティティを危機に陥れる恐れまである以上、臓器提供が本当に「苦しみからの解放」のための支援と言えるか、大いに疑問なのである。この点でも、脳死による臓器移植を「いのちへの優しさと思いやり」と簡単に言い切る意思表示カードの論理は、極めて「表層的」であると言わなければならない。

五　結　び――臓器移植における倫理と法

このように見てくると、脳死による臓器移植のみならず、臓器移植一般についても倫理的には懐疑の目で見ざるをえないことになろう。しかしだからといって直ちに、法的に全面的に禁止すべきである、ということにはならない。すべての臓器移植が、法原理を直接かつ明確な形で侵害しているとは必ずしも言えないからである。

まず、生体からの心臓移植や、脳死が法的に認められていない社会での脳死者からの臓器移植が行われるような場合を除いては、この世における主体性の喪失すなわち法的死をもたらす殺人行為のような「生命の尊重」原理の直接的侵害を臓器移植に見てとることはできない。これに対し、「人間の尊厳の尊重」という法原理から見ると、身体の「商品」化につながる臓器移植はもちろん、「記号」化の表明としての臓器移植も、「孤独な超越者への自己決定」に結びついてしまう場合、重大な侵害をもたらす恐れがありそうである。さらに、ドナーの臓器がレシピエントの身体的拒否や違和感を生み出すことに加え、人格的アイデンティティを揺るがすものであるとするならば、その臓器移植は「福祉の実現」に反すると同時に、隣人愛の記号になり得ずむしろ「人間の尊厳」にも大きく反した行為にさえなる。しかしながら、この点を逆に考えてみるならば、一定の疾患における一定の臓器の移植が、身体的にも人格的にも、上に取り上げたような深刻な問題をさほどは生み出さず、その割合も少ないことが明らかである場合には、その移植が（たとえ一面的あるいは表層的であっても）隣人愛の要素を含んでいる限り、少なくとも法的には、自己決定権の領域として容認しうる余地が出てくるであろう[56]。

但し法的容認の根拠は、「自己決定権」の尊重によるのだといった単純なものではない。臓器移植に直接間接に関わる法はむしろ、「自己決定権」を有効な武器として普及してきた現行の臓器移植システムや移植医療のあり方、さらには人々の生命への関わり方やその背後にある人格観、身体観の転換を迫るものでなければならない。そしてそのような形で「自由の尊重」の位置づけ直しを迫っていくことを通して、法は倫理を側面から支えていくべきものと言えよう。

第3節　改正法から展望する自由のゆくえ

ここまで、死期の自己決定、臓器提供の自己決定について批判的に検討することを通して、「自由の尊重」の法秩序における位置づけと、その倫理的及び法的意味の問い直しを試みてきた。議論の出発点に置いたのは二〇世紀末に制定された臓器移植法であるが、同法は二一世紀に入り大きく改正された。この改正は、上記のような「自由の尊重」の問い直しの観点から、どのように評価することができるであろうか。本節においてはその検討を通して、「自由のゆくえ」を展望してみることにしたい。

一　「公共的議論」なき法改正

二〇〇九年七月一三日に改正臓器移植法（臓器移植に関する法律の一部を改正する法律）が成立し、二〇一〇年七月一七日から完全施行された[57]。一九九七年旧法の成立後、三年を目途に「この法律の施行の状況を勘案し、その全般について検討が加えられ、その結果に基づいて必要な措置が講ぜられる」（旧法附則第二条）はずであったものが、一二年を経てようやく改正にこぎつけたのである。これだけの長い年月を経たのであるから、慎重で深い検討に基づいた、満を持した改正であったと受け止めたいところであるが、実際はそうではなかったと言わざるを得ない。

確かに成立した改正案（いわゆるA案）自体は、運用で一五歳以上とされている意思表示の年齢要件を一二歳以上として法文上明記するというB案とともに二〇〇六年三月に国会に提出され、脳死判定基準を厳格化しさらに生体からの臓器移植も規定に入れようとするC案は、二〇〇七年一二月に国会に提出されている。しかしこれらの案が審議されるのは、二〇〇九年四月（衆議院厚生労働委員会の小委員会設置）からである。その後出されたD案（家族の書面による承諾などにより一五歳未満の臓器移植も認める）も含め、四つの案が六月九日に衆議院本会議に回されて、六月一八日にA案が可決される。参議院では、六月二三日にE案（「臨時子ども脳死・臓器移植調査会」を設置する案で、これは小児の脳死臓器提供の先送りを意味する）、七月九日にA'案（A案のうち、第六条第二項を改正前のままとするもの）が提出されるが、七月一三日の採決でA案が可決されるに至る。このように、極めて短期間に成立した改正案であり、「両院での審議時間は、合わせてもわずか一六時間」であった(58)。

十分な議論が実質的にはすでに尽くされていて、A案についてほぼ異論がなかったからこのような短い時間で成立しえたのだ、というわけではないのは、目まぐるしく次々と対案が出されてきた経緯から明らかである。法案の提出順番如何によっては「A案は否決されていた可能性」もあったという指摘もある。いずれにせよ、参議院を含めると「6案もの法案が出たのであるが、その全てについて十分な議論が行われたかどうかは疑わしい」のであり、今後の国民の理解と協力を得るためには「6案について、国民的議論を促し、2、3案程度に集約し、一定の国民的コンセンサスを得てから採決を行う方が望ましかった」と言えよう(59)。

結局一二年の歳月を経た後も、一九九七年の法成立時と同様、脳死と臓器移植に関する根本的なレベルにおける「公共的議論」が展開されることなく法改正が行われたということになる。根本的レベルにおける議論とは、第1節一であげたような「脳死は人の死か」「法的に人の死と認めてよいか」「脳死者からの臓器移植を（法的に）認めるべきか」という「そもそも」論である。今回の改正における諸案の乱立も、この「そもそも論」の捉え方の対立に基づくものであるはずである。

第1節二で述べたように、一九九七年の旧法成立は逆に、国民の間でそのような根本的レベルの「公共的な議論」

を消滅させてしまう恐れがあるものであった。つまり同法の「三方一両損」的解決、すなわち脳死反対論者、臓器提供したい者、移植を求める者の三者の主張、生き方をそれぞれある程度認める「曖昧な解決」によって各人の「自由」の調整が図られたため、それ以上「脳死は（法的に）人の死か」といった根本的対立点についての議論を展開することが上手に回避されたのであり、そのことが法成立後、「脳死は人の死か」等々の根本的議論が一気に消滅してしまった最大の理由であると考えられる。これに対し、第1節三において「法における客観性に基づく公共的議論」が必要であることを指摘した。

残念ながら、二〇〇九年法改正はこのような「公共的議論」の喚起を意図するものではなかったと思われるし、また国民の側もそのことを期待しなかったと言える。[60]しかしそれでは、何のために改正がなされ、しかも極めて異例なスピードで改正がなされたのか。

一つは外圧、一つは内圧であろう。外圧というのは、「移植ツーリズム」禁止の国際的流れである。二〇〇八年五月に国際移植学会が、海外渡航臓器移植を禁止する「臓器取引と移植ツーリズムに関するイスタンブール宣言」を出した。さらに二〇〇九年一月には世界保健機構（WHO）理事会が、自国での臓器提供を増やして海外渡航移植を自粛を求める指針をまとめ、五月の総会で採択する動きがあった。WHOの指針は必ずしも海外渡航移植自体を禁止するものではなく、また総会での採択は延期されたが、この流れが改正を強く後押ししたことは確かである。[61]

内圧というのは、当時衆議院の解散総選挙が予測されていたためである。例えば参議院が衆議院と異なる議決をした場合、法案は衆議院へ送り返されるが、その場合に衆議院本会議が開催できない恐れがあり、改正が実現しない可能性が大であった。

もちろん、この外圧、内圧を国会が受け止めて対応しようとした背景には、法改正をしなければ救われないであろう患者の救済という目的が存する。「法施行後一二年近くも法改正がなされず、臓器移植を待つ患者団体や医学界等からの要請が一段と強まっており、国会には、この問題に一日も早く結論を出さなければならないという責務があったとも考え得る。その意味では、困難な政治状況のなかで採決に至ることができたことは、政治的には成功だったという評価も可能であろう」と言われる通りである(62)。

確かに患者や医療側からの切実な要請に対処するということそれ自体が不当というわけではない。しかしこの改正(プロセス)が政治的および法的に成功と評価しうるか、という点については極めて疑問である。一つは上述のような公共性という観点から見た議論の性格の問題であり、もう一つは、「法における客観性」という、公共的議論が向かうべき方向性の問題である。

患者すなわちレシピエント側の救済は「三方」のうちの「一方」の要請であり、その要請のみを汲み取ることは、根本的レベルでの公共的議論に直結するものではない。本来は、その「一方」と他の「二方」との間での対話を通して、法形成(改正)プロセスを展開していくのが、公共的議論の姿であろう。「三方一両損」的解決はその議論を停止させるものであるというのが第1節で述べた考えであったが、今回の改正はその停止段階からの公共的な議論「回復」を目指したものであったとは言いがたい。むしろ改正法は、「一方」の要請に力点を置いた改正であったと言える。そして、他の「二方」の納得や受容を確認する時間すら与えられなかったという意味では、三方一両損的解決よりももっと公共的議論から後退した解決であったかも知れないのである。

もっとも、改正法の登場から公共的議論につなげていくことも可能であるかも知れない。そのような契機を改正法は持っているであろうか。それは改正法が提示している議論の方向性次第である。上述の第1節の考えに基づくならば、改正法が「法における客観性」へと議論を方向づけるものとなっているかどうかが問題となる。しかし結論を先取りするならば、残念ながら、今回の改正はそのような方向性をもったものではない。

本節ではまずこの改正法の方向性について検討する。そしてその方向性に問題がある理由は、改正法が「一方」の要請に力点を置くものとなっていて公共的議論を支える性格を有していない点にあることを指摘するとともに、そのことがもたらす深刻な矛盾を明らかにする。最後に、その矛盾を解決し、公共的議論を回復するためには、第2節で展開したような、人格観にまで立ち戻った法的議論が求められる、ということを論じよう。

二　改正法の方向性——死期の決定と「法における客観性」

第1節においては、人の死の定義は法的決定であるべきで、旧法はそれを（家族及び）自己の決定に委ねるものとして批判した。「法が人間及び社会の（『多様』だけではなくて）『多元』的な存在構造を支える役割を果たすためには、世論の感情的反応の鎮静や、様々なレベルの利害や生き方を『丸くおさめる』単なる調整に向かうのではなく、その存在構造において果たすべき客観的役割に向かうべきであると考えられる」からであり、「脳死をめぐって問題提起された死期に関する自己決定に関して言えば、それを『自由の尊重』の問題にしないことが、法の果たすべき重要な役割」と思われるからである（第1節四）。それでは改正法は「死期の自己決定」を認めずに死期を法的に決定することへと転換したであろうか。だとすれば、改正前の議論経過は別にしても、改正後の議論を「法における客観性」の議論、例えば「脳死は『法的』に人の死と言えるのか」という議論を公共に開く契機として、公共的議論を一歩前に進めていく土俵作りと評価することが可能となる。ところがやはり、改正法はそのような契機としても極めて不十分であると言わざるを得ない。

A案は「脳死を一律に人の死とする」ものと報道された。そして実際に、旧法第六条第二項の「脳死した者の身体」の定義内の「その身体から移植術に使用されるための臓器が摘出されることとなる者であって」が削除され、改正法第六条第二項では「前項に規定する『脳死した者の身体』とは、脳幹を含む全脳の機能が不可逆的に停止するに至ったと判定された者の身体をいう」と改正された。この文言だけを読むと、確かに全脳機能不可逆停止という「脳死」判定をもって、法的にも一律に人の死とすることへと改正したかに見える。「脳死した者」と法的に認めるにあたって、臓器摘出は無関係とすると言うのであるから、死の法的決定において、臓器摘出に関わる人たちの意思は無関係になったように見えるからである。日本臓器移植ネットワークの「臓器提供意思表示カード」についても、改正以前においては「1．私は、脳死の判定に従い、脳死後、移植の為に○で囲んだ臓器を提供します。」という選択肢となっていたのが、新しいカードでは、「脳死の判定に従い」が削除され、「1．私は、脳死後及び心臓が停止した後のいずれでも、移植の為に臓器を提供します。」というように、「脳死判定に従う意思」の確認が省略されている。

しかしこの文言削除によって、「本人の『選択権』はやや背後に退き……比重が軽くなった[63]」とは言えるものの、それは「脳死を自己の死」として選択できる死期の自己決定権を否定したものではない。

城下の整理によれば、旧法における「死の概念」「死の基準」理解には、「脳死選択説・脳死二元説」（第六条第二項は二つの死の概念・基準を認めたもので、その選択は本人の書面の同意により認められる）、「脳死一元説」（脳死は「人の死」だが、第六条第二項は臓器摘出要件としての脳死判定については本人の同意が必要としたもの）、「違法性阻却説」（三兆候死説を採り、第六条第二項は生体である「脳死した者」からの臓器摘出を（同意）殺人罪の違法阻却事由の立法化とする）の三つがある。そして、脳死一元説の難点であった、脳死した者の身体とそれ以外の死体との扱いの差（旧法附則第四条により、本人の書面拒否以外の場合であって「遺族」が書面承諾しているときに、眼球、腎臓を第六条第二項の「脳死した者の身体以外の死体から摘出することができる」とされていた)[64]が廃止統一されたことによって、改正法は脳死一元説に親和的になったとは言えるとされる。[65]

とはいえ、第六条第三項を見ると、「臓器摘出に係る前項の判定は、次の各号のいずれかに該当する場合に限り、行うことができる」と規定されており、脳死判定がなされるケース自体が限定的、例外的とされているのである。つまり脳死は極めて限定的な死の概念、基準であることを明言していると言ってよいであろう。

そしてその脳死判定をするかどうかは結局、改正前と同様、本人と家族に委ねられている。脳死判定ができる場合は、第一に、提供者本人が臓器提供の書面での意思表示をしている場合であって、「かつ、当該者が前項の判定に従う意思がないことを表示している場合以外」であり、さらに「家族が当該判定を拒まないとき又は家族がないとき」である（第三項第一号）。つまり、本人が脳死判定拒否の意思表示をしている場合には脳死判定はなされないため、脳死とされることはない。また本人が臓器提供を望むと同時に脳死判定を受け容れていたとしても家族が反対する場合には、やはり脳死判定はなされず、脳死とされることはない。[66]

確かに、臓器提供の書面による明示的意思表示があれば脳死判定を受ける意思があると推定されることになった点は、少なくとも臓器提供を本人が望む場合には脳死をその人の死とするという原則が採用されたということであり、その意味では原則と例外の転換がなされたと言ってよいであろう。そして脳死判定ができる第二の場合として、本人に臓器提供にも脳死判定にも反対意思表示がないときに「家族が当該判定を行うことを書面により承諾しているとき」が加えられた点に鑑みるとき、脳死が人の死とされる事例が多少なりとも増加していくことが予想される。

しかしながら、「脳死が自分の死」であるかどうかを本人（及び家族）が選択できる枠組みは依然として変更されていないのである。町野の整理に従えば、改正法も一九九七年法の次の枠組みを引き継いでいる。すなわち①脳死判定されたときに脳死がある。②臓器提供のときには脳死判定がなされるから、そのときには人の死としての脳死が存在する。③臓器提供以外の局面では、脳死判定が行われないから、脳死はない。④家族が脳死判定を拒むときには脳死判定が行われないから、人の死は存在しない[67]。

このような、改正法が「脳死は人の死」との法的決定へと向かおうとしていない姿勢は、「脳死体」といった表現を用いることなく、依然として第六条第一項の「死体（脳死した者の身体を含む）」といった文言が維持されていること、そして「遺族」という表現に変更することなく、依然として頻繁に「家族」という文言が用いられていることにも表れている。

選択権容認という点での変更はないのに、そしてまた他の文言は維持されているのに、第六条第二項の文言（「その身体から移植術に使用されるための臓器が摘出されることとなる者であって」）だけを、敢えて削除する必要がなぜあったのか。臓器提供は脳死容認と結びつくという原則を導入することが、「脳死を自己の死」とする選択権行使を理論的にも実体的にも例外的にするという意味では、人の死を「法における客観性」の領域に引き戻そうとする公共的議論への一歩前進のため、と解することも何とかできるかも知れない。しかしその理解は恐らくは事実と反するであろう。

例えば、旧法の第六条第二項のままでは（参議院で提出されたA'案も同様）、「現実的には、脳死は臓器提供する者に限って定義されるため、本人意思が不明なときに家族が臓器提供に同意する場面では、その人の死を家族が決定することになるという、大きな矛盾があった」と指摘される。この指摘に従うならば、改正法は「『脳死した者の身体』を臓器提供と無関係に定義する」ことによってこの矛盾を回避することを可能としたということになる[68]。しかし上述のように、「脳死した者の身体」の定義から「その身体から移植術に使用されるための臓器が摘出されることとなる者であって」という文言が削除されたからといって、「その人の死を家族が決定」しなくなったということにはならない。改正法第六条第三項によれば、本人の意思が明確な場合でも（第一号）不明の場合でも（第二号）、「脳死した者の身体」かどうかの（改正法では唯一の）決定的基準である「脳死判定」をするかどうかは、最終的には家族の決定如何によるのであり、結局は家族がその人の死を決定しているのである。

家族は脳死「判定」のみに同意するのであり、「脳死をその人の死とする」ことに同意しているわけではない、と言うことには説得力がない。臓器移植法に基づく以上、家族が脳死判定に同意することイコール本人を「身体から移植術に使用されるための臓器が摘出されることとなる者」とすることなのであり、改正によってこの文言を削除したからと言って、家族の決定により「脳死をその人の死とする」構造は、旧法と何も変わっていない。本人の意思不明の場合に家族が臓器提供に同意することと本人の死を家族が決定することの間には何らかの論理的な「矛盾」があるとは思われないし、たとえそれが「矛盾」であるとしても、その矛盾は第六条第二項の文言削除によっては解決されていないのである。

にもかかわらず、どうして文言削除が行われたのか。それは、家族によってなされるところの、本人を「その身体から移植術に使用されるための臓器が摘出されることとなる者」にするという決断が、本人の「死」をもたらす決断でもあるのだ、ということの「印象を和らげる」ためであったと解される。

旧法から変わったことは、本人の意思が不明な場合にも（臓器提供を可能とするために）、家族の決定「のみ」によって「脳死をその人の死とする」ことができるようになった点である。改正以前において脳死判定が行われるためには、本人の脳死判定に従う書面による明示的意思表示があった上で、家族は判定を「拒まない」だけでよかった。そのようなある意味で二次的かつ受身的な位置付けであったのが、改正法においては、本人の意思が不明の場合に関しては、家族は自らが「当該判定を行うことを書面で承諾」するという、一次的かつ能動的な位置に立たされることになった。このような立場に家族が立つとき、臓器提供を躊躇させる要因を少しでも取り除くために、文言削除が行われたのではないだろうか。それ故「移植医療の現場、臓器提供の現場から見ると、Ａ案が最もふさわしい改正案だった」[69]ということになる。

第六条第二項の文言削除は、直截に言えば、より多くの移植臓器の確保のためになされたのであり、法的死の客観的位置づけに向けた公共的議論への第一歩を目指されたものではなかったと言えよう。

三　改正法のもたらす矛盾――自由尊重と「自己決定」

このように、基本的に改正法は、移植臓器の確保促進を目指した改正である。しかしその主眼は子どもの臓器移植の実現にあったと言われる。改正法は「『本人の意思が不明な場合には、家族が書面で承諾すれば脳死臓器提供が可能』となるもので、年齢制限がないので、小児にも心臓移植や肺移植の道を開けたものであ」[70]り、結局「今回のわが国の議論としては、幼い子どもについて国内での移植に道を開くというところから、その解決のために『拡大された承諾意思表示方式』が導入されたみたいなところがあります」と指摘される通りである。しかし「本来は、臓器提供一般の問題として『拡大された承諾意思表示方式』が相当かどうかを検討し、そのうえで子どもについてはどうするかを検討していくというのが順序であろうと思う」と言われているように[71]、子どもの臓器提供実現は、（法的死の位置づけ〔親が子の死期を決定してよいか〕に関する公共的議論の帰結を待ったものでなかったことはもちろんであるが、それに加えて）身体処分の自由（親が子の「身体の処分」をなす権限をもつか）に関する公共的議論に基づく帰結ではなかった。このことは、子ども（特に乳幼児）の脳死による臓器提供の正当化根拠が不明確なままであるという大きな問題を生み出している。

臓器移植法第二条第一項第二項に定められている臓器提供における基本的理念は、「死亡した者の意思の尊重」ひいては「提供の任意性」である。旧法における（指針に基づく）一五歳以上の書面による意思表示を条件とする臓器提供は、なぜ遺族の拒否権が認められるかについての説明が必要とされるものの、この基本的理念に一定程度合致していた。しかし改正法において、明示の意思表示がない場合でも家族の承諾によって臓器提供が可能となったことで、基本的理念との齟齬が問題となる。

それでも法的に尊重するに足る意思表示が可能と認められる年齢（指針では一五歳以上）の者に関しては、たとえ書面を残していないとしても提供に関する口頭の意思表示がある場合には本人の「代弁」という論理で、さらに口頭の意思表示すらない場合であっても本人の意思の「忖度」という論理で（もし本人ならば提供の意思表示をしたであろうと推量して判断する）、何とか基本的理念との不一致を回避することが可能であろう。

ところが、乳幼児等はそもそも臓器提供のような事項に関する意思表示が可能でないのが一般的であろうし、たとえ何らかの意思表示があったとしても、意思能力ある主体としてその意思表示を法的に尊重することは困難であろう。そうであるとすれば、なぜ親は子ども、特に乳幼児の臓器提供を決定しうるのであろうか。このように、子どもの臓器提供実現を貫こうとするほど、上述の臓器移植法の基本的理念との齟齬、矛盾が露呈してくるように思われる。

基本的理念を変えるべきでないとするならば、子どもの臓器提供実現の方を諦めるべきではないのか。そうではなくてあくまで子どもの臓器提供を実現しようとするのであれば、臓器移植法の基本的理念それ自体の何らかの修正が必要となるのではないか。（特に子どもの）臓器確保が改正法の主たる目的であるというのであれば、実はこのような身体処分の是非とその根拠、そしてそもそも「身体（遺体）は誰のものか」という（第2節で扱った）根本的な問題に対する公共的議論が、改めて喚起されなければならない。

上述の臓器移植法第二条の基本的理念に最も整合的な考えは、臓器提供しようとする本人の自由のみを尊重する強固な自由主義的立場であると思われる。しかしこの立場に基づく場合、やはり親の判断による子ども、特に乳幼児の臓器提供の根拠づけは困難であり、諦めるべきことになるのではないだろうか。乳幼児の場合、上述のように本人の意思を「忖度」することは事実上及び法的に無理だと思われるからである。もちろん子どもの場合には、親が「子どもの利益」のために「代諾」するパターナリズムの余地を認めることは、自由主義的立場からも可能であろう。しかし「一般の医療においては、未成年者の場合は親権者が、知的・精神障害者の場合は近親の家族が本人の『代諾』を行うことができるが、臓器提供の場合は本人に対する利益性・必要性の点で一般の医療と同一視することはできない」と考えられる。(72) 自由主義の観点からすると、臓器提供が当該子どもの自由を拡大すると言うことができないからである。本人は自由を展開する主体性を、既に「この世」では喪失しているのである。

臓器提供が、他の子どもの「自由」拡大に資するという面はある。(73) しかしそれは「死亡した者の意思の尊重」と「提供の任意性」という当事者本人の自由尊重から、自由一般の重要視という「親」の価値観尊重、あるいは自由拡大という社会的利益尊重へと、臓器移植法の基本的理念を移行させることになるであろう。このような「自由」をめぐる基本的理念の変容を認めるべきか。子ども（特に乳幼児）の臓器提供を認める前には、あるいは確固たる根拠をもって認めるためには、このような基本的理念をめぐる根本的議論が必要なのである。

それでは他の子どもの自由の拡大のために、脳死状態に陥った子どもの臓器提供を（その子ども本人の意思とは無関係に）行ってよいのであろうか。改正法の枠組みでは、他の（病気を抱えた）子どものために、脳死状態に陥った子どもを（脳死判定をするという親の承諾によって）死亡した者とするプロセスを設定した上で、臓器提供がなされる。脳死判定後に初めて死亡した者とされるのであるから、脳死判定をするという親の承諾がなされる段階ではまだ法的には生きた者である。確かに前者の深刻な病気を抱えた子どもは救済を要するという意味では弱者であるが、後者の脳死状態に陥った子どもは瀕死状態にあるという意味でもっと弱者であるとも言える。病気から解放される自由拡大が、より弱い者を（本人の意思不明の場合でも）死亡させるという人為的なプロセスを通して実現する臓器移植法の枠組みは、全体としての自由拡大を優先させる功利主義的色彩が強く、少なくとも好ましいとは言えないのではないだろうか。自由尊重は本来より弱い立場の者のためにあるのだというスタンスに立つ場合には、（親の承諾による脳死判定により死に至るというプロセスを変更しない限り）自由拡大のための脳死判定と臓器提供には疑問が呈されて然るべきであろう。それがたとえ「自由一般の重要視」、すなわち他の子どもの自由拡大のために、という提供側の親の真摯な要望によるものであっても、関係する当事者の中で最も弱い立場にある脳死状態に陥った子どもの（法的に死亡した者でない限り持つ）生きる自由との比較衡量はしてはならない、というのが、徹底した自由主義的立場であろう。結局、臓器移植法の基本的理念を貫くならば、（意思不明の者及び）子どもの臓器提供は諦めるべきということになるのではないだろうか。

もちろん、「死亡した者の意思の尊重」「提供の任意性」ではなくして、「移植を求める者の健康回復あるいは自由拡大」を基本的理念として謳うことにするならば、乳幼児の（脳死判定及び）臓器提供に関しても、正面から認容可能となる。しかしそれは、移植を求める者に「一方」的に偏った立場となろう。

移植希望者の自由拡大一辺倒で提供可能なケースをどんどん広げていくことは、脳死状態の者及びその家族にとって提供への圧力が加えられていくことになる。改正法の動きを見るとき、今後、そのような流れが加速する恐れが十分にある。これに対し、自由主義的立場は提供への圧力に対する抵抗の論理となり得るが、それが提供者本人の意思尊重一辺倒である場合、意思が確認できない者（「忖度」すらできないと考えられる乳幼児も含め）の臓器提供は一切認められないということにもなる。そうではなくて、脳死状態の者（ドナー）及びその家族が、意思尊重一辺倒ではない形で、移植希望者（レシピエント）側の要請と向き合い対話をすることのできる考え方はないのであろうか。それが第2節で論じた「物語としての人格観」であると思われる。

四　結　び――人格を軸に据えることによる自由をめぐる公共的議論の回復へ

物語としての人格観とは、「人格を物理的支配や意識の消滅という事実的な一側面に還元するのではな」く、「人生のトータルな物語の主体として位置づける」人格観である。この人格観に立つ場合、死んだ人は、死亡の瞬間に無になって消えてしまうわけではない。その人（ドナー）の人生の物語は、死亡した後もなお終わっていない（生きている）のであり、「今までの人生にふさわしい死亡後の扱いをされて初めて、その人の人生の物語が完結」するのである。この人格観からすると、ドナーの意思を尊重する根拠は、「自分の身体は自分のもの」だから自由に処分できるということにあるのではなく、「自分の物語の完結」に向けた指示だからである（第2節三（一））。

しかし物語としての人格観は、死亡という出来事が死者（ドナー）の物語だけでなく、その近親者（ドナーの家族等）の物語にとっても重要な意味をもつこととして位置づけられることを求める。従って全ての人の人格が尊重されるべきとするならば、死亡後の身体の扱われ方については、ドナーだけでなく、ドナーの家族等の意思も尊重すべきことになる。問題は、ドナーの意思とドナーの家族等の意思のいずれが優先されるべきかであるが、この点に関しては、人生の物語の展開可能性という観点から、ドナーの意思が尊重されるべきと言える[74]。但し、死亡した者の意思が不明な場合には、家族等は、死亡者本人の物語の完結という立場から、本人の意思を推測して「忖度」する決定をしてもよいだろうが、家族等の物語の立場から、どのように死亡者の死を受容するかという観点に基づく決定をしてもよいだろう（第2節三（二）（三））。

このような物語としての人格観に立つ場合、意思が確認できない者、特に意思の「忖度」すらできないと考えられる乳幼児が死亡したときの、家族等の意思決定による臓器提供に道が開かれる可能性が出てくる。上記三で見たような、臓器不足解消や子どもの臓器提供を求める立場と、自由主義的立場の間に生じる矛盾を解消し、ドナー及びその家族等とレシピエント側の対話の場を回復させるためには、物語としての人格観を現状に対する問題提起として受け止めていくような、「人格観」レベルにまで立ち戻った法的議論が必要なのである。

もっとも、物語としての人格観に立つからといって、子ども（特に乳幼児等）の臓器提供を、近親者（親など家族等）の死の受容の物語の問題として、家族等の「自家決定」に完全に委ねてよい、と言うことには必ずしもならないことについて、二点、付言しておく。

まず第一点は、乳幼児等の人生の物語の特殊性である。有効な意思表示が可能な年齢の者（成人等）については、死亡後の身体の扱いについて本人の意思表示が可能であるのにしなかった、考えることができたのに考えなかった、と一応のところ言うことができる。従って、自己の物語にとって死亡後の身体の取扱いは、本人にとってそれほど重要でないと考えていたと推定することができるので、家族等の物語の方を優先しても不当とは言えないのである。本人の物語が優先されないのは、厳しい言い方をすれば、死亡後の身体の取扱いについて考える能力と機会があったのに考えなかった本人に責任があるのである。だとすれば、そのような能力と機会があるとは言えない乳幼児等の場合に、成人等と同じレベルで、家族の物語を優先してよいとは言えないのではないだろうか。この点に鑑みるならば、成人等の場合には、本人の物語の観点（意思を何とかして「忖度」する形で）からでも、また家族等自身の物語の観点（家族が最も本人の死を受容しやすい物語の中に位置づけるという形で）からでも、いずれに基づいて家族が臓器提供を決定してもよいとしても、乳幼児等の場合には、後者の観点は排除されるべきであると思われる。あくまで、乳幼児等本人の物語が短いなりにどのように完結されることが最も本人にとってふさわしいか、という「本人の物語」の観点から考えるべきであろう。そしてその人生が短いほど、どのように完結されることが（そのような運命を背負された）「人間として」ふさわしいか、ということの考慮の余地が大きくなってくるであろう。「忖度」できる本人の主観的意思を見出すことが難しい以上、「本人の物語」の完成は、本来ならこのような「人間」に育っていくべきであったという将来の物語の中に、死亡に至ってしまった運命を位置づけていくという形にならざるをえないからである。この判断は結局、家族の子どもに対する期待や願望と同じこととなるように見えるかも知れないが、しかし理論上はあくまで子どもの物語の観点からの判断であって、家族の物語（家族自身の慰め）の観点からのものではない。(75)

第二に、「人間の尊厳」という観点からの限界について考慮する必要がある。第2節四で見たように、臓器を「商品」（これは単に売買対象とすることだけを意味するのではなく、代替可能な部品とみなすという意味も含まれる）として扱うことに対して批判的な立場に立つとすれば、臓器もその人に一身専属的な「個性」を有するのであり、とりわけ人間の人格的アイデンティティに密接不可分に関わる臓器（少なくとも心臓）について移植の対象にすることには疑義を呈さざるを得ない。(76)これは、現在の臓器移植法の方向性それ自体に対して疑問を投げかける考えである。この考えは、乳幼児等に限らず全てのドナーに関わる大きな問題提起であるが、その賛否を論じるためにも、やはり人間人格と

いうレベルまで立ち戻った法的議論が求められるのである。(77)

〈はじめに〉

(1)　ジョン・ロック（鵜飼信成訳）『市民政府論』（岩波書店、岩波文庫、一九六六年）一〇頁。なお、前篇も含めた全体訳として、加藤節訳『完訳・統治二論』（岩波書店、岩波文庫、二〇一〇年）が出ている。John Locke, *Two Treatises of Government* は、一六八八年のイギリスの名誉革命を根拠づける意図で書かれ、その後もアメリカ独立宣言をはじめとして、各国の政治や憲法の枠組みに重要な基礎を与えた著作である。その中でロックは、政治社会及び政府というものは、自然状態において個々人が有するプロパティ（生命・自由・財産）を保全し、安全で平和な相互生活を営むことができるように、本来個々人に属する争いを決定し犯人を処罰する権力を当該個々人の同意によって信託するところに成立する、と述べる。従って、憲法の骨組みは、個人の自由を実現するための権利保障と権力分立、ということになろう。政治や法の究極的目的は個人の自由にあるとされるのである。ここに引用した部分は、ロックによる自然状態の説明であり、その文は、「それは完全に自由な状態であって」という言葉から始まる。個人の完全な自由が原点とされるということである。

但し、「自然法の範囲内で」という留保がつけられていることも指摘しておかなければならない。ロックの言う自然法には「何人も他人の生命、健康、自由または財産を傷つけるべきではない」ということの他にも「各人は自分自身を維持すべきであり、また自己の持ち物を勝手に放棄すべきではない」「自分自身の存続が危うくされないかぎりできるだけ他の人間をも維持すべき」（一二―一三頁）、「腐らないうちに利用」できる分だけしか所有してはならない（三六頁）といった規範が含まれていると考えられる。従ってロックの考えに厳密に従うならば、他者を攻撃侵害しないケースであってもすべて自己決定権の領域に含まれるとは限らない。この点をどのように解するかは、自由主義的アプローチの課題となろう。

なおここでは鵜飼訳を引用したが、参考までに加藤訳は以下の通りである。自然状態とは「人それぞれが、他人の許可を求めたり、他人の意思に依存したりすることなく、自然法の範囲内で、自分の行動を律し、自らが適当と思うままに自分の所有物や自分の身体を処理することができる完全に自由な状態である。」（二九六頁）

(2)　日本でも一九九七年に医療法が改正され、医療における自己決定権を体現するinformed consent（説明と同意）に近い内容が規定されるに至った。すなわち、第一条の四第二項「医師、歯科医師、薬剤師、看護師その他の医療の担い手は、医療を提供するに当たり、適切な説明を行い、医療を受ける者の理解を得るよう努めなければならない。」但し、そこで定められているのは「努めなければならない」という努力義務規定であり、得なければならないのは患者の「同意」ではなくて「理解」とされている。

そしてその後の改正においても依然として、患者の「権利」という文言を法の中に見ることはできない。

（3）　佐藤幸治によれば、自己決定権（最狭義の人格的自律権）は「一定の個人的事柄について、公権力から干渉されることなく、自ら決定することができる権利」であり、その個人的事柄は例えば、「自己の生命、身体の処分にかかわる事柄」「家族の形成・維持にかかわる事柄」「リプロダクションにかかわる事柄」「その他の事柄（服装・身なり、喫煙・飲酒、登山・ヨット等々。但しこれはそれ自体として憲法上の端的な保障類型とまでは言えないとされる。）」といったような事柄である、とされる（『憲法（第三版）』青林書院、一九九五年、四五九―四六一頁。『日本国憲法論』成文堂、二〇一一年、一八八―一九二頁）。

〈第1節〉

（4）　以下、改正前の法を「旧法」、改正後の法を「改正法」という。

（5）　一九九九年以降、脳死下の臓器提供件数は毎年三件から一三件で、この間の総計は八三件であったが、改正法の施行（二〇一〇年七月一七日）以降、二〇一〇年は三二件、二〇一一年は四四件、二〇一六年は六四件、二〇一七年は七六件、二〇一八年は若干減少したが六六件に上っている。

（6）　例えば、波平恵美子の次のような論述が代表的なものとしてあげられよう。「重要なことは、臓器移植が『よい状況』で行なわれる場合を考えてみると、その多くは事故死あるいは突然死で亡くなった人がドナーとなってくれる場合である。ところが日本人は伝統的には死というものを段階的に認めるのであり、ある瞬間もしくは非常に短い時間に死が起こるという考え方をしなかった。そしてこの考え方は今日でも潜在的な意識として存在していると推測できる。また前章で述べたように、死体を傷つけることを一種タブー視する傾向もあり、臓器移植をめぐる問題のなかで、おそらく最後まで残るであろう深刻な問題として、ドナーの確保という難問があると考えられる」（『脳死・臓器移植・がん告知』福武書店、一九八八年、五一頁）。

（7）　一九九六年九月の廃案後、移植学会は「法がないまま移植を実施せざるを得ないという厳しい状況に追い込まれても、一般市民の幅広い指示で何とか乗り越えられる」ような準備を自ら始めることを決断し、「活動指針」を作り始め、それを一九九七年四月一二日に公表するに至った。指針の内容は、「様々な角度からのチェックシステムの監視のもとで臓器移植を実施する」ことをはじめとして、レシピエント選択システム、移植実施施設、支援体制についてである（中島みち『脳死と臓器移植法』文藝春秋、文春新書一四〇、二〇〇〇年、五〇頁）。なお、この公表の前に移植学会が発表した骨子の最後でも、「今のところは法案をまず通すことが先決である。現段階での脳死臓器移植はその足かせとなるようなことになるのでしないが、もし法案が否決される場合は本人の提供意思があろうとなかろうと移植はやってしまう」と述べられている（日本医事新報一九九七年三月二九日号。

阿部知子「日本移植学会『臓器移植マニュアル』批判」脳死・臓器移植を考える委員会編『愛ですか？　臓器移植（増補改訂版）』社会評論社、一九九九年、四六頁から引用）。

（8）　例えば法成立前は、新聞上において「脳死は人の死か」という議論と共に、「脳死は人の死」法案、「脳死は死でない」法案という表現がよく見られたが、成立後はそのような修飾語なしに単に「臓器移植法」という表現が用いられている。成立した以上、その法律名（の略称）を用いるのは当然のことかも知れないが、報道内容も脳死による臓器移植の肯定を前提とした上でのものに変わっている。「脳死は人の死」法案という表現の消滅は、同時にそういった問題意識が、脳死や臓器移植を報道するスタンスから消滅したことも表していると思われる。

なお、こののち明らかになるように、本章では死と死亡は区別されるべきものと考えている。死亡は死亡時刻という用語に表されているように、（法的または医学的に）生存している人とは言えなくなる時点を指す。その意味で捉え直すと、「脳死は人の死か」という問いは、本節では「脳死は人の死亡か」という問いである（これに対し第2節では「脳死は人の死亡であるとしても人の死と言えるか」という問いになる）。本章は、曖昧なままの慣用的な用いられ方から両者の区別を浮かび上がらせていく作業でもあるため、「脳死は人の死か」という一般的な表現をそのまま用いることとするが、本節（及びその文脈で用いられる場合）においてはそれは「脳死は人の死亡か」を意味するものであることを注記しておく。

（9）　高知新聞社会部「脳死移植」取材班『脳死移植――いまこそ考えるべきこと』（河出書房新社、二〇〇〇年）は、ここに挙げたような問題点を初の脳死移植の経過を振り返りながら詳細に検討した最後に、「いまこそ考えるべきこと」という章の中で、「脳の機能を失った人」を死亡したと見なしてよいのかという「大切な根元的問いは置き去りにされたまま」であることを指摘する。もっともこの書では、その根元的な問いに答えるのではなく、死を軽んじないブレーキの役割を現行の臓器移植法に期待する、という結論で終わっている（早すぎる死をもたらそうとしたり、臓器不足により価値ある命と価値のない命を選別しないような「公平、公正で、透明性のある移植医療」をもたらす役割、「考えがまとまるまで『自己決定しない』こともできる社会」を維持する役割、「家族の心」を守る役割、そして「より大量に、気軽に、簡単に」臓器移植ができるように意思表示カードやシールが配られるような風潮に警鐘を鳴らす役割。一九〇―二一六頁）。

（10）　脳死臨調の多数意見は、一九九一年に実施された世論調査を根拠として（賛成四四・六％、反対二四・五％）、脳死は「概ね社会的に受容され合意されて」おり、反対は今後かなりの程度解消していくことも予想される、とする。もっとも、少数意見は、九一年一月の読売新聞の世論調査を根拠として、現段階及び将来における社会的合意の成立の可能性を否定する（葛生栄二郎、河見誠『いのちの法と倫理（第三版）』法律文化社、二〇〇四年、二六七頁）。

(11) 甲斐克則「臓器移植法」『年報・医事法学一三』(日本評論社、一九九八年) 一六〇頁。

(12) 朝日新聞二〇〇一年二月一九日夕刊(「日本人はなぜ捜索にこだわる。死生観の違い浮き彫り」という記事参照)。「スリッパ一つでも」と述べた男性は、「こんな日本人の気持ちが分かってもらえず、原因に関係ありそうなものしか拾ってもらえなかったのではないか」と続けている。なお波平は、航空事故が起きたときの日本人遺族の特徴として、①何とかして遺体の確認を行なおうとし、遺体の収集に努力する、②必ず自らの目で遺体の確認をしようとする、③肉親が亡くなった現場に訪れることを強く望む、という点を挙げている(波平・前掲書一八―一九頁)。また、波平の引用する一九八五年日航ジャンボ機墜落事故の遺族の文集の中には、「遺体はもちろんのこと遺品の一部もない」「遺体も遺留品も全く確認すら出来ず」といった言葉が見られ、日本人遺族が「遺体が見つからないのならせめて遺品を」という気持ちを持つことを表している(三七―三八頁)。

(13) 毎日新聞二〇一二年六月一八日夕刊(「米マッキンリー雪崩：4人の捜索打ち切り　登山隊のロープ発見」という記事参照)。

(14) 日本臓器移植ネットワークのホームページによれば、心臓死下の臓器提供を合わせた数は、二〇〇九年一〇五件(脳死下七件、心臓死下九八件)、二〇一〇年一一三件(三二件、八一件)、二〇一一年一一二件(四四件、六八件)であった。そして二〇一四年には七七件(五〇件、二七件)にまで落ち込み、二〇一六年は九六件(六四件、三二件)、二〇一七年は一一一件(七六件、三五件)、二〇一八年は九五件(六六件、二九件)にとどまっている。

(15) 改正法により「脳死は一律に人の死」とされたというのは誤解であることについては、倉持武「合法性と倫理性」『シリーズ生命倫理学3　脳死・移植医療』(丸善出版、二〇一二年)一―一八頁参照。

(16) この点について、前掲・甲斐論文においては、「他に『人の死』についての定義規定がない以上、臓器移植のための法律とはいえ、この規定を根拠に、このような場合や尊厳死の場合に脳死が『人の死』だとする傾向は強まるであろう」とされている(一五七―一五八頁)。実務的には脳死をもって死亡とすることが定着しつつあるが、法解釈上はなお確定的とは言えない。それは本章第3節二で見るように、法改正後も同様である。

(17) デイヴィッド・リースマン(加藤秀俊訳)『孤独な群衆』(みすず書房、一九六四年)。リースマンは、現代(アメリカ中産階級)社会は初期的人口減退段階となるに伴い、他人志向型の性格類型を特徴とするようになってきた、とする。しかし他人志向型の性格自体を決して否定的には解さない。「偽りの人格化」や「強制的な私生活化」を取り除くことによって、その性格と生活に留まりつつ「自律性」を手に入れることができると考えるのである。曰く、「もしも、他人志向的な人間が自分がいかに不必要な仕事をしているか、そして、自分自身の考えだの、生活だのというのがそれ自身他人たちのそれと同じように実に興味深いものであるということを発見するならば、彼らはもはや群衆の中の孤独を仲間集団に頼って、やわらげることをしないでもすむようになるであろう。人間はそれぞれの個人の内部にくめどもつきない可能性をもっているのだ。そのような状態になったとき、人間は自分自身の実感だの、抱負だのにより多くの関心を払うようになるにちがいない」（訳書二八四頁）。しかし私見によれば、孤独な群衆は他人志向型のままでは自律性を回復することはできないだろう。自己と他者を客観的に定位できる原理を認めることによってはじめて、関係性の中での自己の主体的展開が、独りよがりでもなく無節操にでもない形で可能になるのではないだろうか。現代は、内部志向型と他人志向型の両方を超えた性格類型が必要とされている時代なのではないかと思われる。この点を法理論のレベルにおいて展開したものとして、拙著『自然法論の必要性と可能性――新自然法論による客観的実質的価値提示』（成文堂、二〇〇九年）参照。

(18)　松原隆一郎は、消費資本主義の第四類型「専門型・電子資本主義」の登場はむしろ「消費文化の貧困」あるいは倦怠を引き起こしており、それは「専門的なのに追随的」な「関心の共同体」による消費が展開されるに過ぎないからであるとする。例えば五〇〇万枚のＣＤが一ヵ月ではけるというような「短期間に売り切る」という現象を生み出す「関心の共同体」は、極めて狭い世代で形成され、「世代や関心を異にする」者たちからはあたかも別世界のように孤立している。「関心の共同体」は「関心外への無関心」なのである。この孤立は恐らく、インターネットにより形成される、「追随的でない」関心の共同体において、さらに断片化を増幅させていくであろう（松原隆一郎『消費資本主義のゆくえ』ちくま書房、二〇〇〇年、二二六―二三四頁）。そこではもはや「関心の共同体」は共同体と言えるかどうかすら疑問が生じてくる。石井洋二郎に従えば、そのような人々の群がりは、「オタク」（かろうじて二人称代名詞である）現象から「マイブーム」（一人称代名詞）への展開に象徴される、「共同性を前提としない『マイカルチャー』への収縮過程」と位置づけられる。「ブームは『私』の中で沸きかえり、『私』の中で沈静化するばかりで、決して集合的に共有されることはないし、共有されることが期待されてもいない」（石井洋二郎「マイカルチャー・ショック」大航海三八号、新書館、二〇〇一年、一二四頁）。そして今や実際に、孤立、孤独、無縁という言葉も社会現象もますます一般化してきている。これは高齢社会化だけに起因するのでなく、現代という時代全体がもたらしている状況と捉えるべきであろう。河見誠「二一世紀の労働権――生存権としての労働権から人格的生のための労働権へ――」（青山学院女子短期大学紀要第五七輯、二〇〇三年、四七―七〇頁）参照。

(19)　エゴイズムを、これらの人間性喪失からの回復の一つの切り口として、積極的に意味づける説得的な議論もある（住吉雅美『哄笑するエゴイスト』風行社、一九九七年）。そこで本稿では批判対象とすべきものを、漠然とした表現ではあるが、「悪しき」エゴイズムと限定しておいた。

(20)　田中成明「転換期の法思想と法学」『岩波講座　現代の法一五　現代法学の思想と方法』（岩波書店、一九九七年）においては、「最前線の諸潮流が台頭してきた背景やその主張内容には共鳴を覚えるところも少なくな」いが、「いずれの潮流も」自由主義及びそれを基盤とする立憲民主制的な法システムに「全面的にとって代わりうる整合的で実行可能なヴィジョンを提示しているとは思われない」とされる（三〇頁）。田中成明『現代法理学』（有斐閣、二〇一一年）四四〇―四四三頁参照。

(21) 平野龍一「三方一両損的解決――ソフト・ランディングのための暫定的措置」ジュリスト一一二一号（一九九七年一〇月一五日）三〇頁。改正法においては、ある程度三者の主張が尊重されつつも、かなり一方（移植を求める人々）に偏った解決に変更されたと思われるが、枠組みとしては基本的に同様のままである。

なお、「臓器提供」の可否・条件に関する対立に焦点を当てるならば、ドナー（[脳]死者）の家族、さらには臓器移植に関心のない（恐らく大多数の一般の）人々が関わってくることになり、三方に留まらず、五方の調整問題となる。そこまで対象を含めるならば、自由主義的に「一両損」と言えるか、問題になってくるであろう。自由主義的立場が重視する「自己」決定に対し（さらに「無関心でいる自由」に対し）、「家族」の決定が優先する事態が（さらに「社会」の決定が優先する事態が）、「一両」程度の受容しうる「損」に留まるとは言えなくなってくるからである。この問題は第2節で扱う。本節では、「脳死」の法的容認の可否（が自らの主張、生き方に重大な影響を与える）という観点での対立に焦点を当てる。

(22) 内山節、竹内静子『往復書簡・思想としての労働』（農山漁村文化協会、一九九七年）九六―一〇一頁。

(23) もっともこの点において、改正法は（本人の）「自由の尊重」という観点においては後退したと言える。改正後、本人が明示的に賛同していなくても家族の判断で脳死による臓器提供ができることになった。それでも、提供したくない者は拒否の明示的意思表示をすることは可能であり、自由主義的な枠組みは依然として維持されてはいる。しかしかなり臓器提供推進に有利な形になると同時に、家族の判断が大幅に優先されている。

(24) John Finnis, *Moral Absolutes*, The Catholic University of America Press, 1991, p. 27. フィニスは続けて、「標準的な道徳教科書を一見することでどんな所与の行為の道徳的性質も判断することが容易であったということも、決して事実ではなかった。新約聖書、アウグスティヌスそしてトマスの中に見られるすべての事柄（そしてプラトンとアリストテレスの中に見られる多く）はあなたに、行為の正しさを判断することは簡単な課題ではないが、徳に属する課題であり、人の使命を見分け、創造性、知性、公正さ、謙遜その他の必要な性質全てをもってそれを成し遂げることに属する課題である、と告げている」と述べている。

(25) 落合仁司『保守主義の社会理論――ハイエク・ハート・オースティン』（勁草書房、一九八七年）一、二章参照。但し、私は言語ゲーム論的立場に全面的に立つわけではない。このことについては前掲拙著『自然法論の必要性と可能性――新自然法論による客観的実質的価値提示』（成文堂、二〇〇九年）の第二章第三節「言語論的転回から実践論的転回へ」（五五―七七頁）参照。

cf. John Finnis, *Natural Law and Natural Rights*, Clarendon Pr., Oxford, 1980, chap. 1.

(26)　価値の客観性の根拠づけについては、前掲拙著、特に第一章「客観的実質的価値提示の必要性」、第二章「新自然法論による客観的実質的価値提示」、第三章「現代法理論と新自然法論」参照。

(27)　脳は単に精神活動だけでなく、身体全体の統御を行う器官でもあり、心身を併せ持つ特定の人のその人としての有機的統合を司ると言えるからである。もちろん、特定器官に死を局在化すること自体が日本文化に馴染まないという主張は可能ではあるが、それが心臓死説を正当化することには繋がらない（葛生栄二郎・河見誠・伊佐智子『新・いのちの法と倫理（改訂版）』法律文化社、二〇一七年、二四一、二四七頁）。

(28)　場合によっては埋葬時点を引き延ばすことも可能であろう。そもそも埋葬が義務づけられるのは法的には公衆衛生的観点からであると思われるので、腐敗等の問題がない限り、埋葬する法的義務は原理的には直ちには発生しないと考えられる。

(29)　この考え方からすれば、法と道徳は区別されるべきことになる。しかし自由主義的な法と道徳、正と善の分離に至るわけではない。「善き」生を強制すること（積極的モラリズム）は否定されるが、「善き」生にとって明らかに重大な妨害になることを法が排除すること（消極的モラリズム）、そして「善き」生への一定の援助（パターナリズム）は、原理的には肯定されることになろう。そしてこのような、自由主義的な単なる調整を超えた介入を認めるためには、善の客観性を一定程度前提としなければならない。善は完全に主観に帰されるのではなく、少なくとも一定程度客観的に見出すことができなければならない。本節では三（二）の冒頭で、善自体の客観性と法における客観性があるとし、後者の客観性のみを論じてきたが、最終的に前者の客観性を少なくとも一定程度肯定することになるならば、問題はどこまで法が善に関わることができるかである。これが次節で扱うprudentiaの問題である。

〈第2節〉

(30)　「人間の尊厳の尊重」原理をすべての法原理の根本原理と「広義」に捉えることもできよう。しかし「尊厳ある存在として扱われるべきである」という規範が直接的に当てはまる問題領域もあると思われる。ここで挙げたような、人間の商品化や手段化の恐れがある場合はその典型である。「人間の尊厳の尊重」原理をそのような場合に対応する法原理として「狭義」に捉えることもできよう。その際、この原理は他の法原理と同レベルに位置づけられることになる。

　なお、人間の尊厳思想を概観したものとして、西野基継「人間の尊厳の思想と現代社会」（竹下賢、平野敏彦、角田猛之編『トピック法思想』法律文化社、二〇〇〇年、三一—五一頁所収）、個人・人間・尊重・尊厳という語の用い方の批判的な分析を含めた人間の尊厳概念と思想に関する包括的な論述として、ホセ・ヨンパルト『法の世界と人間』（成文堂、二〇〇〇年）一三七―一六八頁参照。

さらに、人間の尊厳と人間の生命の法的意味とそれらをめぐる議論状況をドイツを中心に詳細に検討したものとして、西野基継『人間の尊厳と人間の生命』（成文堂、二〇一六年）、ケアから尊厳を捉えて〈ケアと尊厳〉を〈正義と自由〉よりも基層的な倫理体系とする試みとして、葛生栄二郎『ケアと尊厳の倫理』（法律文化社、二〇一一年）、自立・自律が困難な者の「生きる意味」回復という観点から尊厳とケアの関わりを捉える試みとして、本書第4章第2節参照。

(31)　その後、リーフレットのキャッチフレーズは「あなたの意思で救える命があります」と改訂された。さらに現在のリーフレットでは、「みなさんへの大切なお知らせです」とだけ書かれた裏に「私たちにできること。臓器を提供する。移植を受ける。私たちはどちらの立場にもなる可能性があるから、一人ひとりが家族と話し、意思を表示することが大切です。臓器提供の意思は、NOでもいい。だから、表示してください。あなたの今を。」とメッセージが記されている。この変遷を見ると、臓器提供意思表示カードの論理としては、第二の臓器提供の倫理的推奨、さらに第三のレシピエントの「いのち」を生かす側面が薄められ、第一の自己決定表明の促しのみが前面に出てきているようにも見える。しかし、普及啓発用の小冊子のタイトルは「いのちの贈りもの　あなたの意思で救える命」となっており、基本的スタンスは依然として変わっていない。「あなたの意思」決定は、「贈りもの」（すなわち、優しさとおもいやりの行為）と位置づけられ、いのちを「救える」ことに結びつけられているのである。

(32)　中山研一『臓器移植と脳死――日本法の特色と背景』（成文堂、二〇〇一年）一四―一六頁。

(33)　森村進『自由はどこまで可能か――リバタリアニズム入門』（講談社、現代新書一五四二、二〇〇一年）一四―一六、三四―三五頁。自己所有権論を、その批判に対する応答の形でより深く説明した論考として、森村進「6自己所有健論を批判者に答えて擁護する」『リバタリアンはこう考える――法哲学論集――』（信山社、二〇一三年）九六―一六二頁参照。

(34)　ジョン・ロックは、「私の身体は私のもの」であること、つまり個人が自分自身の身体に対する所有権を自然権として有することを大前提として、私的所有権を根拠づけようとする。

「人は誰でも、自分自身の身体に対する固有権（プロパティ）をもつ。これについては、本人以外の誰もいかなる権利をももたない。彼の身体の労働と手の働きとは、彼に固有のものであると言ってよい。従って、自然が供給し、自然が残しておいたものから彼が取り出すものは何であれ、彼はそれに自分の労働を混合し、それに彼自身のものである何ものかを加えたのであって、そのことにより、それを彼自身の所有物とするのである。」（加藤節訳『完訳・統治二論』岩波書店、岩波文庫、二〇一〇年、三二六頁）

(35)　森村進・前掲書四七—五〇頁。

(36)　生存が奪われるような臓器提供が認められるかどうかはリバタリアンの間でも議論があり、森村は人格の時間的変化を論拠にして否定的に考える。しかし臓器売買に関しては、「臓器を売った人はある程度の苦痛や不都合を被るとしても、立派な自己所有者」である以上、リバタリアニズムはそれを許可すべきと結論づける（前掲書五五—六四頁）。

(37)　前掲書四四頁。

(38)　前掲書一五三、一五六頁。

(39)　遺体は支配主体のない「もの」となるのであり、その意味で、ジョン・ロックが所有権を説明する出発点に置かれる人類の共有物に戻ると考えることができる（加藤節訳・前掲書三二四頁）。この帰結にもとづいた臓器提供のルール化ももちろん理論的には可能である。本人の拒否権が行使されない限り、家族の意向と関わりなく臓器提供がなされうるヨーロッパの多くの国の場合、遺体は「皆のもの」という考え方に近いと言えるかも知れない。但しその場合でも死亡した本人の意思は拒否という形で考慮に入れようとしている。従って、遺体は「本人のもの」であり、人は本来他者のために自らの臓器を死後提供する意思決定をするものと推定しているだけと解することもできる。いずれにせよ、本人の意思を完全に考慮に入れない、ここに記載した政府管理による一方的な臓器配分は、（最も徹底的に個人の自由を認める立場の帰結であるにもかかわらず）恐らくは自由の尊重に反するという批判を生み、現実には受容されにくいものと言える。

(40)　出口顕『臓器は「商品」か』（講談社、現代新書一五四九、二〇〇一年）四〇—四二頁。出口は、記号同士の結びつきとして、異質なものの間に類似性が認められている場合の結びつきをメタファー（隠喩）、同一の領域に属していることで結びついている場合をメトニミー（換喩）と言うことを指摘し、身体と人格の関係は、そのような同一領域の隣接関係として捉えるべきことを、メトニミーという意味での「記号としての身体」と言い表すことで提唱しているのである。

(41)　前掲書三五—三七、五六頁。

(42)　本書初版ではこの論述に引き続き、「さらには、『記号としての身体』観に転換することは、自分は『商品としての身体』観に立つのだという者を否定することにもならない。その主張は、商品として身体が扱われることが、本人の人格を表す記号としての身体の在り方である、と捉え直すことができるからである。」と述べた。しかし、「商品としての身体」観は基本的に自己所有権テーゼに基づいた身体観であると考えられるため、死亡後の臓器提供に関しては、本人の意思も家族の意思も尊重する必要はない、という帰結に至るはずであり、記号としての身体観への捉え直しはできない、と修正したい。「私の身体は私の意思を実現するための手段、容器」であり、意思を持った主体で無くなったら、もはや自身の意思実現の手段としては存在価値がなく、誰か別の意思主体の手段として活用して欲しい、という希望は、たとえそれ自体としては善き思いであるとしても、その希望を尊重しなければならない根拠を持たない。死亡後の臓器移植において生前の本人の意思（並びに家族の意思）が尊重されるためには、「物語としての人格」観（臓器移植をすることが本人ないし家族の生き方に関わるという捉え方）、「記号としての身体」観（死亡後の身体が本人の生き方を体現するという捉え方）への転換が求められる、ということである。

（43）「人間の臓器移植が始まったばかりの数年間、医療チームは、死体臓器の提供者や移植患者、家族の身元をそれぞれに明かし、お互いの生活や背景の詳細を教える傾向にあった」が、「時が経ち、臨床経験が積み重なるにつれて、移植チームはしだいに伝える情報に用心深くなってい」き、「移植患者には提供者のことを教えるべきではないし、家族には移植患者のことを教えてはいけないという慣例をつくりあげ」ていった。「移植を受けた人やその近親者、提供者の家族が、死体臓器を死んだ当人のごとくに人格化して、会う手立てを整えるだけでなく、恩を負い合って他人ではないかのようにお互いの生活に入り込んでいこうとする場合が多いことに、移植医たちは困惑させられた」からである（レネイ・フォックス、ジュディス・スウェイジー（森下直貴、倉持武、久保田倭、大木俊夫訳）『臓器交換社会』青木書店、一九九九年、八三―八四頁）。この匿名化への歴史的経緯は、移植医療が人格的要請を引き受けられなかったことの証であり、そこからすると、「記号としての身体」を前提とした臓器移植システムの可能性には、大きな疑問が投げかけられよう。

（44）少なくともホスピスで言われるような「全人的」医療とは異質であるように思われる。後に見るように、「死の受容」や「ケアの倫理」（ままならない身体の状態と折り合いをつけてながら生きていく生き方への支援を旨とする関わり）とは正反対の生き方に結びつく恐れの大きい医療だからである。

（45）小松美彦『死は共鳴する――脳死・臓器移植の深みへ』（勁草書房、一九九六年）七七―八四頁。死の訪れあるいは死への移行状態の始まりを表す死亡、及びそれを判定するための心臓死や脳死といった死亡の判定基準とは異なり、「死は決して一瞬の出来事ではなく、看取る者に受け入れられつつ、徐々に到来するもの」とされる（八四頁）。「ケシの実の医療」とは、脳死状態となった娘の有紀ちゃんの治療継続を問われたとき、運転していた母親のために父親が継続を申し出たときの言葉である。それは、「ある母親が、死んだわが子を抱いて釈迦のもとへ行き、『この子の命を助けて欲しい』と哀願しました。釈迦は、『それにはケシの実がいる。それは、死人を一度も出したことのない家の庭に育ったものでなくてはならない』と答えました。母親は何日もかかって懸命に探しましたが、そのようなケシは見つからず、釈迦のもとへ戻りました。しかしその時にはわが子の死を悟っていた」というケシの実の話に基づく（七八頁。原典は、山口研一郎・関藤泰子『「脳死」を看続けた母と医師の記録・有紀ちゃんありがとう（増補改訂版）』社会評論社、一九九七年、四二頁）。

(46) 生きている間の身体も本人「だけ」のものではないことになるが、その場合でも、本人の身体は人生の物語を本人が展開する基軸となるため、その扱いについて本人の意思が優先されると言えよう。
(47) 出口・前掲書四二、三六、五六頁。
(48) 関正勝『生命倫理』（聖公会出版、一九九八年）一六六、一七二―一七三頁。
(49) 例えば土葬と数年後の掘り起こしを正式な葬儀とするギリシア正教会の伝統を嫌う者たちは「すすんで臓器の提供や献体をすることで、土葬が喚起するおぞましい死のイメージを乗り越えようとする」という。また自分の死亡後、未来を体験できず、自分の意に染まるように時間を決められないことを腹立たしく思い、遺族が好き勝手に遺体を処分する事態を嫌悪して、「私をどうするつもりなんだ、これは自分の最後の意志だ、体は私のものだ」と力説し、自己の身体の支配者として振る舞う意思表明として臓器提供を強く主張するケースもあり得る（出口・前掲書五九―六二頁）。
(50) 出口・前掲書五八頁。
(51) 例えば、腎臓移植に関してであるが、「移植した患者さんに、移植して何がよかったかと聞きますと、何年間何パーセント生きられるようになったということではなくて、たとえば身体がかゆくてしょうがなかったのが一晩ですっきりした、汗が出るようになって気持ちがいい、食欲が出てきて食べ物がおいしくなった、いつも頭が締めつけられていたのがすっきりした、身体のだるさがとれた、というように極めて肉体的なものなのです。そこで透析ではどうしても補えない面があるのではないかといつも感じております。」（日本移植学会編『続々：脳死と心臓死の間で――明日のへの移植に備える』メヂカルフレンド社、一九八六年、一四七―八頁）という医師（太田和夫氏）の叙述からすると、「苦しみからの解放」のための隣人愛に基づく臓器移植が存在しうる可能性はあると言えよう。
(52) フォックス、スウェイジー・前掲訳書二六、三五頁。なお、移植臓器の拒絶反応が死亡のすべての直接原因ではないことを留保しなければならないが、国際心肺移植学会の二〇一五年のデータによれば、心臓移植後の一年生存率八二％、五年生存率六九％、一〇年生存率五三％である。日本の症例における生存率は一〇年でも九一・六％と高率であるが、症例数自体が多くなく、また五十五歳以上に関しては国際データと同様の曲線を描く（戸田宏一他「心臓移植における長期成績とその問題点」移植五一巻四・五号、二〇一六年、三二四―三三〇頁）。
(53) もっとも、「どきどき感覚」がある程度よみがえる可能性も指摘されている。移植五年後の男性は、「最近、緊張時に『心臓のどきどき』を感じるときがある」と言う。これは「本人自身の神経細胞が移植心臓に入り込んで新たな神経網を作るためではないか」と推測されている。しかし神経の再生は完全なものではなく、「移植から二年後の男性の神経」で確認されたところでは、

一、二割程度ということである（朝日新聞一九九八年三月二七日夕刊）。

(54) ＮＨＫスペシャル「世紀を超えて・臓器移植」（二〇〇〇年五月二一日放送）所収のインタビューより。なお、心臓移植前後における彼の気持ちについては、ロバート・ペンザック、ドワイト・ウィリアムズ（石井清子訳）『この心臓を生きる』（時事通信社、一九九七年）参照。

(55) 出口・前掲書九六―一二六頁。

(56) 「深刻な問題」を生み出し、「その割合」も多いことが明らかなのは心臓移植である。心臓移植は、他者の身体と死を「管理と操作」の下に置く「孤独な超越者への自己決定」の度合い、レシピエントの身体的拒否、人格的アイデンティティを揺るがす度合いのいずれも非常に大きい。さらにレシピエントの生命存続のためには、何人もの脳死とされた人からの移植が必要となる可能性があるのである。また心臓という日本語も、heart という英語も、心臓という臓器が人間の「心」と一体であることを表しているし、人間存在の核「心」、中「心」であることも表している。

つまり、現状においては、心臓移植を法的に容認することには疑義があると言わざるを得ない。臓器移植法制定の主要な目的は心臓（及び肺）移植の合法化にあったと言えるが、その意味ではこの帰結は、臓器移植法の基本的スタンスへ問い直しを迫るものである。

〈第３節〉

(57) 第六条の二（親族への優先提供の意思表示）については、先行して二〇一〇年一月一七日に施行された（附則第一条）。

(58) 小松義彦、市野川容孝、田中智彦編『いのちの選択――今、考えたい脳死・臓器移植』（岩波書店、岩波ブックレット七八二、二〇一〇年）一一―一二頁。

(59) 古川俊治「臓器移植法の改正と医療現場」刑事法ジャーナル第二〇号（イウス出版、二〇一〇年）一九―二〇頁。

(60) 直後の衆議院選挙では、この法改正の是非について、ほとんど争点にもならなかった。

(61) 小松、市野川、田中編・前掲書一二頁。

(62) 古川・前掲一九頁、二二頁。

(63) 城下裕二「改正臓器移植法の成立と課題」前掲・刑事法ジャーナル第二〇号、一三頁。

(64) 「死体には二種類あることになる」点が、旧法を脳死一元説「の立場から首尾一貫して解釈することの限界といわざるをえない」とされる通りである（井田良「臓器移植法と死の概念」法学研究七〇巻一二号、一九九七年、二一八―二二〇頁）。

(65) 城下・前掲一二頁。
(66) そして「臓器の摘出に係る」前項の判定、という前提が付されているのであるから、「臓器提供はしたくないが脳死は自己の死としたい」という本人（及び家族）の選択権は依然として認められていない。
(67) 町野朔「臓器移植法の展開」前掲・刑事法ジャーナル第二〇号、七頁。
(68) 福嶌教偉「臓器移植法改正――移植医療の現場から」ジュリスト一三九三号（有斐閣、二〇一〇年二月一日）五九頁。
(69) 福嶌・前掲五九頁。
(70) 福嶌・前掲五八頁。
(71) 「＜座談会＞改正臓器移植法の意義と課題」Law & Technology 四五号（民事法研究会、二〇〇九年一〇月）一九頁（岩志和一郎氏発言）。
(72) 城下・前掲一五頁。丸山英二「臓器移植法における臓器の摘出要件」法学セミナー五一七号（日本評論社、一九九八年一月）二四頁参照。
(73) 臓器提供の前提となる脳死判定を承諾すること自体が、「子どもの利益」に反する恐れもある。「脳死をその子どもの死とする」決定であり、それは死期を早めるということになるからである。しかしまた、脳死状態のまま人工呼吸器を外さないことが、かえってその子どもを苦しめている（死を不当に引き延ばしている）という判断もあり得る。「子どもの利益」のために人工呼吸器の取り外しを承諾する、という論理も成り立ちうるのである。但しその場合、現在の臓器移植法下では「尊厳死」問題となるが、本来の意味で「脳死を一律に人の死とする」ときには死後の身体の扱いの問題となる。
(74) これが、物語としての人格観に基づく「死亡した者の意思の尊重」「提供の任意性」という臓器移植法の基本的理念の説明になる。但し、この説明に基づく場合、本人の提供意思があるにもかかわらず、家族が拒むときには臓器摘出をしないという臓器移植法の規定（第六条第一項）は問題があり、受容しがたいことになる。
(75) この点については、前掲「＜座談会＞改正臓器移植法の意義と課題」における岩志氏の次の発言が参考になる。
「ドイツの移植法では、未成年者について承諾権を有するのは親権者（ドイツの用語では配慮権者）たる親とされていますが、かつて私は、ドイツのある有名な学者に、『親はどうして子どもの臓器提供について承諾できるのか』と質問したことがあります。そうしたら、『まず親権者でないといけない』という回答でした。では、『親権者はどうして承諾できるのか』。これについては、『親権者は自分の子どもを、社会において有為な人間になるよう教育、育成していく責任と権限がある。たとえば、子どもが3歳で死亡したとしても、もし生きていればそういう教育をしていたであろうし、子どもはそのように育っていたであろうから、社会的に有意な目的に子どもの利益を振り替えることはできるのである』と言うのです。私自身は、果たして親権者であることに、そこまで織り込んでしまってもよいのかという疑問も覚えるのですが、でも、きちんとそういう理論づけはするわけですね。何の理論的根拠もなく、『親なんだから』という理由だけで、物のように、また資源みたいに、『じゃあ切って貼って使っていいですよ』というわけには行かないと思うのです。」（一六頁）

(76)　注五六参照。

(77)　本節で扱えなかった改正法のもう一つの論点である「親族優先提供」（第六条の二）について一言述べておく。一五歳以上の者の書面による意思表示により、移植希望登録をしている親族（配偶者、子ども、父母）への優先提供が可能となった（運用に関する指針第二）。これは「顔が見える」臓器移植（第2節三（二））への転換であるかに見えるが、必ずしもそうではなく、中途半端で問題の大きいものである。

指針第二では「特定の親族を指定し、当該親族に対し臓器を優先的に提供する意思が書面により表示されていた場合には、当該臓器を当該親族を含む親族全体（1に規定する範囲の配偶者、子及び父母）へ優先的に提供する意思表示として取り扱うこと」とされており、特定された指定を認めていないのである。自分の人生の物語の展開として臓器移植を位置づけるならば、「顔が見える」臓器移植、すなわちレシピエントの指定は必ずしも全面否定されることではない。そのような指定が認められるべきか否かについては慎重な議論が必要と思われるが、もし認めるとするならば、それが親族に限られることは物語の展開を不当に限定することになる。そして一定の集団だけに限ってしまい、個別の指定を認めないこともやはり不当な限定である。改正法の親族「集団」への優先提供の容認は、「家族」主義的でしかも家族「集団」主義的な人生の物語の偏重を意味するのである。

加えて、親族優先提供の意思表示は臓器提供一般への「意思の表示に併せて」（第六条の二）でしか認められないのだから、移植対象となる親族がいない場合は親族以外への移植が行われるのであり、結局、この規定の新設についてもまた、臓器移植全般の推進政策の一環という性格が極めて強く、露骨である。

第2章　生命の尊重――安楽死から考える

はじめに――「なぜ人を殺してはいけないのか」

「なぜ人を殺してはいけないのか。」この問いはカルト集団や少年によるショッキングな殺人が立て続けに起こった一九九〇年代半ばの時代の雰囲気を表した問いとして、一時期、ブームのように取り上げられた。しかし小浜逸郎は、この種の問いを「妙に『子どもや若者の真剣な問い』と買いかぶって、過剰に『答える責任』を引き受けようとする」ことは、「ただの議論ゲームや言葉遊び」に陥るに過ぎないと断じる。「こういう問いを切実に必要としている人は限られている。本当に人を殺してしまったか、未遂ではあったものの、深刻な殺意を抱いたことがあって、そのことを内在的に問うようなモチーフを持った人、倫理的な問いや哲学的な問いに深く捕まってしまう傾向を持ち、その問いにどこまでもくらいつくに十分な心構えと思考力を持った人、などである」が、「この問いを発した若者自身や、それを持ち上げ支えた周囲の若者たちが、これらの動機を持っているとは考えられな」い。つまり「本気で発せられた」問いではない、とするのである。小浜は、「人は普通、別にこんな問いを突き詰めなくても、ある共同体の中に『汝、殺すべからず』という掟が実質的に機能していさえすれば、その共同体の成員として掟を守ることで十分に生きていけるのであ」り、もし素朴な気持ちで子どもに聞かれた場合には、「『それは大事な決まりとなっているからで、この決まりを破ってもいいことになるとみんなが互いに殺し合いをするようになりかねず、そうすると社会がめちゃくちゃになってしまうからだ』と当たり前に答えておけば十分である。実際、ただこの問いに真正面から答えようとするなら、後にも述べるように、これ以上適切な答えはありえない」と述べる。(1)

これが「これ以上適切な答えはありえない」答え方であるかどうかについては一考を要するが、(2)「人を殺してはいけない」という規範がほとんどの人にとって疑う余地のない道徳規範であり、また法規範でもあることは確かである。人間の生命の尊重という法原理は、「なぜ」という問いに対して、「当たり前の決まりなのだ」と答えるしかないほど自明の原理であると言って、ほとんどの場合済ますことのできるものなのかも知れない。

しかし、小浜の言葉を借りて言えば、「内在的に問うモチーフを持った人」による「本気で発せられた」問いである場合、「きまり」だから殺人は絶対に認められないという答えで済ませられるであろうか。かといって、「本気で発せられた」ということだけをもって、殺人を簡単に認めてよいであろうか。机上での「ただの議論ゲームや言葉遊び」で終わらせることのできない切迫した現実の問いかけであるならば、我々はこの種の問いかけには、「答える責任」を有していると言える。しかしこの場合、「当たり前に答え」られるような回答をとっさに提示することは不可能であり、答える責任を真摯に果たそうとするならば、「生命の尊重」という法原理の内容及び根拠をもっと深いレベルで問い直さなければならないだろう。本章では、「生命の尊重」原理をじっくり問い直すことを通して、「本気で発せられた問い」に答えを出すことを試みてみようと思う。そのような問いの代表として、苦しみの中にある者の真摯な「安楽死」の要請（特に、他者に対し作為をもって死期を早めてくれと求める積極的安楽死の要請）という古典的であるが難問であり続けている法的倫理的課題を取り上げる。そしてその際、人間としての生命の二つの側面、すなわち人格（第1節）と身体（第2節）を切り口としてみよう。

第1節　人格的苦悩と安楽死
――重度の身体障害者ケリー・ナイルズの事例を手掛かりにして

一　肉体的苦痛と精神的苦痛

積極的安楽死が許容される条件として、東海大学安楽死事件は、①患者が耐え難い肉体的苦痛に苦しんでいること、②患者は死が避けられず、その死期が迫っていること、③肉体的苦痛を除去・緩和するために方法を尽くし他に代替手段がないこと、④生命の短縮を承諾する患者の明示的意思表示があること、の四つを挙げている。[3] この判決の姿勢や内容については賛否がありうるが、日本の末期医療の現状に対して「患者の自己決定権の尊重」を立脚点とした基準を明確に提示したという点においては、高く評価されている。[4] しかしもし患者の自己決定権を尊重するのであれば、どうして（精神面ではなく）「肉体的」な死が不可避かつ切迫した段階で、しかも「肉体的」激痛がある場合にのみ、安楽死容認が限定されるのであろうか。

判決は、「なるほど末期患者には症状としての肉体的苦痛以外に、不安、恐怖、絶望感等による精神的苦痛が存在し、この二つの苦痛は互いに関連し影響し合うということがいわれ、精神的苦痛が末期患者にとって大きな負担となり、それが高まって死を願望することもありうることは否定できないが、安楽死の対象となるのは、現段階においてはやはり症状として現れている肉体的苦痛に限られると解するべきであろう」とし、その根拠として「苦痛については客観的な判定、評価は難しいといわれるが、精神的苦痛はなお一層、その有無、程度の評価が一方的な主観的な訴えに頼らざるを得ず、客観的な症状として現れる肉体的苦痛に比して、生命の短縮の可否を考える前提とするのは、自殺への容認へとつながり、生命軽視の危険な坂道へと発展しかねないので、現段階では安楽死の対象からは除かれるべきであると解される」とする。そして、精神的苦痛による積極的安楽死は認められないけれども、「治療行為の中止に関連しては、患者がそれを望む動機として大きな比重を占めるであろうし、それを理由に治療行為の中止を拒む根拠にはならない」と付記する。(5)

確かに、精神的苦痛は主観的性質を持つので認定困難であり、これを安楽死の要件として一般に容認するならば、自殺(援助)の安易な容認促進に結びつくので、要件の明確性、社会的安定性という法的考慮に基づく限り、判決の考えは法的に妥当なものと言えよう。しかし、この考えに基づく場合、もし一定の精神的苦痛について明確な認定が可能であり、ごく例外的状況に限定されるのであるならば、安楽死は容認可能なものにならないであろうか。例えば、シャベルソンによってレポートされた重度の身体障害者ケリー・ナイルズの場合、彼の安楽死の要請は、自ら自殺をすることすら困難であるだけに、簡単に否定し得ない重みのあるものである。彼の決断が合理的なものであり、彼のような状態と生き方がある程度類型化可能であるとすれば、そのような者が精神的苦痛に苦しんで真摯に積極的安楽死を望むとき、一つの例外的ケースとして認めるべきであろうか。

東海大学判決によれば、精神的苦痛は「現段階では」安楽死の対象から除かれるべきであるとされており、原理的に容認可能性が否定されているわけではないように思われる。従って、この問いにどう答えるかということが、積極的安楽死において判例を通して一応の法的枠組みが提示されている段階の日本において、今後の積極的安楽死論の重要な岐路となる。そこで本節ではまず、この問いを考える題材として、上に触れたケリー・ナイルズの例を紹介することにする。

二　ケリー・ナイルズの場合

（一）『選択された死』

医師でありジャーナリストであるロニー・シャベルソンは、祖母の（安楽）死、母の自殺援助の申し出、逆に心臓発作で重体となり幻覚も見るようになった父が正気となった僅かな時に「死なせないでくれ」と叫んだこと、といった個人的体験を持っていた。そして一九九二年にアメリカにおいてジャック・キボーキアンの自殺援助がニュースを賑わせ、同時に『ファイナル・エグジット』という自殺マニュアルがベストセラーになったことで、自分と同じようにアメリカ中に、愛する人の死を助けるべきか決断を迫られている人々がいたことに気づくとともに、少年期、青年期における病気と自殺援助の問題についての自分自身の葛藤に再び目覚めることになった。そこでシャベルソンは、ホスピスその他の機関を通して、困難な状況にあって病気と自殺援助のジレンマに直面せざるを得なかったにもかかわらず、医師や倫理学者や法律家や立法者が答えを出してくれるのを待つことができなかった人たちを見つけ、その過程を追っていくことにした。その結実が『選択された死――援助による自殺に向かおうとする末期患者たち』という書である。この書は単なるインタビュー集ではなく、患者の生活空間の中に日常的に入り込みながら、彼自身も患者の決断の可否に悩みつつ、自殺援助を求める患者のこころを内側から理解しようと試みた、著者自身の葛藤解決模索の記録でもある。ケリー・ナイルズの事例は、その第４章に「滑りやすい坂――障害者の安楽死」と題して書かれている(6)。

(二) ケリーの病状と生活

まず、ケリーの病状はどのようなものであったのかということを、彼の生き様も垣間見ることができるように、本文から幾つかの引用をしながら見てみよう。

「自分には愛やロマンスのようなことの経験がもっともっと必要だと思う。」とケリー・ナイルズは彼のエルコミをタイプした。エルコミとはケリーがアシスタントの助けを借りて話ができるためのコンピュータによる会話装置である。(一〇五頁)

二六歳の社交的な小柄のブロンドの女性デビーは、変形した手足が車椅子に繋がれた若い男［ケリーのこと］の横を通り過ぎるとき、目をそらすことをしなかった。(一〇六頁)

「スキーができないという事実は実際僕にとっては死に匹敵するんだ。」ケリーは痙攣しながら歯をむき出して笑って頭を後ろにそらした。これは、ユーモアを表す痙攣であり、その時、顔の筋肉はよだれを垂らしながらの固まった笑いの表情へと歪められ、その笑いを彼は数分間沈めることができない。(一一〇頁)

彼はこの世におけるすべての動きを、二四時間援助者に依存していた。彼は歩くことも話すことも、体を洗うことも、トイレに行くことも、愛し合うことも、手助けなしにはできなかった。彼の障害は一一歳の時の事故による。彼が「わたっていく」あるいは「この肉体を離れる」——この二つは彼の好んで用いる、死ぬことを表す婉曲法であった——ことを決意したとき二三歳であった。ケリーははっきりと考えることができ、自分の望みを知らせることができたが、しかし一人では死をもたらす能力がなかった。(一一〇頁)

このようにケリーは、身体的にはほとんど動くことができず、また言葉をしゃべることもできなかったが、思考する能力は十分にあり、自分の考えや思いを僅かに動く左手で特殊な機械「エルコミ」をタイプすることで、他者に伝えるという生活をしていた。しかしどうしてそのような重度の障害が生じたのであろうか。ケリーの場合は、先天的なものではなく、事故及び医療の過失によるものであった。

ジョアン・アグネス・マックマオンの部屋の暖炉の棚の上には、息子のケリーの写真でいっぱいの写真額がある。ある写真は一九六九年のもので、笑顔の壮健な、少年野球のユニフォームを着て、風船ガムカードのプロ選手をまねて手にバットを持って跪いている十歳の子どもが写っている。その年以降撮られた全ての写真にも、同じように笑顔いっぱいのケリーが写っているが、野球のユニフォームは二度と出てこない——その代わりに一九七〇年には、統制し得ずに回転してしまう痙攣した手足を結びつけたベルクロ製のひもで繋がれた、大きな車椅子によって取って代わられた。別のひもはエルコミという機械を結んでいた。それは話せなくなってしまったケリー・ナイルズが、世界の残りの人々に彼が何を考えているのかを、ゆっくりと知らせることを可能にするものであった。（一一二頁）

事故の日、ケリーは学校の広場で野球をしていた。誰が次に打つかということで一人の友達とけんかになって、その少年はケリーを殴り倒し、頭にパンチした。ケリーはぼうっとなった。起きあがるとケリーは自転車に飛び乗って、家まで猛然と走っていった。しかし頭がひどく痛んだので、彼は自転車を捨てて歩き、最後はよろめきながら家に着いた。近所の人が彼の叫び声を聞いたが、ケリーは「大丈夫、お父さんがこっちに向かっているから。」と言った。事実、デイブ・ナイルズがニュー・イングランドへのキャンプ旅行へと連れて行くため迎えに来るところだった。

デイブが到着したときケリーはおさまっていた。彼らはゴールデン・ゲイト・ブリッジを越えてドライブを始め、ケリーはお父さんの膝に頭を置き、眠っているかに見えた。その時デイブは突然「原始的なまったく信じられないような叫び声」を息子が発するのを聞いた。すぐに病院に向かったが、そこのお医者さんはデイブに、ケリーは単に脳しんとうを起こしているだけだ、と安心させた。医師達はケリーの苦悶の叫びが、血の塊の広がりが脳を圧迫していることの痛みによるのだということを見いだせなかったのである。デイブは息子を病院から家に連れて帰った。数時間の後ケリーは意識不明になり、脳の損傷は決定的となった。緊急の脳神経手術によって命は助かったけれども、ケリーは六週間の間昏睡状態であった。意識が回復したとき、彼は手足の動きを統御できなくなっていた。そして口もきけなかった。

誰もケリーの知的障害の範囲を知ることができなかった。彼ははっきりと目覚めていたが、動くことも話すこともできなかった。専門家達はジョアン・アグネスに、彼を施設に入れるべきだと言った。しかし「彼を家に連れて帰りました。それでそのことはおしまいになりました。」と彼女は言った。

ケリーは四百万ドルを、麻痺の原因である出血を診断し損なった医師達に対する医療過誤訴訟で受け取った。そのお金で彼は最先端の機能回復訓練を何年も受けることができた。ケリーは、痙攣するがわずかに統御可能な左手の動きを用いてエルコミの文字を示すことを学んだ。ついに自分が考えていることを文字でつづることを学んだとき、事故がケリー・ナイルズの知性に影響を与えてはいなかったことがはっきりした。（一一三―一一四頁）

さて、青年になったケリーはどのような日常生活を送っていたのであろうか。彼は他の青年達と同じ興味や関心を持ち、そして常に援助者が必要であるということを除くと、他の青年達と余り変わらない生活を送っていたように窺われる。

デポ・カフェは、ミル・バレーという高級街のコーヒーショップであり、そこでケリーはしばしば援助者の手助けでランチを食べた。（一〇六頁）

「ボーイフレンドは必要ない？」ケリーはタイプした。文字が一つずつエルコミの小さな画面に光った。二人はしばらくの間おしゃべりした。デビーが去っていく前に、ケリーは電話番号を手に入れるのに成功した。そして何度もサンフランシスコのコメディクラブでデートした後、デビーはタホー湖への休暇旅行にケリーとその援助者達と一緒に参加し、そこで一人の援助者の手助けによって彼とデビーは初めて結ばれた。（一〇六―一〇七頁）

ケリー・ナイルズは自分の動きを統御できなかったけれども、彼の味覚と嗅覚、触れられることを感じる能力は見事に完全であった。素敵な食事とセックスはケリーの生活の感覚的喜びであった。彼は両方とも買うことができ、しばしばそうした。ケリー、彼の車椅子、エルコミ、援助者達は、街にある最高のレストランのお客達の間で有名になり、また尊重された。そしてケリーは彼のお気に入りのマッサージ女性と長期の契約を結んだ。（一〇八頁）

二二歳になるまでは――それは大体デビーに出会った頃であるが――、ケリーには、何でもできるということを疑う理由がなかった。彼は大学のコースを受講し、優秀な成績を取った。（一一五頁）

(三) ケリーの性格と魅力

彼は、単に他の青年達と余り変わらない生活を送っていただけでなく、それ以上に個性的であり、魅力的な存在であった。最近の言葉で言えば、彼にとって障害は「個性」であるとともに、豊かな人間関係を創り上げていくためにむしろ不可欠な要素であったということであろう。

エルコミを用いて意思疎通する彼の能力は、しゃべるほど流暢でないとしても、速くなっていった。しかし最も重要なことは、ケリーの性格が、他者を数多く彼のもとへと惹きつける、思いやりとナルシシズムの奇妙な結合へと発展していったことである。ケリーに興味を持つ人々の中にはもちろん、人の不幸を見て楽しむというのぞき見的趣味によるだけの者もいた。痙攣する手足、元気いっぱいの顔の表情、いつも一緒にエルコミと援助者達を伴った若い男は、好奇心を満たすものを求める人たちをたくさん惹きつけた。しかしケリーは、彼の並外れた奇妙さに一過性の興味を持つ者達と、彼がどんな人間であるかに心から関心を持つ人々とをより分けることができた。そしてそのような観衆に対してどう振る舞えばよいかよく知っていた。人々がもっと多くのものを求めて戻ってきたいと思い、彼の皮膚の下にそっと入り込んでそこで生きることがどのようなものであるかを発見しようと試みたいと思わせる何かがケリーにはあった。彼は自分自身の神秘的な自我を、他者を魅了するために用いることに熟達するようになった。ケリー・ナイルズは、人がいっぱいいる教室、レストラン、ダンスホール、売春宿の周辺を取り巻いているだけの無能なのけ者ではなかった。彼が居る場所はどこでも、光は常にケリーに焦点を当てているかに思われた。彼は輝きの中に浴していたのである。（一一五頁）

そしてケリーを知ることにはボーナスがあった。五人の常勤の援助者が、二四時間通して交替して彼の世話をしていた。ケリー・ナイルズ自身が好奇心をそそられる存在であるが、それだけでなく、彼と友達になることは、五人の援助者の友情も一緒に携えもたらすことになるのである。その各人は、ケリーの体と声になることに自分たちの人生を捧げるための、それぞれの複雑に興味深い理由をもっていた。

「私は援助者が本当に好きでした。」とデビーはケリーと別れたあと振り返った。「ケリーと関わり合うことは友人の全集団と関わり合うようなもので、彼らも私の友達となりました。」ケリーと援助者達は、人々が彼らに向かって旋回する中心になる、独特の社会的渦巻きを作り上げていた。ケリーは何年にもわたって、家族、友人、援助者、教授、霊的相談者、そしてデビーが登場したときは恋人にわたって広がる、複雑な社会的一覧表を持った、街の名士的存在であった。（一一六頁）

ケリーの自らを取り囲む奇妙な異次元空間の中では、ポール［エルコミの通訳もする援助者の一人］は存在していなかった。もし彼がケリーの言葉を復唱しているとき私がポールを見ていたら、大きな叫びがケリーの喉から上がり、彼の痙攣した左手は繰り返し彼の前に貼ってある表示を指して動いた――「私はここにいる！」私が到着した数分内に、彼は自分のルールを私に教えたのである。（一一八頁）

この広範囲にわたるサポートシステムの車輪の軸に彼を置いたのは、ケリー・ナイルズ自身の知性的かつ人格的な力であったことは疑いない。（一一七頁）

(四) ケリーの生き方の基盤となった姿勢

このような彼の生き方を支える基盤はどのようなものであったのだろうか。両親の言葉からすると、「あらゆることは克服できる」というものであり、親としては「障害の限界を克服するためにはどんな援助でもする」姿勢であったと言える。

「私は彼がよき人生を送るようにするのだと決意しました。」とジョアン・アグネスは、体の能力は失われてもなお知性をもっていることがわかったときの感情を思い起こした。「私はケリーに何度も何度も、何年も何年も、あらゆることを克服できる、やりたいことは何でもできるようになる、そして可能な限り最高の人生を送ることができる、と言ってきました。私はまさにそのことに向けて強行に突き進んできたのです――最高のリハビリ病院、最高の援助者、そして豊かで満たされた人生を送ることができるんだと息子に知らしめるため、あらゆることをしてきました。それは二二年の年月の間うまくいったのです！」ジョアンは泣き始めた。「でも私は幻想を創ってきたのでしょう。」彼女はそっと言った。「それは現実ではなかったのです。私は間違いをしてきました。ケリーは結局は彼の障害に直面しなければならなかったから。現実には他の全ての人がもつ全て、私が彼に約束してきた全てを手にすることはできなかったと、彼は悟らなければなければならなかったから。そしてケリーが最終的にその現実に直面したとき……」ジョアンは彼女自身の内面にある記憶の袋小路の中へと入っていった。「他にどんなことが私にできただろうか。」彼女は静かに付け加えた。（一一四―一一五頁）

「ケリーの事故以来、私は常に彼がその障害の限界を克服することを助けると約束してきました。そして彼は死にたいという完全に明確な意思を表明したのです。それは私にとって極めて辛いことではあるけれど、私は今彼を見捨てることはしません。」と父デイブは言った。（一二二頁）

（五）なぜ死を求めるようになったか

このように重度の障害を持っている者とは思えないほど、あるいは逆に障害を持つが故にこそ、輝いて生きているように見えたケリーが、死を求めるようになる。それはどうしてであろうか。その経緯を辿ってみよう。

二三歳の時、ケリーは最初の女性との緊密な関係が終わった苦しみを経験した。（一〇五頁）

一年間続いた満たされた愛の、その最初の傷は、ケリーの満たされることなき切望の苦悶によって、十年をかけてどんどん深い傷となっていった。しかし努力がなされなかったわけではない。デビーとケリーが別れた後、彼は大胆で鉄面皮な、議論の余地なく強迫観念的な、そしてしばしば攻撃的な（不快とも言える）他の女性を見つける試みを何年も続けた。そしてケリーも含み、誰もこの努力の失敗が、彼が結局自殺を決意した主たる理由であるという事実に異論を挟まないだろう。（一〇七頁）

もしデビーと持てたような関係を見いだすことができたなら生き続けるだろうということを、ケリーは躊躇なく認め、

強調した。（一〇八頁）

しかしケリーにとって、よいセックス、最高級の食事、友人と一緒にいることは、彼の生きる欲求を駆り立てるに十分ではなかった。……「もし僕が女性との関係を持つことができたなら、この世の人生のためにとどまるだろう。」（一〇八頁）

もう一人のデビーを空しく探し求める十年が、いかに彼を「この肉体から離れる」激しい欲求へと導いたかを、彼は説明し続けた。……「常に求めてきた一つのことは感情がこもった肉体的親密さ、完全に愛し合うことだった。あなた自身を僕の立場に置き換えてみて。」

母、父、療法士、弁護士、友達は自分を置き換えて考えたが、デビーのような女性への切望から死を望むことを支持するのはばかげていると思えた。しかしケリーは療法士、裁判官指定の調査官、判事、心理学者、家族、友人に、この死の切望は成熟した理性的人間の合理的な欲求であることを納得させた。（一〇九頁）

障害のない人々は、深刻な障害を持つ人々が死にたいと言うとき「彼は理性的に行為しているに違いない」と想定する。まさにこの想定が「抑圧の究極的な行為なのだ。」とロングモア博士は主張する。彼はポリオによる深刻な麻痺があり、機械の助けによってしか息ができない。

女性との長期間の関係を求めることから自殺を決意する障害のない人は、彼を助けるために闘ってくれる、そして人生を生きるに値するものとするようなあらゆる事柄を指摘してくれるであろう心理学者や心理療法士のもとに送られるであろう。彼らは決して彼の自殺に同意しないだろう。しかし専門家、友人、家族がケリーの痙攣して歪曲した肉体を見、エルコミに一つの単語を出すために彼が苦しみもだえながら身をよじるのを見、そして彼が死にたいと求めるのを聞いたとき、彼らは「理解した。」

「ケリーは自分の人生はとてもよい人生だったと言う。しかし私から見れば、それはとても厳しいものだった。彼の状況にあったら私は逃げ出したいと思うだろう。そしてそのように私はケリーに言った——私は理解し、同情し、共感する。」とデイブは述べた。（二〇九—二一〇頁）

「私は自殺する権利を持っている。ただ自殺できないのだ。」

専門家が、自殺援助を合法化する法が深刻な障害を持った人々を不公正に死に追いやるかも知れないかどうか、あるいは障害者が身体的に障害のない人と同様の自殺する権利を持つかどうか、議論している間に、ケリー・ナイルズは彼自身の奇妙な個人的強迫観念——愛する人を見つけるか、死か——と格闘していた。ケリーにとっては、いずれも同様に達成することが不可能に思えた。（二一二頁）

ジョアン・アグネスが何年か後に気づくように、問題は、ケリーに向けられたエネルギーにもかかわらず、彼女の息子が自分自身の中へと埋没していくことは極めて容易なことであった。彼の友達、家族、援助者の注目はケリー・ナイルズに集中していた——そして彼の思考も同じく彼自身に堅固に集中していた。この注目の輝きを吸収する何年かの後に、ケリーは全ての光が入るがしかしどれも流出することのできない、警戒しなければならないブラックホールになっていく危険を冒していった。そして一九九〇年を過ぎて、ケリーはついに彼の障害によってもたらされる現実の限界に直面し、彼の人生は崩壊していった。唯一の残された方向は、さらに自分自身へと向かい、消え失せてしまうことであるように思われた。（二一七頁）

「僕は本当に素晴らしい人生を送った。」ケリーは私たちの会話に入るや否や述べた。「障害を被ってから二一年経った。僕は大変な量の愛と友情を受けた。しかし僕は依然として罠に閉じ込められている。そして僕のエネルギーは尽き果てた。向こうに渡るときだ。」（二一八頁）

「唯一向こう側について僕が知っていることは、それが僕にとってもっとよいところであろう、ということだ。」そして後になって初めて理解できたことだが、驚くべき率直さをもって、「ロニー、アイラブユー。あなたは僕を考えさせてくれた。」とケリーは言った。

「分かりました。」と私は答え、「それでは私の理解のために教えて下さい。あなたが死にたい理由は愛する人、もう一人のデビーを見つけられないからですね。でもそれよりももっと複雑なのではないかと思うのですが。」と聞いた。ケリーは答えて言った。「デビーと持ったような関係は僕をとどまりたいと思わせてくれるだろう。僕には友達と両親の愛があるが、ロマンティックな結びつきがない。しかし結局は、神の愛よりも強い愛はない――そして僕が向こうに渡るとき、僕は神の愛により近づくだろう。」（一一八―一一九頁。なお、彼の言う神の愛は、彼の信じる東洋的色彩の混じった宗教のもので、キリスト教的なものではない。）

「もしデビーが現れなかったとしたら、今もっと楽だっただろうか」と私は尋ねた。「それは議論の余地のある点だ。僕にとってこれはクオリティオブライフの問題ではない。僕は自分の人生を愛している。今移動すべき時なのだ。……ロニー、あなたは今まで僕のように幸せに死ぬ人を見たことがあるか。僕は呪文を唱えながら死ぬだろう。『キリスト、神、愛、マハラジャ、忍耐。』僕が最後に忍耐を加えたのは、僕にとってそれが最も大きな躓きの石だからだ。……「忍耐は結果が確実な人々にとってのものだ。僕はもはやもう一人のデビーを待つ忍耐は持てない。しかし僕は、僕の死を助けることで誰かを危険に晒すことなしに、向こうに渡ることはできない。」涙がケリーの頬をつたった。ポールが自動的に拭き取った。「僕の忍耐はほとんど尽き果てた。」（一一九―一二〇頁）

(六) 結　末

しかしながら彼は自殺の援助を得られず、結局、自らの手によって唯一可能な死への手段である「絶食」を試みる。しかし四三日目にして嘔吐し始め、ひどい苦痛に襲われた。その際、彼は「私を愛しているなら殺してくれ」とあらゆる人に頼んだが、誰も承知しなかった。四八日目に嘔吐とそれに伴う苦痛に耐えきれず、彼は食べ物を口にし始めた（一三二―一三三頁）。ケリーは「現在の僕にとって最大の障害は、自殺するすべを持たないことだ。」とポールに言った（一三九頁）。その三ヶ月後、彼は再び絶食を試みる。その後、彼の自殺を援助するか否かの間で揺れ動く中で、今まで絶妙の連携を展開していた援助者達との関係が崩れ始めていく。ポールから始まり、一人ずつ母親のジョアン・アグネスに辞めたいと言い始める（一四一―一四二頁）。そのような状況の中で、母が安楽死を引き受ける覚悟を決める。「私は最終的には彼に同意しなければなりませんでした。なぜなら彼を大変愛しており、いつもいつも彼を助けてきたからです。」その決意をし、薬を用意してビニール袋を頭にかぶせる予行演習をしたのが、二度目の絶食を始めて二二日目であった。ケリーは決行を次の日に定めた。しかしその決行日になってベッドに運ばれ、ポールが詩を読んでいるうちにケリーはまどろみ始め、実際に安楽死が行われる直前に、眠ったまま死に至った、と記述されている（一四七―一五一頁）。

三　苦痛と苦悩と安楽死

（一）ケリーの精神的苦痛

ケリーが積極的安楽死を求めた理由は、一言で言えば異性と愛し合う関係が持てないという「絶望感」であろう。この精神的苦痛は決して一時的あるいは些末なものではない。

彼においては、愛し合うというのは単に肉体的な関係だけではなくて、こころのレベルでお互いに一体となり、互いに理解し合い受け容れあった交わりを意味している。そのような交わりは、どんな人でもなかなか作り上げられるものではないだろうが、ケリーと一般の人たちとの違いは、その可能性を信じることができるかどうかであろう。ケリーは、親、友人、アシスタント達とはすばらしい友情関係、信頼関係、共同関係を作ることができたが、彼にとってその究極の理想である女性との関係にまで到達することはこの世では不可能だ、あるいはその可能性を信じることはもうできない（もしくは信じることに疲れた）と考えたのではないだろうか。彼の精神的苦痛は、障害があるから日常動作ができない、という日常的レベルの肉体的不自由あるいは苦痛に由来するだけではなくて、もっと深い、自分の価値観、生き方、アイデンティティの挫折すなわち「人格的苦悩」によるものであったと言える。

（二）人格的苦悩の基底性

キャッセルによれば苦痛と苦悩は別個のものであり、「苦悩とは全人格の統合性あるいは継続的存在性に対する切迫した脅威が現実にありあるいはそう本人が認識することによってもたらされる苦悶（distress）である」[7]。苦悩が人間の全人格に関わるものであるとすれば、苦痛（精神的苦痛も含め）よりもはるかに重視すべき事柄と言えるのではないだろうか。

「苦悩によって脅かされる全体性が身体的に定義される個人以上のものであることは、苦悩が将来の感覚を必要とすることの考察から導出されうる。というのは、一般的に理解されているように、身体だけでは将来の意識あるいは感覚を持つことはないからである。……脅威はその定義からして、将来に関連したものである。事実、苦悩は時々、苦悩の時点ではその人には何の苦痛もない場合であっても、恐ろしい苦痛が起こるであろうという恐れによって引き起こされる。苦悩する者は、『もしこの苦痛が続くならば生きていくことができない』ということを、その苦痛に耐えられているその瞬間に言うこともできるのである。同様に、慢性疾患に苦悩する者は、その脅威をもっと遠い将来に及ぶものと考えるに違いない。人の自己同一性はまた、過去を含むものでなければならない。人が（苦悩がぼんやり見えてきたとき）将来に脅かされると考える自己同一性は、今この瞬間の同一性とだけ比較されているかも知れないが、現在の自己意識すら過去からの長い時を経て発達してきたものなのである。……しかし完全性の崩壊あるいは喪失が脅威となるためには、単に将来と過去の感覚以外のものが必要である。将来の崩壊という観念には、人格的同一性の永続的感覚を必要とする——同一性は将来において継続するものと考えられていなければならない。加えて、人はその同一性の保持に関心を持っていなければならない。さもなくば完全性の崩壊あるいは喪失は脅威とはならないであろう。(8)」このように、時間の観念、自己の継続性の観念、自己同一性の保持への関心といった苦悩を成り立たせる要素から考えれば、苦悩は全人格的な自己表出であり、苦痛という感覚的側面よりも、人間にとってより重要な基底になるものである。動物は苦痛を感じることができるとしても、苦悩の主体とはなりえないだろう。

この意味で、近代的医療の延命主義を批判しながら、苦痛、特に肉体的苦痛のレベルに議論をとどめる東海大学安楽死事件判決ひいてはそれを支える自己決定権論は、十分な近代医療批判を形成できていない。キャッセルの言葉を借りれば、「西洋医学は特にこの二世紀の間、患者の取り扱いにおいて、疾患とその原因についての還元的知識を、苦悩の直接的知識にとって代えてきた。その結果として、圧倒的な診断治療力を持った時代において、医者は軽率に苦悩をもたらしたり、苦悩を和らげることが可能なときにそうし損なうことがある、ということは驚くべきことでない。(9)」肉体的苦痛よりも精神的苦痛に、そして苦痛よりもそれらの基底となりうる人格的苦悩に目を向ける、という医療者の（及び患者もその他の人々も）意識の転換が延命主義批判の根底になければ、部分的に医療者による患者の苦悩無視を抑制することができても、今度は自己決定や社会的安定性を楯にした患者の苦悩無視をもたらす可能性が出てくる。従って、苦悩すなわち人間の全人格を考慮に入れた安楽死の議論が展開される必要があると言えよう。

（三）人格的苦悩から考える積極的安楽死の要件

もっとも、苦悩を正面から考慮に入れるべきと言っても、直ちに苦悩を抱えたあらゆるケースにおいて安楽死を認めうるということにはならない。過去からの人格の統合性が脅威にさらされ、場合によっては挫折するとしても、そこから新たな統合性をその人なりに展開することが可能であるからである。そのように考えるならば、苦悩、すなわち今までの生き方への脅威、挫折を通しての人格的成長・展開の可能性がある限り、その可能性を意図的に断絶させる生命短縮すなわち安楽死は、倫理的に認められないことになる。逆に言えば、そのような人格成長・展開が一般的に言って実質的にもはや不可能な極限状態と言えるケースに限り、積極的安楽死を倫理的に認めうる可能性が出てくるが、しかしそれは極めて限定的と言わなければならない。

そのような極限状態の一つとして考えられるのは、まさに判決が提示した、肉体的死期が不可避で切迫した状態でしかも肉体的激痛があるときであろう[10]。しかしその状態が極限状態であるのは、単に肉体的苦痛の激しさそれ自体によるのではなく、またその肉体的苦痛が恐怖や絶望感といった精神的苦痛をもたらすからだけでもなく、そのような状態に患者を置いたままにすることが忍びないことによるのでもない。それは、肉体的苦痛の甚大性、不可逆性、死期の切迫性のために、人格の展開が可能な肉体的精神的時間的状態にもはやなく、それ故に人格の統合性への脅威挫折について人間的に「苦悩することすら不可能」な状態であるからである。

それ以外のケースはどうであろうか。もし、生き方は人それぞれである、そしてケリーのように死への決意が真摯な、一種の宗教的決断でもあるならばなおさら本人の意思は尊重されるべきである、というような生き方への相互不干渉的な個人主義に立つならば、「滑りやすい坂」にならない限り、極限状態かどうかは各人の判断に委ねざるを得なくなり、精神的苦痛についても積極的安楽死への途を開くことになってしまうだろう。しかし苦悩という人格的側面を正面から見据える立場に立つならば、ケリーのような深刻な障害に起因する精神的苦痛であっても、安楽死を否定する結論に至りうる。絶望的な現実を目の前にしての挫折、苦悩（pathos＝passion）は極めて大きいものであるとしても、それを契機にしてさらなる人格展開の可能性があるならば、他者はその可能性の展開に協力すべきであり、少なくとも生命断絶により展開を阻止することは許されないのである[11]。

「生命の尊重」原理が、「人間的」生命の尊重を意味するとするならば、苦悩の訴えがいかに深刻なものであれ（むしろ深刻であるほど）、安楽死の要請を受け容れることは認められない。なぜなら、苦悩することは、ある意味で最も人間らしい、人間としての生命展開そのものなのであり、「苦悩することこそが人間的である」からである。

四　結　び――人格からの議論の必要性

確かに、法的に言えば、生命という法益が極めて重要なものと考えられている以上、生命短縮が可能となるケースは極めて例外的でなければならず、しかもその例外的ケースは客観的に確定しうるものでなければならない。とりわけ死への願望が抑うつ状態から起因することも多い以上、絶望感などの精神的苦痛をそのまま尊重して認めるわけにはいかないであろう。しかし、「滑りやすい坂」の論理だけからすれば、問題となる精神的苦痛のケースがごく限定的で、死の要請に一定の合理性があり、なおかつ客観的に類型化可能であるときには、積極的安楽死を認めてよいのではないか、という議論が高まってきたとき、その主張を否定することはできないのではないだろうか。法及び判決が生命を「肉体的」レベルで捉えるにとどまる限り、近代的医療への批判を背景として、そのような議論がかえって強くなっていく可能性がある。その際に、東海大学安楽死事件判決からすれば、一般社会的レベルで「自殺の容認へとつながり、生命軽視の危険な坂道へと発展」することはないかどうか、という政策論以外に、その歯止めを持つことができない。

ケリーの精神的苦痛は、確かに重度身体障害による日常生活的不自由という肉体的苦痛に起因するものではあるが、末期ガン患者にしばしば見られると言われる肉体的激痛に基づくものではない。また、肉体的に死期が切迫しているわけでもない。しかし精神的苦痛の程度は人格的苦悩に達していると言いうるものであって、甚大であり深刻である。そして彼の十年にわたる努力から考えると、もはやその苦痛からの解放、すなわち愛し合える女性と出会うことは不可能であり、限界の時期に来た（すなわちこの問題に関しては末期状態である）と言っても非合理ではないだろう。彼に対して「人生何があるか分からない」「がんばれば何とかなる」といった根拠なき楽観的励ましをすることが可能であろうか。この問題状況において乗り越えられない壁を形成している彼の障害は極めて深刻なものであり、それを軽快させることは不可能なのである。

ケリーのようなケースにおいては、精神的苦痛が生き方それ自体に対する絶望（人格的苦悩）に至ったものであり、それが極めて重大で深刻な障害に起因するものであって、長期にわたり努力した末、実質的に解決不可能と判断され、しかも代替手段がない（自殺すら不可能な状態である）、といったように、諸条件を客観的に提示しうると思われる。そしてもしこの場合に積極的安楽死を容認するとしても、四肢不自由で言語障害もあるというような、類型可能なごくわずかのケースに限られ、その場合に十分に本人の明示の意思表示を確認するシステムが確立されていれば、「滑りやすい坂」を形成するとは必ずしも言えないであろう。従って、自己決定権を重視するだけの論理からすれば、ケリーのようなケースに積極的安楽死への途が開かれる可能性が出てきてしまうのである。

このように、（肉体的）生命尊重と自己決定尊重のバランスを取るだけでは、それらをなぜ尊重するのかということが不明確であるため、積極的安楽死を容認可能な極限状態がどこまでかという線引きが不安定あるいは恣意的にならざるを得ない。これに対し、個人の意志決定の基盤にある人間の全人格的存在性（すなわち、人間として生きるということ＝「人間的」生命）と、その身体（的生命）における展開可能性を視野に入れるとき、人が生きることの意味とその生を支えるという他者の役割が明確になり、極限状態とそれに対する他者の関わり方が定かになってくる。[12] そしてこのような人間の人格性と共同性からの議論を展開するときに、結局は、絶対的に積極的安楽死を認めないというわけではないが、しかしそれは肉体的激痛ある末期状態患者のみに限るという、ある意味で常識的とも言える結論を、堅固に維持することが可能となるのである。

「人間としての生命」の精神的側面の基底となる内容は「人格的営みの展開」と言える。その展開が人間的（すなわち生命の精神的側面の中心的ケース）と言えるのは、人間が「自己決定しうる主体」であることよりも深い次元で「苦悩しうる主体」であるからである。ここからすると、「生命の侵害剝奪禁止」は、「苦悩の中で人格展開することの断絶禁止」であって、この禁止は絶対的であるが、それに対し「肉体的生命の断絶禁止」も、「自己決定の侵害剝奪禁止」も、いずれも絶対的ではなくなる。苦悩すらできない極限状態にあるか否かという観点からの問い直しが必要となるのである。

第２節　身体と安楽死――「からだとしての身体」から考える安楽死の条件

一　安楽死における身体

（一）遷延性植物状態患者と安楽死

前節では、人間の人格としての存在性に着目して、苦痛それ自体が安楽死の根拠となるのではなく、苦痛に苦しまなければならない不条理の中で苦悩しつつその意味を模索するという極めて人間的な営みが可能な限り、その生は尊重されるべき「人間としての生命」と位置づけられるべきと考え、しかしそういった「人格的苦悩」すらできない極限状態にある場合に限り、安楽死容認（に関する議論）の可能性が開かれる、と述べた。その極限状態に、肉体的激痛を伴う末期状態が含まれるのは上述の通りである。しかし人格という観点だけからすれば、別の極限状態も考えられるのではないだろうか。例えば遷延性植物状態患者である[13]。自らによる人格的成長・展開が絶望的状態であり、その状態からの回復が不可能であると判断される植物状態患者についても、「安楽死」を認めてよいのであろうか。

ラムゼイは、人格的ケアを与えられたり受け取ることができないという意味において、不可逆的な植物状態患者への栄養補給などのケアはもはや求められるものではないとする。そして、激痛に苦しみ緩和の手段がない患者は、「他の者が交わったり、死の過程に参加するやり方を見いだすことができない、という点で、その苦しみの程度如何によって、永続的な昏睡状態患者と同じである」とし、「死をもたらしたり早めたりすることは、死の過程にある者に対するケアと調和し、隣人愛（charity）に反するものではないと言えよう」とする。ラムゼイはケアという人格的な相互交流関係が完全に不可能になった状態を極限状態と考え、その基本形をむしろ植物状態患者に置き、応用形態として激痛に苦しむ末期患者を考えるのである。(14)

確かに、人格的交流という観点からすると、遷延性植物状態患者と激痛に苦しむ末期患者は共通に理解してよいのかも知れない。しかし両者には大きな違いがある。前者は必ずしも身体的には末期状態にないという点である。そして仮に、両者共に安楽死が認められると仮定した場合であっても、一般に想定される手段について、両者の間に違いが見られる。

遷延性植物状態患者に死をもたらすための手段としては通常、消極的安楽死、すなわち水分・栄養補給の停止が想定されている。(15)しかし補給停止後、直ちに死がもたらされるわけではない。徐々に衰弱し、ある意味で餓死の過程を辿った末、数日後に亡くなっていくのである。(16)この手段を選んだ以上、家族は衰弱していく過程を直視して看取る覚悟が必要であろうが、それは家族にとってケアの最終過程にふさわしい看取り方であると言えるであろうか。また、本人にとって餓死類似の死に方が人間的な終末の迎え方と言えるであろうか。このように考えてみると、水分・栄養補給の停止という消極的安楽死よりも、投薬等による積極的安楽死の方が、まだましな手段であるようにも思えてくる。

このような水分・栄養補給停止の非人間的残酷性を目の前にしたとき、もし極限状態を人格という観点から「だけ」考えるならば、積極的安楽死を（むしろその方を）認めることによって、残酷性を回避することが許されることになろう。しかしその残酷性が人間のもう一つの側面、すなわち「身体」の軽視に由来すると考えるならば、結論が変わってくる可能性が出てくる。つまり、身体がなお生きようとしているにもかかわらず意図的に断絶させるところに、非人間的な最期の迎え方が生み出される元凶があるのだとするならば、積極的安楽死はもちろん、そもそも水分・栄養補給の停止といった消極的安楽死自体、（尊厳死どころか、尊厳に反するものとして）認めることができない、という帰結に至るであろう。極限状態に「身体」という観点を取り込むかどうかで、極限状態にある者に対する「生命の尊重」原理の帰結が一八〇度異なってくるのである。従って「生命の尊重」原理の中に身体をどう位置づけるか、という問題を避けて通ることはできないであろう。

さらに考えてみるならば、遷延性植物状態患者に死をもたらす手段として、最初から積極的安楽死を考えるのではなく、水分・栄養補給停止という消極的手段にとどめておこうとする躊躇、そしてそれを「消極的安楽死」ではなくて「尊厳死」と名付けようとするこだわりは、患者がまだ身体的には極限状態にないことに対する意識的無意識的な負い目を人々が感じていることに由来するのではないか、とも捉えられる。身体という観点から安楽死問題を問い直すことは、人々のこのような躊躇やこだわりの背後にあるものを明らかにすることにもなろう。

(二)　身体と意思

しかし、身体に着目するということは、身体的生命の無条件的な絶対視につながることになりはしないか。二次大戦後、ナチス・ドイツなどの行った安楽死に対する反省は、本人がどのような状態であっても「身体的生命」が維持されている限りは生命剝奪は許されないという「生命の絶対的尊重」の理想を生み出した（＝障害や優生学的理由、社会的差別による生命剝奪への抵抗）。ところが生命の絶対的尊重は、皮肉にも、同じくナチズムなどへの反省を重要な背景として登場した「医療における自己決定権」論（＝同意によらないパターナリスティックな生命「剝奪」への抵抗）によって、今度は逆に同意によらないパターナリスティックな生命「維持」につながるとして批判されることになってきたのである。確かに「一分一秒でも」という言葉に代表されるような医療の「身体」的生命維持の姿勢が、尊厳ある人間の存在性に反する事態を生み出したというのは、身体的生命を生物学的にしか見ようとしない近代主義的医療の姿勢、ひいては「身体の絶対化」の姿勢に対する正しい批判であろう。

とはいえ「意思の絶対化」というのも、人間の存在性を主観的意思判断の中に閉じこめてしまう矮小な近代主義的人間観として、同じく批判の対象とされることは、今まで見てきた通りである。安楽死論議において見られる「身体」的条件を「意思」に対して提示しようとする根強い動き、そして「身体」的側面の無視に対する人々の意識的無意識的な躊躇は、「意思」の絶対化によりもたらされる直接間接の非人間的帰結への恐れの反映であると考えられる。だとしても、生物学的レベルでの「身体」を「意思」の対抗要件として提示するだけならば、両者の関係は平行線を辿るだけで、人間は二つに引き裂かれたような状態に置かれたままである。

前節は、人格（の展開と苦悩）という観点から個人の意思を位置づけ直すことによって「意思の絶対化」を否定し、そのことを通してこの分裂状態を回避しようとした試みである。しかしなお、遷延性植物状態患者のケースに見られるように、人格という観点だけでは、依然として分裂を完全に回避できるとは言い難い。そこで本節ではさらに、「身体の絶対化」を否定しうるような身体の新たな位置づけ直しによって、前節と併せて、統合的な「人間としての生命」の存在性を回復しようと試みるものである。生命の精神的・人格的存在性のみならず身体的存在性にも着目し、両者を統合的に結びつけることによって初めて、「身体」と「意思」の分裂を回避する道が開かれ、そして安楽死論議において提示される様々な条件も、バラバラのものとしてではなく、統合的なつながりの中で理解できるようになっていくのではないだろうか。そのような展望のもと、以下、身体の新たな位置づけ直しを、「からだとしての身体」観の探究から始めてみよう。

二　「肉体」としての身体と「からだ」としての身体

(一)「肉体」としての身体

丘沢静也は「小市民の正しい教養」と題する論文で、「肉体の教養」から解放されて「からだの教養」を身につけるべきであると論じる。[17] 身体を「肉体」としてでなく「からだ」と位置づける捉え方が求められる、と言うのである。ここでは、丘沢の論述を追いつつ、近代的医療につながると考えられる近代主義的な「身体」の捉え方の特徴と、それに代わる「身体」の捉え方を探ってみよう。

まず、「肉体」としての身体とはどのようなものであるのか。丘沢は「肉体」として身体を位置づける捉え方、すなわち「肉体の教養」を次のようなものであると述べる。「肉体の教養は、絵になることを求める。自分が主人公の物語を夢見る。ギリシャ彫刻のような『肉体』を世界に刻印しようと考える限界ぎりぎりまで歯を食いしばってがんばってトレーニングし、究極の苦しみに陶酔する。……肉体の教養は、他人の視線を前提にして、『汗と涙の結晶』を絵に仕立て上げようとする。[18]」つまり、「肉体」としての身体は、自己を他者にアピールするためにがんばって作り上げられる絵や彫刻の如きもの、ということである。

丘沢の考えに従えば、この肉体的身体観の問題点の第一は、「自分病」の一形態であることである。「自分史」ブーム、「自分探し」や「自己実現」が盛んに叫ばれる現代を、丘沢は「自分病の時代」と名付け、ハッカーを引用しつつ、次のように批判する。「現代では、全ての人が『自分はなにがしかの意味ある存在であり、他の人とは違った価値を持つ個性だ』と信じこまされている」が、現代社会では「ほとんどの人は『誰でもいい者』として扱われざるをえない。」しかし、「多くの人が『何者か』であろうとして、わずかな差異や新しさにあくせくする。個性がなければ生きる資格がないと若者は思いつめている。[19]」「肉体の教養」は、「自分が主人公の物語」を身体において展開しようとする、「自分病」の一つの発症形態と解することができるのである。

第二の問題点は、「ガンバリズム」をモラルにすることである。「肉体の教養」では、身体活動のモデルは「競技スポーツ」となる。「常人の能力を超えたプレーは、絵になりやすい」し、「凡庸なプレーやゲームでも、記録や勝敗を小道具にすれば、手軽に物語やドラマに仕立てることができる。」「というわけで、数字のほしいマスメディアは競技スポーツに飛びつく」ことになり、そういった「見世物に観客は感情を同化させ」、やがて「競技スポーツを語る言葉で、全てのスポーツがながめられるようになる。」競技スポーツの基本構造は、「記録や勝敗」という設定された目標に向かって、「カール・ルイスのように『より高く、より速く、より強く』をめざす」ことであり、「がんばる」ことである。これは「競争社会のモラル」そのものであり、その意味で、競技スポーツの論理やモラルが人間の身体活動全てに一般化されていくことは、人間の全領域にわたる競争社会化をもたらす。と同時に、「競技スポーツは、一〇〇分の一秒の差のために、必死になって力を出し切る。だから一流のアスリートは、たいてい故障や古傷を抱えている。[20]」つまり、ガンバリズムに基づき「肉体」を鍛え上げるほど、身体を「壊す」方向に向かうのである。

従って第三に、身体という視点から見た場合、「肉体の教養」の問題点は、「自分」という存在から「身体」を切り離して「肉体」と位置づけ、それを「自分」にとっての手段として支配下に置こうとすること、そしてその結果「身体」を苦しめることになり、最終的には身体を滅ぼしてしまうことになってしまう、ということである。「肉体の教養」をめざした典型として三島由紀夫をあげる中で、丘沢は「ボディービルをはじめとして、彼のやっていた運動は基本的に無酸素運動である」と指摘する。[21] 無酸素の中で負荷を与えて筋肉を鍛錬する運動は、確かに身体を

「自分」の思い通りの形に作り上げようとすることで、身体に酸素を供給せず苦しめることであると言えよう。この観点からすれば、例えば自分を美しく見せるためのダイエットを試みることも、「肉体の教養」の世界に含まれよう。現存の身体を自分の美意識にふさわしくないものとして自分の外側に置き、それを単にカロリー計算等によりコントロールしうる、またコントロールすべき客体として支配下に置こうとするが、それが本来身体が必要とするエネルギーや栄養のバランスや量を欠くときには身体を苦しめることになり、極端な場合には拒食症、過食症となって身体を壊し滅ぼすことになってしまうのである。単に痩せるためだけのダイエットというのは、身体破壊に向かうための知識と作法、すなわち「肉体の教養」の典型と言えよう。

(二)「からだ」としての身体

これに対し、「からだ」としての身体とはどのようなものであるのか。丘沢は「からだの教養は小心だから、陶酔や感動を避けようとする。ちょっと気持ちよければそれでいい。目標などない。私の走りや泳ぎは、どう転んでも絵にはならないだろう。『筋肉の力を抜いて、意思の馬具をはずして』、単調な繰り返しに小さな喜びを感じるだけ。『結果を出す』なんて下品なことは考えない。」「私の走りや泳ぎ」とは、「毎朝、五十分くらい犬といっしょにだらだら走り、週に数回プールで一時間ほどカメみたいに泳いでいる。十数年前から、十年一日のごとく、同じような運動を続けている。記録を伸ばそうとか、記録の積立貯金をしようという下心があるからではない。気持ちがいいからだ。精確にいうと、ちょっとだけ気持ちがいい」といった「だらだら走り、かめ泳ぎ」である。(22) この「からだの教養」における身体とは、非日常的な「陶酔や感動」の世界ではなく、極めて日常的な「マンネリズム」の世界を構成するものであり、従って意識的な目標のための手段的な構築物でなく、むしろ日常の中に入り込むようにして潜在しているものと言えよう。

思うに、この「からだ」としての身体は、独自の存在意義を持つ。まず第一に、「だらだら走りやかめ泳ぎ」においては、身体はほとんど無意識的なルーティーンの動きに組み込まれていると同時に、それが毎日なさなければならない義務でもない。そういう運動をするかどうかは「身体が決めること」なのである。今日も運動をするとするならば、それは本人の意思と関係なく、身体が慣性的に求めるからであろうし、今日は運動をしないとするならば、それは身体の調子あるいは気分が運動を求めないからである。いわば「身体の自己決定」が存在すると言えるかも知れない。

第二に、「ちょっとだけ」気持ちがいいということは、ただ何となく理由なく、身体を動かすことそれ自体が「自分」の存在にとって心地よく、居心地がよいということであろう。しかも「ちょっとだけ」ということは、その気持ちよさが喜怒哀楽という感情のレベル、意識化されるレベルにまで至るものでない、身体そのものの喜びと解することができるのではないだろうか。いわば「身体の感情」といったものがあると比喩的に言えるのかも知れない。この場合には、「からだ」としての身体が、「意思」（さらには心に抱かれる感情）とは無関係に「自分＝私」にとって意味を持つ存在となっている。「からだ」としての身体には、「意思」とは別個独立に、「私」にとって積極的な存在意義があるということである。

第三に、「私」内部に身体の独立領域があり、それが「私」自身にとって積極的な存在意義があるということに加えて、「からだ」としての身体は私を自己完結的な内部にとどめずに外部の世界に開いていくという存在意義を持つ。丘沢曰く「たとえば三十分間、のんびり走り続けると、ちょっとだけ気持ちがよくなる。自分と世界の境界が、ちょっとだけぼやけてくる。世界と対立するわけでもなく、世界の中に溶けてしまうのでもない。この中途半端な『私』

の感覚こそ、マンネリズムの醍醐味である。[23]」「肉体」としての身体は、「私」が世界から身を守るための防具であり、あるいは世界に挑戦し支配対決するための武具である。しかし「からだ」としての身体は、「自分と世界の境界」を「ぼやけ」させるもの、すなわち「私」と世界を独立、対立させせない緩衝領域、あるいは二つの領域が混じり合った混合領域と位置づけることができよう。「からだ」は、「自分」が世界なしには生きられないだけでなく、世界の一部であることを教えてくれ、また世界は自分と無関係に存在するのではなく、自分の働きかけの影響を受ける相関的存在であることを実感させてくれる。この意味では、競技スポーツではなく「だらだらからだを動かす」運動は「いのち」の教育や「環境」教育の原点となりうると言えそうである。私たちは身体を通して自分と世界を理解し、コミュニケートし、「身のほど」を身につけていくということである。

三　「肉体」は「からだ」の一部

丘沢は、このような「肉体の教養」と「からだの教養」を、「読み書きソロバン的教養」と「専門バカにならないための作法としての教養」、「仕事」と「暮らし」に対比させている。「歴史の教養、数学の教養、外国語の教養、コンピューターの教養、政治の教養、音楽の教養……。こういう『読み書きソロバン』的教養が質量ともに充実していれば、何か問題があったときでも、柔軟に対処できる。」この「読み書きソロバン的教養」は元々エリートのものであるが、それは「世間を見下ろすハイカルチャーの椅子に腰かけて、自分が世界の中心に位置し、力のある裁判官のようにふるま」う形で問題に対処する姿勢とされる。この姿勢の問題点は、「自分が世界の中心」にいて、何か問題があったとき、自分ではなくて世界の方を変えること（あるいは世界から超然としていること）で解決を見いだそうとし、そういった世界の支配管理（あるいは世界からの超然性確保）のために用いるための知識として「読み書きソロバン」を身につけて「世界の中心」の座を守ろうとする点にあると言えよう。

この姿勢が一部の者にとどまっているならば問題はなお小さいが、「今日では、エリートが全てを仕切っているわけではないし、大衆もローカルな存在ではない。」大衆が上述のような「読み書きソロバン」的な教養を身につけ、しかも各々が自分の「専門」という看板のもとに勝手にその教養を発揮するとき、結果は甚大である。大衆社会においては「一人一人の存在や行動が、そのまま環境問題や人類のサバイバルに結びついている」からである。「専門」に基づく「仕事を暮らしに優先させることによって、いろんな意味で『環境』汚染が加速されてきた。『仕事だから』という古風な口実は、免罪符にはならない。専門が仕事にかかわるなら、教養は暮らしにかかわる。これからは専門の時代ではなく、教養の時代なのだ。[24]」

それでは、そのような（「読み書きソロバン」的でない、「専門バカにならない作法としての」）教養とはどのようなものか。仕事は、専門的知識を用いて人間が世界を支配管理することと言えようが、それは人間の日常的な営みであるところの「暮らしの一部にすぎない。」従って、「専門バカにならないための作法」とは、仕事が暮らしの中心であるかのような考え方を覆すための作法であり、「身のほど」を知る作法であると言えよう。しかし、自分を世界の中心に据えようとする「自分病はそもそも病気ではなく、人間である以上、当然抱えている『障害』にすぎない」ため、「根本的な治療法はない。」しかし「対症療法によって症状を軽くすることはできる。」そこで丘沢によって提示される作法が、「からだを動かすこと」である。これは「民間療法だから、万人に有効というわけではない。しかし『筋肉の力を抜いて、意思の馬具をはずして』というポイントさえ押さえれば、霊験あらたかなはずである」とされる。[25]「暮らし」を「仕事」に優先させる「専門バカにならないための教養」の内容、作法の一つは「身体を動かすこと」とされるが、そこで言う身体は「肉体」ではなく「からだ」であり、従って「からだの教養」とは、（仕事が暮らしの一部であるのと同様）肉体はからだの一部であるという「身のほど」を知ることであると言い換えることができる。ここで「からだの教養」は近代主義批判に結びつくことになる。すなわち、「自分が世界の中心」であるという基本姿勢が「人間が世界の中心」であると外的に展開されるとき、人間以外の存在である自然の排除、周辺化が生じ、さらに「理性や意識が自分の中心」であると内的に展開されるとき、理性や意識活動以外の身体の排除、周辺化（すなわち身体の肉体化）が生じる。「肉体の教養」に支配された身体において「からだ」を取り戻すことは、この近代主義的自己中心の傲慢と対峙する一つの契機なのである。

四　「からだの取り戻し」――人工物としての身体から自然物としての身体へ

（一）自然物としての身体

「からだの取り戻し」が近代主義的自己中心との対立構造の中で展開されるべきことは、「自然物」として生死、身体を位置づけ直そうとする養老孟司の議論にも裏付けられよう。

養老は、「人工と自然」、「人工物」と「自然物」という区分をもって、現代社会を読み解こうとする。この二者の区分のメルクマールを、池田清彦を参考にしつつ、「自然物は相手がいかに変化しようと、名前が変化しない」という点に求め、例えば「人工物である私の灰皿は、きれいに洗って果物を乗せて客に出せばただの皿になる。カッと怒って、それで家内を殴ったら、今度は『凶器』になる。粉々に砕けば、ガラスの破片になるかも知れない。ところが、死体は自然物である。だから、あれはいくら壊しても、やはり『人間の一部』なのである」とする。なぜ人工物の場合には名前が変わるかというと、「人工物は、それを用いる人間の設定した枠組みの中で、名が定まる。人工物は、たとえモノに見えても、ほとんど『はたらき』によって命名されている」からである。[26]

さて、「死体は自然物である」と養老は考え、また例えば日本においては一般的にも「死体をモノ扱いしてはならない」という規範意識が存するように思われるが、[27] しかし同時に「死んだらモノになる」という考えも広く普及しているようである。養老が指摘するように、脳死臨調の少数意見でも「脳死を死と認めたら、脳死と宣告された瞬間に人間は物となるのである」と述べられており、このような叙述が全く「気にとめられ」ずに表現されているということは、脳死に賛成反対にかかわらず、「死と宣告された瞬間に人間は物」になるという考えは、識者の間にもまた一般的にも、少なくとも違和感なき考えになっていると言うことができよう。[28]

なぜ、一方では死体は「自然物」であると考えられつつも、他方では「モノ」すなわち「人工物」であるかのように語られるのか。養老によれば、「『実感としては』、死体はモノではない。だから『死んだらモノ』とは、感性から直接に発した表現ではない。それがまさしく『観念』であろう。」養老の枠組みに従うならば、「観念」化は「脳化」社会への途であり、事物の人工化につながっていく傾向性を本来的に持つということになろうが、より具体的に言えば、一つには、事物を人工物として捉える「考えかたに慣れすぎたため」、その思考習慣が自然物にまで及ぶようになってしまった、という説明が可能である。もう一つは、習慣の無意識的拡大というよりも、むしろ意図的に死体を利用しようとして、人工物と位置づけようとする者達もいることによろう。どちらにせよ、あらゆる事物を「人工物」として捉えるようになってきているのは、「現代社会は、ほとんど人工社会であり、徹底的に人工化を目指して」おり、「自然現象をどんどん排除している」からである。これは、「対象全体が客観的に論理化できる、という誤解にもとづく。」しかし「自然現象は、部分的にしか『客観的』『論理的』には理解できない。……ところが、もっぱら人工物にばかり囲まれて暮らしているから、自然がもともと『わからない』ものだということを忘れて、『わかるはずだ』と思いこむ」のである。そのような自然現象、例えば生死のようなものを、無理に論理化すなわち「言語化すれば、対象である生死の側の特性ではなく、方法である言語の側の特性が最終的に出てきてしまう。たとえば、生と死がどこかの瞬間で『切れる』という誤解がそれである。これはもちろん、分節化という言語の性質から生じたことである。生も死も自然現象であって、それにもともと切れ目はない[29]。」

「自然」とは「人間が意図して設計したものではない」ということであり、養老によれば、死体に限らず「身体」それ自体も、予測できず統御できない自然に属する[30]。生老病死が「人生なのであ」り、「放っておいても、人は生老病死である。だから、これが『自然』なのである。われわれは、わけもわからず生まれ、……老い、……病を得、……死ぬ。」そして「生老病死の舞台は、身体である。」しかし「心はそれを無視することができる。」それ故自然物である死体を、同時に人工物として考え、扱うことが可能となるのである[31]。

そして「生老病死の舞台」である身体への関わり方は、生老病死に我々がどのように関わろうとしているか、どの程度「人工物」として関わろうとしているのかを表している。その意味で、「身体」は社会や文化の「物差し」となりうる。「身体とは、誰でも持つものである。だから、それで世界を測る」ことができるのである。養老は、「物差しそのものは、ほとんど役に立たない」とし、「私の普遍主義は、物差し普遍主義である」と述べる。しかし「身体」は、社会や文化を測るだけで批判を展開し得ない物差しではないと思われる。たとえ心が身体を無視する（江戸以降の）文化を「非難するつもりはない」と言っても、物差しで測るということは、その目盛りからのずれ（本来自然物である身体の世界が人工物として扱われていること）を明らかにすることを意味し、その明示化自体が測定された対象である社会や文化の批判そのものにならざるを得ないであろう。もちろん、目盛りからのずれが生じても「しようがない」又は「誤差の範囲内である」と許容し、あるいはあるところではずれていても別のところで合致しているので一概に否定し得ず、非難しないということは可能であるが、「ずれ」という現象自体が非難につながりうる「批判」

を意味するということは、普遍主義に立脚する以上避けることができないのではないだろうか。[32]

それでは、「身体」という尺度から現代社会はどのように見えてくるであろうか。「身体を実用に使うことを、人はしだいにやめて来た。肉体労働とは、歓迎されない仕事の別名である。」「肉体労働が、基本的な人間性に反するという意見は、多くの社会に存在する。それが少ないのは、むしろ日本であろう。……なぜ、日本だけは、手先の仕事を重視するか。その理由はよくわからない。こういう面を見れば、日本に身体はないというのは、間違いではないか。だから言うのである。この国は、江戸以来身体をなくした。しかし、それは体制思想がそうなのであって、庶民まで下りれば、わかりはしない。……体制とは、たてまえである。」そのたてまえが庶民レベルまで下りてきて、ほとんど本音に転化してしまいつつあるのが現代社会の現状と考えることもできる。それでもなお「身体」を取り戻そうとする抵抗が存在する、というのが養老の考えである。例えば「献体運動もまた、一種の身体の思想であろう。」「この社会体制は身体を排除する。それだけではない。老人を排除する。だから、献体運動の人たちは『身をもって』、運動に参加するのである。私の身体ですら、無意味ではないのだ、と。[33]」しかしもし「身体」を消滅させようとする体制が人間の尊厳を大きく毀損してしまうのであるならば、身体を「自然物」とみなす「からだの取り戻し」を、単なる抵抗レベルにとどめるのではなく、体制を正面から問い直す制度変革に向かっていく方が、より望ましいように思われる。[34]

(二)　からだの取り戻しとしての安楽死の条件づけ

このようにして、「からだの取り戻し」は近代主義的自己中心と対峙する一つの、しかし重要な契機であると言える。なぜなら、身体は自然物の中でも最も意図的に支配できない、人工物として扱うのが困難なものであるからである。身体は不条理の典型である病、そして不条理の究極である死を人間にもたらす。近代西洋医学は、病を回避克服するために、身体を徹底的に制御支配する術を探求してきた。それは一定の成果を上げてきたが、身体の「肉体化」という犠牲の上に成り立った成果である。しかしそれでも今なお不治の病が存在すると同時に、死だけは回避し得ない。肉体の死は、近代主義的自己中心の絶対的限界であると言えるが、その壁は逆に、全てを人工物にしようとする傲慢に対する反省の突破口ともなり得るであろう。

このように見てくると、安楽死（自殺も同様である。以下同じ。）において本人の意思のみに基づく死の選択を求めることは、思い通りにならない自己の人生あるいは「人工物」になりえない自己の身体に対して、身体を消滅させるという究極の手段を用いることで、自己の支配統御能力を確認し誇示しようとする、不条理に対する近代主義的自己の逆襲であるとも考えられよう。この点に鑑みるならば、安楽死の条件として本人の「意思」だけでよしとするのでなく「身体」の状態を加えることは、近代主義的自己中心から「からだ」を取り戻し、ひいては「人間」を取り戻すという、思想史的意義が存するのではないかと思われる。(35)

五　法的規制と「からだの倫理」

しかし、安楽死を求める者にそれを許さない根拠として、身体の独立独自性を持ち出し、法的に安楽死を厳しく規制するとしても、それだけでからだが取り戻され、近代主義的自己中心が消滅するとは思えない。そのためには、身体への「関わり方」それ自体が転換する必要がある。そうしない限り、いくら身体を保護対象にして「身体が末期状態でない限り安楽死は認められない」としても、かえって肉体としての身体性を強く維持することになりかねない。身体を重要視する関わり方が、単に「一分一秒でも」という形で「肉体」の維持へと収束していくことは、避けられなければならない。つまり、身体が生き方の周辺におかれて、状態がよければ生き方を支える道具となり、状態が悪ければ生き方の妨害となり修理対象となるというだけの（肉体としての）身体の位置づけでなく、逆に身体は状態がよくても悪くても人間の生き方の基盤であり、むしろ身体を不可欠な前提としながら生き方は形成されていくという身体の位置づけの転換がなされなければ、「からだの取り戻し」は実現されない。少なくとも、患者及び患者に直接関わる者たちが、そういった身体の位置づけ、身体への関わりの姿勢（の転換）を持たない限り、身体を根拠とした安楽死の法的制約は、かえって身体の「肉体」化をもたらす恐れがあるのである。患者の「意思」だけでなく「身体」の末期状態性も条件とする安楽死の法的規制が、「意思」も「身体」も絶対化することなく、患者の生き方（人格展開）を支えるための法的規制となるためには、「一分一秒」でもという言葉で表されるような「肉体の倫理」ではなく、身体を生き方に不可欠な前提とする「からだの倫理」を、少なくとも患者及び患者に関わる者たちが共有していなければならないであろう。

近代医療に特徴的な身体の診断（病気診断あるいは健康診断）は、例えば血液検査などに典型的なように数値による判断であり、「健康状態を示す『正常値』から量的に多くても少なくても逸脱すると『病気』だと判断する。[36]」数字で表される正常「値」に肉体の状態を近づけることが、「肉体の倫理」が求めることである。従って、末期医療に関しても、平均寿命あるいは寿命の長さという数量が規範的意味を持つことになるのである。

しかし正常「値」は「健康」や「病気」を必ずしも意味しない。第一に「肉体」レベルだけを考えても、正常「値」は多くの人の統計的データから導き出される全体的傾向性を表すだけで、ある特定の個人がその正常「値」から逸脱していたとしても、その個人の肉体的特性からして、全く肉体的に「病気」ではないということがありうる。このことは、欧米人と日本人の肉体的相違が必ずしも日本人の病気を表すわけではない、ということを考えても明らかである。「肉体」も個別具体的で独自性を持つのである。さらに言えば、この肉体の個別具体性は社会との関連の中で見いだされるものであり、そもそも肉体の状態が「正常」かどうかは全く価値中立的ではない。「この身体そのものにとって何が正常なものであり、何が異常なものなのかを評価するために、身体を超えたところにまで、注目しなくてはならない。乱視や近視のような身体欠陥についても、農業や牧畜の社会では正常だろう。しかし航海や航空では異常とされる」とカンギレムが述べるとおりである。[37] にもかかわらず、「肉体の倫理」は肉体の個別具体性を看過するとともに、正常かどうかの基準を当該社会の一般的風潮によらしめながら、無批判にあたかも価値中立的普遍的前提のように措定し、その措定された正常さを表す生理学的病理状態のみの視点から「肉体」を管理しようとする、という一面性を持つために、個々人の「肉体」自体に対しても抑圧的に働く恐れがある。その意味だけでも、身体の個別具体的独自性を前提として尊重し、身体を肉体の世界から外に開こうとする身体への関わり方、すなわち「からだの倫理」が必要であると言える。

さらに第二に、もし正常「値」からの逸脱が肉体的な「病気」を意味しているとしても、そのことは当該患者が「人間」として「病気」であり「健康」でないということを必ずしも意味しない。カンギレムによれば「健康とは、環境の不正確さを許容する幅である。[38]」つまり肉体的に病気の状態になってもそれを自分にとっての「できごと」としてしっかり受け止め、向き合い、対処の姿勢をとることができるならば、それは「環境の不正確さを許容」し得ているということであり、人間として健康である、ということになる。このカンギレムの主張を、森村修は次のように要約する。すなわち「『健康』というのは、環境が激変したとき、肉体的にも心理的にも、そしておそらくはスピリチュアルにも耐えられる能力のことであり、『病気』というのは、それらの変化に耐えきれなくなることだ。」そしてカンギレムの「生（活）」とは、生物にとって、単調に演繹された結果でもなければ、直線的な動きでもない。

それは幾何学的な厳密さも知らない。生（活）は、逃走や、落とし穴や、回避や、そして思いがけない抵抗などが存在する環境との、論争もしくは話し合いである」という叙述を引用し、「〈生〉とは、私たちが『主観的に』自覚しても いなくても、環境との『対決』であり、『話し合い』である。〈健康に生きる〉ということは、環境と環境が与えてくるさまざまな変化に対応し、適応していく能力が高いことを意味する」と述べる(39)。

この健康観に基づくならば、肉体的病気に対して向き合う姿勢を持ち、その状況に適応して生きていこうとする時、患者は人間としては健康なのであり、その健康な生を展開する場が「からだ」ということになろう。すなわち、「からだ」において患者は肉体的病気に由来する「できごと」に出会い、また「からだ」においてそのできごとと「論争」し「話し合う」のである。たとえ不治の病であっても、その肉体的病気に適応し向き合うことができるとするならば、肉体的には不治の病を抱えた身体が、現状において人間として健康に生きていくのに相応しい「からだ」なのであって、その患者個人の生を展開するために、逆になくてはならぬ不可欠の積極的存在意義を持つことになる。このように、人間としての健康の可能性がたとえ不治の病であるとしても開かれているとするならば、「環境との論争もしくは話し合い」の場である「からだ」としての身体は、少なくともその身体自体が死の過程に具体的に突入するまでは、人間としての生き方の可能性を開くものとして喪失されてはならない、と積極的に主張することが可能になろう。

このような主張が「からだの倫理」の骨子であるが、それはさらに具体的には次のような主張を含むことになる。すなわち、患者は人間としての健康な生を展開しうる可能性がある限り、自分の生を展開する場としての身体、すなわち「からだ」としての身体を放棄してはならない。また、患者に関わる者たちは、肉体的病気によってもたらされる環境の激変が誰にとっても「人間としての健康」にとっての危機であるという意味で患者の苦しみを理解するまなざしを持つべきであると同時に、「人間として健康な生き方へ向けての支援」のケアの関わりをなすべきである。患者及び患者に関わる者たちがこのような「からだの倫理」の内容を担うことによって、「意思」の絶対化にも、（肉体としての）「身体」の絶対化にもつながらない、人間の統合的な生き方を支えるための安楽死の法的規制の意義が出てくるのである。

六　結　び――「からだとしての身体」と安楽死

「からだ」としての身体は、独自の存在意義を持ち、それは自然物として扱われるべきで、「モノ」であるかのように意図的設計対象にしてはならない。このように考えることは、身体を人間から切り離した位置に置くことを意味するのではなく、逆に人間が生を切り開いていき豊かに展開するために身体が不可欠で不可分なものと位置づけることの表明である。つまり、「からだ」としての身体が統合的な人間存在の尊厳を支えていることを認め、それを自由な処分対象とするのではなく逆に前置されたものとして扱うということを意味しよう。「生命の尊重」は、（第１節で提示した、苦悩するという人間の人格的存在性の尊重と並んで）このような「からだの尊重」を表明する原理として理解されなければならないのである。

（一）遷延性植物状態であること自体は安楽死の条件にならない

それ故、「からだ」が生きようとしているにもかかわらず、生命を断絶させることとは、「生命の尊重」原理の例外とはなり得ない。その行為は、「からだ」を含めての統合的な人間存在としての尊厳を無視して、個人の意思のみに人間の尊厳を矮小化していることを意味するからである。本節冒頭の課題に立ち戻るならば、例えば遷延性植物状態になって思考それ自体が不可能と推測される状態であっても、身体全体として「生きよう」とする方向に向かっているならば、身体はなおその人の生を切り開こうとしていると思われる。現在から将来にわたり思考や意識が停止してしまっているとしても、過去においてその人が形成してきた人生の物語は存在するのであり、その物語の担い手が心身統合的な人間としてのその人であったとするならば、その人が意識なき状態でも何らかの形で存在しようとし続けている限り、なお人生の物語の担い手として、（他者の手を通してであっても）過去の自分の物語を新たに展開させることが可能であり、また他者との新たな関係性を展開させていくことで他者に影響を与えることができる。これは、過去を背負ったかけがえのない一人の「人間」の身体であるからこそ成立する、「からだ」を通してのコミュニケーションの可能性である。単なる「モノ」においてはそのようなコミュニケーションは擬似的にしか可能ではないであろう。このような「からだ」を通してのコミュニケーションを看過する点で、本節の最初に述べたラムゼイの人格のみを基盤としたケアの考えは、なお片面的な人間観に基づいていると言わざるを得ない。「人間としての生命」は決して思考や意識に閉じ込められたものではないのである。

（二）身体としての末期状態でもあることが条件となる

しかし、もし人格的苦悩すら不可能な状態（＝人格的な「末期状態」）にあると共に、「からだ」としての身体もまた、もはや人間としての生を切り開き、展開していける状態でなくなった場合、つまり身体全体として機能停止の段階に入りつつある状態(40)（身体としての「末期状態」）にある場合、それは人間としての「死の過程」に突入しているということである。従って、その極限状態においてどのような死（生の最終章）を辿るかを「意思」により（予め）決定することは、既に始まっている死の辿り方についての一つの選択肢として容認することができよう。人格的にも身体的にも末期という極限状態においては、それは「肉体としての生命」の尊重に反する行為（肉体的生命断絶）であっても、「からだとしての生命」の尊重には反しないと考えられる。

（三）ヒロイックな延命治療は「人間としての生命」尊重に反する

逆に、人間として死の過程に突入しているにもかかわらず、「一分一秒でも」長く「肉体」を生かそうとすることは、「肉体」のみに身体の尊重、ひいては人間の尊厳を矮小化しており、「肉体」に収まりきらない言わば「からだ」としての身体の存在性を無視していることになる。[41]その意味で、むしろ「人間としての生命」の尊重に反する恐れがあるということになろう。

臨終段階での心臓マッサージなどの蘇生術のような極端な延命治療は、そもそも治療義務の範囲外（差し控えるべき）であるという考えが、今や有力であると思われる。しかしこのような極端な蘇生術に限って考えてみても、なぜ脳死や心臓死の時点まで可能な限り行うべきということにならないのか、ということを突き詰めて考えてみるならば、人が「死の過程」に入っているのを無理に引き戻そうとすることは、「人間としての生命」の尊重に反するからである、と言えるのではないだろうか。その考えを一般化するならば、身体がもはや生きようとしておらず、人間として「死の過程」（人間としての末期状態）に入っているときには、延命治療はむしろ原則的に行うべきでない、ということになろう。[42]

（四）対話空間としてのグレイゾーン

但しそれは、末期状態と判断された瞬間に全ての治療を差し控え、中止するべきだ、などといった乱暴な議論にはならない。上述のように、単に生命を引き延ばすに過ぎないことが明らかな積極的延命治療（主因たる病気の治療のための治療や蘇生術など）は、患者の明確な要望の意思表示がない限り原則的に行うべきでないし、反対に基本看護措置（必要な程度の水分や栄養補給）や疼痛緩和治療等は、患者の明確な拒否の意思表示がない限り原則的に行うべきであろう。しかし、その両者の間にはかなりの範囲にわたる、言わば「グレイゾーン」が存する。末期状態では延命治療を原則的に行うべきでないという上記の主張は、このグレイゾーンにおいては、延命治療一辺倒で対処することでは済まされないということを意味する。(43) そしてそれは、どう対処すべきかについての「対話空間」を当事者（患者、家族、医療者など）に開くことである。もちろん、患者の明確な意思表示がある場合には、それを最大限尊重するべきであろうが、明確な意思表示がない場合でも、「当該患者にふさわしい」扱いであるかどうかという基準で他の当事者（まず第一位は家族などの近親者であり、それを医療者などがサポートする形になろう）が判断する余地が開かれる。何が「当該患者にふさわしいか」ということは、家族の独断でも、医療者の判断であってもならず、後述のように「患者の物語としての生」を中心とした「対話空間」をどのように確保するか（判断者の資格を定め、家族の独断にならない手だて、また医療者主導にならない手だてを求めていく）、という方向でグレイゾーンを位置づけていくことが、からだとしての身体を尊重し、延命至上主義を根本的に問い直すために必要なことではないか、そしてそれが法の役割ではないか、と思われる。(44)

このようにして、「からだ」としての身体の位置づけを持ち出すことにより、身体と意思が分裂状態から解放され、「生命の尊重」原理に導かれつつ、人間の生の中に適切に位置づけられていく道筋が見えてくる。その位置づけ直しはまた、深刻な状態にある患者に対して周囲の者が、単なる自己決定の尊重でもなく、キュアを求めるだけでもなく、最期まで深刻な状態にも適応して何とか折り合いを付けて生きていくという「人間として健康な生き方」へ向けての支援の関わりを持ち続けることを強く要請するものでもある。この関わりはキュアに対比されるものとしてケアの関わりと言うことができる。そこで出てくる次の課題は、周囲の者のケアの関わりとはいかなるものであるのか、ということである。次章では家族に視点を置きつつ、「福祉の実現」原理を探究することを通して、この課題を考えてみることにしよう。

〈はじめに〉

（1）　小浜逸郎『なぜ人を殺してはいけないのか――新しい倫理学のために』（羊泉社、新書Y一〇、二〇〇〇年）一六九―一七三頁。

（2）　この答えは、人間は本来人殺しをする存在であるが、社会秩序を維持して共存していくためには「人をむやみに殺さない方がよい」という現実的な理由から殺してはならないと「決める」ようになったのだ、という道筋を辿る（前掲書一七六―一八六頁）。しかし、このようなホッブズ的な考えの帰結は、少なくともホッブズにおいては臣民の絶対的な服従を要求する専制国家であったことを忘れてはならない。そこまで極端な帰結に至らないとしても、「社会の決まりだから守るべし」というこの答えの論理に対する漠然とした抵抗感、無根拠感があったが故に、若者は「なぜ人を殺してはいけないのか」という問いを投げかけた、とは考えられないだろうか。つまり、「人を殺してはいけない」というルールは「社会の決まり」の代表として用いられているのであり、この問いは「なぜ社会の決まりだから守るべきと言えるのか」と言い直してもよいであろう。だとするならば、「社会の決まりだから守るべし」という答えの返し方は同義反復的であり、若者に対する真摯な答えとなりうるであろうか。この問いを発する若者に、殺人の可否に関して「切実な必要」はなくとも、無根拠にルールに従わされていると感じている閉塞感からの解放については「切実な必要」はあるかも知れず、そしてその際には殺人禁止の根拠というよりも社会秩序の根拠について答える必要があるのである。これに対し、「決まりだから従え」というのが社会の根本規範だから社会秩序によって根拠なく縛られているかのように感じるとしても耐えるしかないのだ、という答えも一つの答えではある。しかし、唯一の答えではない。若者たちに対して「社会の決まり」だから（仕方ないのだ、従え）という以外の答えの途を、少なくとも例示することが、より適切で真摯な答え方であると思われる。

同じ問題意識に立ち、青山治城は「なぜ人を殺してはいけないのか」という「一見自明と思えることに問いを発することこそ、むしろ人間的なことではないのだろうか。このような問いを禁圧してしまうような『おとな』や日本の教育体制の方こそ、どこかおかしいのではないか」と述べている（『なぜ人を殺してはいけないのか――法哲学的思考への誘い』法律文化社、二〇一三年、一頁）。

＜第１節＞

（3）判例時報一五三〇号（平成七年七月二一日）四〇頁。

（4）町野朔「『東海大学安楽死判決』覚書」ジュリスト一〇七二号（一九九五年）一〇六―一一五頁。なお、この事件の経緯と、終末期医療及び家族関係の中心に患者の自己決定権を位置づけることに潜む問題点については、本書第3章第2節において詳細に扱う。

（5）前掲・判例時報一五三〇号三八頁。

（6）Lonny Shavelson, *A Chosen Death――The Dying Confront Assited Suicide――*, Simon & Shuster, New York, 1995. 以下、引用頁は本文中に（　）で記す。なお、引用中の［　］は河見による補足。

（7）Eric J. Cassell, Recognizing Suffering, *Hastings Center Report* 21, 1991, p. 24.

（8）Ibid. pp. 24-25.

（9）Ibid. p. 24.

（10）この考えからすれば、オランダなどにおける安楽死のように、「精神的苦痛」を正当化条件とすることは認められない。

（11）ケリーの場合、両親の言葉に表れるような「がんばれば何でもできる」「障害の限界を克服する」といった「できる」ことと「達成する」ことを目標とする生き方が、最終的に「できない」「達成できない」壁にぶつかって立ち往生したと解される。しかしその壁が大きいほど、逆に「できる」とか「できない」ことを基準にしない生き方への展開可能性が大きく開かれうると言えるのである。また、そのことと関連するが、デビー及びそれ以後の女性関係（その他の人間関係も含め）の求め方は、極めて自己中心的であった。彼自身、デビーと別れた原因をそのように分析している。「僕は女性関係の領域で子どもであり、経験不足であると分かっている。信じられないでしょうが、僕はデビーを所有したいと思った、彼女の愛を自分だけのものにしたいと。」（一〇八頁）しかしもし、死を求める理由がそういった「所有としての愛」を求めることの限界にあるならば、それは逆に自己中心的でない愛の求め方へと転換可能な出発点ともなりうるものであった。そのような、苦悩を契機とした人格展開の可能性がある以上、積極的安楽死を容認することはできないであろう。

(12) ケリーのような障害をもっていてもいなくとも、どんな人も苦悩に悩むことはありうる。苦悩の原因と表れ方は様々としても、苦悩することそれ自体は人間として共通なのである。それ故、共感、共苦（compassion）が可能となる（拙著『自然法論の必要性と可能性』成文堂、二〇〇九年、第三章第一節「共和主義的法理論、再帰的政治理論からcompassionとしての自然法論へ」参照）。そこに、肉体的生命の尊重は絶対だからただ本人に「生きよ」と突き放すだけではない、また苦しみは本人にしか分からない（共感、共苦は不可能）のだから本人が死にたいというのに他人が生きよというのは無責任であり「(安楽）死を認めよ」と自己決定を無条件に容認するのではない、他者による福祉・ケアの関わりの可能性が開かれてくるのであるが、その中身は次の第3章、第4章で扱うことにしよう。

〈第2節〉

(13) 遷延性植物状態（persistent vegetative state）とは、「脳卒中、頭部外傷、さらに一過性の心停止や一酸化炭素中毒のように、進行性でない傷害により重篤な脳損傷を受けた患者が、生死の境をさまよった後に生き残ったが、患者は自己も周囲のことも認識できず、知的・精神的機能を完全またはほとんど完全に消失してしまった」けれども、「しかし、各種反射や呼吸、心臓はほぼ正常に働き、手厚い看護を受けると、何年にもわたって生存し続けることができる」状態のことである。太田富雄「尊厳死をこう見る——遷延性植物症患者の主治医の立場から」ジュリスト一〇六一号（一九九五年）三五頁参照。

(14) Paul Ramsey, *Patient as Person*, New Haven : Yale, 1970, pp. 161-164.

(15) 私は、積極的な投薬や殺害行為であれ、消極的な水分・栄養補給の停止であれ、死期を早める以上は「安楽死」であると考えている（葛生・河見・伊佐『新・いのちの法と倫理（改訂版）』法律文化社、二〇一七年、一八二頁）。後者を「尊厳死」と定義する者も多いが、その場合でも、ここで述べるような水分・栄養補給停止の残酷性が「尊厳」ある死にふさわしいものであるかについては、真剣に考える必要があろう。

(16) 太田・前掲論文三九頁。

(17) 丘沢静也「小市民の正しい教養」大航海三八号（二〇〇一年）三四頁以下。

(18) 前掲論文三九頁。

(19) 前掲論文三七頁。小さな差異の中に個性を求めるのが現代人であるという理解は、本書第1章第1節注一七でも触れた、デイヴィッド・リースマン『孤独な群衆』における「他人志向型」という現代人の分析と合致する。

(20) 前掲論文三六頁。もっとも、オリンピック選手に代表されるような競技スポーツには、近代的な「自分病」を突き抜けて、新たな生き方や世界が展開される可能性も秘めているように思われる。例えば速く走るための理論と技術を手に入れ、その完全な遂行へ努力することは、肉体の完全なマシーン化という意味で肉体の抑圧かも知れないが、それを極限まで突き詰めることで、逆に人間の肉体の「自然との調和」の世界を作り上げることができよう。速さの限界に挑戦するためには、外なる自然の物理法則と、内なる自然の生理法則を理解し、何度も練習することで体得して、肉体の中に自然を完全に取り込むことが必要なのである。また、精神統一の中での競技という「肉体と精神の調和」、アリーナ内での競技における「観客との一致」という新たな調和の世界も開かれる。「自分病」も限界まで突き詰めれば、「自分」を超えた「人間の美しさ」や「人間の可能性」、すなわち「自然や他者との調和や新たな関係性への展開」へと突き抜けていく可能性があるような気もしてくるのである。

しかしそのような「自分」を超えた世界を発見、経験できるとしても、それは、ごく一部の天才的アスリートのみが、厳しい練習の中で獲得できるに過ぎないだろう。一般の「小市民」にとって利用可能な方法ではないし、中途半端に終わる場合にはやはりガンバリズムに基づき一生の間自分病の夢を見続けるという結果に終わるであろう。そして最も重要な矛盾点は、厳しい練習をすればするほど、新たな生き方や世界を見出す前に身体を壊してしまう恐れが大きく、その代償は大きすぎるということである。

(21) 前掲論文三八頁。

(22) 前掲論文三九、三八頁。

(23) 前掲論文三八頁。

(24) 前掲論文三五頁。

(25) 前掲論文三五、三七頁。なお、丘沢による仕事と暮らしの区別は、現代社会における労働の問題点を人間と自然との関わりの変遷（相互性の喪失）から浮かび上がらせる、内山節、竹内静子『往復書簡・思想としての労働』（農山漁村文化協会、一九九七年。本書第1章第1節注二二で引用。）による「稼ぎ」と「仕事」の区別に対応する。同じ問題認識に基づいて労働権の問い直しを試みた拙稿として、河見誠「二一世紀の労働権——生存権としての労働権から人格的生のための労働権へ」青山学院女子短期大学紀要第五七輯（二〇〇三年）四七—七〇頁。

(26) 養老孟司『日本人の身体観の歴史』（法蔵館、一九九六年）三二一—三二三頁。

(27) 例えば、本書第1章第1節一で触れた、飛行機墜落事故や海難事故等における日本人遺族の遺体への執着はこのことをあらわしていると言えよう。

(28) 養老・前掲書一〇―一一頁。
(29) 前掲書三二―三四頁。
(30) 前掲書三一、三三頁。
(31) 前掲書六三頁。
(32) 前掲書六三―六四頁。
(33) 前掲書六四―六六頁。そして上述の丘沢の場合は、「だらだら走り、かめ泳ぎ」がその抵抗ということになろう。但し、献体は、身体は精神活動の道具・手段であり、本人の生命維持には役立たなくなった道具を、人工物として他者の生命維持に活用しようという、逆の（養老が問題視する）理由に基づいて行われることもあり得る（恐らくその方が多い）ことにも留意すべきであろう。
(34) 例えば、からだの取り戻しの抵抗という論理に基づけば、臓器移植の正当化に向けた、本書第1章第2節三で挙げた「記号としての身体」観に基づく「顔の見える」臓器移植とは異なったもう一つの道筋を提示することができるかも知れない。確かに臓器を「モノ」のように扱い、「脳」中心の人間観における道具として扱うことは、身体の人工物としての位置づけ以外の何ものでもない。しかしそれは受け手や医療者側のスタンスであって、ドナー側から見るときに、養老が「献体運動もまた、一種の身体の思想であろう」と言うように、反対の結論が出てくる可能性がある（但し、前注で示したようにこのような身体の思想に基づき献体を行おうとする者はむしろ少数派ではあろう）。身体排除、身体の人工化の趨勢があるが故に、それに対して死に瀕した者の身体を利用しなければ身体人工化が成り立ち得ない、身体によってしか身体排除や身体人工化の考えが成り立たない、というパラドクスを「身をもって」示す、身体の自然化のための意識的な抵抗運動としての意味が、献体や臓器移植にはあると考えられるからである。
　確かに、この場合の正当化は、臓器提供者の善意を無駄にするな、といった単純な正当化ではない。しかし社会全体としては、抵抗の意図をよほど強力に主張しない限り、単なる善意と捉えられて、結局は「人工化」の流れに取り込まれてしまう恐れの方が大きいのではないだろうか。

　そのように抵抗せざるを得ないほど、身体の人工物化が推し進められていて、その最前線を走っているのが臓器移植であるとするならば、そして抵抗の意図をよほど声高に叫ばなければ抵抗にはなり得ないとするならば、正面から制度的位置づけ直しに取り組む以外に「からだの取り戻し」は実現し得ないのではないか。本書第1章第2節はその一つの試みである。
(35) 「からだの取り戻し」は、人間存在を一つの側面（意思、肉体、個的存在性等々）に還元することなく、人間特有の統合的な存在性の回復をめざす「人間の取り戻し」につながる試みであると言えよう。例えば前田英樹の語る「武術の求める自然」は、同じ文脈で捉えることができる。

「スポーツでも自然を尊ぶようなことはよく言いますけど、ああいう自然というのは必ずしも自然じゃない。いい汗かいて気持ちいい、というようなものです。人間は動物的な自然というものをもう失っている。二本足になった段階で失っているのだろうと思いますが、その結果、人体にとって日常的なことというのは必ずしも自然ではなくなった。では、武術は自然というものを求めないのかというと、武術は武術なりに自然というものを尊重します。自然的でなければならないと考える。でもその自然は日常的なものとは違うんです。かといって、四本足の脊椎動物がやっているような動きに返るのかというと、そうでもない。いわゆる動物的なものでもなく日常的なものでもない自然、日常の生活の目には見えないところを流れている自然というものがあって、そういう自然こそ武術が求めているほんとうの自然であり、そこに自己を立て直そうとすることが武術の出発点だと思います。」（甲野義紀、前田英樹「身体の武術的転換のために」栗原彬他編『越境する知1身体・よみがえる』東大出版会、二〇〇〇年、一七八頁。）

このように、武術の求めているものは、近代主義的な身体の使い方や競技スポーツの世界から「からだ」の世界を回復することであり、それは人間離れした領域への到達ではなく、あくまで「人間特有」の世界を奥深く拡げていくことに向かっているのである。ここから考えると、養老の述べる「自然物」が人間の身体を内容とするときは、意図的に設計し得ずただ受け容れて従うしかない、というよりももっと積極的な意味を持ちうるように思われる。人間の身体を自然物として認めるということは、実は「人間特有」の世界を受け容れてそれに従うということであり、その受容服従は人間の限界や敗北というよりもむしろ逆に「人間特有」の奥深い世界へ開かれていく可能性を保証するチャンスとなると捉えることができるのではないだろうか。

(36)　森村修『ケアの倫理』（大修館書店、二〇〇〇年）一九頁。
(37)　ジョルジュ・カンギレム（滝沢武久訳）『正常と病理』（法政大学出版局、一九八七年）一八〇頁。
(38)　前掲書一七六頁。「環境の不正確さ」で言う環境とは、自然科学的分析対象としての自然環境ではなく、生活すなわち「できごと」の「生成」「歴史」の総体のことである（一七七頁）。従って、環境の不正確さとは、自然科学的な予測不可能性を意味するのではなく、毎日の生活は具体的レベルでは日々異なった歴史的一回性の事柄であるということを意味するのだと思われる。
(39)　森村・前掲書二三―二四頁。
(40)　この状態は、「助かる見込がない」状態ともやや異なるが、実際上は、「生命維持治療を施さなければ比較的短期間のうちに死亡するような状態」（大谷実『いのちの法律学（第三版）』悠々社、一九九九年、一六九頁）かどうかを基軸的基準としつつ総合的な判断によって見いだすしかないであろう。そのような判断は難問であるけれども、大谷が述べるように「もしこの診断が不可能であるとすると、もはや尊厳死問題を検討する意味がなくな」るという側面があるのは確かだと思われるので、診断の恣意性を避けるために「専門的な知識を有する複数の医師による一致した診断を条件とするといった、手続き上の手当て」（同上）などを、市民的レベルを巻き込んだ公共的議論の中で試行錯誤しつつ建てあげていくことが肝要であろう。

(41)　肉体としての身体観は、自分が主人公の物語を身体において展開しようとする（自分が何ものかであろうとする）自分病、ガンバリズム、思い通りに痩せようとするダイエットのような身体の手段的管理に結び付くが、からだとしての身体観は、身体を意思による意識的な目標のための手段的構築物と位置づけるのではなく、むしろ身体は日常の中に入り込むように潜在して、無意識的に私たちの生き方に影響と導きを与える働きをなしていると捉え、その身体の声に耳を傾けようとする考えと言えよう。また、からだとしての身体観は、「自分と世界の境界」をぼやけさせるものすなわち「私」と世界を孤立、対立させない緩衝領域、あるいは二つの領域が混じり合った混合領域として、「私」を外部の世界に開くものとして、身体を位置づける。さらに、からだとしての身体は、「私」を死の世界にも開くもの、とも言えるかも知れない。

(42)　この点から、極限状態であっても「死期を早めること」（安楽死）は本人の同意なき限り許されないが、「死期の引き延ばし」を止めること（尊厳死）は本人の延命医療の要望なき限り許され、場合によっては求められる、という大きな結論の相違が根拠づけられる。

(43)　葛生、河見、伊佐・前掲『新・いのちの法と倫理（改訂版）』一八三―一八四頁参照。

(44)　このように考えるとしても、当事者間の対話が不成立に終わった場合、「疑わしきは生命の利益に」で（ヒロイックな延命治療ではないレベルの）一定の治療を続けることを医療者側に義務づける、という帰結になるかも知れない。しかしたとえそうだとしても（あるいはそうならないためにも）、「対話空間」を開くということは、グレイゾーンに関して広く患者の推定的意思（あるいは制限的な代行判断）を認めることであり、延命治療の差し控え、中止のかなり広い容認に至るであろう。このような考えを支えることになるのは、本書第3章第2節で論じるところの自己決定や自己満足に閉じてしまうことのない患者と家族の「人格共同展開モデル」、そして第4章で論じるところの患者を取り巻く家族や医療者の「ケアの関わりとしての福祉」という人間関係の捉え方である。

第3章　福祉の実現1——家族からケアの関わりを考える

はじめに——「ケアの関わり」としての福祉

福祉という概念は多義的であるが、現在の法システムにおける法原理の内容として位置づけるために、ここでは憲法第一三条を念頭に置いて、「幸福追求のための支援」としておこう。それでは幸福とはどのようなものであるのか。これについても同様の理由で、憲法第二五条を念頭に置きつつ、「健康で文化的な生活」としておくことにする。しかしその場合でもさらに、「健康で文化的な生活」とはどのような内容なのかということが示される必要があろう。

この内容を物質的水準や身体的数値によって表すことは不十分であると思われる。そもそも「文化」は一定の生活水準を表すだけでなく、広く人間の活動全般を内容としうる概念であるし、「健康」についても現在、単に身体的側面のみならず人間の多様な側面を含めて定義されるようになってきているからである。例えばＷＨＯは世界保健機構憲章前文において、「健康とは、身体的にも精神的にも、また社会的にも完全によき状態（well-being）のことであり、単に疾病や病弱の存在しないことではない」と宣言している。なお、改正案では身体的、精神的、社会的に加えて「スピリチュアルにも」が要件に入れられている。

この点に鑑みつつアブラハム・H・マズローの人間欲求の分類に基づいて考えると、「健康で文化的な生活」は次の五つの側面を併せ持つと思われる。すなわち①「生理的欲求」の側面、②「安全・安定の欲求」の側面、③「所属と愛の欲求」の側面、④「承認の欲求」の側面、⑤「自己実現の欲求」の側面である。従って、「福祉」が「健康で文化的な生活」の支援と言えるためには、単なる金銭的なサポートでは足りず、また衣食住の必要を満たすことだけでも不十分であることになる。それらは①生理的欲求と②安全欲求の側面を満たすに過ぎない。それらに加えて、③他者との交わり、④社会的役割、⑤生き甲斐の実感と言った側面の確保、創設が含まれなければならないのである。「健康で文化的な生活」を営む主体が、五つの側面をバラバラに持っている存在ではなく、それらを一つに統合した形で存在する人間である以上、福祉すなわち「健康で文化的な生活」の支援は、このような人格的側面までをも統合的に内容に含めた「全体としての人間」のための支援である必要がある。(1)

この「全体としての人間」のための支援を、「ケアの関わり」と呼ぶことができよう。メイヤロフは「一人の人格をケアするとは、最も深い意味で、その人が成長すること、自己実現することを助けることである」と述べる。(2) ケアは相手方の人間としての成長や生き方に深く関わるものなのである。第２章第２節五（及び六の末尾）の言葉で言えば、相手の抱える苦痛や苦悩を「人間としての健康」にとっての危機であると捉えるまなざしを持ちつつ、その状況に適応して生きていこうとする「人間として健康な生き方へ向けての支援」をしていくことである。従って肉体的生存を維持するに必要な数量の金品を供与したり、日常生活動作（ADL：Activity of Daily Living）の点数化に従ってサービスを機械的制度的に提供するだけの援助は、ケアの関わりとは言いがたい。中里巧の次のような指摘は、人間の個別的側面への機械的制度的援助と、「全体としての人間」へのケアの関わりの違いを明確に示している。

例えば、福祉をもっぱら制度として理解するとき、福祉という言葉にともなう意味の動態変化は、見失われてしまうであろう。なぜなら制度としての福祉は、極めて固定的―静態的であって、極めて緩慢にしか動態変化しないからである。そうした福祉像のみに慣れ親しんだ者にとって、制度を実際に社会で運用することは、少なくとも「生きがい」「ぬくもり」「ケア」といった生の人間性を省みる方途を持たないために、眼前の人間に対して一個の対象物としてしか関わることができず、おそらく程度の差はあれ、眼前の人間に対して希望や励ましを与えたり、人間であることの意義に目覚めさせたりすることは、ほとんど不可能であるに違いない。

それればかりか、「福祉」の名の下に、眼前の人間から生きがいを剝奪し、逆に失望を与えて、そうしたことをもってケアであると主張するような、想像を絶する事態が起こることもあり得ないことではない(3)。

このように、ケアの関わりこそが福祉であるとすれば、ケアの関わりの領域を人間関係の中に広げていくことが「福祉の実現」という法原理の役割とならざるを得ない。但しその際、中里の指摘する「制度としての福祉」の問題点を真摯に受け止めるならば、この法原理がどのように働くことができるか、一考を要しよう。まず枠組みとして考えられるのは、法システムが積極的な役割を担うやり方(「固定的―静態的」でない制度の在り方を模索して、法システムの中にケアの関わりの領域を拡大していく)と、法システムは制度化を必然とするためむしろこの問題から手を引くというやり方(法システムが福祉領域に介入することを最小限に縮小し、法システムの外側で広くケアの関わりが展開されるように消極的にサポートするのみ)である。「ケアの関わりの法」の在り方はどちらか一方だけというほど単純ではないが、しかしいずれにせよ、展開されるべきケアの関わりのモデルと言えるものが、念頭に置かれている必要があろう。そのモデルはまずもって、家族の中に見いだされるのではないかと予想される。ケアは独立した個々人ではなくて、人間「関係」を前提としているが、個々人にとって最初で最大の人間関係は通常、家族関係だからである。そして、家族には制度的側面もあるが、制度に組み込むことの出来ない側面もあり、後者が失われたときにはもはや家族ではないと多くの人は考えるであろう。家族はケアの関わりの可能性を十分に保有した人間関係と言える。それ故本章では、「福祉の実現」原理の前提になると考えられる福祉（ケアの関わり）のモデルの提示を、家族の検討を通して試みることにしたい。そのためにまず、家族とはどのような人間関係であるのかということを、夫婦別氏論議を題材にしてその論議を批判的に検討する中で明らかにし（第1節）、次に東海大学安楽死事件における家族模様を分析しつつ、家族の「人格共同展開モデル」をケアの関わりのモデルとして提示してみよう（第2節）[4]。

第1節　家族と個人と人格——夫婦別氏論議の落とし穴

一　「夫婦別氏」をめぐる状況

家族法及び民事訴訟法の抜本的見直しを討議してきた法制審議会は、一九九六年二月二六日に最終答申を提出した。この中の身分法小委員会は、夫婦の氏[5]に関しては夫婦別氏の可能性を探り、討議の過程で三つの案を提示してきた[6]。その中で最終的には、同氏を基本としつつ別氏も選択でき、子の氏は婚姻時に定めるというA案を基本に、民法改正要綱案をまとめたのである[7]。

A案もしくはその修正版については、不徹底であるという批判がもちろんのことあったけれども、これで夫婦別氏への動きが一気に加速するかに見えた。ところが、この答申はその後国会で取り上げられることなく、審議の対象となる見通しもその後ほとんど見られず、しりすぼみの状態となって現在にまで至っている[8]。

こういった立法府の不作為はそれ自体、由々しい問題である。確かに、夫婦の氏をどのように定めるかは家族観、人間観の相違により激しく議論が対立する論点である。しかしそれ故にこそ、議論を展開することが必要なのである。立場の違う者同士が対話を続けることによってのみ、家族や氏についてお互いに理解を深めることができるし、相互に納得できる社会的一致を模索することが可能となる。そして、このような議論が対立する重要な論点に関する国民の代表者としての国会の役割は、委員会や審議会という専門的ではあるが限定された議論を土台にして、今度は国民レベルで様々な立場からの対話をさらに拡げていき、議論を深めていくことにあると思われる。その意味で、この民法改正案の放置状態については、大きな批判が向けられるべきである。

しかしだからといって夫婦別氏の実現が望ましいということにはならない。夫婦別氏は、確かに男女平等に資する点があるし、女性の社会進出を阻む様々な現状を変革する弾みとなる可能性があるということは肯定するけれども、必ずしも（民主的）家族および個人にとって相応しい氏の在り方ではなく、むしろ現行制度の夫婦同氏よりもさらに大きな問題を抱えているとさえ言えるのではないかと私は考えている。以下、夫婦別氏推進論の論拠を検討しながら、その論議の問題点、落とし穴を指摘し、それに代わる考え（現行制度とも異なる第三の途）を提示してみたい。その試みがこの問題に関する「対話」を進め、人間および家族についてより理解を深化していく一助となることを望みたい。

二　夫婦別氏論の論拠の整理

榊原らの『結婚が変わる、家族が変わる』によれば、現行制度の批判の論拠として四つのことが挙げられている。①氏名権の侵害、②男女不平等の助長、③家意識の温存、④女性への不便不利益、である。(9) しかしその最も本質的な論拠となりうるのは、①であろう。なぜなら、他の三つは夫婦別氏以外の手段でも改善されうるものだからである。

②に関しては、確かに一〇〇%近くが男性側の氏を選択する現状は一見して不平等のように見えるし、現実問題として男性優位の男女不平等を助長している大きな要因と言える。しかし現行制度が、いずれの氏を選択するかについての自由を両当事者に対等に保証している以上、形式的に論じれば、それは法の問題ではなく社会及び個人の側の問題と言うこともできる。それでもなお、法が男女の実質的な平等を確保するために政策的に社会及び個人に積極的に介入することも必ずしも不当ではなく、必要なこともある。しかし氏に関する平等を実現させる現実的な政策的手段としては、例えば氏の選択を抽選にするというやり方も考えられるし、むしろその方が、同氏か別氏かを選ぶ選択的夫婦別氏制よりもかなり有効であろう。結局「男女不平等」の改善という観点からは、夫婦別氏制を絶対的に採用するべきとは言えず、それは抽選による氏の選択などの他の方法とどちらがそのために有効であるか、という政策的判断を待っての問題となろう。

③の「家意識を温存」しているという批判に対しては、次のような反論が考えられる。第一に、夫婦同氏が必然的にいわゆる「イエ」制度に結びつくとは言えない。現代の若者の多くは「イエ」という意識なしに改氏している。もちろん、意識レベルに顕在化していないだけかえって浸透していると分析することも可能かも知れないが、少なくとも戦前の「イエ」的意識において改氏している者はそれほどいないであろう。第二に、たとえ夫婦同氏が「イエ」意識の温床になりうると認めるとしても、夫婦別氏も「イエ」と無縁のものではない。このことは後に四で論じることにしよう。いずれにせよ、イエ「意識」は意識である以上、その問題解決のためには直接的には人々の意識改革によってその脱皮を図るべきである。もちろん法は、別氏制導入をもって、意識改革に積極的に関わるべき

と考えることも可能ではあるが、前段落で見たように、それは夫婦別氏制をとることが他の手段に比べて有効であるかという政策的判断の問題であり、別氏制の絶対的な正当化根拠とはならないのである。

④の夫婦同氏は女性に不便不利益を与えるという批判も、同じ反論が可能である。②において挙げた抽選制のように政策的に男女が平等に負担を負いあうとすれば、少なくとも氏の選択については女性差別の問題とは言えなくなるであろう。また、社会的レベルの不便不利益についても、例えば「通称」をもっと社会的に有効なものとすることによって解決可能であると言える。

結局、②③④は、夫婦同氏の現行制度の枠組みの中でも何とか解決（あるいは改善）可能であるので、夫婦別氏が必要不可欠な制度であることの論拠にはならない。そのためには、氏の変更の強制それ自体が許されない、あるいは好ましくないという論拠が必要である。同氏の強制が様々なよくない帰結を生み出すからではなくて、同氏の強制それ自体がよくないから問題である、と言わなければならないのである。

そういうわけで、夫婦別氏論の論拠として最も重要なのは、残された①の、改氏の強制は人格権侵害に当たるという論拠である。そして夫婦別氏論が強く体系的に主張されるようになってきたのも、氏名は人格権の一部であるという考えに裏打ちされてのことである。氏名権という考えは夫婦別氏論の理論的支柱と言えよう。そこでまず、氏名は人格権に属するという考えから、夫婦別氏論の問題点の検討を始めることにする。

三　夫婦別氏論の問題点１——氏名と個性、人格

（一）氏名における共同性と個性

個人の氏名権について、ドイツ連邦憲法裁判所は、「人の出生氏名（Geburtsname）は、個性（Individualität）及び同

一性（Identität）のあらわれである」と述べる。[10] 日本の最高裁判所も、NHK日本語読み訴訟上告審判決において、「氏名は、社会的に見れば、個人を他人から識別し特定する機能を有するものであるが、同時に、その個人から見れば、人が個人として尊重される基礎であり、その個人の人格の象徴であって、人格権の一内容を構成するものというべきである」と明確に述べている。[11] これらの判決からすれば、氏名は本人の個性及び人格を表すものであるから、それを強制的に変更させることは人格の否定につながる。従って、変更を強制されないことへの氏名権が認められるべき、ということになる。

しかし「氏名」は本当に個性を表すものであるのか。「氏」は当該個人だけが有するものではなく、両親、いずれかの祖父母、親戚まで共有しているものである。従って、個人の個性を表すものではなく、むしろその個人がある家族共同体（もしくは血縁共同体）に属しているということを表していると言えるのではないか。とすれば、確かに「名」は当該個人を表す固有のものであるかも知れないが、「氏」はある共通の家族共同体を指すものであり、「氏名」は純粋に個性を表すものといいうるかどうか疑問である。結局「氏名」とは、確かにその個人を特定するものであるが、それは、ある一定の家族共同体に属する誰それ、という人間の特定の仕方をするのである。「氏名」という表記方法をとる以上、個人は、家族という「共同体」と無縁の全く独立の個人として規定されることにはならない。もし独立自立した個人というものが、家族、血族からも全く独立した存在であるべきで、個性とはいかなる共同体からも独立したものでなければならない、という徹底した個人主義に立つならば、現在伝統的に使われている「氏名」という人間の特定の仕方は理念的に誤っており、まさに「イチロー」とか、あるいはそれがあまりに特定不能であるとすれば一億二千万人中の一五五八番という番号で示す、といったような、「氏」を排除した名前の在り方を提示しなければならないであろう。[12] しかしなお、いわゆる氏名がある人の人格を表すというのであれば、それはその個人が特定の家族共同体に属する一員であるということを人格の一要素としていると考えざるを得ない。

そして夫婦別氏論も、無批判に婚姻前のいわゆる「氏名」が個人の人格を表すことを当然のごとく大前提として議論を始めるのであるが、それは氏名の「氏」の部分が一定の家族共同体を表し、その共同体に属することがその個人の重要な特質を（氏名の半分、従って人格の半分は）規定するものであるということを受け容れてのことであろうか。いずれにせよ、もし氏名が個人の人格を表すものとするならば、夫婦同氏論と同じように夫婦別氏論が大前提とする現行の「氏」が本当に個人の人格を表すものとしてふさわしいか、ということをも併せて吟味する必要があるのではなかろうか。この「氏名における共同性と個性」の関係は「イエ意識」に関わってくる問題であるので、改めて取り上げることにして、ここでは先に「氏名と人格の同一性」の関係について考えてみることにしよう。

(二) 氏名と人格の同一性

「氏の変更が個人の同一性を失わしめるという指摘は、それを氏名権という法的構成で捉えるかどうかにかかわらず、当然の事実として尊重すべきであろう」[13]という指摘がある。しかし、本当にそれは当然の事実と言えるのであろうか。

個々人の人格の同一性については、誕生してから死ぬまでその人はずっとその人である、という連続性を表す形式的意味においては不変であると言うことができる。しかしさらにその実質的内容を含ませて考えるならば、人格はただ同一であるだけではなくて、連続的に変化発展しながら展開していくダイナミズムを持った同一性であると言える。[14]もし後者の視点から人格を捉えるならば、氏名の変更は必ずしも人格の同一性を損なうとは限らず、むしろ人格及びその同一性の尊重に基づくとさえ言える可能性が出てくる。

我々の人格は過去に完成されてしまって変動しないものではない。結婚以前に作り上げられた人格が内容的に固定したまま死ぬまで一定であるとは言えないのである。まず主観的側面においても、確かに小さい頃から青年期までに形成された価値観や考え方というのは、その人の人格を決定的に規定するものであって、一生涯逃れることのできない思考枠組みとなるであろう。しかしそれでも、結婚そしてそれに伴う共同生活の中で、今まで作り上げられてきた価値観が揺さぶられたり、新たな社会の広がりと共に考え方が変えられていく、ということは当然あり得る。人格は時と共に普段に変化し成長展開していくものである。もちろん、結婚以外にも人や出来事との出会いによって決定的に人生が変わることもあり得るので、あらゆる主観的な変革を氏名の変更の根拠とするならば、氏名の安定性が損なわれるであろう。ただ、結婚というのは他人であった人と（少なくとも最初の決意としては）一生涯にわたり二四時間の精神的物質的共同生活を始めるわけであるから、それだけ人格にとって重要な出来事であるということは言える。

さらに結婚というのは、単に当事者の主観において重要な出来事であるだけではなく、客観的人間関係においても、人格の基盤となる人間関係の変化をもたらすものでもあると言うことができよう。そもそも氏が家族共同体を表すものであるとすれば、家族共同体の所属が根本的に変わったときに、氏が変更されることは決して不合理ではない。これは家族主義的のように聞こえるかも知れないが、決してそうではないことは次項で説明する。

(三) 小　括

以上、個性及び人格の検討から、「氏名」を人格の表象として採用するならば、家族共同体が人格に深く関わるものと認めざるをえないこと、また氏名の一生を通じての不変性、一定性はかえって人格の変化発展するダイナミズムを正しく表象しないことになりかねない、ということを述べてきた。これらの観点からすると、結婚による改氏は容認する余地の十分あるものであるし、さらには同一氏のままでいるよりも望ましいとすら言えるように思われる。

夫婦別氏論が、以上のような観点からの、個性及び人格の十分な検討に基づいた議論であると言えるかは疑問である。そのため論理的に不安定かつ不正確であると言わざるを得ない。しかしそれだけではなく、あるいはそれ故に、むしろ本来自説が否定しようとしていることをかえって促進してしまう危険性すら秘めている。それは「イエ」意識である。

四　夫婦別氏論の問題点2――夫婦別氏と「イエ」意識の結びつき

(一)　理論上の結びつき

夫婦別氏論が現行制度に対して「イエ」意識を温存したものであるという観点からも批判を加えることは先に見た。すなわちその批判は、同氏の強制が、氏は「イエ」の表象であるという旧民法下の国民の意識温存につながっている、そしてそれは「嫁入り」「婿入り」「養子に入る」という言葉に表されているというものである。

しかしそれでは、夫婦別氏制導入が「イエ」意識を解体すると言えるであろうか。結婚前の氏が表象するものは個人主義的意味の個性ではなく、むしろ生まれ育った「イエ」を表すのではないだろうか。夫婦別氏においては氏が不変で結婚後も生まれながらの氏を持ち続けることになるが、それは一定の家族共同体に生まれてから死ぬまで属し続けるとも解釈されうる点に目を留めるべきであろう。

夫婦同氏を否定することによって嫁入りという伝統を否定し、夫の「イエ」から逃れることができるとしても、夫婦別氏における自己の「氏」が親の「氏」（たいていは男親の氏）であるとすれば、（男）親の「イエ」を一生背負い続け、親の先祖からの血を永続させていくという役割を引き受けることになりはしないか。これは現行の夫婦同氏よりも却って「イエ」制度の復活、強化に結びつくと思われる。「氏」というものが婚姻により変化していくことを、一方だけとはいえ要求する現行制度は、家族の基本は夫婦というヨコのつながりにあることを不完全ながら前提とする。ところが、生まれてから死ぬまで一定の氏を持ち続け、その氏は親によって規定され、それはまた親の親から引き継がれたものであり、さらには子に伝えていくことが定められているとすれば、むしろ氏は永遠に続く血縁を表すという側面が強くなる。とすれば夫婦別氏は、現行制度よりもむしろタテの家族主義的臭いを放つものになりかねないだろう。別氏論においては、自らの固有の氏を尊重される権利、氏の変更を強制されない権利（氏名保持・不変更権）の他に、「子に自分の氏を伝える権利」も人格権に含まれることが否定されないようであるが、それはこの点で大きな問題があると思われる。(15)

(二) 事実上の結びつき

事実上も、夫婦別氏制は必ずしも個人主義的伝統には結びつかない。日本の歴史を見てみると、興味深いことに江戸時代の武家の妻は、生家の氏を名乗った。すなわち夫婦別氏である。しかしそれは夫婦が対等だからではなく、逆に妻は結婚しても夫のイエの一員とは見なされず、一族の中に入れてもらえなかったということによる。妻はイエの存続のための、いわば出産マシーンに過ぎなかったとも言えよう。つまりこの時代の夫婦別氏は、男女不平等及び家意識に基づいたものであった。答申されたA案の場合、同じことになる恐れはある。

この夫婦別氏制は明治初期も続いたが、明治の開明期にフランスやドイツの制度にならって夫婦同氏が導入されることになった。つまり夫婦同氏は歴史的には欧米の影響のもとに導入され、女性の地位向上に資するものとして登場したのである。もっとも、それが富国強兵及び天皇中心の家族国家観に活用されたことは周知のところである。

そして現代世界において、夫婦別氏が必ずしも個人主義及び男女平等に結びつくわけではないことの例は、韓国の制度である。韓国は夫婦別姓制をとっているが、それは長く維持されてきた「同姓同本不婚」（姓及び本の同じ［＝血統の同じ］者同士は結婚できない）とか、「異姓不養」と並んで、血統の重視に基づく。しかもその際に存続される姓は父親系のものであった。現在は婚姻時の協議により子は母の姓を継ぐこともできるようになったが、なお原則としては「父の姓を継ぐ」こととされており、韓国の夫婦別姓制は基本的に男性系の血統存続のためのものなのである。(16)

夫婦別氏制の導入は、本来別氏論が目指したものとは逆行した流れを作るかも知れないという恐れは、決して取るに足らない杞憂というわけではない。日本の現状からすれば、「子どもの数が少ないところから、娘が結婚して夫の氏を名乗ると、娘の実家の氏を継ぐ子がいなくなるとの理由から、選択的夫婦別氏制に賛成する人々(17)」も出てくるという指摘は、極めて現実味を帯びてきている。

五　夫婦同氏創氏論の試み

（一）本質論の必要性

このように、夫婦別氏論は様々な欠陥と矛盾を内包しているように思われる。そしてそれは結局、「氏」という家族共同体を表す表現を個人の人格の呼称に含ませていることに由来すると言える。従って別氏論は、自らの人格観を明らかにし、それに基づいた「氏」の性質に関する議論を尽くし、別氏の場合の「氏」が本当に自らの人格観を表すにふさわしいかを検討しなければならない。しかしそれは同氏論も同じである。氏は単なる呼称に過ぎないのだからこだわる必要がないとか、別氏が平等や個人の独立性を強めるわけではない、という反論は有効ではない。こだわる必要がないのであれば別氏でもよいわけである。そして、別氏が事実として平等や自由を強めることにならないとしても、理念とは別のことであるし、また同氏が平等や個人の独立性を強めるものであるとも言えない以上、反論の体裁をなしていない。同氏論も別氏論も、「氏とは何か」「人格とは何か」「家族とは何か」という本質論をもっと冷静に論じる必要があろう。

私は、結婚によって氏を変えることは正当なことでありむしろなすべきことと言えるのではないかと考える。つまり夫婦「同氏」論である。しかしさらに、そこでの氏はどちらか一方の「氏」ではなくて、全く新しい「氏」を創り上げるべきではないかと考える。いわば夫婦「同氏創氏」論である。[18] これは次のような人格観、家族観（夫婦観）に基づく。

（二）一体性と一体感

夫婦同氏創氏論の論拠は、何より「夫婦の一体性」である。民主的な夫婦（家族）の一体性を表す固有名詞の在り方として、夫婦同氏は極めて自然なことではないかと思われる。婚姻による夫婦の一体化は、両当事者のいずれの人格にとっても軽視できない重大な出来事ではないだろうか。つまり、改氏を伴うほど人格にとって重大事であると考えられるのである。

夫婦の「一体性」は「一体感」という主観的感情・感覚の問題ではない。むしろ一定の理念に貫かれた客観的内容を持つ事柄である。よく現行の夫婦同氏制擁護論からの別氏論に対する批判として、「夫婦の一体感を高めるために同氏が必要」と言われ、それに対して別氏論からは「同氏であるからといって一体感が培われるわけではない、現行制度においても仲の悪いカップルはいっぱいいる、一体感は愛情の問題」といった反論がなされる。このようなやり取りはあまり意味がない。一体感という主観の問題に焦点を当てても、水掛け論になるばかりである。問題は、夫婦の一体「性」とはどのようなものであるのか、一体性があるとすればそれを「氏」という形で表す必要があるか、である。真摯な対話を目指すためには、夫婦同氏論は一体「感」を高めるから氏が必要なのではなくて、一体「性」を表す必要があるから氏が必要、と論じるべきであり、夫婦別氏論は夫婦には特別な一体性があるわけではない、あるいは夫婦の一体性があるとしてもそれは氏によって表される必要のないものである、と論じるべきである。この点を押さえた上で、夫婦の一体性の内容とそれを表す氏の在り方について論じよう。

(三)　夫婦の一体性の内容

まず第一に、夫婦の一体性は婚姻という身分上の契約を結ぶことにより発生するのであるが、その内容は相互に自発的に様々な義務を負い合うというものである。すなわち、同居、協力、扶助の義務（民法第七五二条）、生活保持義務（夫婦、未成熟の子に対して）、貞操の義務（明文はないが、民法第七七一条第一項第一号の離婚原因、民法第七三二条や刑法第一八四条の重婚禁止から）、契約取消権（民法第七五四条）、婚姻費用の分担（民法第七六〇条）、日常家事債務の連帯責任（民法第七六一条）などである。このように夫婦関係というのは、好きな者同士が一緒に過ごすだけといった情緒的関係に過ぎないものではない。夫婦そして親子（未成熟の子）は法的義務でつながれた、実体を持った共同体なのである。

結婚の紐帯は、二人の対等で自由な決意による合意により発生する。但しその合意は、生活の基盤を共有し共に協力して形成していく、そのために相互に義務を負い合う、という内容のものである。従って婚姻契約とは、そのような相互の義務を引き受け合う、一つの特殊な共同体を自らの自由な意思に基づき形成するという宣言であると解することができる。[19]

しかし第二に、その一体性とはあくまで夫婦及び未成熟の子の間に限るものであり、血縁的な親子並びに先祖子孫との一体性、いわゆる家族主義的一体性ではない。結婚という両性の合意に基づく「対等で自由な義務の引き受け合いによる一体性」であり、「相互援助と未成熟の子に対する監護教育の義務による福祉的結びつき」を内容とする。つまり一体になるということは、そのような自由、平等、福祉に貫かれた民主的共同体を新たに創り上げるということである。

そしてそれは逆に言えば、今までの家族共同体から脱するということでもある。従ってそのような所属共同体の変更は、最も基本的な生活基盤の変更であるから、結婚する者自らの個人的人格にとって極めて重要な出来事と言えるのである。

(四) 氏の在り方

さて以上のところから改氏について考えてみると、もし夫婦別氏を採用するならば、生まれてから死ぬまでずっと変わることなく「親」の血縁的「氏」を名乗り続けることになるが、それは上述の民主的共同体としての婚姻及び親子関係を正しく表すことになるであろうか。むしろ「創氏」という形で結婚により氏を新たに両者の協議により創り出すという方が、適切な表象となろう。その「氏」は当該夫婦関係一代限りであり、次世代に受け継がれることはない。血縁による家族共同体の枠付けはなくなるのである。確かに、家族は実体的な、しかも個人にとって極めて重要な意味を持つ共同体として位置づけられるが、しかしそれは決して「イエ」という家族主義的なものではなく、あくまで「対等な当事者の合意と福祉を基礎とする共同体」と表現しうるものである。このように、お互いに今までの氏を捨てて新しい氏を創るということは、それらの義務を引き受ける特殊な共同体を形成したということをお互いに宣言しあうという意味で、極めて正当なことであると思われる。

(五) 夫婦「同氏創氏」制の優越性

このような「夫婦同氏創氏」が、家族共同体を軽視した個人主義を否定しつつ、しかも「イエ」という家族主義的家族像を否定するときに、民主的家族共同体を表す「氏」の在り方として残された選択肢であると思われる。その優越性を夫婦別氏論の論拠に対照させて言えば次のようになる。①これがバランスのとれた「人格」観に合致するであろう（個人における個性と共同性のバランスを考慮し、共同性の基底にある理念は自由、平等、福祉であると考える人格観）。②一方だけが改氏するのではなく、両方とも改氏の負担を負うのであるから平等である。③確かに「氏」という制度、記号を維持する以上、家族共同体を実体的実在と認めることになるが、それは決して家族主義的家族でなく、むしろ現行の夫婦同氏の「氏」よりも、また現在主張されている夫婦別氏の「氏」よりも、はるかに民主的なものである。

④確かにこの場合、改氏による不便不利益が生じるかも知れない。しかしそれは、創氏された新しい氏を、両者とも全ての社会関係、人間関係に用いるべき、すなわち単一の氏名しか持つことを許されないという大前提に立ってのことである。もちろん負担を両者が共に負うのだから、平等という観点では問題がないかも知れないが、しかし私はそのような不利益を両方とも負う必要はないし、負わせることは不当なこととすら言いうると考えている。それではどのように対処すればよいのか。最後にこの問題に取り組もう。

六　人格の多面性——通称の認容

思うに、何も婚姻上の氏を全ての社会関係に敷衍する必要はない。そのような一面化は底の浅い、平面的で堅い一面的な人間理解、共同体理解に基づくものと言えよう。婚姻、家族というプライベートな人間関係の領域と、例えば仕事のような社会的経済的な人間関係の領域を、必ずしも全て重ね合わせる必要はないのである。

家族法上の「氏」というのは、あくまで家族法の領域、家族関係においてのみ妥当すれば足りるのであり、その家族関係における民主的共同体性を表すものとして何がふさわしいかを論じればよい。仕事やその他の社会活動における人間関係が、そのような家族を形成する前から培われてきたものであるとすれば、その領域の社会的立場を表象するものとしての「(今までの) 氏名」をむしろ使うべきであろう。人間は様々な共同体に属しており、しかも時間的にも空間的にもそれらの共同体との関わりは多様であるから、その人の人格は立体的にいろいろな顔、側面を共に持ち合わせていても何も不思議はない。あえてそれを一つに統一しようとするのは、かえって人格への不当な介入、人格権侵害と言えるのではないだろうか。従って私見では、家族関係における氏の他に、今までの氏を (あるいはそれ以外の名前でも)、通称 (＝社会的名前) として継続して (あるいは新しく) 使うことを、むしろ積極的に認めるべきであると考える。

但し、取引の安全や徴税上の必要もあろうから、本人の同一性を確認するため、戸籍 (あるいは個籍) などにおいて、その通称を登録する必要はあろう。また、無数の通称を持つことも法的安定性上問題であろうから、登録できる通称の数は限るべきであろう。

そのような現実的限界をも十分に考慮すべきであるが、しかしその中で多面的あるいは多次元的な人間の存在性をできる限り抑圧することのないような氏名の在り方を模索していくことこそが、「全体としての人間」の尊重につながるのではないだろうか。その観点からすれば、夫婦別氏論は意識的にせよ無意識的にせよ、極めて堅い人格観に拘束されている。生まれてから死ぬまで、そして全ての人間関係においてただ一つの氏名だけで一生を通す、というのでは、人格をカチカチに固めてしまう恐れがあるのではないか。現実のダイナミックな人格及び人格の活動に目を向けなければ、生き生きとした個人の生き方と家族の営為を支える理論になり得ないと思われる。

七　家族の否定と多元主義

(一)　多元主義による家族の否定

以上の夫婦同氏創氏制はその理論的前提として、いわゆる民主的家族共同体像、その典型として夫婦及び未成熟の子による家族を念頭に置いている。しかしこの枠組みはもはや古いとする批判がなされている。そのような家族像の否定こそが、夫婦別氏に向けた法改正の理念的基盤になっているという次の指摘もある。

「選択的夫婦別姓（氏）制度の導入の方向を決定するにあたって説明されている基本的考え方としては、国民の価値観・人生観が多様化してきたことを背景として、国民のかなりの層に夫婦別姓制度の採用を求める声が存在していることを考慮すれば、夫婦の氏についても、画一的に同氏とする制度ではなく、個人の人生観・価値観の違いを許容する制度に改めるべきであると考えられること。また、法理論の面においても、近時ますます個人の尊厳に対する自覚が高まりを見せている状況を考慮すれば、個人の氏に対する人格的利益を法制度上保護すべき時期が到来しているということである。このような基本的考え方は、次の二点においてこれまでの家族法に対して新たな考え方をもたらすものである。第一に、現行家族法が夫婦とその間に生まれた未成熟子からなる家族をあるべき姿として想定していたのに対し、今回の改正にあたっては、個人の生き方や家族の在り方の多様性を承認し、多元主義の方向を目指すとしたこと。第二に、戦後の民法改正において意識的に見落とされていた氏の権利性を今回の改正では承認し、個人の氏に対する人格的利益の保護をはかろうとしたことである。このいずれもが憲法の保障する個人の自立と平等の徹底化を目指すものとして、現行家族法の大胆な変革の可能性を含むものである。[20]」（傍点は河見による）

ここで述べられている家族における多元主義、家族関係の多様性の容認、家族における個の独立については、一定の限度で賛同しうる。例えば、同性婚はもちろん、婚姻に基づかないでも、他人同士が相互に永続的に共同生活を営む義務を引き受け合うような「緊密な共同生活体」を、新しい家族形態として認めることは可能だと思われる。夫婦及び未成熟の子という形態の家族が唯一正しい家族関係と考える必要はないであろう。問題は、単なる一時的部分的共同生活でなく、永続的に基礎的生活を共同に行う決意があるかどうかであり、その限りではどのような人間関係をも家族と呼ぶことはできると考えられる。ここでは、現在のところ家族関係は婚姻を中心に展開されているし、これからも恐らくそうであろうと考えられるので、婚姻関係をベースに家族関係を考えたが、将来的に婚姻を原因としない家族関係が多様に展開することも、この枠組みにおいて十分受容可能であると思う。但し本節の立場からすれば、永続的に基礎的生活を共同に行う決意がある場合には「家族」となりうると同時に、「創氏」による「同氏」となることが求められよう。[21]

しかし、家族（夫婦）の「一体性」それ自体についての多元主義には問題があると思われる。夫婦別氏論は家族の共同的一体性それ自体を否定するような婚姻の在り方も容認する多元主義に立つのであろうか。どうもそのようなニュアンスがある。本節の最初に挙げた『結婚が変わる、家族が変わる』では、上述の夫婦の法的義務のほとんどを廃止すべき、としている。協力義務、日常家事の連帯責任、さらには貞操義務すら必要はないと言うのである。但し貞操義務に関して、「それを法的義務に高めて、それに違反した行為に国家が介入するという性質のものでない」、という表現から見れば、その主張は、諸々の義務自体を否定するわけでは必ずしもなく、法的義務という形で国家が介入してはならず、個人的道徳に委ねるべきものなのだ、という消極的リーガリズムに立っていると解することもできよう。[22] しかしもしそうだとしても、夫婦関係がともかくもそのような実体的義務を負い合う一体性を内容とするとすれば、今まで述べてきたように夫婦別氏を選択することは矛盾となろう。逆に、夫婦関係がそのような義務を何ら伴わない人間関係であると考えるのであれば、もはやその二人の関係は婚姻と言うに値しない関係になるのではないだろうか。単なる恋人、同棲という間柄以上のものでないように思われる。然るに夫婦別氏論は、実体的義務を負い合う関係でも別氏を容認し、実体的義務を負わない関係でも婚姻の一形態とするようである。そのような考えは結局、「婚姻」（あるいは家族的一体性）がどのようなものであって、どのような義務を伴うかということを、個人の多様な好みに完全に帰するという多元主義に立つことを意味する。

（二）真の多元主義とは

しかし、本当の意味の多元主義とは、単に表面に現れる、人々の様々な気まぐれな見解をもそのまま絶対化し（＝個の絶対化）全て無批判無差別に尊重する、というものであろうか。むしろそれは一面的な人間理解に基づく一元主義に至ると思われる。

思うに多元主義とは、人間観について言えば、個々の人間の内面は一枚岩ではなく、多面的複合的なものであって、表面に出てくるその人の主張は、そのような複雑な内面の構造をもとにして生じてきた一断面に過ぎない、というように、人間を重層構造を持つものとして捉えようとする立場ではないだろうか。そして人間には個という側面だけでなく、共同性の側面もあり、しかも様々な共同性が重なり合っている、という理解である。

このような理解に基づくならば、共同性を否定して平面的に個性の側面だけを強調し、しかも表面に出てくる（気まぐれな）意見や考えをそのまま無批判に尊重する、というのは、多元主義ではなくて、皮相な一面的人間理解に基づくソリッドな一元主義ということになるのである。結局、皮相な価値相対主義は自己崩壊的な一元論にしか至りえないであろう。

人間の重層構造、人格における共同性の側面、しかも多様な共同性、というダイナミックな人間理解に基づくことで、バランスよく個人を人間関係の中に位置づけることが可能となると思われる。しかしその際、共同性も個性も、自由、平等、福祉といった現代社会の到達した基礎理念に枠づけられる必要があることも看過すべきでない。夫婦の氏の問題も、このような意味における多元主義に基づく真摯な人間理解の模索の中で、解決の方向性が見いだせるのではないだろうか。

八　結　び――家族の人格的意味を論じる現代的意義

女性が改氏によって社会的に重大な不利益を被っており、それが社会進出を妨げている。これが夫婦別氏論が唱えられる大きな動機であり、その主張は理解できる。しかしそれは利益というものを近視眼的にしか見ていないように思われる。別氏制によりさしあたりの女性の社会進出は実現されるかも知れないが、それが「氏」の固定化に結びつくとすれば、かえって女性の自立、個としての独立に逆行することになろう。そして同時にそもそも、男性と対等に社会に進出することが本当に望ましいのか、ということも是非考えるべきである。これは女性は家に、という意味ではない。現代の男性中心社会の基盤となっている論理、すなわち物質主義、利潤追求型経済、精神主義的労働形態の中での成功を求めるのではなく、それらの論理を越えた新たな価値観、労働観を女性（に代表される男性中心社会のマイノリティ）こそが提示し、新たな社会を創り上げていく方向に向かえないかということである。単に追いつき追い越せ、不平等だから平等を、と言うだけでは、同じ過ちを繰り返すだけではないだろうか。もっとも女性の社会進出それ自体が、結果として社会の価値観、労働観転換をもたらすこともありえる。もしそれが夫婦別氏制導入の本旨であるならば賛同できるが、しかし通称（＝社会的名前）によってもそれは実現可能なことである。

また、改氏が自己同一性を毀損するという主張も有力であるが、そこで家族という共同体について深く論じないで済ましてよいか。人格からの議論が重要であることは間違いないが、特に人間関係に大きな揺らぎが生じてきている現代社会においては、「家族と個人と人格」についてもっと腰を落ち着けて考えるべきであろう。このような社会の既存の枠組みや人格それ自体のより根源的レベルでの問い直し（夫婦同氏制への単なるアンチテーゼを越えて）という点からも、もう一度冷静に夫婦別氏論議の落とし穴を考えてみる必要があると思われる。

本節は「夫婦同氏創氏」論を提起したのであるが、これは見方によっては夫婦別氏論よりもはるかにラディカルな理想論である。たとえ導入されるとしても、現実的には「選択的」創氏制とならざるを得ないかも知れない。しかし夫婦の氏の在り方の選択肢に「別氏」を認めることは、婚姻及び家族共同体の人格的意味から考えれば大きな矛盾であると思われる(23)。

さて、ここまで論じたことは、夫婦を中心とした親密な家族共同体が独特の共同体として存在すること、そしてそのことは法的に明確な形で位置づけられている、という言わば枠組みの形式的提示にとどまっている。その枠組みが存在しているだけで、つまり単に形式的に夫婦・家族の形態をとっているだけで、実際に「福祉の実現」が見られるわけではないことは明白であろう。従って、具体的に展開されるどのような相互の関わりが「福祉」につながると言えるか（「ケアの関わり」と言えるか）、その実体的内容について次に検討しなければならない。

第２節　家族の人格共同展開モデル
――東海大学安楽死事件から考えるケアの関わり

一　東海大学安楽死事件の概要

（一）本節の目的

以上、夫婦別氏論議の批判的検討に基づき、婚姻を契機として形成される家族を「対等な当事者の合意と福祉を基礎とする共同体」と位置づけた（五（四））。さてそれではそこでの「福祉」とはどのようなものであるべきなのか。前節では民法上の義務を念頭に置きながら、「相互支援と未成熟の子に対する監護教育の義務による福祉的結びつき」（五（三））とまとめたが、その結びつきが「ケアの関わり」に貫かれたものと言えるのは、どのような場合であろうか。本節ではこの問題を、東海大学安楽死事件における具体的な家族模様を取り上げる中で検討してみよう。

（二）事実の概要

このいわゆる東海大学安楽死事件は、あと数日の命と思われる意識のない末期患者に、主治医が塩化カリウム等を注射して心停止させたことが、殺人として問われた事件であった。そしてこの事件に対する横浜地裁判決は、単なる殺人罪の有罪、懲役二年、執行猶予二年というものであり、嘱託殺人罪としても扱われなかったので、厳密に言えば「安楽死」事件であるとは言えないかも知れない。しかし、判決は、積極的安楽死のみならず、間接的安楽死、治療行為の中止についても詳細にそれらの正当化の要件を提示しており、裁判所が「安楽死」を正面から検討対象とした画期的な事件であったという意味では、「安楽死」事件と呼ぶことは可能であろう。さてそれでは患者の死はどのようにもたらされたのか。家族の関与に着目しながら、事件の経緯を後ろから辿ってみよう。

一九九一年四月一三日の二〇時四一分に心停止でこの患者は亡くなったが、その原因は、この時点で実質的に唯一人の主治医であった医師がワソランという狭心症の治療薬と、塩化カリウムを静脈注射したことによる。なぜこの医師はそのような注射をしたのだろうか。新聞記事によると、患者の息子が二〇時一〇分に「先生は何をやっているんですか。まだ息をしているじゃないですか。どうしても今日中に家に連れて帰りたい」と申し入れている。これを、早く父を殺してくれという要請と捉え、直接死亡を引き起こす塩化カリウム等を注射した（二〇時三五分）[24]。しかし、裁判所はこれを違法性が阻却される「積極的安楽死」には該当しないと判断した。息子の言葉は前後の文脈から、まだ「苦しそうな」息をしているから息を楽にして欲しいというだけの要請ともとれないことはなく、少なくとも明示的に「殺せ」とは言っていない。いずれにせよ判決は、家族の要望による積極的安楽死はそもそも認められず、患者自身の明示的意思表示が必要であると述べる。結局、これは単なる違法な殺人に過ぎないとされたのである[25]。

しかしこの患者の息子及び妻の要請は大変執拗なものであった。まず治療の中止と考えられる要請だけでも、四月九日の九時、四月一〇日の一八時三〇分、四月一一日の一八時、四月一二日の一〇時、四月一三日の一〇時、一〇時三〇分（この時に主治医は治療の中止を決断し、一二時頃に尿道カテーテル、一二時三〇分頃栄養水分補給の点滴が取り外された）、そして一七時三〇分（「苦しそうな父のいびきを聞いているのが辛いので、エアーウェイを抜いてほしい」という息子の要請に渋々従い、主治医は一七時四五分にエアーウェイを引き抜いた）。

ところが、家族（息子）の要請はそれで終わることはなかった。エアーウェイを取った後、今度は舌根沈下に伴うガーガーという呼吸音が気になって、何とか安らかに眠るような息にして欲しいと、今度は積極的な治療を求めるようになる。そこで主治医は一八時に呼吸抑制の副作用がある（抗不安剤である）鎮静剤のホリゾンを投与し、それでも「イビキが止まらない」という息子の訴えに押されて、一九時にはもっと呼吸抑制の副作用が強い（向精神薬である）鎮静剤のセレネースを投与した。その度に主治医は、患者の死期を早めてしまう可能性があり、一分一秒でも命ある限り治療するという自分の信念に反すると述べて説得を試みるが、家族は一旦は納得しながらもまた再度申し出たり、最後の方は一歩も引かずにただ「早く楽にしてくれ」と繰り返し一方的に主張するだけで、結局押し切られた形で、主治医は、治療中止、ホリゾンやセレネース投与の間接的安楽死的行為、そして最後には積極的安楽死を行ってしまう。(26)

検察官は家族の懇請を理由にする医師の法廷での弁明を、「良心の呵責から逃れたい一心で〝かく思いたい〟という気持ちを述べたにすぎない」と断じ、論告求刑公判ではそれらが「被告人の意志の弱さを露呈しているにすぎない」と言い切った。(27) 裁判所は、家族の「執拗な要求に戸惑い、そして生真面目であるが故にこの親子の真情をくみ取るために苦悩し、最後は息子の訴えを拒みきれない心境となって事件を引き起こした」点を考慮し、そこに「末期医療について確信が持てないまま戸惑いかつ苦悩する医師の姿があ」ったと一定の理解を示してはいるが、医療現場で誤った行為がなされたことは看過しがたく、それが国民の医療不信につながってしまう恐れあり、ということで、求刑懲役三年に対し情状酌量しつつも、有罪判決を下している。(28)

(三)　末期医療の問題の顕在化

この事件は、日本の末期医療における患者の取り扱いの問題性が顕在化したものと考えることができる。すなわち、患者の取り扱いが医療者と家族によって決定されがちであること、また一分一秒でも延命するという医療者側の固定的な姿勢の故に、患者や家族の声に耳を傾けた対話がもたれることが少ないことである。このケースでは、多発性骨髄腫により末期状態にあった五八歳の患者本人の意向はほとんど考慮されていない。また、治療の中止等の家族の要請に対して、医療者側はとんでもないことである、と正面から否定する態度で望むのであるが、最後は家族側に押し切られる形で一線を越えていったのであり、そこには医療者側と家族側の、互いに理解し合おうという対話を見ることはできなかった。判決は、このような患者不在、対話欠如の末期医療の在り方を厳しく批判したものと評価できよう。このように、この事件から末期医療に携わる医療者側の問題点を数多く指摘することができるが(29)、しかしここでは、家族関係に絞って問題点を挙げていくことにする。

二　家族関係の問題点

(一)　判決が提示する患者と家族の関係

判決は、患者の自己決定権を重視し、治療中止、間接的安楽死、積極的安楽死いずれにしても、患者自身の意思表示が不可欠であるとする。しかし前二者に関しては明示の意思表示でなくともよく、推定的意思で足りるとされる。その認定は、事前の文書あるいは口頭による意思表示か、それがない場合には患者の意思を推定させるに足りる家族の意思表示による、とするのである。そして、家族の意思表示が患者の意思表示を「推定させるに足りるだけのもの」であると言えるためには、「意思表示をする家族が患者の性格、価値観、人生観等について十分に知り、その意思を適確に推定しうる立場にあることが必要であ」ること、さらに「患者自身が意思表示をする場合と同様、患者の病状、治療内容、予後等について、十分な情報と正確な認識を持っていること」が要件とされた上で、「患者の立場に立った上での真摯な考慮に基づいた意思表示でなければならない」、とされる(30)。

そして判決は、当該家族は前者の要件を満たすが後者の要件を満たしていなかったので、（積極的安楽死に関してはそもそも推定が許されないとされるので問題外であるが）治療中止、間接的安楽死に関して患者の意思を推定させるに足る立場になかった、と次のように判示する。

「本件家族は、長年患者と一緒に生活を共にしてきている妻であり長男であって、患者の性格、価値観、人生観等を十分知り、患者の意思を推定できる立場にあったことは是認でき」るが、「しかしながら、その家族の意思表示の内容をなお吟味してみると、家族自身が患者の病状、特に治療行為の中止の大きな動機となる苦痛の性質・内容について、十分正確に認識していたか疑わしく、……四月一三日当時の患者の状態は、すでに意識も疼痛反応もなく、点滴、フォーリーカテーテルについて痛みや苦しみを感じる状態にはなかったにもかかわらず、その状態について、家族は十分な情報を持たず正確に認識していなかったのであり」、従って「この家族の意思表示をもって患者の意思を推定するに足りるものとはいえない(31)」。

(二)「患者の自己決定権の尊重」の危険性と必要性

このように判決は、この家族には、患者の考え方や生き方の理解はあったが、患者の症状や治療内容の理解はなかった、とするのである。しかし私見では、前者の理解についても認めることができないと思われる。「長年患者と一緒に生活を共にして」きたとしても、病名も知らせず治療も家族（息子）が最終決定するような、コミュニケーションの欠落した患者と家族の関係の中では、とりわけ末期における扱いについて、家族が患者の意思を推定できる立場にあったとは「是認できない」のではないだろうか。

そしてそもそも本事件のような家族関係、医療者との関係の中では、患者自身、末期においてどのような取り扱いを受けたいと思うかについて、自らの考え方が形成されていたとは考えられない。患者は病状が急変する数日前、勤務先の同僚と、「元気になったら失業保険の手続きをとりたいと思っているよ」「もう一度、一緒に働きたいものだね」という会話を交わしている。三月で雇用契約が切れることになっていたためであるが、患者の関心は（希望の現れであったとしても）将来の退院後の生き方に向いていたのであり、末期治療について十分に考えられる心の状態ではなかったように思われる。さらには四月一日に主治医となった被告T医師とはじめて会って挨拶を交わしたとき、「治療は、先生にお任せします」と述べている。[32] この言葉は、日本においては単なる社交辞令かも知れないが、口頭の意思決定代行者指定とも受け取れる。そうだとすれば、主治医による治療決定を家族が覆すためには、患者は本当は末期状態における扱いについて一定の考え方を持っていたということを明確に示さねばならないが、「お任せします」という言葉を発したこと自体、末期医療に関する一定の考え方を持っていなかったことの証左とも考えられるのである。

患者自身の末期医療に関する考え方が明確でなく、またそのことについて家族と患者が十分な対話を展開していない、本件のような家族に関しても、「患者の意思を推定できる立場にあったことは是認でき」るとみなすところに、「患者の自己決定権の尊重」を中心に置く人間関係及び家族関係の理解の問題性、危険性を見て取れるのではないだろうか。本節では、そのような家族関係理解を家族の「自己決定中心モデル」として批判し、それに代えて「人格共同展開モデル」に立つべきことを主張する。

もっとも、だからといって患者の自己決定を家族共同体の中に解消してしまおうというのではない。患者自身が自分の身体の治療について決定権を持っているのは、法的にも（委任契約主体として）、倫理的にも（一個の人格的責任主体として）、当然のことである。問題としたいのは、自己決定の道徳的意味と道徳的環境であり、自己決定のために家族が果たすべき役割である。「自己決定中心モデル」では、患者の自己決定の意味を不完全（あるいは抽象的）にしか理解できず、自己決定展開のための環境を十分保障できず、家族の位置づけも曖昧にならざるを得ない、と思われるのである。

しかしこの事件の中には、家族の「自己決定中心モデル」と「人格共同展開モデル」の、どちらからしても問題と言える、日本になお根強く存すると思われる家族関係を見ることができる。両モデルの検討の前に、いずれにせよ克服されるべきモデルとして、まずはそれを明らかにしてみよう。

三　自己満足モデル

判決が掲げる患者の推定的意思の代弁者としての家族の要件の後者、すなわち患者の症状、治療内容に対する理解が、なぜこの家族にみられなかったのであろうか。この理解の不成立には、医療者側にも多分に責任がある。末期患者の家族の視線に立った説明と対応をしなかったことが、家族の理解を得られなかったことの大きな要因であり、加えて家族を精神的に追い込んでいった原因でもあったとすら言えるかも知れない(33)。

しかし、このケースにおいては家族自身にも大きな問題があったということは否定できない(34)。第一に自己中心的態度、第二に自然死への中途半端なあこがれである。

(二) 自己中心的態度

第一に、この息子は、かなり自己中心的であったと言える。自分の家族のことしか頭になく、しかも患者の在り方についても自分のイメージでしか捉えておらず、父親がどう考えているかを聞いたふしもないし、父親の考えを考慮しようとする姿勢も見られなかった。たとえ患者が不快であったり痛みを感じていたとしても、そのことによって直ちに治療を中止したり安楽死することを求めるとは限らない。しかし事件の経緯に見られる息子の言葉の中には、父親がそのような形で楽にしてほしいと望んでいるかどうかを父親の立場に立って判断しよう、という視点を見いだすことができない。従って、その点だけからしても、この家族が患者本人の意思を代弁していると考えることはできないであろう。[35]むしろ「楽にしてやってほしい」という家族の訴えは、「苦しそうにしている患者を見ているのが辛い」「イビキを聞きたくない」といったような家族自身の精神的苦痛からの解放として求められたものとさえ言えるかも知れない。つまり、患者の病状や治療内容への無理解は、家族の自己中心的姿勢に由来するところも大きく、その姿勢は患者の病状等だけでなく、患者の考え方にも耳を傾けることをもたらさないものであった。

しかもこの息子は「先生は耳が悪いと聞いたんですが、こちらの頼みが聞き取れましたか」と言ったりしている。また母親も同じように、もう一人の主治医であった車椅子の研修医に対して、脚が不自由なのでとっさの出来事に対応できないのではないか等と言ったことを口走っている。これが原因で、その研修医が実質的に主治医から外れ、最後の三日間（四月一一日から）はT医師だけが主治医の責任を負わされたという経緯になった。[36]このような態度が、他者（医師そして患者）との対話や理解を妨げ、最終的には自分たちを追い込んでいく原因となったのである。[37]

(二) 自然死への中途半端なあこがれ

第二に、息子は、父親の最期はスパゲッティ状態と言われるようにいろんな管につながれず、「静かに眠るように息を引き取って欲しい」と願っていた。すなわち自然死を願っていたということである。彼は、ベストセラーの『病院で死ぬということ』を読んで、「終末期を迎えた父が、いろいろな治療を施されるのはいやですね」と語ったという[38]。ホスピス的な末期医療の本を読んで、一つのイメージを固めていたと思われる。しかしこの息子の考えは大きな問題を抱えている。

まず、このイメージは息子が抱いていたものであって、決して患者本人が抱いていたものではない。ホスピス的な末期医療というのは、末期患者自身が望むところの残された生の生き方を尊重することであるはずである。患者本人が自分の信念に基づき治療を選択し、自分らしく生き、自分らしい最期を迎える、といったことを医療者側と家族が助け合いながらサポートする、それがホスピス的精神であろう。ホスピスとは、患者「本人」の生き方を支えるケアサポートなのである。ところが彼は、最初から最後まで患者にガン告知をしていない。母親にすら告げることを拒否する。そして病状が進み容態が悪化した三月二〇日の時点で、前の主治医からもう患者さんに告知をしてはどうですかと問われたのに、「うまく言えるかどうか、今の私には自信がありません」と答えている[39]。亡くなる三週間ほど前である。ホスピスケアにガン告知が不可欠かどうかは議論の余地があるが、少なくとも告知の有無の判断は本人の観点から考えるというのが基本であると言えよう。従って、この息子に患者の自然死、尊厳死を語る資格はないと思われる。因みに、前述のように、三月三〇日に同僚が見舞いにきたとき、まだ意識があり歩くこともできた患者は、「元気になったら失業保険の手続をとりたいと思っているよ」「また一緒に働きたいものだね」と会話し、まだ治る希望を語っている[40]。

さらに問題なのは、延命治療の中止を申し出た後、大きなイビキが気になって、何度もそのイビキを止めて静かな寝息にして欲しいと頼み、何本もの注射が打たれるのを見守っているという点である。彼は本当に父親が苦しんでいるのかどうか、ということに関心がないように思われる。確かに、患者の苦しみについての説明はなかったようであるが、本当に苦しいのか、今後父親はどういう経過で最期の時を迎えるのか、冷静に質問することはできたはずである。しかし彼はそうせず、冷静さを失って、ただ「イビキを止めてくれ」の一点張りであった。「静かに眠るように息を引き取る」という自分のイメージばかり先行して、患者が本当に自然に死を迎えることを望んでいたとは言い難い。自然死、尊厳死を家族として支えるということは、患者の死に向かう最期の生き様を直視する覚悟を持つことである。そしてその過程をしっかり最期まで見届ける責任を引き受けることである。もしそういったことを真剣に考えるならば、そもそも大病院で延命治療を基本方針とする病院に留まり、最後の最後までわがままに近い注文をするのではなく、自分たちの考えを理解してくれる病院、医者を探してそこで最期を迎える、というくらいの事前の準備が必要であったであろう。あるいはこの病院で死を迎えるとしても少なくとも、この最後の段階で延命治療の打ち切りを持ち出すのではなくて、もっと前に主治医に相談しなければならないであろう。そうでなければ振り回されるのは結局患者である。尊厳ある死を迎えるということは中途半端な甘いヒューマニズムによっては不可能であり、周囲の者の自己満足や形だけの実現を求める場合には、かえって患者の尊厳を損う帰結となりうるのである。

四　自己決定中心モデル

以上述べたような家族関係を一言で言うならば、家族の「自己満足モデル」と言うことができよう。患者のことを思いやっているように見え、家族自身も主観的にはそう感じていたかも知れないが、実際には家族の言動は家族自身の自己満足をもたらすことを基盤に展開されている。このように、患者不在の取り扱いが家族の思いやりという名の下に、感情的レベルにおいて正当化される恐れを日本の家族関係が持っており、そしてその危険性が末期医療においてはさらに大きくなるが故に、「患者の自己決定権の尊重」が主張されるようになったのであり、この「自己満足モデル」の拒否という文脈においては、その主張は正しい。

しかしそこから一歩進んで、患者の意思を尊重する関係とはいかなるものであるべきなのか、その内容を考えるときに、「患者の自己決定」を中心に据えるだけでは不十分であるように思われる。

家族は患者の最もよき理解者であり、患者がよしとする考え方の代弁者、その実現の援助者、補助者であるべき、という家族像は、従来の患者の扱われ方を鑑みるとき、一見したところ望ましいように見える。確かに、その関係は、ごく末期の状態にある患者に限って考えれば、一応のところ、正当であろう。患者にとっては人生の終末をどう迎えるべきかについて考えることのできる段階を過ぎて、本人の望む終末の迎え方を実現する段階と言え、そして最期というものが我々一人一人の人生（の物語）にとって、非常に重要な意味をもつと考えられるからである。しかしその患者と家族の関係を、最期に近い極めて末期の段階より以前の、両者が対話可能な段階や、さらには家族関係一般にまで敷衍することができるであろうか。

もし家族がその構成員個々人の自己決定を絶対的に尊重するという関係を貫くべきとするならば、家族構成員は本人が望む範囲で本人をサポートするだけの自発的（あるいは法定的）援助者ということになる。単なる援助者である以上、本人の望むことを単に実現するだけの役割しか担わないのである。

しかしもしそうだとすれば、本人が明示の意思表示によって安楽死や自殺援助を求める場合、その意思を尊重できるケースとそうでないケースを分けることが説明できない。末期でない場合の安楽死（嘱託殺人）が明示の意思表示があっても認められないのはなぜであろうか。判決は、患者の自己決定権は死の迎え方の選択権に過ぎず、死そのものを選ぶ権利を認めたものでないとする。しかしそもそもなぜ自己決定に反してまで、（本人の）生きる義務及び（周囲の者が）死の援助をしてはならない義務があるのであろうか。これらの義務の根拠は、少なくとも「自己決定の尊重」及びそれを基盤とした人間関係のみを基にしては、内在的に説明できないだろう。

また患者が治療や安楽死について明示的意思表示をしていない場合、どうして一定の取り扱われ方を真に望んでいると言いうるのだろうか。文書や口頭による事前の意思表示すらない場合に、以前の健康なときの性格、人生観、価値観から、単なる援助者が推測することが本人の望んでいることと言えるかどうか、二（二）で触れたように、疑問である。

さらに、なぜ家族が一番本人のことを理解している可能性のある存在と言いうるのであろうか。例えば衣食住を援助するだけの関係として家族を位置づける人にとっては、家族以外の友人などの方が、本人の性格、人生観、価値観のよき理解者かも知れない。援助者であるというだけでは、家族が他の第三者よりも患者の生き方、考え方のよき理解者であることを、十分に説明したことにならないと思われる。

そもそも、自己の価値観人生観は自分だけの問題であり、他者はその内容に許可なく介入できないという考えに立つとすれば、明示的意思表示や代弁者指定がなされていない限り、誰も当人の価値観や人生観に基づいた判断をすることが許されないのかも知れない。あるいはさらに言えば、この考えからすれば、代弁者指定がなされていても代弁者が本当に正しく本人の考え方を代弁しているか、たとえ意思表示が明示されていても提示された意思が本当にその人の価値観人生観を反映したものであるのか、また以前表明された意思が現段階でも変わっていないか、その判断は実は誰にもできないのではなかろうか。誰も真実な意味で患者と人格的交流を経験しうる立場にないからである。とすれば、「疑わしきは生命の維持を利益に」とする限り、自己決定を重視するが故にかえって延命絶対主義を助長する、という矛盾に陥らざるをえないだろう。このように、患者の生き方、考え方を尊重してただ援助するだけ、という人間関係からは、援助の役割を担う者が曖昧になるだけでなく、そもそも本人に対する理解が生じえず、結局自己決定が尊重されないという帰結に至りうるのである。

真に自己決定が尊重されるためには、あるいは尊重されるに足りる自己決定が形成されるためには、患者と家族は、意思決定者とその援助者という固定したスタティックな関係から、相互にぶつかり合い影響しあうダイナミックな関係に移行する必要があると思われる。そうすることによって、「生命の尊重」を自己決定の尊重という枠組みの中で説明することも可能になろう。以下、判決で挙げられた「人生観、価値観」が現実には動態的なものであるということを指摘しつつ、家族の「人格共同展開モデル」に立たなければ、（家族による）意思の推定が成り立たないこと、それだけでなく結局は判決が基盤とする基本的枠組みの有機的なつながりをうまく説明できない、ということを論じてみよう。

五　人格共同展開モデル

個々人の（性格はともかくとしても）人生観や価値観は、不変のまま堅く保持され続けるものではないであろう。そして人生観や価値観がスタティックなものでなく、変化しつつ形成されていくものであるとするならば、その変化を生み出す契機がいくつも存在するはずである。その契機として、自己を取り巻く状況や状態の変化、他者との直接間接の出会い、他者との対話が挙げられよう。

(一) 状況や状態の変化

末期医療に直面している患者について言えば、状況状態の変化とは、不治の病にかかってしまったということや、それに伴って不快なあるいは不自由をもたらす症状が出始めたがそれが根治することはない、といったことであろう。このようにして生命の有限性あるいは死ということを、具体的に自分の問題として考えざるを得ない状況に置かれたとき、たとえそれまで生や死について自分なりの考えを持っていたとしても、その人生観価値観は、大きく揺らぐ可能性があると思われる（より深く確信を持つようになるということも含め）。

(二) 他者との出会いへ

さて、状況や状態の変化は、自己の身体に関わる問題だけにとどまらない。もしその人が日常生活を共に営むいわゆる家族を持つとするならば、その人が今まで位置していた家族内での立場、役割も大きく変化することになる。例えば一家の収入や家事を支えていた存在から、今後は今までのようにはそれらを支えることができない存在か、あるいは逆に支えられる存在に変わっていくことになろう。そして立場や役割が実際にどのように変化するのか、またその変化が本人にとってどのような意味を持つと捉えられるのか、ということは、家族の他の構成員の態度、行動、そしてそれらの基盤にある考え方（すなわち家族の価値観人生観）から、相関的に影響を受けるであろう。ここにおいて、患者は、（体験談や講演などを通して同じ状況にある他人、また自然に生きる動植物などと、今までと異なった形で出会う可能性があると同時に）最も身近で最も自分に影響を与える存在である他者として、（自分が病気になった後、新たな関わり方、考え方を持つようになった可能性のある）家族と、改めて出会うこととなる。

このように、生死を具体的に考えなければならない状況に置かれることだけでなく、人間関係（特に家族）における立場や役割の変化にさらされることによって、自分の人生観価値観は、他者（家族）の行動や考え方に影響を受けざるを得ないことになると思われる。もし不治の病を抱えたことによって人生観価値観の動揺、変化が生じるとするならば、それは、状況状態の変化と他者（家族）との出会いに相関的な応答であり、決して外界や他者に閉じられて形成されたものでなく、またさらに外界や他者の変化によって変わっていく可能性のある流動的なものである。ここから、末期における取り扱われ方に関する場合、その疾病にかかってから末期に至るまでの患者のこころの動きを無視している者に、患者の人生観価値観について語る資格はないと言えよう。

（三）対話の中での人格共同展開

しかしさらに患者が、単に家族の行動や考え方を知るだけでなく、家族と「対話」の関係に進んでいくことができるとすれば、受け身的に影響を与えられたり一方的に有無を言わせず影響を与える存在から、相互に積極的に影響を与え合う存在に変わっていくであろう。新たな状況の中で、お互いの関係においてどのような立場や役割を新たに担い合うことができるかということが、対話（ぶつかり合いを含み）の中で試行錯誤的に模索されていくとすれば、限られた生の中で患者本人も、また家族もそれぞれの生き方の中に新たな積極的意味づけを見いだすことができるかも知れない。これは疾病をきっかけとした人生観価値観の修正転換であるが、それが「対話」の中でなされるとすれば、自己の中に閉じた独断的で孤立した転換でもなく、また外界や他者に振り回される主体性なき転換でもなく、他者との共同作業の中で相互に選び取っていった試行錯誤的決断の積み重ねの帰結、すなわち他者（及び外界）と将来に開かれた、しっかりとした足場を持った（生き方に関する）自己決定と言うべきだろう。このような生き方の自己決定こそが、その患者の置かれている現在の時間、空間をしっかりと見据えつつ、将来の自己の在り方を展望したものとして、最も信頼のおける人生観価値観を形成するものと思われる。従って、「対話」の中で試行錯誤的に形成されてきた人生観価値観に基づくならば、その到達点をもとにしながら、本人の明示の意思表示が存在しなくとも具体的な取り扱われ方について推定することが許されるのではないだろうか。

そして家族がそのような「対話」者となる場合、家族は患者の人生観価値観の傍観者としての援助者ではもちろんなくなるが、単に患者の考え方に影響を与える存在にとどまるだけでもない。もっと積極的に、患者の人生観価値観の形成修正に参与する、人格の共同形成者とすら言えるであろう。患者の人生観価値観形成の積極的担い手、パートナーとなることは、形成された人生観価値観とその展開に一定の責任を発生させるものと思われる。この関係を家族の「人格共同展開モデル」と言うことができよう。

(四) 対話者としての家族

対話者としての家族は、患者の人生観価値観形成に参画した者として、患者の最終的な人生観価値観を最もよく知りうる立場にある。末期の取り扱われ方は、その人の人生の締めくくり方という非常に重大な問題であり、それだけに真の理解者でない限り軽々に意思を推定してよいような問題ではない。そう考えるならば、そのような対話的関係に入っている家族のみが、患者の意思の代弁者たりうる、と言うことが可能である。それと同時に、形成された人生観価値観は家族の深い影響のもとにあり、家族との対話がなければそのような人生観価値観に至らなかったかも知れないが故に、もし患者がその人生を自ら展開できない場合には、患者の人生の締めくくりをその人生観価値観にふさわしく迎えることができるように協力する義務が、人格共同展開者には発生するのではないだろうか。そのように考えるならば、対話者としての家族は、患者の意思の代弁者として、患者に代わって人格展開をしなければならない義務がある、とまで言うことができるかも知れない。人格を共同形成した者は既に人格の共同展開の輪の中に、一定程度組み込まれているのである。

もちろん実際には、患者と家族の関係がすべて上述のようなものであるとは言えない。そして人格の共同展開における「対話」者が家族以外の者であることもありうる。しかし、患者の人生観や価値観の共同展開の典型的な場は、家族の中にあると言うことはできるのではないだろうか。寝食を共にすると言われるような形での時間と空間の具体的共有、化粧をとり仕事着や制服を脱ぐことに現れるような、ナマの生き様がぶつかり合い本音が表明されうる私的空間、そして婚姻という社会制度や（多くの場合）血縁という生物学的つながりにより、社会的にも感情的にも容易に解くことができない絆。こういった属性を持つ家族という共同体は、上に述べた人格の共同展開の場として典型的と言える。その他の人間関係にある者が患者の意思を代弁しうるとしても、それはその典型に匹敵するかどうかという観点から判断されることになろう。

六　結　び——患者のための末期医療を支える人格共同展開モデル

(一)　人格共同展開モデルからの帰結

明示の意思表示があっても、極めて極限状態にある末期段階にのみ治療の中止や安楽死が限定されることは、人生観価値観は抽象的固定的に個人に閉じたものではなく、外界や他者との関わりの中でダイナミックに成長変化するという人格観に基づいて、最も素直に理解可能である。さらなる変化、修正、成長の可能性がある以上、人格展開の可能性を閉じるべきではない（第2章第1節参照）。そして家族が、早すぎる自殺や嘱託殺の要求を本人の自己決定だからといって尊重すべきでないのは、家族が患者の人格の「共同展開」の義務を有するからと考えられる。しかし家族は同時に、人格を共同に形成してきたことに伴い、患者の人生の締めくくりを共に担う義務も負うと思われる。従って、患者が過剰な延命治療を拒否する考え方（あるいは疼痛緩和を優先的に求める考え方）を最終的に持っていたと確信できるならば、たとえ明示的意思表示や文書口頭の事前の意思表示がなくとも、そのような治療を拒否する（あるいは疼痛緩和医療を求める）権利と義務を持つと言えよう。

しかしそのような家族の権利義務は、患者と十分な人格共同展開の中にあった場合にのみ認められるのであり、十分な対話が展開されていなかった家族（例えば、東海大学安楽死事件における家族）は、判決の考えるところとは異なり、そもそもにおいて患者の意思を代弁しうる立場にないと思われる。深刻な疾病に直面しながら家族との間に人格共同展開が積極的に持たれることがなかった場合、治療の中止や安楽死が認められるのは、（原則的に治療中止すべき場合を除けば）その場での患者の揺るぎなき明示の意思表示があるか、あるいはせいぜい文書や口頭でのアドバンスト・ウィルが真意であると明確に確認できる場合に限られ、それ以上に家族による意思推定や代弁を認めるべきではない。本人の人生観価値観をある程度知っているとしても、それが本当に実際にその疾病が発覚した後に形成されていった人生観価値観であるか、たとえそうだとしても未だ強い葛藤を感じていた可能性があったのではないかということは、外から観察するだけでは分からない。具体的な日常生活を共に送る中で、共に悩み、試行錯誤しながら考え方や生き方を共同して形成していく、そのような内在的な営みの当事者とならなければ、その判断をする資格は十分でない。人生観価値観形成において傍観者となっている家族は、たとえ家族であっても、第三者と同じスタンスに立たざるを得ないのである。そのような意味で、患者の人生観価値観に基づいて患者の意思を代弁しうる家族は、「自己決定中心モデル」を推奨すればするほど少なくなっていくと考えられる。

東海大学事件判決が基盤とした基本枠組みは、①生命は尊重すべきだが、しかし②延命絶対主義は否定されるべきであり、同時に③患者の自己決定は尊重されるべきであるが、④明示の意思表示がない場合は患者の意思を推定する代弁者として家族が位置づけられるべきである、とまとめることができよう。もし、家族の「人格共同展開モデル」に基づくとするならば、この四つがバラバラの原理の単なる比較衡量や政策的配慮によって提示されたものではなく、上に述べたような形で、相互に矛盾せず有機的に結びついたものと位置づけることができるようになるのである。

(二) 人格共同展開とケアの関わり

家族の「人格共同展開モデル」は、「ケアの関わり」すなわち福祉のモデルとも言える。前々段落で述べたように家族が「具体的な日常生活を共に送る中で、共に悩み、試行錯誤しながら考え方や生き方を共同して形成していく、そのような内在的な営みの当事者」であることは、患者本人にとって家族が、環境の激変に何とか適応していく「人間として健康な生き方」(第2章第2節五)に向かう歩みにおける支援者、ケアの関わりをもつ者であることを意味する。その際、いかに家族が本人の人格の共同展開者であるとしても、形成される考え方や生き方の主体はやはり本人である。家族であっても最終的には、本人に寄り添い、本人を支えることまでしかできない。しかし家族は単なる傍観的な援助者ではなくて、本人の苦悩を共に悩み、共に考え、共に担っていく人生の「隣人」として、本人と共に歩むことができる。これが「ケアの関わり」の最も典型的な在り方ではないかと思われる。(41)

しかし、家族が患者と共にケアの人格共同展開をできるようにするためには、単にごく最期の方の末期段階で自己決定を尊重する制度的枠組みを作るだけでは不十分で、それ以前の段階において家族が患者と深いレベルで「対話」できるような、家族と患者中心の時間と空間が必要である。その時間と空間を、家族と患者の力だけで確保できないとするならば、「ケアの関わり」（福祉）を支える第三者的な関わり（福祉の実現）もまた必要となってくる。また、医療者や社会福祉従事者その他の第三者が、家族などのケアの関わりを「支える」（「福祉の実現」に従事する）だけでなく、家族などと共にあるいは家族などに代わって直接的に「ケアの関わり」を展開する（「福祉」に従事する）こともあり得る。その意味ではこの場合、第三者というよりも言わば「第二・五者」「二・五人称」の存在と表現するのが適切かも知れない。

ようやく医療の領域でもシェアード・ディシジョンメイキング（shared decision making：ＳＤＭ）という考え方が登場し、医療者も共に共同意思決定するべき立場にあることが主張されるようになり始めている。ＳＤＭは、インフォームドコンセント（ＩＣ）と重なりつつも重要な相違点がある。すなわちＳＤＭは「患者自身、そして医療者自身も、どうしたらよいか本当にはわかっていないときに、協力して解決策を探す」取り組みであるとされる。[42]（ＩＣに典型的と言える）自己決定中心モデルからさらに進んで、（ＳＤＭに見られるような）人格共同展開モデルが模索され始めていると言えよう。厚生労働省の「終末期医療の決定プロセスに関するガイドライン」（二〇〇七年）が二〇一八年「人生の最終段階における医療・ケアの決定プロセスに関するガイドライン」へと改訂され、病院だけでなく介護施設や在宅も想定されると共に、「本人の意思は変化しうる」という前提に立ち、アドバンス・ケア・プランニング（advance care planning：ＡＣＰ「人生の最終段階の医療・ケアについて、本人が家族等や医療・ケアチームと事前に繰り返し話し合うプロセス」）概念が導入されたこと、そしてＡＣＰの愛称が「人生会議」とされたことも、この流れを表している。[43]もっともその場合、「全体としての人間」へのケアのまなざしを持っていなければならないことが重要であるが、要支援者の生き方への関わりが今までなかった以上、「関わり」の範囲や程度には十分な注意を払う必要があると思われる。

ケアという用語は、社会福祉においても医療においても、最近は日常的に用いられているが、このように人格共同展開を内容として「ケアの関わり」を理解する場合、家族を越えた社会としての福祉（ケアの関わり）の在り方、福祉の実現（ケアの関わりの支援）の在り方がどのようなものであるのか、より明らかにされる必要があろう。そしてそれらを枠づける法の在り方について、どのような提言がなされ、どのような転換が生み出されることになるであろうか。[44] 次に章を改めて、これらの点について、検討してみることにしよう（第4章第1節）。そして最後にまとめとして、「全体としての人間へのケアの関わり」とは何か、人間の何を支援し、それはどのような関わり方となるのか、提示してみよう（第4章第2節）。

〈はじめに〉

（1）Cf. Abraham H. Maslow, *Motivation and Personality*, 3rd. ed., Longman, 1987, pp. 15–23. 河見誠「社会福祉の法と行財政」今泉礼右編『社会福祉の構造と課題』（同文書院、二〇〇六年）一一五—一二〇頁参照。

（2）ミルトン・メイヤロフ『ケアの本質——生きることの意味』（ゆみる出版、二〇〇一年）一頁。

（3）中里巧『福祉人間学序説——生きがい・ぬくもり・ケアの意味を探求する』（未知谷、一九九九年）三頁。

（4）本書第2章で、人間の存在性を考えるときには人格と身体の両側面を視野に入れるべきことを論じた。その考えを受け継ぐならば、福祉は「身体」を含めたケアの関わりであるということになる。しかし本章では家族の「人格」的関係を中心に論じようとしている。これは次のような理由による。ケアが全人的であるためには、「からだとしての身体」が発する声、シグナルにも耳を傾けなければならない。しかし前章第2節で検討したところからすると、ケアが必要な状況において身体が発する声は、（本人自身および他者が）本人に対して「肉体」に閉じた関わり、「自分」に閉じた関わり、「人間（の理性や意識）」に閉じた関わりをしていることへの「警告」あるいは「抵抗」であると考えられる。その「警告」「抵抗」に対してどう応答するかによって、本人の人生および本人を取り巻く人間関係が様々な展開を見せるのである。この応答を担うのが「人格」であると思われる。だとすれば、ケアの関わりは、確かに本人によって発せられる「身体の警告」への傾聴、理解を不可欠の基盤にするべきであるが、しかし「関わり」としての中心になる事柄は、本人によって展開される「人格の応答」を支えることであろう。身体的ケアも、そのような関わりの一環として展開されることにより、より人間的なケア、「身体へのまなざし」を回復させていくようなケアになっていくものと思われる。これが本章で「人格」的関わりを中心に論じていく理由である。

〈第1節〉

（5）「氏」と「姓」は区別されることなく用いられているが、歴史上は、氏（ウジ）とは「血縁を中心に構成された同族集団」を、姓（カバネ）とは「家柄や職能を示す称号として用いたもので、皇室を中心とする身分序列を示す」とされている（全国歴史教育研究協議会編『新版・日本史用語集』山川出版社、一九七五年、七頁。平凡社編『日本史事典』平凡社、二〇〇一年、一八三、二四五頁参照）。この言葉遣いからすれば、戦前は夫婦同姓、戦後は夫婦同氏、現在主張されているのは一応のところ、夫婦別氏と言うことができよう。もちろん血縁だけが家族の絆とは言えないが、少なくとも姓よりも氏の方が現在の家族イメージにより近いことは確かである。従って以下の叙述においては、「氏」という用語に統一することにする。なお、加藤晃「日本の姓氏」『東アジア世界における日本古代史講座一〇』（学生社、一九八四年）八六頁以下参照。

（6）三つの案の簡単な分類については、朝日新聞一九九四年七月三日参照。三案の詳細な検討としては、床谷文雄「選択的夫婦別氏制度の検討」ジュリスト一〇五九号（一九九五年一月）四五頁以下がある。

（7）朝日新聞一九九六年二月二七日。

（8）朝日新聞一九九六年五月二二日。二〇〇一年の内閣府世論調査で別氏制に賛成する人（四二・一％）が反対する人（二九・九％）を初めて超えたことを受け（朝日新聞二〇〇一年八月五日）、二〇〇一年末には再び法制化に向けての動きが活発になってきた。しかしなお反対論も強く、二〇〇二年初め、法務省は夫婦同氏を前提とし別氏を例外とする案を提出したが（朝日新聞二〇〇二年一月一一日）、国会提出は見送られた。（久武綾子『夫婦別姓――その歴史と背景』世界思想社、二〇〇三年、一〇一―一〇七頁の年表参照。）二〇一〇年にも法務省は法案を準備したが、やはり国会提出には至らなかった。

但し、二一世紀に入っての世論の動きも単純ではない。二〇〇六年の内閣府の調査では、容認三六・六％、反対三五・〇％と拮抗状態に戻っている。その後二〇〇九年（民主党政権成立後）の毎日新聞の世論調査では、賛成五〇％、反対四二％と賛成が過半を占めるに至った（毎日新聞二〇〇九年一二月二四日）。しかし二〇一二年の内閣府の調査では容認三六・五％、反対三五・五％と、再び拮抗状態に戻っている。そして二〇一七年の内閣府の調査では容認四二・五％と、反対二九・三％と、また容認が多数となっている。

このような流れの中で、二〇一一年に夫婦同氏規定に関する初めての違憲訴訟が提起された。夫婦同氏を定める民法第七五〇条は憲法第一三条（幸福追求権）、第二四条（家族における個人の尊厳と両性の平等）に違反するものであって、改正しないことは立法の不作為であり国家の不法行為に当たる（国家賠償法第一条）、という主張である。結果としては、第一審では原告敗訴（二〇一三年五月二九日東京地裁判決。判例タイムズ一三九三号八一―九四頁）、控訴審では原告控訴棄却（二〇一四年三月二八日判決。民集六九巻八号二七四一―二七五八頁）、そして上告審でも原告の主張は斥けられ、夫婦同氏規定は合憲とされた（二〇一五年一二月一六日判決。判例タイムズ一四二一号八四―一〇〇頁）。もっとも三人の女性裁判官と弁護士出身の二裁判官の計五人が違憲とする反対意見を述べている。また同時に判示された再婚禁止規定については、百日を超える期間について違憲判断が下されている。（滝沢聿代『選択的夫婦別氏制――これまでとこれから』三省堂、二〇一六年、一九―二〇頁、一〇二―一二二頁参照。）

(9)　榊原富士子、吉岡睦子、福島瑞穂『結婚が変わる、家族が変わる』（日本評論社、一九九三年）五三―五八頁。

(10)　*Neue Juristische Wochenshrift.* 25 (1991). S. 1603. 但しこの判決は夫婦の同氏原則自体を違憲と判示したわけではない。両婚約者が婚氏に関して衝突している事例において、男性の氏が法律により共通の氏となるという民法条文が、男女平等原則（基本法第三条第二項）に反するとしたうえで、「立法者は、単一の氏の保持につき性的に中立な補充規定をもって決定することも可能であり、氏の単一の原則に対してその例外を認めること、または婚氏に関する法を包括的に新たに規定することも自由である」と述べている（富田哲『夫婦別姓の法的変遷――ドイツにおける立法化――』八朔社、一九九八年、一四五―一五〇頁）。もっとも結果的にはこの判決を受けて、ドイツは一九九三年に選択的夫婦別氏制を立法化するに至っている。

(11)　判例事項一二六六号（昭和六三年五月一日号）一〇頁。もっとも、この判決は氏の変更に関する判決でなく、むしろ氏の表す民族性が個人の人格にとって重要であることが主張された事件であり、その観点からは、民族共同体と同様家族共同体の氏における重要性を認めるべきという帰結につながりうるものとも言える。

(12)　世界の中には実際に、氏名ではなくて「名」のみを個人の呼称とする地域もある。聖書の世界もそうであった。もちろんその場合、個人を特定するために、〇〇の誰それという言い方をとる場合が多い。例えば、次のような記事を参照。「……世界には姓名のあり方はこの二種類［日本的な姓の後に名前、欧米的な名の次に姓］しかないと思っている人が多いようだが、それはとんでもない誤解で、首相訪問先の要人名を見るだけでも、いろんな人名のあり方があることが分かり、絶好の教材という話だ。例えば、第一の訪問国のマレーシアのフセイン首相は、正式には〈ダトゥク・フセイン・ビン・オン〉という。欧米式にダトゥクが名前で、オンが姓と思うと大違い。ダトゥクは漢字で〈拿督〉と書き、叙勲者、長老といった意味の称号。名前はフセインで、ビンは〈――の息子〉という意味、オンは自分の父親の名。このように〈オンの息子フセイン〉といった名乗り方をするのは、回教徒の命名法の特色だ。第二の訪問国、仏教国のビルマは、姓にあたるものがないのが特徴だ。……第三の訪問国インドネシアでもやはり、誰もが姓を持つとは限らず、持たない人もいる。スハルト大統領も、その一人だ。……」（読売新聞昭和五二年八月一六日編集手帳欄、前掲・加藤晃論文九三―九四頁から引用。［ ］は河見による。）

(13) 滝沢聿代「選択的夫婦別氏制――その意義と課題――」成城法学四三号（一九九三年）四頁。同論文は前掲・滝沢『選択的夫婦別氏制――これまでとこれから』二九七頁以下（引用箇所は三〇一頁に該当）に再掲されている。

(14) この観点から、現在の私と将来の私との関係は、私と他者との関係と同じぐらい距離があるという理由で同一性を否定的に見る見方もある（Derek Parfit, *Reasons and Persons*, Oxford University Press, 1984）。

(15) 前掲の滝沢論文においては、「氏は第一に血統を示す標識となるはずであり、そのこと自体を否定的に評価する必要はないといえよう」（二頁。前掲書二九八頁）、「ドイツ法、フランス法の目ざすところは結局同一の方向に帰し、夫婦固有の氏を尊重する故の夫婦別氏及び子に伝える氏の選択における平等であることが確認される」（七頁。前掲書三〇四頁）とされ、また通称による別氏の自由の制度化について「子にその氏を伝える権利の問題が早晩生じて来ることは予想される」として「氏を伝える権利」擁護の観点から批判がなされる（一一頁。前掲書三一一頁）。

なお、本項で指摘する問題点に対する反論となりうる次のような論述も見られる。「他方、別氏制がその本来の性質上氏における血統を尊重する結果になることは自明である。そのこと自体に問題はないとしても、『家』の伝統故に、別氏制がかつて否定されてきたものの復活を利するという理由でマイナスに評価されることも考えられる。しかし『家』の歴史が一応克服されえた現在であるからこそ、改めて過去を顧みる人間の本性に配慮し、氏の持つ血統性とその意義に注目することが可能となるのである。われわれの意識や社会の中に生き続けている過去の要素を必要以上に抹殺する必要はないであろう」（一四頁。前掲書三一三頁）。しかし問題はまず、そのマイナス面に別氏制が現行制度よりもはるかに直結していること、そしてそれでもなお別氏制を採用すべきプラス面あるいは正当性を見出すことができるかということである。

(16) 久武綾子『氏と戸籍の女性史』（世界思想社、一九八八年）八六、一八三―一八五頁。異姓不養に関する規定は一九九〇年民法改正により削除された。同姓同本不婚については憲法に合致しないという判決が一九九七年に下され、二〇〇五年民法改正により削除された。同改正において子の姓を母の姓とする選択も可能となったが、本文で述べたように、依然として血統重視、父系中心の「姓不変の原則」であることには変わりがない（青木清『韓国家族法――伝統と近代の相剋――』信山社、二〇一六年、九―一八頁、一一二―一一六頁参照）。

(17) 中村勝美「社会的制度としての氏」判例タイムズ七九四号（一九九二年一一月一日）五頁。

(18) こなれない表現であるが、創氏論には創氏による夫婦別氏という考えも見受けられるので（例えば、森村進「自由な創姓制度を導入せよ」朝日新聞一九九六年六月二四日論壇。）、誤解の無いようにあえて創氏論に「同氏」という用語を付加しておきたい。もっとも「創氏」という用語は、本書第5章で取り上げる在日韓国・朝鮮人問題に深く関わる、戦前の植民地政策であった「創氏改名」の強制を想起させるかも知れない。ここでは上記注五で挙げた理由により、創「姓」ではなくて創「氏」という用語を暫定的に用いることにするが、その用語としての適切性はなお検討の余地があろう。

(19) 義務の引き受け合いは、本来自らに属するものを、夫婦あるいは家族であること以上のいかなる理由なしに、無条件に相手に「与える」こと、「与え合う」ことを内容とするとも言える。この相手との関わり方は、アリストテレスの愛（フィリア）の三種類（有用のための愛、快楽ゆえの愛、善意の愛）のうち、究極的な性質の愛である善意の愛に当たる。家族法における夫婦は枠組みとして、愛「情」（快楽ゆえの愛）でなくこの意味での「愛」（善「意」の愛）を前提にしていると考えるべきであろう。生命倫理課題において親子関係を検討する際にもこの「愛アプローチ」が必要であることについて、河見誠「正義・福祉・愛――代理出産から『法の正しさ』を考える」青山学院女子短期大学紀要第六六輯（二〇一二年）一五―二六頁。

(20) 犬伏由子「夫婦別姓」民商法雑誌一一一巻四・五号（一九九五年）五七三―五七四頁。

(21) なお、私は、家族を形成せずに生きていくという生き方も否定しない。その場合には論理的に「氏」を持つ必要がないと思われるが、現実的対応として、成人後は婚姻をしなくても自由に「創氏」できることを認めても構わないと考える。その場合少なくとも、今までの家族共同体から独立するという意味が含まれよう。この限りにおいては、前掲注一八森村論壇論考と必ずしも対立するものではない。

(22) 榊原他・前掲書三七―八一、一一九頁。

(23) 二〇一八年一月に、民法第七五〇条を改正しなくとも、戸籍法改正により選択的夫婦別氏制を実現できるはずであるのに法改正がなされていないことは憲法第一三条、第一四条第一項、第二四条に違反するとして損害賠償請求訴訟が提起された。請求は棄却されるに至ったが（二〇一九年三月二五日東京地裁判決）、しかしその主張は「戸籍上の氏が民法上の氏とは別個に存在する」、つまり複数の氏のあり方が制度的に認められるべきという論拠に基づいており、この点においては本節の立場と合致し、理論上支持されるべきものと言えよう。

＜第2節＞

(24) 判決と事件の経緯を概略説明したものとして、朝日新聞一九九五年三月二八日夕刊。

(25) 本判決は積極的安楽死が許容される要件として、①耐え難い肉体的苦痛、②死が不可避で死期が切迫、③苦痛除去緩和のために代替手段のないこと、④患者の明示の意思表示を挙げ、この事件では①③④を満たしていないと判断した。
(26) 以上の経緯の詳細については、入江吉正『死への扉』(新潮社、一九九六年)六六―一二六頁。
(27) 入江・前掲書三四七頁。
(28) 判例時報一五三〇号(平成七年七月二一日号)四〇頁。
(29) 延命絶対主義、家族の立場に立って対話しようとする姿勢の欠如(権威主義)、患者本人への無関心に加え、ガン告知をはじめインフォームドコンセントの欠如、家族への抽象的観念的説明、気分が高ぶっている家族に対する対応の不適切さ、患者のためではなく病院の都合で主治医が変わる大学病院のシステム、担当医間のコミュニケーション不足、チーム医療の不徹底と医師の無責任、主治医の忙しさ、経験の浅い若い医師が突然末期患者を担当すること、ナースの患者や家族に対する対応の仕方、カウンセラー的な存在の欠如、等々。
この事件ののち、一九九〇年代には患者の権利、そしてインフォームドコンセントといった用語も認知されるようになったが、日本の末期医療の問題は依然として存続している。例えばガン告知に関しても告知が当たり前になりつつあるが、今度は「告知さえすればそれでよいのか」という形で対話問題が生じてきている。「患者の自己決定権」についても、ストレートに認められているわけではない。二〇〇二年九月二四日最高裁判決によれば、「医師は本人に告知しない場合、家族への告知の適否を検討する義務がある」とされ、家族に伝えれば医師は告知義務を果たすことになるのである(河見誠「人格共同展開とガン告知――『豊かな生の展開』を支える法の役割」青山学院女子短期大学紀要第六十輯、二〇〇六年、三一―五四頁参照)。
(30) 前掲・判例時報一五三〇号三七―三八頁。
(31) 前掲・判例時報一五三〇号四〇頁。このように、起訴された事実とは直接関係のない事柄について、抽象的要件を提示して判断を下すということが刑事裁判として妥当なことであったかどうか、議論の余地が大きいが(唄孝一「いわゆる『東海大学安楽死判決』における『末期医療と法』」法律時報六七巻七号、一九九五年、四六頁)、患者の自己決定権を基盤とした場合に家族による意思表示がどのように位置づけられることになるのかを明らかにしたという点で、その後の安楽死・尊厳死の議論にとっては、意義のある傍論であったと言うことはできる。
(32) 入江・前掲書三七、四一頁。
(33) 四月八日、患者は、意識が低下し不穏動作が見られるようになり、抑制帯で固定される。その原因であるカルシウム血中値上昇の対策として血漿交換が行われるが、それに伴って太い針が二本刺され、濾過器内を血液が通される。無意識ではあるが患者は縛られたまま苦しそうになっている。そのような患者を見て妻は「お父さんは、まだがんばらなければいけないんでしょうか。お父さんを痛くしないでほしい。苦しめないでほしい。」と言う。医療者側は、不穏動作や激しい体動は、肉体的痛みからではなく、体内電解質のアンバランスによるものだということを説明したが、なおも不穏動作を繰り返す患者を目にして家族は、「お父さんが苦しんでいる姿を見るのは忍びないから、できるだけ静かに眠らせてもらえませんか」と要求してくる。主治医は鎮静剤を打つことは危険だと説明したが、なお眠らせてほしいと言い張り、最後には「この病院では、なにひとつ家族の希望は聞いてもらえないんですか」とくってかかったという（入江・前掲書五八―六一頁）。

このような文句を言われた主治医は唖然として、この家族はいったい何を考えているのか、と理解に苦しむ。治療内容はもちろん、要望することの危険性をいくら説明しても理解せず、聞く耳を持たず、最後には一生懸命治療に当たっている医療者を非難するこの家族は、確かに、医療者側から見れば、非合理で扱いにくい、「やっかいな」家族ということになろう。しかし、家族の置かれた状況から考えればどうであろうか。突然の患者の不穏動作に驚きショックを受けながら、家族は、忙しく動き回る医療者を目の前にして何もできずに立ちすくむしかない状態にある。患者はさらに抑制帯で縛られていく。血漿交換については説明はされたが、恐らく一つの選択肢として説明されたのではなく、選択の余地なく承諾を前提とした治療の必要性と治療内容についての説明であったのではないだろうか。血漿交換という治療がこの段階で意味のある治療であったかどうか、後に疑問が呈されているが、いずれにせよ医療知識のない家族としては、このような状況では承諾するしかない立場に置かれていたと言える（この点はその後の延命的処置についても同様と言える）。

一方的に処置を決めていく医療。機械や管をどんどん繋いでいく医療。このような医療に直面した家族からすれば、末期になればなるほど患者の扱いが自分たちの手の届かないところで決定され、患者は非日常的な扱いを受け、自分たちからますます離れていってしまう、という思いを持っても、決して非合理ではなく、むしろ自然なことと言えよう。

患者が末期にあるということ自体が、（特に終末期患者を看取る経験のほとんどない）家族にとって大きな動揺と緊張をもたらす上に、患者と家族は医療現場という（医師にとっては日常的世界かも知れないが）不慣れで非日常的な空間に置かれている。病院やその中での治療の方が非日常で異常な空間であるという認識に立つことができるならば、医療者は医療上の症状や効果のみを説明して足れりと考えるのではなく、家族が本当に望んでいることを聞こうとする耳、家族が本当に不安に思っていることに関心を持とうという姿勢を持つことができたであろう。

しかし残念ながらこの事件では、血漿交換での会話のパターンが、その後も繰り返されることになる。主治医は一分一秒でも命を長らえるという延命至上主義を信念としており、それは当時の病院の治療方針でもあった。従って、家族が治療の中止を申し出てくるたびに、「そんなことはできません」という頭から否定する返事を繰り返す。

その中で、ただでさえ身近な親族の危篤状態に動揺している家族が、医療側の論理に立って常に否定的に対応する医療者に対して、疲れと相まって精神的にも追い込まれていき、もっと強いヒステリックな態度に出るようになっていったということは、理解できることである。もし、治療を行う前に選択を家族に委ねる形で十分に説明し、家族とともに治療を選択していったとするならば、そして対話的姿勢で家族の声にまずは肯定的に耳を傾け、医学的知見に基づいた会話ではなく、家族の真意を探ってその真意に対応する姿勢で臨んだとすれば、家族は精神的に追い込まれることなく、患者自身がどのような状況にありどのような処置を望んでいるのであろうか、ということを考える余裕が生まれたかも知れない。このように、家族が患者の症状や治療内容について理解を持てるかどうかは、医療者の姿勢、すなわち患者と家族を取り巻く環境にも大きく依存するということは看過し得ない。

(34)　上の注三三に詳述した事情を念頭に置けば分かるように、ここで「問題があった」と述べているのは、必ずしも当該家族を非難の対象とするという意味ではなく、家族の患者（及び末期医療）との向き合い方に不十分で欠けていた点の指摘に主眼があり、それをどの家族においても生じうるモデルとして浮かび上がらせることが目的である。

(35)　判決によれば、本人の治療中止の意思表示が見られず、息子が代弁者と言えない以上、治療中止はなすべきではないという結論に至る。しかし末期状態における延命医療については七五％が否定的であるという、判決に近い時期のアンケート結果からしても（朝日新聞一九九三年八月五日）、疑わしきは治療をという判決の姿勢は、末期医療における延命絶対主義を助長してしまう恐れがあるのではないだろうか。末期状態における医療のケース分けをして、それぞれについて原則的に治療すべきものと、原則的に中止すべきものを分けていく、そして患者の同意が必要なレベルもそのケースごとに判断する、といった、細かい対応が必要であろう。第2章第2節六（三）（四）参照。

なお、「人生の最終段階における医療に関する意識調査報告書」（厚労省人生の最終段階における医療の普及・啓発の在り方に関する検討会、平成三〇年三月）によれば、末期と言える状態（三パターン）を想定した場合において、蘇生処置や人工呼吸器については一般国民の七割前後が明確に望まない（望むのは一割前後）。胃ろうや経鼻栄養等についても同様である。これに対し、口から水を飲めなくなった場合の点滴に関しては五割前後が望んでいる（望まないのは三割前後である）。

(36)　入江・前掲書七三―七九頁。

(37)　病気の家族を抱えている精神状態であるからといって、一生懸命治療に当たっている相手に（たとえ意に反する治療がなされているとしても）どんなことでも言っていいわけではないし、状況を考えずに自分の家族中心に人々が動くのが当たり前だ、と考えるのは、これもまた自己中心的な甘えであると言わざるを得ない。

もっともこの甘えの態度は、医師の側にも同じく見られる。研修医は、家族から悪口を言われ、「こんなにがんばってきたのに」という自らの無念の思いを処理しきれず、担当医を外してほしいと訴えたという（入江・前掲書七五頁）。しかし患者も家族も厳しい状況にあることの多い末期医療に携わる医師は、様々な事柄が起こりうることを前提として、患者に対する責任を第一に考えるべきであろう。このケースにおいては、新しい主治医が家族とほとんど面識がないこと、この研修医は長い間この患者と家族を担当してきたことを鑑みると、たとえ自らが正面に家族と面することを止めたとしても、主治医をバックアップする姿勢を持つべきであったと言えよう。家族を完全に回避するという態度をとることは、自己の置かれた位置と役割からいって無責任であり、やはり自己中心的な甘えによるものと思われる。

実質的に唯一の主治医となったT医師も同様である。患者の寿命を縮めることに繋がる息子の次から次への要請に対してT医師は、一旦は抵抗しながらも、結局次々と受け入れている（入江・前掲書八〇、八四、九〇、一〇四、一一〇—一一一、一一七—一一八、一二一頁。最後のワソラン、塩化カリウム注射に至っては、息子の要請に対して一言も発しないで、用意を始める［一二四—一二五頁］）。これだけ説得していったん引き下がったのだから、もうわかってくれただろう、次にはもう言ってこないだろう、と考え、次々に裏切られ、追い込まれていったと言えよう。結局、口では医師の信念といいながら、自分の責任でノーというのではなく、相手にわかってもらい、遠慮してもらうことを期待する甘えがあった。患者のために、とか、家族の声を聞いて、というきれいな言葉は、場合によっては医者としての責任から上手に逃げているということもあり得る。本当に医師としての信念をもっていないということ、最終的な責任を自分で負うことができないということ、これがT医師の本質的問題点であったと思われる。このように、自己中心的態度は、家族だけでなく医師の側にとっても、相互理解を阻み、医師としての責任放棄の可能性を開き、さらには自分を追い込んでいく恐れを含んだものであると言えよう。

(38)　入江・前掲書七二頁。
(39)　入江・前掲書三六頁。
(40)　入江・前掲書三七頁。
(41)　ここでの「患者」を「何らかの支援を必要とする人」、「家族」を「その要支援者の生き方に深い関わりを持ってきた人々」というように置き換えて、一般的に「福祉」の在り方を論じることもできる。
(42)　中山健夫『これから始める！シェアード・ディシジョンメイキング——新しい医療のコミュニケーション』（日本医事新報社、二〇一七年）六頁。「ＩＣでは、医療者が最良と考える方法を提示し、（患者の納得が尊重されるにせよ）最終的にはそれに対する患者の『同意する・しない』が到達点であり関心事となる。一方、ＳＤＭでは患者と医療者が解決策を協力して見つけ出そうとする点で、医療者の主導するＩＣと大きく異なる。」と説明されるとおりである。

（43）　人生の最終段階における医療の普及・啓発の在り方に関する検討会「人生の最終段階における医療・ケアの決定プロセスに関するガイドライン解説編」（改訂平成三〇年三月）https://www.mhlw.go.jp/file/06-Seisakujouhou-10800000-Iseikyoku/0000197722.pdf

（44）　私的領域と公共領域の二分論に立つ限り、生と死を支えていく人間関係の空間を切り開くには不十分であり、そのためには「ケアに貫かれた人格的公共空間」（ケアの関わりという姿勢を共有することで、様々な立場の者たちが本人との関係に応じて様々なレベルにおいて本人を支える、ドーナッツのような「重層的環状型」の空間）が求められ、そのような場を確保し環境整備していくことが国家と法の役割である、というのが公共性という観点から見た本書の考えである。（拙報告要旨「生と死から考える公共性：東海大学安楽死事件判決を手がかりに〈特集〉宗教の公共性　Ⅲ　経済・福祉・生活世界）」共立研究第九巻第一・二号、東京基督教大学共立基督教研究所、二〇〇四年、二五―二七頁。）

第4章　福祉の実現2——ケアの関わりの法、そして存立のケアへ

第1節　ケアの重層構造と法——介護保険とホスピスから考える

一　近代的個人と自立支援としてのケア

ケア概念は、正義の倫理（「正義」が個々人に共通する普遍的規則・規範を軸とする倫理を内容とすると解される場合）に対する疑問として提示されたが、それはその倫理の根底にある近代的個人（自由への平等な権利を有する「自立」した個人を軸とする人間観）に対する疑問もまた提起するものであった。高橋隆雄によれば、倫理学理論として、両者は「抽象・普遍・合理⇕具体・個別・非合理」というように対比される。(1)

もっとも、近代的個人もケアを不要とするわけでない。自由と平等一辺倒では立ちゆかない人間の現実に対して登場した「社会権」は、広範な領域において（社会保障、福祉、衛生、医療、教育、労働）、自由権主体である個人もまた、ケア的関わり（社会権的支援は金銭的支援、生活基盤整備的支援も含んでいるが、ケア的関わりがその重要な部分であることは間違いない。）が必要であることを制度的に示している。

しかし、日本においては二〇世紀末まで、そのケアは限定的で不十分であった。高齢者福祉について言えば、問題点は、以下のように整理できよう。①身体生命維持のみ（例えば、特養の六人・四人部屋、遠く離れた場所での建設などに現れるように、質的問題、すなわち生活の快適さや自由な自己決定、そして人間関係的側面も無視軽視されることが多かった）、②量的不足（対策として一九八九年にゴールドプラン、一九九四年に新ゴールドプランがようやく立てられるに至った）、③その裏返しとして家族（女性）への依存（現実には、介護もまた家事労働といった形で、「家族」（主として女性）がケアを担ってきていたことは、フェミニズムが指摘する通りである）。

そのなかで、高齢社会化、家族の変容という社会的変化に迫られつつ、上記の問題点の有力な解決策として、公的介護保険制度が導入されるに至った。もちろん財源をはじめそれが全ての問題をクリアするものというわけではなく、実際「走りながら考える」、すなわち数年ごとに改正をしていくことを前提に介護保険法は制定されたが、同制度は二〇世紀の日本のケアの限定性、不十分性を、基本理念の観点から修正しようとする抜本的改革として評価されよう。

但し、近代憲法下での人権主体（自由への平等な権利を有する個人）を支援するケアは、「自立支援」としてのケアであった。すなわち個人が平等な権利主体として自由を発揮できる能力と環境を整えるための支援、という性質を持つことになる。(2)

一九九七年一二月に成立した「介護保険法」（二〇〇〇年四月より施行）のキーワードは「自立支援」である。介護保険制度は、要介護状態者が「尊厳を保持し、その有する能力に応じ自立した日常生活を営むことができるよう」給付を行うための制度であるとして、目的が自立の支援であることが明言されている（第一条）。介護保険法は、ケア（介護）を、行政から与えられる措置ではなく、自ら選択して選び取ることのできる権利としての実質を備えるものに変えていく、という建前で制定された。そして、「これまで家族介護に依存してきた日本の介護保障制度が大きく転換され、『介護の社会化』が達成される」ことが期待された。[3]「措置から契約へ」と言われる転換は、ケアされる人が自立した主体であることの宣言であると言える。「ケア（介護）の社会化」を通して、一方では家族の自由・自立の回復（介護からの一定の解放という意味で）が期待されるとともに、他方では家族に依存せずに広く社会にケアを請求できることで、本人にとっての自立支援の実質的実現につながるものと期待されたのである。

その後も、社会福祉領域においては、「自立支援」という文言をタイトルに直接明記した法律が幾つも制定されるようになってきている。この流れは、自立的個人とケアは決して対立するわけではなく、むしろケアは自立的個人に必要なものとして、日本においてもようやく適切に位置づけられるようになってきた、という解釈を生み出すかも知れない。この解釈に基づくならば、ケアは身体生命維持のみにとどまり自己決定も人間関係も無視軽視、という時代から（それは日本型福祉社会という名目のもとに、特に家族へ負担を強いる時代でもあった）、「本人の選択と介護の社会化」を（すべての個人の生命、自由、幸福追求の権利を国政の上で最大に尊重することとして）介護保険・自立支援各法によって実現を目指す時代へと転換した、と説明できよう。

二　自立支援としてのケアの限界・矛盾——認知症の人の要介護認定

しかし他方で、この「自立支援」が、「自立」を基底としたケアである場合に、限界、さらには矛盾が生じてくる場合がある。例えば「認知症の人と家族の会」は、以下のように要介護認定の問題点を指摘する。[4]

「認知症の症状があって、でも身体的には元気だという人については、今の介護保険制度ではほとんどが要支援になったり、せいぜい要介護1相当のところで『どうするか』ということになっていて、二次審査会で要支援のほうにふられることもあります。」（二九頁）

「客観的でなければいけないという頭が強くある人は、どうしても数字にとらわれてしまって、修正が難しくなるということがあります。」（三〇頁）「一分間スタディそのものが、認知症に対応していない介護の手間を測ったものですし、環境が整備された施設で介護時間を測定したものですから、在宅には適応していません。だから認知症に対応する要介護認定が乖離してきた。そういうなかでの見直しだったと思うのです。」（三一頁）

「『二〇一五年は認知症のケアが介護のベースだ』といわれ続けてきましたが、依然として認知症ケアは確立されていません。個別ケア、パーソン・センタード・ケアが世界基準になりつつあり、本人や家族の状態をもとにした個別的なケアやサービスが必要だ、ということはわかってきました。けれどもこの一〇年間、介護保険は標準化を進めてきているわけです。片方で個別ケアが必要なのに、もう片方では標準化を進めてきているので、矛盾が激化してきたのではないか。それが要介護認定の中にも出てきたのだと思います。」（三二頁）

高齢化に伴い、独居や老夫婦世帯が急激に増えており、「老夫婦世帯の場合、一人が亡くなるともう一人が引き取られたり施設に入ったりして、住む人がいなくなる。そういうケースが今、地方の都市ではたくさんあります。そういう人たちに今の介護保険は適応していません。暮らしに関わる問題まで考えていかないといけないのに、介護保険制度そのものが追いついていないのです。」（三二―三三頁）

「認知症ケアって、基本は声かけと見守りが多いから、一分間スタディのデータをとりましょうといっても、私は無理だと思うのです。それに、在宅と施設で何が違うかといえば、生活なんですよね。それぞれの生活の環境が違うのに、どんな基準をつくっても環境の違いは絶対に判定できないと思うのです。バリアフリーの家、リフトをもっている家、スロープのついている家と、何もなくてそこで寝かされている人とか、ほとんどネグレクト（介護放棄）に近いような介護をされている人とか、介護の実態も違うし家も違う、もっているものも違う、お金も違う。こういう人たちを、一つの認定のなかで測ろうとするのはどんな方法でも無理、と私は思います。」（三四―三五頁）

「認知症の症状で介護が必要やのに十分反映されないという面と、老老介護とか家の状況とか生活実態も反映されないという、この二つの面から、今の認定制度では適正なサービスを決めることができないということですね。」（三五頁）「父や母の時代は措置サービスでしたし、何のサービスもない時代に義母を看ていました。その変遷のなかで介護保険サービスが非常にありがたかったのは、状況が変わったときにケアマネージャーやお医者さんなどが集まって、ていねいにこちらの気持ちを聞いてくださり、どうしましょう、ああしましょうといってもらえたことです。」（三八頁）（しかしどれだけ長く話を聞いたり相談しても、関係形成自体は点数化されない。〔河見補足〕）

これらの指摘を、ケアを受ける高齢者及び家族の実感として受け止めるならば、介護保険の要介護認定に基づくケアにはなお不十分性があり、それは自立を「個人」の「能力」ベースで考えることの限界・矛盾による、そしてこの限界・矛盾が最も大きく出てくるのが認知症高齢者の場合である、と言えそうである。確かに介護保険法成立当初から、この判定による場合、認知症高齢者の要介護度が低く出てしまう、という問題が指摘されてきた。

介護保険制度においては、要介護度ごとに介護のための費用支給限度が設定されることで、利用できるサービスの内容と量（時間）が段階づけられる。この要介護度の認定は、コンピュータによる一次判定を基礎に、介護認定審査会での二次判定を加える形で行われる。一次判定は、五分野（直接生活介助、間接生活介助、ＢＰＳＤ関連行為、機能訓練関連行為、医療関連行為）について、細かく機能や状態等を分けて質問項目としたリストに段階評価（「ある、ない」「できる、できない」等）をチェックしていく認定調査票（特記事項記載もあり）に基づき、「要介護認定等基準時間（認知症加算はあるものの）」の算出によって行われる（例えば、要介護５の場合、一一〇分以上、要介護４の場合九〇分以上一一〇分未満）。この基準時間は、施設において一定の状態の高齢者に対し介護がどれくらいの時間行われたかを調査した「一分間タイムスタディ」に基づいている。

この要介護の判定は、「その有する能力に応じ自立した日常生活を営むことができるように……給付を行う」（介護保険法第一条）とされているとおり、「有する能力に応じ」、できる部分とできない部分を見極め、できない部分を補うという形で可能な限りできるようにする、という観点からケアの質と量を設定する方法をとっていると考えられる。これは、「できる」ようにする（それは「自由」につながるであろう）という意味での「自立」支援のケアである。そして数値化により客観的に分類されることで（例外的部分は二次判定で修正するとして）「等しいものは等しく扱え」という正義基準の下で、共通尺度の中で要介護状態になった場合に誰もが平等に扱われることが保障される。従って、「自由への平等な権利を持つ個人」の支援として理想的なモデルと言えるかも知れない(5)（もちろんそれは、十分な支援が供給されているか、介護保険導入の本当の目的は財源問題ではないか、等といった現実問題は脇に置いた上でのモデルとしての話である。）。

しかし、認知症が進行したとしても、日常生活において機能に問題がなく、動くことはできたり指示を聞くことはできる場合が多い。その場面や部分だけ切り離してみてみると「できる」側面が多いと判断されやすいであろう。そして、日常的に安定した環境と関係が維持されることによって症状改善が見られると言われるが、そのためには、（特別なことはむしろ「しない」で）常時の声かけや見守りを中心とした「共にいる」ケアが、基盤として必要になってくる。にもかかわらず、「共にいる」ケアが功を奏していることが判定の場面では問題行動が見られないとして軽度判定され、介護の時間、内容が不足したり分断されてしまうと、逆に症状悪化となる恐れがあるのである。

三　関係形成としてのケアを支える社会と法――自立から「関係」立へ

上述のところから、認知症高齢者の介護においては、関係性（生活環境、家族関係、介護者との関係、当人の生き方・ケアのプロセス、それらの全体）の中でのケアニーズ把握が必要であり、むしろ中心に置かれなければならない、と言えるのではないだろうか。個人の自立よりもむしろその前提として、「関係」立（関係の中で立つこと）が目標として設定されるという意味で、このケアのスタンスを、「関係形成としてのケア」と呼べるであろう。そしてそのケアの基盤にあるのは、当人にとって必要な誰かが「共にいる」こと（「共在」being beside）である。

「関係形成としてのケア」は認知症高齢者だけに必要なケアではない。上記引用のように、独居高齢者や老夫婦世帯が急激に増大している状況において「今の介護保険は適応していません」（三二頁）という指摘は、（従来家族や近隣でかなりの部分行われていた）生活環境や人間関係の維持・形成・回復を、いよいよ社会全体で考えなければならない時代になりつつある、という認識に基づくものであろう。我々は（自立支援としてのケアに代えて、あるいは加えて）関係形成としての（もう一つの）「ケアの社会化」の時代に入りつつある、と言っても過言ではなかろう。

それでは、この関係形成としてのケアのニーズをどのように認定し、どのように制度的に支えることができるか。要介護認定を廃止するべき、という主張もある。それも一理あるかも知れないが、しかし現実には、関係形成としてのケアを体現してきたと考えられる「認知症グループホーム」、「宅老所・小規模多機能型ケア」は、介護保険制度、要介護認定の中に組み入れられてきた。

グループホームは、二〇〇〇年法施行と共に介護保険サービス対象になり（痴呆［認知症］対応型共同生活介護）、その後、大幅に増加してきた。二〇〇六年には重度者も区別なしに利用可能になった。また宅老所も小規模多機能型居宅介護として保険サービス対象になっていく。

介護保険に組み込まれることによって関係形成としてのケアにはどのような変容が生じたか。よき変容は財政安定化であり、悪しき変容はフレキシビリティ減少、と言われる。しかし制度化によって、そこでのケアの実質が変質・消滅していったわけではない。さらに、関係形成としてのケアが介護保険に組み込まれることにより、従来の（自立支援としての）ケアに質的変容がもたらされた、という側面もある。グループホームの急速な展開は、特養ホームにおける「ユニットケア」の制度化を促すこととなり、また現在、高齢者介護のシステムは「地域包括ケア」を基本とするまでになっている(6)。これは、ケアのニーズがもたらした、ケアの側からの社会、制度変容の促しと言える。この促しを受けて、法はどのような応答をして、ケアを支えるべきか。

関係形成としてのケアを支える法的枠組みは、関係の時空を確保することを第一義とし、個別具体的対応については現場の判断に委ねる「包括認定」型、財政的には「定額制」が原則、ということになりそうである。もっとも介護保険においても、特養など施設に関しては最初から定額制であった。そして上記の認知症対応型共同生活介護も小規模多機能型居宅介護も、基本単価は月額とされている。しかし「関係形成としてのケア」から見るならば、個別ニーズごとの介護だけでなくて関係の維持形成、量でなくて質を支える制度的修正が必要である。すなわち、前提となる介護報酬設定を、一分間タイムスタディベースの介護認定とは別に、少なくとも認知症高齢者に関するケア制度に関しては、望ましいモデルケースにかかる施設・介護形態、人的必要から経費を設定していくのが一つのやり方だろう。それを認定制度自体の修正とするか、（超過分を全額自己負担とはしない）加算制で補うかは政策問題である。

四　ケアの重層構造——自立支援としてのケア、関係形成としてのケア、共にいるケア

(一) 近代的病院とホスピス——ケアの三段階の展開

ケアにおける「関係形成としてのケア」の基底性、さらにそこでの「共にいるケア」の基盤性は、人間の存在構

造に基づくものと考えられる。このことは、医療、とりわけガン終末期医療におけるホスピスケアの展開から見いだすことができる。(終末期)医療におけるケアのあり方の理解は次のように変遷してきていると言える。すなわち、(1)身体的キュア、そして(2)全人的苦痛ケア、さらに(3)スピリチュアリティ基盤的ケアへ。

(1) 第一段階　身体的キュア(狭義の自立支援としてのケア)

まず、近代的病院においては、健康を脅かす傷病の克服が目指されてきた。その働きは「キュア」(治すこと)を目指したものであるが、健康イコール自立(の不可欠の条件)というように限定的に捉え、また治療行為がその後の快復に向けた看護やリハビリも含めて目的達成されることに鑑みれば、医療それ自体は「狭義の自立支援としてのケア」と言うことができるかも知れない。しかし、治療の余地なく快復の見込もなくなった終末期医療においては、この在り方が「一分一秒でも」という過剰な延命医療をもたらし、かえって患者を苦しめることになってしまうと批判されてきたところである。

(2) 第二段階　全人的苦痛ケア(関係形成基底的自立へ)

しかし第二段階として、進行ガンなどキュアが困難な病気をめぐり、インフォームドコンセント、すなわち患者の自己決定権の尊重が、日本では一九九〇年代に強く主張されるようになった。積極的治療の内容、有無に関し患者の意思が尊重されず医療者や家族によって決定される医療は、たとえキュアによる自立回復を目指すものであったとしても、そもそも患者の「自立」を支援するものとは言えないということである。

そのこととあわせ、終末期において積極的治療を為すべきか否かをめぐる議論の中で、「一分一秒でも長く」延命する病気の「キュア」ではなくて、生きる長さよりも質、すなわち残された時間を自分らしく生きるための全人的

「ケア」が（むしろ本来あるべき選択肢として）必要であると主張されるようになる。そこでは主人公は患者自身であり、医療者側は（ヒロイックな治療の余地がなくなっても）その人らしく生きることを妨げる障害を取り除くこと、すなわち苦痛の除去・緩和を為すことができ、むしろそれを第一義的に行うべきとされる。そしてその苦痛には単に身体的苦痛だけでなく、精神的苦痛、社会的苦痛、霊的苦痛の四つの苦痛があり、これらのトータルペインへの対処を通して、その人らしい生き方を少しでも展開できるような条件を整えることが、ホスピタルのキュアに対するオルタナティブとしてのホスピスケアであるとされた。

患者自らが主人公となってどう過ごすかということを実現するためのサポートという意味で、このホスピスケアは、（ガン告知を契機にしたこともあり）患者の自己決定権（知る権利、治療の選択権、さらに自分らしく生きる権利）すなわち「自律」を支える、より深められた「自立支援としてのケア」（あるいは後述のように「自律」支援としてのケア）と言うこともできようが、それはチームアプローチによる「全人的」ケアを基底とするものであり、認知症高齢者介護におけると同様、関係性（生活環境、家族関係、医療者との関係、当人の生き方・ケアのプロセス、それらの全体）の中でのケアニーズ把握が中心に置かれる。「自立」は、「生き方」のレベルへと深められていくほど、「関係」立（関係の中で立つこと）に基づく自立、関係形成基底的自立となっていくのである。

(3) 第三段階　スピリチュアリティ基盤的ケア（共にいるケアの基盤性）

さて当初、ホスピスケアが目指すべきケアの対象として、四つの苦痛は並列的に列挙されていた。しかし終末期医療が緩和ケアを中心に展開されていく中で、患者の抱える苦痛（苦しみ）は多様であるだけでなく、さらに重層構造があることが見出されてきた。

ホスピス医山崎章郎は、三つの苦痛（身体的、精神的、社会的苦痛）に対し、スピリチュアルペイン（霊的苦痛）を、より深いレベルでの苦痛として位置づける。つまり三つの苦痛のいずれでも、それらがより深刻な状態に至ったときに生じてくるのがスピリチュアルペインとされる。「そのつど生きている意味を問わなくても済む通常の日常生活では、スピリチュアリティの部分は潜在化して」いて、「意識しなくとも生きていけ」るが、例えば身体的健康を脅かす傷病（苦痛）が深刻になっていくにつれ、「その傷はスピリチュアリティの部分にまで到達し、その状態をスピリチュアルペインとして感じることにな」る。それは、何故このような苦しみに耐えなければならないのか、何故私なのか、その意味は何か等々といった「苦悩」（苦「痛」というよりも、自己の存在意義に関わる苦「悩」）と言い表すことができると思われる。[7]この捉え方は、人間存在には三つの側面（身体的、精神的、社会的）があるが、さらにそれらを支え統合する中心・基盤としてスピリチュアルな存在性がある、という人間観、人間の尊厳観に基づく。

それではその、基盤的なレベルでのスピリチュアルケアとはどのようなものか。山崎は例として「傾聴」を挙げる。「傾聴はその人の辛い思いを共感しつつ、丸ごと受け止めていくことですが、その人自身は自分の思いを吐き出しつつ、自分の問題を整理していくことになります。」「共感しつつ、丸ごと受け止めていくこと」とは、何かを「する」ケアではなくて、「共にいる」ケア、「共にいる」ことそのものであろう。そして「患者さんに、『この人は思いを聞いてくれる人だな』と実感してもらえる関係になっていないと」このようなケアは成り立たない。[8]

このような「共にいるケア」の関わりこそが中核的な人格共同展開と言える。そして「この人は思いを聞いてくれる人」と実感してもらえることによって、家族でなくともケアに当たる者との間に直接的に人格共同展開が成り立ちうると同時に、ケアに当たる者が「共にいるケア」を基盤的姿勢として有していなければ「福祉の実現」、すなわち患者と家族等との人格共同展開を支える場づくりも十分になしえないであろう。前章第二節六（二）で、人格共同展開に関わる医療者、福祉従事者等を、第三者でなく「第二・五者」「二・五人称」としたことの意味はここにある。ケアにおける「二・五人称」の者とは、「ケアの関わり」(福祉)に参与しながら、ケアの関わりを支援する(福祉の実現)という姿勢を基盤として持っている者たち、ということになる。

(二) ケアの重層構造

もちろん、全人的ケアのフェーズに入ってきた段階で、上述のように既に「関係形成としてのケア」の領域に到達しているが、身体的、精神的、社会的苦痛に対し、いわば対症療法的にケアでき改善できる状態では、スピリチュアルな苦悩を念頭に置かずとも対処可能ではある。しかしその状態でも、「共にいる」という基盤的ケアの欠如が苦痛を増幅させ、苦悩をもたらすことがしばしば生じる。逆に「共にいるケア」が、「関係形成としてのケア」の基盤・中核に位置するとき、ケアが全人的なつながりをもつこととなり、キュアを含めた「自立支援としてのケア」も、全人的ケアの中にその人らしいあり方で位置づけられていくであろう。

さらに傷病が深刻な状況に至るほど、「共にいるケア」を基盤とした「関係形成としてのケア」の必要が増大する。人間の存在構造におけるより深いレベルに関わるのが「共にいるケア」であり、その必要性(出番)は、人間にとってより深刻な事態において顕在化するのである。

積極的治療(身体的キュア)はもちろん、緩和医療(身体的苦痛の緩和ケア)やソーシャルワーク・カウンセリング(社会的・精神的苦痛のケア)であっても、他者が何かを(支援)「する」(doing)ことによって、本人の希望に基づいた何かを「できる」ようにするためのケアは、もうこれ以上「できない」ということが示された段階では、本人を支えることは、それ自体としてはできない。その時に抱えるのはスピリチュアルな苦しみ(「苦悩」)という、もう一段階深いレベルの苦しみである。そのレベルにおいては、「共にいる」(being beside)ということ、寄り添うことが、生きることの支えとなる。[9]
　そのような意味で、「関係形成としてのケア」が、「自立支援としてのケア」よりも、存在構造に対応して基底的であり、それはより深いレベルにおいて「共にいるケア」を基盤とする（べき）ものと言える。冒頭に引用したように、（高橋によれば）正義と対比して、ケアの特徴は「具体性、個別性、非合理性」とされる。そこでの「非合理性」は感情や情緒という側面だけではなくて、スピリチュアリティという人間存在の基底に関わるもの（超合理性とでも言うべきもの）としても、解することができよう。

（三）人間的ケアからの法

　上述のように、この苦痛と苦悩の重層構造、従ってケアの重層構造は、健康なときには見えないが、深刻な傷病状態において現れてくる。ガン患者に限らず、認知症高齢者においても、状況が深刻になるほど、苦悩を念頭に置いて、関係形成としてのケア（基盤としての「共にいる」ケア）を基軸にしたアプローチが必要であると思われる。そのアプローチを法的側面において展開する立場を、「人間的ケア」の法哲学と名付けることが許されるとするならば、人間的ケアの法哲学からの法の問い直しとして、さしあたり、以下のような提言や示唆が可能であろう。

（１）自立から遠い深刻な状況にある側から組み立てる

　人間的ケアの法哲学から法を考えるときには、（ケアが不要か、不要になることが望ましいと考える）自立できる側からではなくて、（ケアが不可欠で、不要を望んでも叶わない、むしろケアが生きる支えとなる）自立から遠い深刻な状況にある側から、枠組みを組み立てていく必要があるのではないか。より深刻にケアが必要である者へと近づいていくことが、ケアの基本姿勢であると思われるからである。その際、自立とあわせて「関係」立を念頭に置くとともに、何かを

「する」ことだけではなく、とりわけ「共にいる」というケアを評価し、位置づける手法が求められてくるであろう。

（2）「共にいる」ケアを評価し、位置づける手法

例えば一九九〇年に緩和ケア病棟の制度化が、診療報酬に入院料新設という形で実現したが、それは「定額制」としての制度化であった。つまり、積極的な治療を積み上げていくやり方とは質的に異なる一日定額支払いにより、ホスピスケアの場を支えるシステムがスタートした。「する」ケアではなく、「共にいる」ケアを支える制度としての先行事例と言えよう。この点の、認知症高齢者のケアシステムへの適用可能性については、既に三で述べたところである。

（3）境界線を常に開いておくこと

人間的ケアから、法の制度的あり方に関してもう一つ言えることは、「境界線を常に開いておくこと」、自立と関係、苦痛と苦悩レベルとの境界線をいつでも開いておくこと、である。介護保険に関して言えば、要介護認定を基準に置くとしても、それとは質的に異なる領域を開いておくこと、風穴を開けておくこと、そしてタイトにではなくできうる限り積極的かつフレキシブルに開放の試行錯誤を行うことが求められよう。苦痛から苦悩への「裂け目」がいつ生じ、どのように修復すればよいかは、各人の状況、環境によって、まさにケースバイケースと言わざるを得ないからである。

（4）生命・自由・幸福追求の人間論的理解へ

身体生命維持のみのケア（キュア）から自立支援としてのケアへ、そして関係形成としてのケアを基底に、さらに共にいるケアを基盤に、というケア理解の深化を、人間にとって基本的な存在性について「生命（身体）→自由→幸福追求」へと理解が深まっていくプロセスと位置づけてみるならば、憲法第一三条の「生命（身体）、自由及び幸福追求

の権利」の三つの基本権について、新たな人間論的な、人間の尊厳に基づく理解の可能性を開くものとなるかも知れない。[10]「人間的ケアからの法」の検討は、我々に人間の存在構造へと目を向けさせ、人間の尊厳という観点から改めて法の在り方を根源的に問い直すよう問いかける試みでもあると言えよう。

五　結　び――共にいるケアは人間の何を、どのように支援するのか

第3章の〈はじめに〉において、福祉とは「幸福追求の支援」であり、「全体としての人間の支援」であると位置づけた。そして第1節では、その(全体としての)人間を支える福祉的人間関係(すなわち「ケアの関わり」)の典型として、家族特に夫婦に着目し、支えあう(支援しあう)関係性を法的枠組みにおいて有することを明らかにした。しかしさらに家族が本人の代弁者とまで言いうるような特別な支援主体、支援関係たりうるためには、単に家族であるだけでは不十分で、家族の自己満足ではなく、本人の自己決定支援でもなく、人格共同展開の関わりが実体として必要であることを、第2節で明らかにした。二十世紀後半から二一世紀に入り、福祉的人間関係(ケアの関わり)は急速に、家族を越えて福祉・医療を中心にして社会全体の課題となってきている。そして今、自立支援としてのケアを中核に法及び制度が組み立てられつつあるが、それが(要介護認定のように)「個人」の「能力」ベースで考えられるとすれば、第2節で述べた自己決定中心モデルに対応する内容となっていくであろう。本章ではここまでこの第1節において、全体としての人間を支えるケアという観点から、その不十分性を示し、関係形成的ケアさらに共にいるケアが基盤に置かれるべきことを述べた。これは、人格共同展開モデルが、家族にとどまらない社会一般の福祉(幸福追求の支援)の現代的モデルとなるべきことを示唆している。

それでは、そもそも「共にいるケア」は、人間の何を支援することを目的とするのか。別の言い方をすれば、苦

悩解放を通して人間の何を「実現」(fulfillment)[11]しようとしているのか。これは、支援の目的である幸福とは何か、ひいては（全体としての）人間とはそもそもどのような存在であるのか、という根源的問いである。次節では、上記四の末尾において述べたように、人間の存在構造にさらに目を向け、福祉（の実現）という法原理に関するより深い探究を試みてみよう。その際、再び自立概念を手がかりに、支援の目的対象を明らかにしていく。そのことを通して、「共にいるケア」がどのようなものであるのか（結論を先取りすれば、「共に居続けるケア」「共に生きるケア」という、より深められたレベルを有すること）、そして自立支援としてのケアと実際にどのように異なる内容を有するかを見いだしていこう。

第２節　自立・自律・存立――人間の尊厳と「共に生きる」ケア

近代以降、自立を中核に置く人間観に基づき社会と法は形成されてきた。そこでは意思能力、行為能力、事理弁識能力、責任能力などの能力を十全に備え、社会活動を自由に展開できる成人が、一人前に自立した主体モデルと位置づけられてきた。そのなか、権利主体とされながらも社会の周縁に置かれがちであった自立できない事態にあると見なされる人々から出されるようになった承認要求もまた、自立、自立支援という概念を用いるものであった。しかしそこで主張される自立、自立支援は、自立を中核に置く人間観に基づく場合の自立概念とは異なるものを含むと思われる。本節は、この重なりながらも同床異夢的な側面を持つ自立概念の多義性の検討を通して、従来の人間観の行き詰まりに直面しつつある現代社会において、福祉（の実現）という法原理（ひいては法一般）の前提に据えるべき人間理解と人間関係の問い直し、すなわち真に人間的な「ケアの姿勢」と「ケアのあり方」を模索するものでである。

ある。それは「人格共同展開モデル」に基づいて提示される「共にいるケア」の目的と内容を明らかにする作業である。

一　自立を中核に置く人間観への疑念

ケアには重層構造があり、それは人間の存在構造に基づく、ということを前節で論じた。一般に近代憲法が前提にするとされる人間観（自由への平等な権利を有する「自立」した個人）に基づく場合でも、人間である以上ケアは必要とされる。

自立できない事態がどんな人にも生じうることは、人間的事実である。例えばロールズの正義論もまた、無知のヴェールにより自立できない事態を全ての人が考えに入れ、引き受け、支えあわなければならないことをあらわにしようとした試みである。ロールズによれば、本来的でないと人々が考えている自立できない事態が、どんな人にも人間的事実として起こりうることを念頭に置かなければならない。自立は常に現実であるわけではないという人間存在に関する事実は、自立を中核に置こうとする人間観においても、前提にせざるを得ないのである[12]。

しかしその人間観において念頭に置かれるのは、「自立支援としてのケア」である。自立が本来のあり方であると考える人間観に基づくならば、自立できない事態は望ましくなく可能な限り克服されるべきである、あるいは補完して自立に近づけるべきであるというスタンスに基づいてケアが展開されることになる。しかしこのケアのスタンスは、自立できない事態が常態である者、その事態が深刻であり回復を見込みがたい者（例えば認知症患者、末期患者）をケアの対象とするとき、矛盾あるいは限界を露呈する。すなわち、補完的な自立支援のモデルでは関係性の看過によってしばしば事態をより悪化させてしまう矛盾、そしてそもそも自立の「回復」あるいは「維持」という目標自体の実現不可能性あるいは不適切性という限界である。自立はその実現条件として関係性を必要とすること、また人間の存在目的が自立であるならば自立できない（自立を目標とすることができない）人は存在目的が失われることが、浮かび上がってくるのである。自立できない事態が常態である者にとっては、「自立支援としてのケア」とは異なるケアのあり方が求められることになろう。これは前節で見てきた通りである。

そして日本において現在、少子高齢化が急速に進むことにより、自立できない事態が常態である者が決して例外的でなく、またたとえ現在自立していても将来自立できない事態に至ることが相当の可能性をもって予測される社会状況が生じてきた。長寿社会は人間が理想として追求してきたものであるが、高齢化はガンや認知症をはじめとする疾病を長期にわたり慢性的、恒常的に抱える人の増加をもたらす。自立できない事態が常態であることが例外的でなく、むしろ遅かれ早かれほとんど誰にとっても生じうる事態であるという認識は、そもそも自立が人間の本来のあり方、すなわち存在目的、あるべき姿、目指すべき姿でよいのか、という疑念を生み出す。その帰結として、「自立支援としてのケア」と異なるケアのあり方が求められるのは、結局全ての人になってくる。オルタナティブなケアのあり方の模索は、自立を中核に置く人間観とは異なる人間理解の模索とならざるを得ない。そのオルタナティブな人間理解が明らかになる度合いに従い、オルタナティブなケアのあり方も明らかになってくるであろう。

実際、生よりも死が身近な社会となることで、一人で生きることが一人で死ぬことと表裏となり、自立は自由独立というプラスイメージよりもむしろ、「孤独死」といったマイナスイメージで捉えられる場面も増えてきた。[13]一人で生きることは必ずしも望ましくない生き方という社会的流れは、自立を中核に置く人間観への疑念を更に強くする方向に働く。

二　自立できない事態にあると見なされる人からの自立要求

しかし他方、自立できない事態にある（と従来見なされ）社会福祉の「措置」対象とされてきた人々はむしろ、二〇世紀末以降日本において「自立支援」という文言が社会福祉領域における法及び政策に登場してきたとき、従来のケアの質的量的転換のキーワードとして歓迎し、二一世紀の社会福祉のよって立つ基軸とすら位置づけてきた。例えば障がい者福祉において、当事者からはノーマライゼーションが長く求められてきたところであるが、他者に依存することなく「自ら立つ」ことは、その理念に基本的に合致すると言えよう。二〇〇六年施行の障害者自立支援法は批判の大きいものであったが、それは自立それ自体に対する批判でなく、自立（サービスの選択）の名目の下での応益負担の導入が自立を妨げるという批判であったと解される。[14]

すなわち、障がい者が「自立」した生活をすることは人間として当然の権利であり、そのために「自立支援としてのケア」が権利として保障される、という論理が明らかにされなければならないのだ。そして「自立」という文言は、日本の社会福祉がようやく権利としての社会福祉に転換することを表すのだ。このような考えは、おそらく障がいを持つ当事者、関係者に共有されるものではないだろうか。「自立」要求の背景の一つは、障がい者が健常者と同等の権利主体として認知されることへの社会的要求にあると思われる。

同様の動きは、高齢者福祉においても見られる。措置から契約へ、というスローガンは一九九七年介護保険法制定において最もよく表れた。介護保険法第一条では「自立支援」が謳われている。[15]その理念は、プライバシーの大事さであり、これを「自立した時空の確保」と捉えるならば、高齢者福祉の現場からの「自立」要求の証左となろう。

高齢者医療の専門家であり、介護保険制度の構想にも関わってきた医師である岡本祐三は、以下のようなホームの多床室における入居者の行動調査に基づき、「人々の暮らしにとって、プライバシーというのはかくも重要だったのだ、ということにあらためて気付かされる。」と述べている。

入居者の容態の急変は、ほとんど同室者によっては発見されておらず、巡回してきた職員が発見するケースがほとんどである。多床室における同室者間では、同室者の容態が急変しても分からないくらい互いに無感覚、無関心になることによって、逆に多床室内に自分の空間が確保されているのである。多床室ならば交流があり、入居者同士の安全が保たれるという説はまさに幻想であった。

では実際に居室を個室化しさらにユニット化（一〇人以下の規模の単位に建物を小分けした構造）施設では、入居者にどのような変化が起こっただろうか。一日の内ベッドにいる時間が約六八％から四〇％に大幅に減少。共有の場（リビング）で過ごす時間が一七％から、何と四三％に増えた。しかも個室化に伴って家族や友人の訪問も増えた。[16]

三　自立の多義性――三つのレベル

(一)　行為の自立と決定の自立

岡本祐三は、自立概念について、本来の定義は「行為の自立」であるが、「決定の自立」というレベルもある、とする。

自立の本来の定義は、あることを個人が決定し、それを実行する能力である。すなわち「行為の自立」である。しかし自立には「決定の自立」というレベルもある。後者の意味は、人の助けがなくては実行や達成ができない内容であっても、独自の好みと価値観を持つことができることを、まず自立と考えるのである。でないと、長期介護施設にいる高齢者の多くは、知的にも意欲的にも自立的ではあっても、それを独力で実行できないことが多いから、「行為の自立」はそもそも不可能であって、そういう意味でのみ自立を考えるなら、高齢者の多くは自立的存在でないと見なされることになる。……入所者が脳梗塞でほとんど動けなくなったとしても、大事な決定を自分でして、それを他の人に実行してもらえばかなりの自立能力を持つことができる。反対に、運動機能に障害のない高齢者でも、大事な決定をする機会がほとんどなければ、自立度は極めて低くなるだろう。(17)

自立の本来の定義が「あることを個人が決定し、それを実行する能力」とし、自立を行為の自立と決定の自立に分けるとするならば、厳密に言えば行為の自立は「実行する能力」、決定の自立は「決定する能力」ということになる。

そして「知的にも意欲的にも自立的」であることは、「自律」(autonomy)と換言できよう。この「決定の自立」のとらえ方に従うならば、自立支援は、「行為の自立」支援だけでなく、「自律」支援でなければならない。つまり、支援は、単に生活が不自由な人の日常生活介助を行うのみでない、ということを意味している。「自立」は自ら自律的に決定したことを自らが実行できるという二重の側面を持つことになる。従って自立支援は、本人の自己決定・自律に従った行為・活動支援である必要がある。

だとすれば、二で述べた社会福祉領域において要求される自立支援すなわち「自立できない事態にあると見なされる者からの自立要求」は、「行為の自立ができない事態にあると見なされる者からの決定の自立(自律)実現の支援の要求」と補足できる。つまり、ケアの目的は「自律」支援であることになる。行為の自立支援(自ら行動できるようにすること)は可能な限り追求されるべきだが、それが困難な場合であっても、自己決定(自律)が支援されるべきである。自律こそが行為の自立支援の目的である。こういった考えは、近代的個人像（自由への平等な権利を有する「自立」した個人を軸とする人間観）と矛盾するものでなく、むしろ共通の基盤を有すると言える。すなわち、人間において最も中核に置かれるのは「自律」であり、行為の自立は、自律の実現のための手段である、という考え方である。自らの行為による（独自の好みと価値観の）実現は、自律の本旨から言って理想的であるが、次善策として他者の手を借りる場合でも、自律が損なわれるわけではない。措置から契約へという流れも、また障がい者側からの障害者自立支援法における批判も、まずはこの行為の自立と自律（行為の自立がさらに目的とする決定の自立）の違いから説明できそうである。[18]

(二) 自立の限界事例に出てくる尊厳

しかしさらに自律（決定の自立、知的にも意欲的にも自立）が通常の意味では不可能な状態にあるように見える人、例えば「認知障害の進んだ高齢者」は自立的存在と言えるか。岡本は立場が分かれる、とする。否定的立場は、「自立するためには、効果的な決定行為をし、長期にわたる目標を維持する知的能力と工夫が必要」であり、こうした人々の（決定の）「自立を促進しようとするのは誤りであり、かえって危険を招きかねない」とする。対照的に肯定的立場は、「自立の価値はこのようなグループにとって極めて重要であ」るとするが、その場合、自立概念「の中に『尊厳ある生活を維持する権利』が含まれるように定義し直すべきだ、というのがその主張である。[19]」

しかし、これらの内容を「自立」にまとめ上げようとすることはかなり無理があるように思われる。このことは岡本自身も自覚しており、「あいまいさへのこだわり」と表現する。

自立の概念を論ずるには、そのあいまいさにこだわることが重要で、すっきりしすぎる一面的な自立の定義に挑戦してみる必要がある。これは長期ケアの分野ではとりわけ重要になる。病院の急性期ケアの世界から持ち込まれてくる、介護施設や在宅介護の現場にはふさわしくないような、単純明快な自立の定義と戦わなければならないからだ。[20]

このように岡本は、自立の限界事例とも言うべき長期ケアの分野、すなわち行為の自立、決定の自立いずれも困難な人に対するケアの分野においてこそ、自立の定義に挑戦する形ででも「自立」概念にこだわることが必要であり、その際、「尊厳ある生活の維持」を自立に含ませなければならない、と言うのである。その「こだわり」を解明するために、自立の限界事例において登場してくるところの、（岡本の言うところの）自立のもう一つのレベルとされる「尊厳ある生活の維持」がどのようなものであるのか、他の二つのレベル（「行為の自立」「決定の自立」）との関係がどのようなものとなりうるのか、探ってみることにしよう。

なお、概念の区別をより明確にし、議論を分かりやすくするために、以下、「自立」を広く用いつつも、「行為の自立」を「（狭義の）自立」、「決定の自立」を「自律」と表現することにする。

四　尊厳と「存立」

ホスピス医山崎章郎もまた、末期ガン患者のホスピスケアは自立を支える関わりであるとすると共に、自立には身体の自立と心の自立（本書の表現に基づけば、狭義の自立と自律）というレベルがあると述べている。そしてさらに人間には、たとえ（狭義の）自立も自律も困難であるとしても、なお「尊厳」ある存在、という側面があることが指摘される。岡本と同様、自立の限界事例において尊厳が登場してくるのである。

ホスピスケア（緩和ケア）とは何かと問われれば、僕は「様々な職種の専門家やボランティアがチームを組み、自力だけでは自立（自律）することや、自分の尊厳を守ることが難しくなってしまった人々の、自立（自律）を支え、尊厳を守り、共に生きること」と言いたい。それらケアの過程で多くの方が身体の自立は困難でも心の自立である自律を回復する。さらには自律を回復した人々は、その後の生の長短によらずに、人間としての尊厳を回復し、ひどいと思える身体状況の中でも、その時を生きる意味を見いだすようになる。(21)

ここで回復される人間の尊厳ある存在性とは、どんな状態にあるとしてもなお人間として自らが「生きる意味」を見いだすこととされる。すなわち、生きる意味を有する存在、生きるに値する存在として改めて生きようと自ら立ち上がることと言えよう。この側面は、（行為のための身体の）「（狭義の）自立」、（自らの生き方、「独自の好みと価値観」を自ら形成し決定できる）「自律」に対応する表現で言えば、例えば（生きること、「存」在すること自体に意味があることを自覚し「立」ち上がるという意味で）「存立」と言うことができよう。(22)

そしてこの「存立」のケアにより、山崎は、人は改めて「自律を回復」することとなる、と述べる。ただ、次の引用から分かるように、ここで回復される内容は、端的な自律（「決定の自立」）とは質の異なる状態である。

前回、治癒することが難しい末期がんになってしまった場合、病状が進み、自力だけでは日常生活が困難な状態になってくると、たとえ痛みが解決されていたとしても、「もう生きる意味が見えない」と訴える患者さんは少なくないと報告した。もはや自分が尊厳のある自立（自律）した存在ではないと感じることが、生きる意味を喪失させるのだ。

我々にはその患者さんの身体的苦痛を和らげることは出来ても、残念ながら病状が進行した結果の身体状況を改善することは出来ない。しかし、我々は、その変更不可能な状況で、生きる意味がないと嘆き悲しむその人に、寄り添い共感することは出来る。その悲痛な訴えにこころから耳を傾けることも出来る。その方の人生を共に振り返ることも出来る。その方と共に迫り来る死や死後の世界を語り合うことも出来る。死までの道程の苦痛緩和を約束することも出来る。その方のために祈ることも出来る。そして、その人がもはや生きる意味が無いと追い詰められることになった困難な日常生活を丁寧に誠実にケアすることも出来るのである。

そのような交流の後に、こんな状態ではもう生きる意味が無いと嘆くのではなく、その都度のケアにありがとうとほほえむようになる人々に出会うのである。絶望的とも思える状態の中に、そのときを生きる意味を見いだすのだ。自立は困難でも、自律した尊厳のある存在であることを周囲との交流の中で再確認できるからなのだと思う。[23]

存立のケアを通して回復される中身は、「こんな状態ではもう生きる意味がないと嘆く」状態から「その都度のケアにありがとうと微笑むようになる」ことであり、それは、主体的な心の働き、意思表示が再び回復されるという意味では「自律の回復」と言えなくもないが、回復されるのは、将来の目標を設定して「独自の好みと価値観」を実現していくために自己決定していく生き方ではない。「その都度」を生きる生き方、「その時を生きる意味を見出すこと」、つまりその時その時を自らの生として生きようとすることであり、一言で言えば「生きる意欲」である。[24]

高橋紘士は、ケアとは「様々な状態にあるケアを必要とする人への生存の維持およびその人の尊厳の保持を目指した働きかけ」であり、その際、意欲という要因が重要な要素であるとする。「生活機能を維持するにも意欲を引き出すケアなしには考えられ」ず、「尊厳とか自己決定とかいう概念は、この意欲という要因と大きな関係がある」。「看取りでスピリチュアルケアが重要な役割を占めるのもこのことと深くかかわってい」る、と言う。[25] この「意欲を引き出すケア」に関する高橋の記述に従えば、意欲は自律（自己決定）の基盤である。さらにたとえ自律困難な状態でも（将来に向けた目標設定、目標実現が、精神的身体的に、また現実的に困難な末期状態においても）生への意欲自体は形成可能であり、この基盤的部分に人間の尊厳がかかっている、ということになろう。

生きる意欲を、「意欲としての自律」とか「基盤的自律」と言うことも可能かも知れないが、達成されるべき状態の違いに着目してやはり自律とは異なる「存立」状態、と捉える方がより適切であろう。自律が、自分の生き方を自らが定めて方向づけることであるのに対して、生きる意欲は、生きること自体、人間として存在すること自体の意味を見出し、生きようと立ち上がることを内容とする。

五　存立のケアの特徴──「共にいる」ケアとは

このように、存立は（狭義の）自立・自律から質的に異なる人間の存在側面である。従って、存立のケアもまた、（狭義の）自立・自律支援とは異なった特徴を持つ。以下、存立のケアがどのようなものであるか、看取りの現場の実践からその特徴を明らかにしていくことにしよう。（狭義の）自立・自律ができない事態にあると見なされ存立のケアが必要な人に対し、（狭義の）自立・自律を中核に置く人間観に基づいた自立支援が展開される場合、却って人間としての存在性を毀損してしまう恐れがある。逆に存立のケアが十全に展開されたときに、諦められていた（狭義の）自立・自律が回復することもありうる。それ故、このケアの相違を明らかにする作業は、実践上も重要である。

ホスピスのさらなる展開として、宮崎でホームホスピス「かあさんの家」を立ち上げた市原美穂は、[26] 看取り（すなわち終末期ケア）は「暮らし」を支えることであると言う。

「看取りは生活のなかにあるもの」……「『ホスピスは一般病棟とは違う』といってもやはり病院。そこにいるとどうしても病人になってしまう。二十四時間パジャマで過ごすのは病人」ですから「なごみの家」では、朝起きたらみんなきちんと着替えてリビングに出てきます。そこには、入居者が最期までできるだけ自立して、普通に暮らすことができるよう、共に支えあって生活する「家」でありたいという思いがあります。[27]

「家」という考えのもとに生活を支える（支えあう）のであるが、それはしかし単なる狭義の自立支援（生活支援、ＡＤＬ改善）、また自律支援（自己実現支援）ではない。上記の「最期まで自立して」の「自立」は狭義の（行為の）自立にとどまらないものと考えられる。ここでの支援は、「暮らすことができる」ようにするための支援と読み取ることができる。実際に市原は「暮らし」の基盤性と、暮らしの支援の要点について次のように述べている。

「暮らし」という言葉には、生き方や死に方を含めた幅広い意味合いがあると思います。「生活」はそれを成り立たせているものではないでしょうか。「暮らし」には Being の意味合いがあり、「生活」は Doing の意味合いが濃くなるように思います。ホームホスピスの「暮らし」を成り立たせるためには、生活のリズムを整えていかなければなりません。認知症や重篤な病いを抱えた人の生活は、健常者よりもずっとその基本によるところが大きくなります。つまり、食べること、排せつすること、眠ること、この三つの生活の基本が整えられて、暮らしは穏やかに安定したものになります。[28]

そして、認知症ケアで大きな関心を集めている「ユマニチュード」と共通して、「回復をめざす」「機能を保つ（悪化しないようにする）」「共にいる（そばに居て、穏やかに死を迎える）」ことがホームホスピスでの「暮らしの基本」とされる。驚くほどの機能回復が見られる事例がユマニチュードにおいて注目されているが、それは「共にいる」（being beside）ケアにより、結果として可能となる。市原は、そこでの基本的ケアである「見つめること、話しかけること、触れること、立つことは、すべて生活の中にある」とする。[29] ユマニチュードでは、見つめること（＝時空的つながり）、話しかけること（＝関係のつながり）、触れること（＝物理的つながり）の基盤の上に、現実に立ち上がること（狭義の自立）が実現していく。前三者はbeingのケアであり、暮らしのケアの内容と言えよう。

立ち上がることは、立とうという本人の「意欲」がないと実現しない。その意味で、暮らしのケアは（残された能力を発揮して積極的に）生きようとする「意欲」を引き出すケアと言うことができる。そのようなケアによって、ユマニチュード同様、ホームホスピスでも（狭義）の自立、そして自律も回復していくという。(30)「食べること、排せつすること、眠ること」という生活の基本が暮らしのケアの中心的現場であり、それらが「整えられる」とき暮らしの安定をもたらすということであるから、たとえ生存維持において特に問題のない生活介助がなされていても「暮らし」の安定をもたらさないとすれば、暮らしのケアとは言えない。生活の基本が「整えられる」ケアがなされてはじめて、生きる意欲（＝立つこと）が生み出される。そのためには見つめること、話しかけること、触れること、すなわち「共にいる」ケアが求められる、ということである。このように、共にいるケアとは存立を目的・対象とするケアと言うことができる。そして存立のケアは、まず第一にこのような共にいるケアでなければならないが、それはさらに深まりを有するものである。すなわち、第二（共に居続ける）、第三（共に生きる）という重層性を有する。

六　「共に居続ける」ケアと人間の尊厳

「共にいる」ケアは、（狭義の）自立・自律の一定の回復につながることもあるが、それは、生きる意欲を生み出すことによる。しかしたとえそれらの回復が叶わなくなった状態に陥ったとしても、共にいるケアはそれでもなお生きる意欲を生み出すことができる。この観点から、共にいるケアのさらなる特徴（第二、第三という重層性）を明らかにすることができよう。

山崎章郎は、米沢慧との対談で、ガン患者において、生きる意欲が失われる「スピリチュアルペインに到達するとき」があり、その時に「どういうケアをするか」が問われる、と述べる。

……少なくとも、亡くなる一ヵ月前後に急速に体力が低下してきますので、その段階で明日が見えないような状況に直面するのだと思います。そして絶望的な気持ちになっていきます。「どう考えてみても改善していく余地がないし、このままの状態が続くのか、もっと悪くなるのか」とか、「もう他者の力を借りなければ生きていけない、迷惑をかけるんだな」という具合です。

……患者さんたちがスピリチュアルペインを感じるのは、死が近いことだけではなく、むしろ衰弱した結果として、自律した尊厳ある存在としての自分の日常生活が破綻したことに起因することが多いのです。そして、その場面を嘆きながら過ごしていきます。

決定的だなと思うのは、自力でトイレまで行けなくて、途中で失禁してしまったりすることです。やむなくベッド上での排泄を余儀なくされたり、オムツをせざるを得なくなったりします。……その結果としての、自力によるトイレでの排泄の破綻は、やはり自律と尊厳の喪失にとって決定的だと思います。(31)

適切なケアのもと、その人がもっているスピリチュアリティがきちんと機能しているとすれば、とはいえベッド上で身動きが取れなくて排泄はすべて人任せにならざるを得ない状態にいるわけですが、その中にも生きる意味を見出すことが可能だということですよね。もちろん、生きる意味を見出せたとしても、紙おむつに違和感を覚えなくなるということではありません。しかしながら、生きる意味が感じられていれば、自分が置かれている状態そのものは受け入れ難いとしても、もう一つのスピリチュアリティの部分で、身体にとらわれない、社会性にとらわれない、あるいは人間関係にとらわれないステージに移れます。ステージが変われば、そこにいる意味を見出し得るということだと思います。

くり返しになりますが、身体の衰弱の結果、自立した生活が破綻してきたときに、意味を見つけられなければ、「早く死にたい」と言うことになります。しかし、日常の具体的なケアを誠実におこなっていくことで、かつ並行しておこなわれる傾聴を中心としたケアを継続していくことで、もう死にたいとは言わなくなってくる人が多いんです。状況が悪化しているにもかかわらず、「早く死にたい、生きる意味が感じられない」という表現が消える。代わりに、毎日自分のところに来てくれる家族や看護師への〝ありがとう〟という表現に変わっていくことも多いのです。……

つまり、その人にとっていま生きていることに意味を感じられれば、いつ死ぬかはあまり問題でなくなってきます。たとえば、亡くなる前日になっても、自分がここにいま生きている意味がしっかり感じられればそれでいい。もし次の日死ぬとしても、死は終わりではなく、一つの通過点だととらえられます。死という通過点に意味を感じられれば、そこも通過していけるのだろうと思います。(32)

ここでのスピリチュアルペイン（「苦悩」）へのケアは存立のケアと同義と言える。確かに排泄をはじめとした日常の具体的ケアを行うという意味では一定の行動・活動を伴うケアであるけれども、（狭義の）自立の回復をめざすdoingのケアとは質を異にする。

四における二つ目の引用の第二段落における山崎の叙述は、存立のケアの例示である。すなわち「寄り添い共感すること」「悲痛な訴えにこころから耳を傾けること」「その方の人生を共に振り返ること」「共に迫り来る死や死後の世界を語り合うこと」「苦痛緩和の約束」「祈ること」そして最後に「困難な日常生活を丁寧に誠実にケアすること」とされる。(33)これらは、何らかの目的の有無、目的実現可能性の有無にかかわりなくその人が今ここに存在すること自体を支えるケアであり、どんな状態にあろうとその人が関わり続けるに値する存在であることを前提として行われるものである。そばに居続け、支え続けることをやめないという意味で、本質的に「共に居続ける」beingのケアと言える。そのなかで「自力だけでは日常生活が困難な状態」における「日常生活のケア」もまた、上記の「寄り添い共感すること」からはじまる「共に居続ける」ケアの一環であり、[34]その本質は「（狭義の）自立」がかなわなくとも「丁寧に誠実にケアすること」による尊厳の尊重にある。

このように存立のケアにおいては、ケアされる人が存在すること自体に絶対的価値がある。このケアを通して、たとえ（狭義の）自立・自律が実現できなくとも、自身が生きる価値、今ここに存在する意義があると自覚するに至ったとき、ケアされる人は生きる意欲を、それまでとは異なったレベルにおいて獲得するのである。（狭義の）自立・自律に関わりなく存在すること自体に意義があるということは、伝統的には「人間の尊厳」を意味するであろう。山崎自身の表現を、再度引用しよう。

……日常生活が困難な状態になってくると、たとえ痛みが解決されていたとしても、「もう生きる意味がない」と訴える患者さんは少なくない……しかし……その人がもはや生きる意味が見えないと追い詰められることになった困難な日常生活を丁寧に誠実にケアすることも出来るのである。そのような交流の後に、……その時を生きる意味を見出すのだ。……尊厳ある存在であることを周囲との交流の中で再確認できるからなのだと思う。[35]

これは、ユマニチュードにおけるケアにも通じる。ユマニチュード（Humanitude）という言葉は、「1930年代から、パリに集まったフランス領植民地の黒人知識人たちが、自らの〝黒人らしさ〟を取りもどそうと起こした文学運動である『ネグリチュード（Negritude）』を起源に持ち、〝人間らしさを取りもどす〟あるいは〝人間の尊厳の回復〟という意味を込めて生まれた造語」ということである。[36]「尊厳のある存在」として生きること、立つことすなわち「存立」が、（狭義の）自立・自律の基盤に位置づけられるとき、認知症が進行した高齢者に対しても、また自立した生活が大きく破綻し始めたガン患者に対しても、人間的なケアの可能性が開けてくると言えよう。

そしてさらに、その doing とは異なる being という「共にいる」「共に居続ける」ケアは、（狭義の）自立・自律モデルとは異なる生き方のモデルを、ケアする側にもケアされる側にも生み出す。すなわち、自立から存立に向けてケアの目的が転換していくにつれて、ケアは、支える、支えられるという「支援」を超えてさらに「共に生きる」という関係への道を拓くものになっていくのである。

七　「共に生きる」ケア——支援から「受けとめ」「共に揺れる」関係へ

「尊厳ある生活の維持」という「存立」の内容は、生きる意欲を持って生きることと言える。それではケアする人の「共にいる」「共に居続ける」ケアが、どのようにケアされる人の生きる意欲に結びついていくのか。この関わり方の様相を具体的に見てみると、存立のケアは、支援を超えてさらなる関係性に向かうものであることが明らかになってくる。すなわち「共に生きる」というスタンスである。[37] このスタンスは、従来の人間理解、ケア理解の根本的転換に結びつく可能性を持つと思われる。最後にこの点を存立のケアの重要な特徴として検討しておこう。

米沢慧は一九九一年にいち早く認知症の人たちの居場所を実現した福岡の「宅老所よりあい」におけるケアの関わり方を、「老揺（たゆたい）」、「身寄り」という言葉で表現している。


「第二宅老所よりあい」の村瀬孝生さんが『ぼけてもいいよ』（西日本新聞社）という本を出された。この言葉は大きいです。いま、ぼけちゃいけない、ぼけたらどうしようという不安が蔓延しているなかで、……無条件に「ぼけてもいいよ」っていう受けとめ方をしているということなんです。認知症を支えるっていう発想じゃない。「老揺（たゆたい）」、これは私の言葉なんですけれども、自分の意思ではなにもできなくなった認知症の人たちのすがた・かたちを無条件に受けとめていくいのちの受けとめ方なんです。「支える」んじゃないです。……「宅老所よりあい」の活動指針……には「介護」という概念がないのです。

これは私の言葉でいいますと、「介護」ではなく「身寄り」ということです。「身寄りになる」という考え方です。……「身内になる」といったら間違いになる。「身」っていうのは、貝原益軒の『養生訓』に出てくる「五官」です。目、耳、鼻、口、手のいわゆる五感。この五感の機能を支えている体が「五官」、その姿を「身」と呼んでいます。認知症の人たちは、この身がくずれていく姿なわけです。この「身」に寄りそうこと。ですから身寄りになるということは家族になるということじゃないんです。身寄りになる家、老揺期に入ったら家族も「身内」という意識よりも「身寄りになる」、そういうかたちの受けとめ方がいいのではないかとおもいます。(38)

米沢の言う「老揺（たゆたい）」は、本人が揺れていることに合わせて、ケアする人が一緒に揺れていることを表すと思われるが、村瀬は前者（本人の揺れ）を「辻褄合わせ」、後者（ケアする人の揺れ）を「戯れ」と表現している。

「老いる」とか「ぼける」、「認知症」ってすぐ言っちゃいますけど、結構、みなさん、一所懸命なんですよね。時間と空間がおぼろげになっていく中で、常に辻褄が合わなくて、その辻褄合わせに奔走している。そのすがたっていうのは、一方では非常に滑稽ですし、一方ではやっぱり、なんていうんですかね、無くなっていく、機能が低下していったり、失われていくっていうことに対する悲しみですかね。そういうことと、懸命に辻褄を合わせながら、今、その瞬間を乗り切ろうとする、その力強さだったりですね。そういうところを、米沢さんがおっしゃったとおり、すぐ「認知症」という枠の中に入れて、いとも簡単にこう、病気としての理解で乗り切ろうとしている社会の方が、何かかなりヤバいなという感じを受けていますし。それから僕らは、本当に、お年寄りと「戯れている」と言いますか、戯れているその世界というか、そういう雰囲気を阻害するものが社会にありそうだというようなところで、意識して本を書くときはもちろん……あるんですけど。[39]

「支える」というよりも、本人の「身寄り」として本人の揺れを受ける「受けとめ手」となり、共に「揺れる」関わり。このスタンスが、「共にいる」「共に居続ける」ケアが生きる意欲に結びつくための鍵と言えよう。それは、末期ガン患者のホスピスケアにも共通して言えることである。[40]三〇、四〇年にわたる日本のホスピスが何を生みだし、どこに向かうべきかということについて、米沢は、ホスピスを日本に紹介した写真家岡村昭彦（『定本　ホスピスへの遠い道』）を参照しながら、次のように述べる。

ホスピスとは「死の過程に敬意をはらうこと」であり「いのちの受けとめ手になること」。そしてなによりも、死んでいく人の世話を通して死にゆく人から学ぶことだといっています。そういう市民の運動にならなければならない。その長い道程を「ホスピスへの遠い道」と呼んだのではないかとおもいます。
そして二一世紀に入って、「いのちの受けとめ手になること」がやっと切実になってきました。長寿社会、少子高齢化社会になってはじめて地域社会を基盤にした、運動としてのホスピスという機運が出てきたのです。[41]

このように見てくるならば、ケアする人とケアされる人の、尊厳ある存在同士としての「共にいるケア」「共に居続けるケア」の関わり方は、単なる「支援」（支援する者が支援される者を支える）にとどまるものではないことが明らかになってくる。それは、「受けとめ」て、「身に寄り」添って、「共に揺れること」である。もっとも、本人が中心に置かれることは変わりない（従って、広い意味ではなお「支援」と言うことはできなくはない）。本人は、尊厳ある存在として中心に置かれている。但し、ケアする人は本人を包むようにして、本人の揺れと共に揺れる、いわば円の構造のなかにある。ケアする人もまた（身内でなく）「身寄り」として、本人の内に完全に入り込むのではないが円のように包み寄り添って一緒に揺れる当事者である。その意味において、共にいるケアは、「共に生きる」ケアでもあると言えよう。

八　結　び――人格（存立）共同展開におけるケアの関わり

人間の存在構造に応じた自立の多義性と相互関連を明確にするために、名称はともあれ、「存立」という枠組みを確保しておく必要があろう。(42) そしてその存立のケアは（狭義の）自立・自律支援とは支える対象、支え方、そして本人との関わり方が大きく異なってくるのである。

第3章第2節において、本人と家族等の関係について、家族等の自己満足モデル、本人の自己決定中心モデル、人格共同展開モデルの三つの分類を行った。そしてそこでは安楽死・尊厳死において本人の代弁・推定的意思判断を正当に行使しうるのは、自己満足モデルはもちろん自己決定中心モデルの家族等でもなく、人格共同展開の中にある家族等のみであることを論じた（この家族「等」には、要支援者の生き方に深い関わりを持ってきた人、そして医療者や社会福祉従事者なども含まれうる）。本節の観点から言えば、「人格共同展開」は「存立共同展開」とも言い換えることができる。その中身は「共にいる」ケアの関わりであり、それはさらに「共に居続ける」「共に生きる」ケアの関わりへと深められていく重層性を有するものである。そして人格（存立）共同展開の中にある家族等であると言えるのは、このケアの姿勢を有し、一定の関わりを継続してきている者に限られることになる。

二で扱った「自立できない事態にあると見なされる人からの自立要求」は、もちろん三で見たように（狭義の）自立・自律への要求である場合も多いであろうが、自立できない事態が深刻になるほど、存立への要求があらわになってくる。但しそれは何か明示的具体的要求というよりも「揺れ」（生きることの意味の喪失、辻褄合わせ）というかたちで現れてくる。この存立要求をどのように汲み取るか。それが明確に言語化しきれない、いわば「存在の叫び」のようなものであるがゆえに、「受けとめる」ことがケアの内容・姿勢になるのであろう。そして「受けとめる」ためには存立の共同展開が必要であり、この点が存立のケアの、（狭義の）自立・自律「支援」との根本的相違である。

ここからさらに、「受けとめ」において、「身体の声」に耳を傾ける重要性、ということも論じる必要があろう。特に終末期において、生きる意欲と言うよりも死へのプロセスを歩もうとする身体の意欲（例えば、延命に抗おうとする身体の主張。これも広い意味では人間らしく生きる意欲、生を全うする意欲と言うことができるかも知れない。）にどのように耳を傾けるか、どのように身を寄せ受けとめて共に揺れるか、ということが課題となってくる。これは第2章第2節で扱った「からだとしての身体から考える安楽死の条件」の応用問題となってこよう。

〈第1節〉

（1）高橋隆雄編『ケア論の射程』（九州大学出版会、二〇〇一年）六―七頁。

（2）「自立」概念は多義的であるが、次節で検討するように、ここでの自立は、岡本祐三の分類に従えば、「行為の自立」と言えよう（『介護保険の歩み――自立をめざす介護への挑戦』ミネルヴァ書房、二〇〇九年、一三二頁）。

（3）伊藤周平「介護保険はなぜ導入されたのか」介護保険白書編集委員会編『介護保険白書』（本の泉社、二〇一五年）四七頁。但し伊藤は「社会化」という文言が目的条項になく明文化されていないし、制度的にも実態においても「社会化」とは程遠い、と批判する。

（4）『要介護認定廃止――「家族の会の提言」をめぐって』（クリエイツかもがわ、二〇一〇年）二九―三八頁。以下、引用頁は本節本文中に括弧で示す。

（5）このスタンスは、宮本太郎が批判的に指摘する、「自助自立する（強い）個人」を出発点にする、自助・共助・公助の「線引き型」の系譜に属すると言える。『地域包括ケアと生活保障の再編』（明石書店、二〇一四年）二六頁。
（6）しかし、二〇一五年改正は地域やボランティアへの丸投げではないかという批判もある。
（7）本書第二章第一節三において、安楽死を望む者の苦しみを「苦痛」と「苦悩」に分けて、苦悩の基盤性を論じた通りである。そこでの苦「痛」（pain）と苦「悩」（suffering）の関係は、山崎による三つの苦痛とスピリチュアルペインの関係と同じ構造である。
（8）山崎章郎・米沢慧『新ホスピス宣言』（雲母書房、二〇〇六年）一四八―一五二、一五八、一六〇頁。
（9）この「共にいる」ということが、本書第2章第1節四で「定かになってくる」と述べた「極限状態……に対する他者の関わり方」（それを受けて注一二において後述するとした、「苦悩」する人に対する「他者による福祉・ケアの関わり」の中身）の中核になるものである。
（10）①自立すること、②関係のなかにあること、によって人間は「その人らしく生きること」「人間らしく生きること」（幸福beatitudo、人間の尊厳）が可能となる（「依存は個人のライフヒストリーにおいて避けることができない。……依存は例外的な状況にすぎないのではない。依存を例外とみる考え方は、人間相互のつながりが、生存のためだけでなく、文化の発展それ自体のためにも重要であるということを忘れている。」（エヴァ・フェダー・キテイ［岡野八代、牟田和恵監訳］『愛の労働あるいは依存とケアの正義論』白澤社、二〇一〇年、八一―八二頁）。そのように考えるならば、幸福「追求」権として憲法上①と②が保障されるべき、そして①と②は並列でなく、②が基底的（さらに「共にいる」という関係が基盤になって支える）という図式となろう。
　介護保険法第一条には、「これらの者が尊厳を保持し」という文言がある。他の社会福祉や社会給付に関する法にも「尊厳」が含まれていることが多い。この点を手掛かりにして、この図式を介護保険法、その他の福祉をはじめとする社会法に当てはめていくことは可能と思われる。
（11）河見誠『自然法論の必要性と可能性――新自然法論による客観的実質的価値提示』（成文堂、二〇〇九年）第二章第一節、特に二九頁参照。新自然法論においてはfulfillmentは happiness、アリストテレスにおけるeudaimonia、トマス・アクィナスにおけるbeatitudo, felicitasの訳語である（九四頁、注六）。そして人間の目的、従って法の目的は「人間実現」（human fulfillment）とされる。

＜第２節＞

(12) John Rawls, *A Theory of Justice*, Revised edition, Harvard University Press, 1999. 川本隆史、福間聡、神島裕子訳『正義論（改訂版）』（紀伊國屋書店、二〇一〇年）。ロールズ正義論のコンパクトな説明としては、深田三徳、濱真一郎編『よくわかる法哲学・法思想（第二版）』（ミネルヴァ書房、二〇一五年）一〇八―一〇九頁参照。

(13) ＮＨＫスペシャル「無縁社会――無縁死三万二千人の衝撃」（二〇一〇年一月三一日放映）は、日本において孤独死が特別なことではなく、地縁、血縁、社縁の崩壊により常態化しつつあることを明らかにした。ＮＨＫ「無縁社会プロジェクト」取材班『無縁社会』（文藝春秋、二〇一〇年）参照。

(14) 長年、社会保障審議会の障害者部会長を務めてきた京極高宣は「もちろん、自立支援法が内容的にみて万全で議論の余地がなく改善が不必要なものだということでは決してない。……しかし、それは徐々に解決していくべきことであって、基本的には自立支援法は障害施策の歩みのなかで歴史的な巨歩だといっても過言ではない。」と、障がい者福祉における自立支援への方向性を評価する。すなわち、「今、二一世紀を迎え、わが国の社会保障全体が大きく動いている。……社会保障のあり方については、時代の変遷とともに、政府だけでなく、地方行政、企業、地域社会、住民がそれぞれの力を結集し、社会連帯の力で社会保障を守っていかなくてはいけないという考え方になってきた。……『社会保障体制の再構築（勧告）』（平成七年（一九九五年）七月）……［においては社会連帯に］加えて、これからの社会保障は、社会的弱者を選定し、そこに国家が保護として給付するのではなく、国民の自立した生活を支援するという考え方（自立支援）が一層重要になってくることが強調された。介護保険制度においても社会連帯と自立支援が大きな柱となっている。……やはり『国家保護』プラス『弱者救済』ではなくて、『社会連帯』プラス『自立支援』というのが、これからの社会保障のあり方であろう。」（［　］は河見による補足）『障害者自立支援法の課題』（中央法規、二〇〇八年）一五―一七頁。

(15) 前節で見たように、例えば従来、社会福祉施設である以上老人ホームにおいて相部屋が当たり前（個室はぜいたく）という認識があったが、二一世紀に入り、特別養護老人ホームにおいて個別の空間を確保するユニットケアが登場し始めた。武田和典「ユニットケアの現状と展開」宅老所グループホーム全国ネットワーク編『宅老所・グループホーム白書２００２』（ＣＬＣ、二〇〇二年）九九頁。

(16) 岡本祐三・前掲『介護保険の歩み――自立をめざす介護への挑戦』一四三―一四四頁。岡本は続けて次のように述べる。「移動することに不自由さのない我々は、実は好きな時間にプライバシーを自分で守れるから、よほど厚かましい人間と出くわさないとそのことが実感できないでいるのだ。可能な限り自分で自分の時間と空間を支配できること、これこそが尊厳ある生活の基礎というものだ。」

(17) 岡本・前掲書一三二頁。

(18) 例えば障害者生活支援システム研究会は、「過去六〇年、日本の障害者福祉の目的は『社会参加』に向けて進んできたことは明らかです。障害者自立支援法は目的を『自立した日常生活又は社会生活』とし、無理に自立・自己責任へと回帰させようとしています。……従って、この法律は『社会参加』を目的とし、『障害者社会参加支援法』へと解消すべきです。『自立』は『目的』から『手段の一つ』に役割を限定することになります。」と批判する。ただ、自立自体を否定するわけではないと思われる。続けて「『自立』は日常生活動作や家事などの日常生活関連動作の自立、就労を含む社会生活の自立、自己決定・主体性の発揮という意味での自立と、少なくとも三つの意味もつ多義的概念です。明確な定義を欠いたままで目的条文に記述されるべきではありません。」と述べるのであるが(『どうなるどうする障害者自立支援法』かもがわ出版、二〇〇八年、二〇―二一頁)、社会参加は社会生活の自立に繋がるものと考えられ、また社会参加の目的、意義は自己決定・主体性の発揮とも言えるからである。問題は、自立の定義次第、ということになろう。つまりこの批判は、悪しき自立(応益負担)と善き自立(自律)の違いというかたちで説明可能となる。

岡部耕典は、介護保険制度においては「『自律による自立』という考え方が欠落し、それは障害者自立支援法にも継承されている。」と批判する。「障害者運動により獲得されてきた『介助(パーソナルアシスタンス)』を中心とする『自立的福祉』……が前提としていたのは『交渉決定』により獲得された公的給付を用いて、ケアの利用者自らが『ケアの自律』を行うことであ」る、とするのである(『ポスト障害者自立支援法の福祉政策――生活の自立とケアの自律を求めて』明石書店、二〇一〇年、二一―二二頁)。

(19) 岡本・前掲書一三五頁。

(20) 岡本・前掲書一三七―一三八頁。岡本は続けて「反復するが、人の助けがなくては実行や達成ができない状況であっても、独自の好みと価値観を持つことができることを、まず自立と考えるべきである。」と述べ、例えば、摂食拒否における経管栄養の是非判断において「『正当性』を判断するカギになるのは、抽象的な合理性ではなく、本人の過去の生活との一貫性を示すような、周囲の人々にも納得のゆく具体的事実である。」とする(一三八―一三九頁)。これは「独自の好みと価値観」に基づく決定の(パターナリスティックな)推定によって、「決定の自立」でカバーできる領域を拡張しようとする試みと言える。私見ではこの趣旨を否定するものではないが、それでもなお限界があると考える。まず、行為も決定も自立していた時期の「好みと価値観」が、自立が困難となり深刻化していく時期のそれと同じとは限らず、従ってたとえ親しい家族と言えどもそれを推定できるとなぜ言えるかが問われなければならないこと。そしてさらに深刻度が増して「独自の好みと価値観」すら持ち得なくなった（あるいは持てなくなっていく）事態をどう考えるかということ。この二点を念頭に置いて「自立の限界事例」を検討するとき、「尊厳」の重要性が浮かび上がってくる、というのが本節の立場である。

(21) 山崎章郎「在宅医を生きる――東京・小平の現場から（その6）」朝日新聞、二〇〇六年三月六日。

(22) もしこの「存立」を広い意味での自立の一つのレベルと位置づけるとすれば、身体の自立（狭義の自立＝行為の自立）、心の自立（決定の自立＝自律）に並ぶかたちで「存在の自立」（＝存立）と概念づけることも可能であろう。

(23) 山崎章郎「在宅医を生きる――東京・小平の現場から（その5）」朝日新聞、二〇〇六年三月三日。

(24) この存立のケアから循環してくる場合、自律（決定の自立、心の自立）のケアにおいて生きる意欲それ自体が目標になることと並行して、狭義の自立（行為の自立、身体の自立）のケアにおいても、何かの能力回復（そのための手段として世話がある）ではなく、日常生活の世話それ自体が目標となる。

(25) 高橋紘士「ホームホスピスの未来」市原美穂『暮らしの中で逝く』（木星舎、二〇一四年）一五二―一五四頁。

(26) 「人生最後の居場所として……空いている民家を借りて入居者を募り、そこに在宅医や訪問看護師、ヘルパー、ボランティアなどさまざまな職種のチームが入るという構想」に基づき、二〇〇四年六月、宮崎に「かあさんの家　曽師」が開設されたのがホームホスピスの始まりで、今や、全国に広がりつつある。対象はガン患者に限らない。市原美穂『ホームホスピス「かあさんの家」のつくり方――ひとり暮らしから、とも暮らしへ』（木星舎、二〇一一年）九頁参照。

(27) 市原・前掲『ホームホスピス「かあさんの家」のつくり方』七八―八〇頁。ここでは「かあさんの家」をモデルとして開設された神戸の「なごみの家」を扱っている。

(28) 市原・前掲『暮らしの中で逝く』一八―一九頁。

(29) 市原・前掲『暮らしの中で逝く』一九頁。

(30) 「私たちは、ホームホスピスを運営していく中で、暮らしのもつ力に気づかされました。日々の暮らしのケアを丁寧にすることで、入居者は徐々に生活者に復帰します。それとともに変化が起きてきます。
　認知症が進み表情を失った人に笑顔が戻って、言葉が出るようになりました。胃ろうがとれて、口からものを食べるようになった人、来た時は寝たきり状態だったのが、車椅子に座れるようになり、みんなと食卓を囲むようになった人、余命半年と言われて入居して、それから四年、大きな支障なく穏やかに過ごしている人など、暮らしの中では、日々傍で見ている私たちも驚くほどの変化を見せてくれます。」（市原・前掲『暮らしの中で逝く』一八頁。）

「食べることによって、立ち上がろうとする動作が見え、スタッフとのやり取りも言葉が出るようになりました。……徐々に筋肉がついてきて、立ち上がれるようになり、今は車椅子を外して、食卓には普通の椅子に座り、歩行器で歩いています。排せつも昼間はオムツを外してトイレに行きます。リハビリテーションの意味は、その人がその人らしさを取り戻し生きる権利を回復すること、そしてその人の尊厳を回復することだと思います。」（同上・二七頁。）

「暮らしの中の小さな希望をかなえること、その時は無理なことに見えても、一歩一歩目標に向けてスタッフや多職種の人を交えて近づいていくことは、その人の他者に対する信頼につながり、自信を取り戻すことになります。それが尊厳を支えることだと思います。その人の希望にできるだけ丁寧に応えること、支えることが、本当の意味の『個別ケア』だと思います。」（同上・三四頁。）

(31)　山崎章郎、米沢慧『新ホスピス宣言』（雲母書房、二〇〇六年）一五二―一五四頁。

(32)　山崎、米沢・前掲一五九―一六一頁。

(33)　山崎・前掲「在宅医を生きる――東京・小平の現場から（その5）」。

(34)　この点は、五で取り上げた市原の「『暮らし』にはBeingの意味合いがあり、『生活』はDoingの意味合いが濃くなる」、そして「暮らしを成り立たせるためには、生活のリズムを整えていかなければな」らない、というケア理解に共通する（前掲『暮らしの中で逝く』一八―一九頁）。

(35)　山崎・前掲「在宅医を生きる――東京・小平の現場から（その5）」。

(36)　NHK取材班望月健『ユマニチュード――認知症ケア最前線』（KADOKAWA、二〇一四年）二八頁。

(37)　「共に生きる」ケアという表現は、四における山崎の第一の引用に既に現れている（前掲「在宅医を生きる――東京・小平の現場から（その6）」）。そこでの「ホスピスケアとは何かと問われれば、僕は『……自立（自律）を支え、尊厳を守り、共に生きること』と言いたい」という山崎の説明のなかに、本稿の「共にいるケア」「共に居続けるケア」「共に生きるケア」の三つを読み取ることができる。

また市原美穂の著書の副題のなかの「とも暮らし」も「共に生きるケア」に結びつくものである（前掲『ホームホスピス「かあさんの家」のつくり方――ひとり暮らしから、とも暮らしへ』）。

(38)　山崎章郎、二ノ坂保喜、米沢慧『市民ホスピスへの道――〈いのち〉の受けとめ手になること』（春秋社、二〇一五年）一八―二〇頁。

(39)　米沢慧『いのちを受けとめるかたち――身寄りになること』（木星社、二〇一五年）九二―九三頁。

（40）さらに末期ガン患者に限らず（狭義の）自立、自律が困難な状態にある者のケアに共通のものでもある。米沢は次のように述べる。

……ホスピスというのは長寿の時代に出現した、「いのちの受けとめ手になる」という試みの中にある……。実は「いのちの受けとめ手になる」ということばがおもわず口をついて出たのは、二〇一一年の三・一一の東日本大震災の時のことでした。……映像では、背中だけでわからなかったんですけど、炊き出しでカレーライスを盛り付けている人が「このカワイソウを分けてもらわないと生きていけない」ってつぶやいていたんですよ。……支えるってことじゃないんですね。その人達の思いを受けとめるんです。受けとめ手になるということ。そのことによってはじめて、支えるという一歩を踏み出すことができる。こうした足場から市民がホスピスへの道を拓くにちがいない、そう思ったのです。（前掲『市民ホスピスへの道』三七頁。）

（41）山崎、二ノ坂、米沢・前掲『市民ホスピスへの道』七―八頁。

（42）注二二で述べたように、概念上、存立を「存在の自立」として最広義の自立に含ませることは可能かも知れないが、その場合でも同様である。

第5章　平等な取り扱い――在日韓国・朝鮮人問題から考える

はじめに――「こころを繋ぐ」人間関係と平等

近代憲法の原点と言えるアメリカ独立宣言は、「すべての人は平等に造られ、造物主によって、一定の奪い難い天賦の権利を付与され、その中に生命、自由および幸福の追求が含まれる」と述べる。従って、近代以降の憲法における法原理として、自由の尊重、生命の尊重、福祉の実現に加えて、「平等な取り扱い」を看過することはできない。さらに言えば、「すべての人は平等」であるが故に、「生命、自由および幸福の追求」が特定の人の特権ではなくすべての人にとっての天賦の権利になるということであるから、その意味で、「平等な取り扱い」は、上述の三つの法原理を、社会全般にわたる「法」の原理となす役割を果たすと同時に、すべての人を社会的および法的に「繋ぎ合わせる」重要な役割を果たす原理と位置づけられているのである。

ところが、「平等な取り扱い」が、人々を「繋ぎ合わせる」よりもむしろ、人間関係を引き裂くこともしばしばあるように思われる。これは、「平等な取り扱い」原理が財や機会の配分という「配分の平等」のレベルで用いられることが多いのが一つの原因であろう。「配分の平等」における関心は、どうしても個々人の配分結果に向きがちで、他の当事者との対立関係が意識されやすい。そのように個々人同士が対立し合あう中で均衡状態を作り出すための原理として「平等な取り扱い」原理が用いられるとするならば、この原理は確かに、利害対立を回避したりより多くの配分を得るために人々を「利害によって繋ぐ」ことになるかも知れないが、より深いレベルで人間同士の「こころを繋ぐ」ことには結びつかないだろう。しかし、平等が何らかの形で人々を繋ぎ合わせるという人間関係を意味するならば、「福祉の実現」原理が単なる援助の関係ではなくて「ケアの関わり」という人間関係を支える法原理でありうるように、「平等な取り扱い」原理も単なる利害によって繋がれるクールな関係ではなくて「こころを繋ぐ」豊かな人間関係を支える「共生社会の法原理」となりうるのではないだろうか。本章ではそのような、こころを繋ぐ平等な取り扱いの原理を探究すると共に（第一節）、その原理に貫かれた社会の在り方を示し（第二節）、最後にそのような共生社会を形成していくためのヒントを模索していこう（第三節）。

その際、在日韓国・朝鮮人に関わる問題を具体的な題材にしながら考えていく。(1) 在日問題は日本における重大な社会的差別問題の一つである。それは二一世紀に入って解消される方向に向かうことが期待されたが、ヘイト・スピーチ、ヘイト・クライムの頻発に見られるように再び深刻化しつつある。(2) 差別は現象としては配分の不平等に現れるとしても、その背後に相手方に対する差別「意識」や差別「感」という「こころの断絶」が潜んでいると考えられる。従って、もし差別の関係を根源的に改めようとするならば、「こころを繋ぐ」関係に転換しなければならない。「平等な取り扱い」原理を、単に財や機会の配分のレベルに留めずに、「こころを繋ぐ」ことへと人々を導いていく共生社会の法原理として位置づけようとする本章の試みは、「こころの断絶」という差別の根本問題に正面から向き合った平等論を展開しようとするものである。(3)

第１節　「同じ」と「違い」――こころを繋ぐ平等とは

一　「同じ」はこころを繋ぐか

「こころを繋ぐ」とはどういうことであろうか。まずここから考えてみよう。私たちは、一人で生きていくことはできないし、孤独は確かにつらいものであろう。誰かと繋がっていることが私たちの安心と安定をもたらすものと言ってよい。例えば、大学に入学したてで、周りに知っている人がおらず、大学というところがどういうシステムで成り立っており、自分が何をすればいいのかよく分からない状況の中で教室に座っているとき、多くの学生が周りにいたとしても、私たちは緊張と孤独の中で不安を感じるであろう。知らない人たちの集団の中に居続けなければならないことは、何とも不安なものである。であるから、入学直後のクラスで自己紹介をする機会があるときなどは、「○○と言います。○○高校出身です。お菓子が大好きです。○○でアルバイトをしています」などと言った後、多くの新入生が「友だちになってください」という一言を付け加えるのであろう。友だちがいること、つまり誰かと繋がっていることが、新しい環境の中で感じる不安からの解放の途だということである。私たちは、人間関係のネットワークの中に自分の居場所を見つけて初めて、安心をして安定した生活を送ることができる。それ故逆に、家庭や学校の中に居場所を見つけられない場合、子どもは不安定になって、暴力行為や登校拒否などにより、積極的消極的に抵抗することになるのであろう。「居場所」があること、誰かと「こころを繋ぐ」ことが、私たちにとっていかに大事であるか、ここから分かる。

それでは私たちはどのように人間関係を繋ごうと試みるのか。例えば、見知らぬ新入生同士がどのように友だちや居場所を作っていくのであろうか。初対面の人との会話は、恐らく共通の話題を共有するところから始まるだろう。例えば、「私はお菓子が大好き」と初めてのゼミで一人の学生が言って、「表参道からの細い道に洋菓子の○○というおいしいケーキ屋さんがあるよ」と私が答える。それを受けて、「先生、甘いものが好きなんですか。」「僕はクリーム系が好きなんだ。」「それじゃあ私、寮に住んでいるので、寮の目の前にある○○軒のレーズンウィッチを今度のゼミの時に買ってきます。みんなで食べましょう。」「いいねえ。じゃあ僕はみんなのために○○屋でハーブティーでも買ってこよう。」「次のゼミが楽しみになりました」と会話が繋がっていく中で、ゼミの人間関係も繋がっていくことになろう。この場合、「ケーキ」や甘いものという「同じ」嗜好、食べ物に関する「同じ」好みが、会話と人間関係を繋ぐ役割を果たしている。また例えば、キリスト教大学に入った初対面の新入生同士がたまたま、キリスト教高校出身であったとすれば、その共通項目を通して、じゃあ大学のキリスト教活動のサマー・キャンプに一緒に行こうよ、ということで盛り上がるかも知れないし、今年の夏は別のところに一緒に行こう、と話は弾むかも知れない。この場合でも、ミッション・スクールという境遇をお互いに共有していたということ、つまり「同じ」であることが、人間関係を繋ぐきっかけとなっていると言える。

「同じ」であるということは、私たちに共感と安心を与えてくれる。共有している「同じ」ことがたとえあまり楽しくないことであったとしても、「同類相哀れむ」ということで、慰め合い、励まし合うことができるのである。しかし、他者と繋がっていたいがために、また安心感を失いたくないために「同じ」であることを大事に守ろうとすることは、必ずしも常に「こころを繋ぐ」ことになるとは限らない。むしろ「同じ」を求めることがかえって「こころを引き裂く」結果になることもあり得るのである。

二　違うから認めることができない？

(一)　携帯電話と友だち

ここで一つのエッセイを取り上げてみよう。

大学一年の息子が「携帯電話買うことにしようかな」と、決心したように話しかけてきた。

ワープロやパソコンは早い時期から操作していた息子だったが、携帯電話だけは「必要ない。ほしくない」と言い続けてきた。

だが、大学に入学した当初はクラスメートから「はじめまして」のあいさつ代わりのように「携帯の番号は？」と聞かれ、「持っていない」と答えると、それ以上に話が進まなくなったり、時には「変わってるね」と言われたりしたこともあったとか。また、「クラスで持っていないのは自分一人だけらしい」とも言っていた。

それでも息子は、たわいない話で自分の時間に割り込んでこられるのは、その時間を半ば暴力的に破られるのに等しい、という思いから、友人などに不便と言われても「携帯電話は持たない」を通してきた。

私もそんな息子の信念のようなものに拍手を送っていた。

だが、いつまで通し続けられるのかな、という感じもあった。

最近交際範囲が広がり、携帯電話を持っていないことで連絡がうまくつかず、相手に迷惑をかける場合も出てきた。

そんなことから、息子はついに携帯電話を持つことになった。

先日、息子に「ついに流れに沿うことになったね」と冗談交じりで言った。

すると、「無念なり。だけど考えは決して変わらない。必要最小限に使用する」とおどけた声が返ってきた。(4)

このエッセイは、息子を見守るおかあさんの暖かい視線を感じるよい文章であると同時に、「同じ」ということに基づく友だち作り、人間関係の問題性を教えてくれるものでもある。

彼が携帯電話を持ったのは、決して友だち作りのためではなくて、実際の生活に支障を来すのを避けるためである。また、携帯電話を持たなかったからといって直ちに友だちが一人もいない状況に陥ったわけではない。しかし同級生の「変わってるね」という発言は、同級生たちが「同じ」であることを無意識的にせよ人間関係を形成する重要な要素としていることを表していると思われる。もし携帯を持たないということ以外に、彼が「変わっている」要素をもう数個持ち合わせていたとすれば、同級生は彼と友だちになることはないであろう。また、連絡を取るのに困ったとき、携帯を持たないと決めた彼の方が結局、自分の決意を変えて友だちに合わせる（＝「同じ」にする）ということになったわけで、同級生たちの方が彼に合わせたり、携帯電話を持たない者との連絡方法を工夫をするなどの努力をすることはなかったようである。「同じ」者が多数である場合、「違う」者が友だちになるためには、違う者の側が「同じ」に変わらなければならない、という構造が見えてくるのである。

「同じ」でなければ相手を認められず、「同じ」にならない限り人間関係の繋がりを始められないという姿勢は、恐らくどんな社会でも見られることであろう。しかし日本社会では特にその傾向が強いと思われる。しばしば日本は同質社会であり、恥の文化を持つと指摘される。つまり、同じことが当たり前であると同時に、世間の目、他人の目から見て恥ずかしいかどうかが倫理的な尺度である社会だということである。携帯電話の例のように、「同じ」でなければ繋がることができないという人間関係の基本姿勢は、伝統的な日本社会の在り方が、今の若者の間でも受け継がれていることを表しているように思われる。「今どきの若者」は、実は生きている「世間」の範囲が違うだけなのである。それでは、「同じということから人間関係を繋ぐ」という一見したところそれほど問題がないかに見える姿勢が一貫して貫かれた場合、どのような帰結をもたらすことになりうるのかということを、在日韓国・朝鮮人の事例を通して考えてみよう。というのはそれが、「同じでないと認められない」「違うから認めることができない」という日本社会の姿勢が、最も典型的に貫かれている重大な事例の一つだからである。

(二) 在日韓国・朝鮮人の現状

在日韓国・朝鮮人と日本人の「違い」はどこにあるのであろうか。最も大きな違いは「国籍」であろう。在日韓国・朝鮮人は韓国あるいは朝鮮を国籍・地域とする在留外国人である。しかし、純粋な外国人とも言えない。「永住」者として日常生活を営んでいるし、二世、三世、四世以降の人たちの多くは日本で生まれ育ち、日本人とほとんど同じ文化を身につけ、日本語で生活をしている。むしろ、朝鮮語、韓国語ができない若者の方が多数派である。つまり、(特に韓国籍の)二世以降の人たちは、生活様式も思考様式も日本人とほとんど同じで、「国籍」と祖先(あるいは日本に住むことになった事情)だけが違うのである。であるから、「国籍」や国籍の違いが分かる名前などを聞かない限り、日本人は彼らを自分たちと「同じ」存在と見なすであろう。ところが在日韓国・朝鮮人であるということが明らかになった途端、「違うから認められない」という関わり方に変わるのである。

国家レベルでは指紋押捺をはじめ、「違うから認められない」という姿勢による取り扱いが長く貫かれていたが、一九九一年、日韓外相協議の覚書を受けて成立した「日本国との平和条約に基づき日本の国籍を離脱した者等の出入国管理に関する特例法」(入管特例法)により、日本は在日の人たちおよびその子孫に永住を認めた(特別永住者)。しかしながら、確かに指紋押捺制度は廃止されたけれども[5]、特別永住者として認めたことは、国籍を別にしたままでも在日の人たちを仲間として一緒に生きていくという日本社会の決意表明ではなかったようである。国籍が「違うから認められない」という姿勢から、「同じでなくとも認める」「違うけれども違うまま認める」という姿勢への転換ではなく、「認めても大きな影響がない部分だけ例外的に認める」というマイナーチェンジをしただけと言える。大きな影響がありそうな部分に関してはやはり「違うから認められない」という姿勢を堅持しているのである。

在日韓国人の提訴した公務員管理職受験資格に関する訴訟の第一審判決（東京地裁一九九六年五月一六日）は、「当然の法理」すなわち「公権力の行使または公の意思形成への参画に携わる公務員となるためには日本国籍を必要とする」という前提に立ち、日本国民でなければ「決定権限の行使を通じて公の意思の形成に参画することによって我が国の統治作用に関わる」管理職に就任することはできない、但し「それ以外の職務、いうならば上司の命を受けて行う補佐的・補助的な事務、もっぱら専門分野の学術的・技術的な事務等に従事する地方公務員に就任することは許容されている」とした[6]。これに対し、控訴審判決（東京高裁一九九七年一一月二六日）は、外国人の管理職への登用が一切禁じられていると解することは相当でないという内容の判決を下し、一審を覆した。これは大きな前進とも言えるが、それでも「当然の法理」を否定したわけではなく、どこまでがその行使や参画に当たるかを一律に決めることが、法の下の平等と職業選択の自由に反するのだ、と言うのである[7]。つまり、この判決の考えをもってしても、在日の人たちは行政の意志決定の中心的な部分に参画はできず、周辺領域で、上で決められたことを忠実に行うだけの活動しかできない。その後の上告審（二〇〇五年一月二六日）で、最高裁は高裁判決を覆し、「外国人が公権力等地方公務員に就任することは、本来我が国の法体系の想定するところではない」とし、再び合憲判決を下す。「職員として採用した外国人を国籍を理由として勤務条件で差別をしてはならないが、合理的な理由があれば日本人と異なる扱いをしても憲法には違反しない」と述べる[8]。二一世紀に入って最高裁は改めて、中心領域に入っていきたければ「同じ」になれ、というのが憲法における平等原理である、という明示的宣言をしたと言えよう[9]。

この構造は、国家レベルだけに留まらない。公権力の領域ではない住宅入居、結婚、就職など日常的な生活の領域でも、同じような扱いを見ることができる。例えば就職について見てみると、在日朝鮮人であることが判明したことによる採用取消は無効であるという日立製作所採用内定取消無効確認訴訟の判決が下されたのは一九七四年であるが[10]、その後も就職における差別は根強く残っているようである。

「高齢者は戦前の人が多いので、老人福祉施設で韓国人は採用できないといわれた（大卒女性）」「履歴書の本籍欄を見ると、対応が露骨に変わり、不採用になった（大卒男性）」「金を扱う仕事なので、ちゃんとした家庭の人を求めていると言われた（大卒女性）」「書類審査のある会社では自分だけ不合格だった（短大卒女性）」「外国人は労働組合に入れないと言われた（高卒男性）」「帰化の意思を問われ、ないと答えると面接が終わり、不合格になった（短大卒女性）」。これらは二〇〇〇年の大阪府教育委員会による在日外国人生徒進路追跡調査」（一九九五年から九八年に実施されたアンケート）の一部である。さらに次のような数字が挙げられている。

「就職活動中に差別を経験した」の回答は九・九%、学歴別に見ると高卒四・八%、専修学校七%、短大卒一五・六%、大学卒三一・四%。「就職差別は特になかった」と回答した人でも、「同胞企業への就職」や「就職前に帰化していたため」という理由が目立った。中には就職担当の教師から就職差別を前提に指導を受けたため、あきらめて就職先を親族会社などに絞ったと答えたケースもあった。また高校入学後に「帰化」制度で日本国籍を取得した人は一一・八%に上った。さらに本名から通名（日本的氏名）を名乗るようになった人のうち、七三・七%が高校入学以降で、最も多い理由が「就職のため」（二〇%）だった[11]。

ここから読み取ることができるのは、公務員管理職受験資格と同様、中心領域に入っていきたければ「同じ」になれという傾向があること、そして根幹には「同じにならなければ認めない」という姿勢があることであろう。これは採用する企業や機関だけの問題ではなく、顧客や利用者、従って日本社会全体の問題でもある。採用される場合でも、「採用するが本名は秘して『社内は通名で』と強制する企業が少なくな」く、「『本名だと職場に居づらくなるぞ』という上司、『営業のとき本名の名刺を出したらどうなる』という人事担当者、『本名の名刺を出したら相手の顔色が変わった。もう本名では仕事にならんからやむなく日本名にした』」という例は枚挙のいとまもないということである。(12)

もっとも近年、就職採用においては、このような露骨な形での差別はそれほど多くは見られなくなったように思われる。それは一九九〇年代後半に、「本籍地や家族状況を書かせるような応募用紙や履歴書の撤廃が進」み、「在日に関して言えば、企業は採用前に応募者の国籍を知る術がなくなったので、在日であることを名乗らない（意識的／無意識的に、身元隠しを実践する）限り、採用前の差別は不可能になった」ためである。(13)しかし「同じにならなければ認めない」という姿勢が消滅したわけでなく、顕在化する契機がなくなり、潜在化しただけと見ることもできる。見えにくい形での排除（書類段階での除外、採用後の人事考課）がありうることは、別の形の歪んだ顕在化（ヘイト・スピーチ、ヘイト・クライム）とその拡大が傍証していよう。(14)なお、二〇一七年三月公表された法務省による在日韓国朝鮮人を含む四二五二人の中長期滞在外国人調査によると、二・五割の人が外国人であることを理由に就職を断られた、四割の人がアパートなどの入居を断られた、三割の人が差別的発言を受けた、と回答している。(15)

(三)「同じ」はこころを繋がない

違う者は認められず、同じにならなければ認めない。永住者でありさらに文化的に日本人と同様であるだけでも駄目で、国籍や名前も日本あるいは日本名になって完全な日本人になったときに、仲間として認めてもよい。このような国家や社会の姿勢は、最初に挙げた若い学生の携帯電話の話と繋がってくる。「違う」者は自分の選択で「同じ」になったというよりも、「同じ」にならなければ生きていけないから、日本名を名乗ったり、あるいは携帯電話をもつことになるのである。このような関係が、「こころを繋ぐ」ことにならないのは明らかであろう。なぜなら、「同じ」になることへの強い圧力で「手を繋ぐ」ことを強いられるのであって、たとえ表面上は「同じ」になるとしても、それは「こころを繋いだ」ことの結果ではないからである。携帯電話の話の彼の「無念なり」という言葉がそれを表している。それは「こころを繋ぐ」というよりも「こころを押さえつけて従わせる」関係と言える。「変わってるね」の一言で済まして、「違う」人が何故「同じ」になることを拒みあるいは躊躇するのかを考え、相手の「こころ」への眼差しを持って自らが手を伸ばすことをしないならば、こころとこころが繋がれることはなく、一方（多数者）の側のこころの征服が強行されていくに過ぎない。多数に征服された人のこころは、悲しみか怒りかあきらめか恐れか分裂に陥ることになるだろう。もし私たちが、他者と本当に「こころを繋ぐ」ことを求めるならば、「同じを求める」というやり方以外の人間関係の繋ぎ方、平等の姿勢を持たなければならないのである。しかしそれはどんなものなのであろうか。

三　違わないので認めるべき？

「違うから認められない」「同じでないと認めない」という姿勢が生み出す様々な抑圧や差別を知ったとき、正義感を持った人は憤慨するであろう。「国籍」の違いが人間の評価や扱いの違いに結びつくことはおかしい、どこかの「国民」である前に「人間」なのだ、在日韓国・朝鮮人であるか日本人であるかということはその人の価値を左右するものではないのだ、だからこのような「差別はいけない。」福岡安則は、若い大学生のレポートを見ると、在日韓国・朝鮮人に対する露骨な偏見、差別意識をあらわにしたものはむしろ例外的で、かなり多くの学生は、「差別はいけない」、自分はそんな接し方はしない（あるいはするべきでない）と考えている、と述べる。例えば次のようなレポートが紹介されている。

私は普通にふるまうと思います。普通というのは、他の人たちと同じようにつきあうということです。在日韓国・朝鮮人だからといって、特別な目で見たり、またわざと気をつかったりはしたくないです。もしかしたら、そのような人たちに出会ったら、はじめはとまどうかもしれない。しかし、私は普通にふるまいたい。

在日韓国・朝鮮人がいたからといって、あまり意識はしない。今まで、近くにそういった人がいなかったので、きれいごとのように思われるが、私は意識しないで普通にふるまいたいと思う。

頭では、こう考えます。みんな同じ人間だよ、と。でも、心と身体がそのとき、どう行動するのか、それが問題なのです。

普通に接しよう、接しようと思いつつ、その思いがかえって強すぎて、ぎこちないふるまいをするだろう。

もちろん私は在日韓国・朝鮮人であろうがなかろうが、同じように友人として接すると思う。しかし、そのとき、どうしても、「普通の人と同じように扱わなければ」という意識がかえって強く働いてしまうと思う。この意識がなくならない限り、私は彼らと本当の付き合いができないし、彼らも私を信用してくれないだろう。(16)

これらはとても素直な感想であろう。そして「差別はいけない」という善意を基盤にしているという点で、問題がないように見える。しかしながら、福岡はこれらの記述は「どこかおかしい」と述べる。どこがおかしいのであろうか。

福岡は、「意識しないで」「普通に」「同じように」という言葉が呪文のように繰り返されることに問題を感じている。そしてこのような態度から「出会い、ふれあいが可能になるであろうか」と指摘するのである。「同じ人間なんだ」、だから「違う」扱いをすべきでない、従って「違い」を意識しないように「普通」に接するのだ。この一見正しいように見える、人間の抽象的平等からスタートする論理は、個々の「違い」を見ないようにさせる論理だということである。

私たちは抽象的存在として生きているわけではない。人は個々に異なった状況の中で悩んだり喜んだりして生きている歴史的で具体的な主体なのである。その喜びや悩みの内容や状況の具体的な違いを「意識しないで」ふるまい、「同じように」扱うことが、お互いの関係を豊かにするであろうか。もちろん、差別的な扱いよりはましな人間関係かも知れないが、そこにはそもそも人間関係というものがあると言えるかどうかということ自体、疑問である。そこにあるのは、お互いに内面的な違いに触れ合うことを避け、できるだけぶつかり合うことを回避して、表面的表層的な平和を保つことを目的とする関係ではないだろうか。たわいもない会話だけが展開される、孤立した個人の寂しい集団の中では、表面的な交わりや取引は成立するとしても、相手をこころの奥からお互いに理解し合うことには至り得ない。従って、「こころを繋ぐ」関係は生まれてこないのである。というよりもこころを繋いでは「ならない」関係が、そこではお互いに強要されることになる。その意味で「違わないので認めるべき」という人間関係は、抑圧的な関係であるとさえ言えるのである。このことは福岡氏の挙げるもう一つのレポートからも窺われる。

別に特別視はしません。まったく普通に日本人同様ふるまいたいです。実際、在日朝鮮人が友人にいました。もともと特別仲がよかったわけでも悪かったわけでもなく、誰も彼女が朝鮮人だとは知らなかったのですが、本人が「私はじつは朝鮮人だから」と、誰も聞いていないのに、私と二、三の友人に打ち明けたとき、少し驚きました。と同時に、「わざわざ何を言い出すんだ、この子は」と、打ち明けたことにとまどいました。彼女は、他の在日朝鮮人の方々とは待遇というか環境が異なっていたのかも知れませんが、まったくの日本人として周囲も受け入れてましたし。ですから、彼女の口からそう聞いても、冷たい言い方ですが、「だから、どうしたんだい」という感じでした。(17)

「私はじつは朝鮮人だから」という友人の発言は、突然の思いつきではなく、真の友人になれる可能性を感じて勇気を出して深い理解をし合うことを求めての発言だったかも知れない。そうでないとしても、「朝鮮人」であることにいろんな葛藤があるからこそ、何かのきっかけでこういう発言が出てくることもあるだろう。しかしこのレポートの学生は、そういった友人の「こころ」の期待や葛藤に思いをめぐらせるのではなく、むしろ表面的に維持されていた平和を乱す、許しがたい発言と捉えたのであった。この友人の発言によって、仲間たちは「普通」の関係を維持することができなくなったのである。ここで大事にされている「普通」の関係は、「違い」に触れ合わず、内面のぶつかり合いを避ける「こころを繋いではならない」関係と言うことができるであろう。そして違いを表面に出すことを許さないこの関係は、やはり「違い」によって内面的葛藤を感じることの少ない多数者にとって心地よい関係で、「普通」とは多数者にとって普通であるに過ぎない事柄なのである（「全く普通に『日本人同様』ふるまいたいです」という部分に留意）。このように考えてくると、「違わないので認めるべき」という抽象的平等の姿勢もまた、こころを繋ぐことには結びつかないように思われる。(18)

四　違うから認めるべき？

それでは、どのような平等の姿勢が「こころを繋ぐ」ことになるのであろうか。「同じだから認めるべき」ということになりそうであるが、「違わないから認めるべき」でもないとすれば、残された選択肢は「違うから認めるべき」でも「違うから認めるべき」ということになりそうである。しかしそれはどういう姿勢なのであろう。なぜ、違うことが「こころを繋ぐ」平等に結びつくのだろうか。

違いに目を向けることで、相手を理解することは可能となるだろう。そして相手との違いを知ることで、より深い自己理解を得ることができるであろう。しかし、その理解が相手は相手、私は私、というところに留まるならば、「こころを繋ぐ」ことにはならない。「こころを繋ぐ」ためには、もう一歩進んで、違う相手が存在し、その相手との違いを理解することが、自分の生き方考え方に「必要不可欠」であるのだ、とお互いに認め合う必要があろう。「違う」からこそお互いの人間的成長のために必要なのだ、という確信である。

しかしもしそうだとしても、「違う」ことが私たちの成長のために何故必要なのであろうか。そのことを考えるために、在日の問題の中で、長年議論されてきている（しかし最近はあまり論じられることがなくなったかに見える）「地方参政権」を、節を改めて取り上げてみよう。

第２節　「こころを繋ぐ」平等に向けて――地方参政権を題材にして考える

一　三つの姿勢と地方参政権

憲法第九三条第二項には、「地方公共団体の長、その議会の議員及び法律の定めるその他の吏員は、その地方公共団体の住民が直接これを選挙する」と規定され、「国民」ではなく「住民」という言葉が用いられている。従って、少なくとも地方の選挙権は憲法上認められるのではないか、という主張は可能である。そして、一九九五年に最高裁は、在日韓国人たちによる地方選挙の選挙人名簿への登録に関する訴えを結論としては棄却したが、地方選挙の場合は永住しているような外国人に対して「その意思を日常生活に密接な関連を有する地方公共団体の公共的事務の処理に反映させる」ために、「法律をもって、地方公共団体の長、その議会の議員等に対する選挙権を付与する措置を講じることは、憲法上禁止されているものではな」く、「右のような措置を講じるか否かは、専ら国の立法政策にかかわる事柄」であるという判断を示した。[19] この判決の前後に地方議会では、地方選挙への参政権を要望する決議が相次ぎ出されており、二〇〇〇年前後には国会レベルでも大きな議論が沸いた。にわかに立法化が現実味を帯びてきたが、結局は反対論がかなり強く、立法には至らなかった。[20] その当否はともかく、在日の人たちをはじめ永住あるいは定住外国人の地方参政権をめぐる議論は、

Ａ「同じになれば認める」

Ｂ「違わないから認めるべき」

Ｃ「違うから認めるべき」

という上に挙げた三つの人間関係の姿勢に対応させて考えてみることができる。

参政権を認めるには「日本国籍」取得が大前提であるという議論は、「同じになれば認める」というＡの姿勢に対応するだろう。これに対し、同じ住民である以上（人間として）当然に参政権を持つべきである、あるいは税金を払っている以上（他の日本人と同じように）その使い方に対する発言権として参政権を持つのは当然である、という議論は、（他の住民と）「違わないから認めるべき」というＢの姿勢に対応するだろう。

これらの議論は、それぞれ正しい部分もあると思われる。しかしここで考えたいのは、Ｃの「違うから認めるべき」という姿勢に対応する議論としてどのようなものが考えられるか、ということである。在日の人たちに参政権を認めるかどうかを、(21) 単に「国籍」があるかどうか、あるいは人権や権利に基づく正当な主張であるかどうか、というレベルだけで論じるのではなく、それを認めることが、私たちの人間としての成長にどのような関わりを持つのか、ということを考えてみたいのである。それが幾つかでも発見できれば、「違い」を認めつつお互いに必要不可欠な存在として手を繫ぎ、こころを繫ぎ合う平等という人間関係の在り方が垣間見えてくるのではないだろうか。このような観点から、「違う存在だから参政権を認めるべき」という理由を考えてみよう。

二　違う存在だから参政権を認めるべき消極的理由

(一)「違い」に向き合う議論自体の重要性――相互理解の第一歩

まず、国籍という重要な点で違いを持つ人々に参政権を「認めるべき」かどうかという議論をまじめにすること自体が、「違い」に向き合うことであり、それだけでも相手の理解、自己の理解を深めることにつながると言うことはできよう。特に多数者にとって、普段見過ごしがちな少数者について知ることができるきっかけになると思われる。そして少数の「違う」人たちを、自分たちが中心的構成員となっている社会がどのように扱ってきたのかが見えてくることで、自らについても知ることができるだろう。何故国籍の違う人たちに参政権を認めるべきという議論が在日の人たちを中心に起こっているのか、在日の人たちは他の外国人、他の永住・定住者とどう違うのか、日本国籍を取得すれば参政権も他の不利益も法的には解消されるのに、どうして在日の人たちは取得しようとしない人が多いのか(取得した人は何故帰化したのか)。帰化のシステムはどうなっていて、国籍取得にどのような壁が設けられていたか。こういう事柄に関する真摯な理解は、たとえ最終的にAやBに基づいた参政権賛否の結論に至るとしても、Cの可能性を含めて論じられなければ、生まれることはないであろう。

(二) 平等の名の下での差別に気づくこと――中立的でない国家

日本社会の中心的構成者たちがそのような理解を深めていくとすれば、日本社会において、国籍取得が本当に在日の人たちを共に共存して住んでいく仲間として位置づけることを意味すると言えるか、自己反省が進んでいくであろう。

日本は戦前、朝鮮半島等の住民を強制的に臣民、日本「国民」にして、戦時体制下では日本語を使うことを強制した。また「創氏改名」により日本的な名前に変えさせたりして、その同化政策は徹底したものであった。ところが戦後になると、もはや日本人ではないということで、一九五二年四月二八日のサンフランシスコ講和条約発効後、選択の余地なく日本国籍を剝奪するが、その前の一九四五年一二月衆議院議員選挙法改正で参政権を停止し、一九四七年五月二日にはまだ日本国籍があるにもかかわらず「外国人」として登録させた[22]。それは憲法施行前日のことで、憲法は「国民」にしか適用されないことを強調した施策であり、憲法も在日の人たちを除外する「壁」であったのである。

そして憲法をよく読んでみると、「国民」という言葉が頻繁に出てくる。

第一一条　国民は、すべての基本的人権の享有を妨げられない。

第一三条　すべて国民は、個人として尊重される。生命、自由及び幸福追求に対する国民の権利については、公共の福祉に反しない限り、立法その他の国政の上で、最大の尊重を必要とする。

第一四条　すべて国民は、法の下に平等であって、人種、信条、性別、社会的身分又は門地により、政治的、経済的又は社会的関係において、差別されない。

第一五条　公務員を選定し、及びこれを罷免することは、国民固有の権利である。

第二五条　すべて国民は、健康で文化的な最低限度の生活を営む権利を有する。

第二六条　すべて国民は、法律の定めるところにより、その能力に応じて、等しく教育を受ける権利を有する。

②すべて国民は、法律の定めるところにより、その保護する子女に普通教育を受けさせる義務を負う。

第二七条　すべて国民は、勤労の権利を有し、義務を負う。

人権の主体は「国民」であり、外国人には憲法は適用されない、ということだろうか。[23] もちろん事柄は単純ではなく、権利の性質によって異なるということにはなろうが、憲法制定過程を見てみても、政府は外国人への憲法適用を極めて限定的にしていこうとする傾向があることは明らかであると思われる。[24] その姿勢は、憲法施行直前に、上述のように国民と国民でない者を分ける作業をした、という点にもよく現れている。在日問題は、憲法の「排他性」を知ることにも繋がる。そして「国籍」「国民」という壁を道具にして、戦前も戦後も、日本国家が在日の人たちを利用したり排除してきたという歴史を見ることができるのである。

そのような歴史の中からは、外国人、とりわけ在日の人たちの帰化を、「権利」として捉える考えは出てこない。実際、帰化を認めるかどうかは、一定の条件を満たせばよいというわけではなく、法務大臣の裁量に委ねられている。以前は、生計が営めているか、素行不良ではないか、という法の条件に絡んで、いろんな書類を出させられたり、プライバシーに関わるような事情聴取をされたようである。そして何より、帰化に当たっては「日本名」に変えることが求められていた。「同じになれば認め（てや）る」というAの論理である。現在では比較的簡単に帰化が可能となった。また民族名、民族読みでもよいと一応のところ認められることになっている。但し、これは在日の人たちが一九八〇年代以降訴訟によって勝ち取ってきたことで、国家が進んで認めたことではなかったことを看過すべきではない。

過去は別にして、帰化が比較的容易になってきたことは、日本国民になることが、日本人への「同化」の強要でなくなり、日本が、違う存在が違いを認め合って共に生きる枠組みとしての国家へと大きく変わった証であると言えるであろうか。日本という国家が姿勢を転換した、すなわち在日の人たちも日本人も共に仲間として生きていくことができる枠組みを用意し始めた、とは言うことができないように思われる。もし特別永住を認めた一九九一年を契機に日本国家の姿勢が変わり、新たな共存の枠組みとしての国籍を用意したということなら、そのような新しい中立的な国家の国籍を持って共に新しい政治的社会を作り上げていこう、という呼びかけとして、参政権取得のために「新しい意味での国籍」をお取りください、と言うことになろう。しかし、残念ながら、そういう流れに向かっているとは思えない。先ほどの公務員就任や昇進、さらに戦死傷者の年金や恩給での「国籍条項」による排除的な扱い方は、[25]今なお、裁判の判決で示され続けている。しかし「違うから認めるべき」という観点からさらに決定的なことと考えられるのは、日の丸君が代を国旗国歌とする法律を成立させたことではないだろうか（「国旗及び国歌に関する法律」一九九九年八月一三日施行）。

二次大戦以前と同じ国旗国歌を正式に公的に採用する姿勢は、その戦争の被害者の子孫を国家構成員に含んで共に生きる姿勢とは考えられない。戦争被害者及びそのルーツを持つ者が、それらを自分の国旗国歌として喜んで受け止めることができるであろうか。そういう人たちも喜んで受け止められるような体制、新しい国旗国歌を用意して初めて、「共に生きる」ための国家の枠組みの中で一緒にやっていこう、ということになるのだと思われる。

国籍という法的レベルの問題に限って考えるとしても、この状態では、参政権には「帰化が条件」という姿勢は、やはり「違うから一緒にやっていこう」という姿勢ではなくて「同じになれば仲間に入ることを認める」というAの姿勢のままである、と言わなければならないだろう。国家の在り方は、少なくとも現段階の日本においては、Bの姿勢に基づくようなニュートラルなものですらないのである。ところが、参政権の議論になると、（国籍を取得しやすくする必要があると自己批判はしつつも）国籍自体は中立であり日本国は手を広げて待っている、という印象を与える議論が展開されがちである。しかしこのようにして、Cの視点から全体の議論を見ていくと、国家は中立ではない、ということがよく分かってくる。

以上は、AやBの姿勢において見落とされがちな問題点を拾い上げるためにCの姿勢の観点から考えることが有益である、というCの消極的理由である。そこからさらに、Cの姿勢の観点から積極的に地方参政権を認める理由が見いだされていくことになろう。

三　違う存在だから参政権を認めるべき積極的理由——少数者の視点

歴史と少数の存在に無感覚な国家、その国家を構成する多数者は、自分の視点からは国家および社会の暴力性に気づくことが困難である。在日の問題に関しても、日本人としての多くの国民はあまり加害者意識はないと思われる。それは、個々人が暴力を振るっているわけではなくて、暴力が構造となって、加害者もその中に組み込まれている一つのシステムとして動いているから、そのシステムの外側に意識的に立たないと、暴力であることも分からないし、自分が加害者であることも分からないからである。加害者が加害者性に気づいているならば、暴力も簡単に無くすことができるであろう。しかしそうでない状況において、多数者が暴力の構造に気づき、「共に生きる」枠組みを模索していくように変わっていくためには、暴力的に扱われている側の声が表に出てくることが必要なのである。(26)

従って、少数者のナマの現状を表に浮かび上がらせ、国家にも社会にもその現状に向き合うことを促す、というところに、実は地方参政権を在日の人たちに持ってもらう意味があるのだと思われる。日本の国家、社会の「同じ」を求める一元的な暴力的構造と、それに気づかない意識の在り方を変えるためには、「同じ」の枠からはみ出した人を仲間に入れることが必要である。少数者、ここで言うと在日の人たちの声を公の場所で聞くことは、日本社会の多数を構成する日本人の生き方の転換にとって必要不可欠なことと言えるであろう。社会の歪みの中で苦しむ存在に、公の表舞台に立ってもらうことが、社会ひいてはそこで多数を構成する人々自身の成長に繋がるのである。従って、「違うからこそ」在日の人たちに参政権を持ってもらい、「公的意思形成」の場に出てきてもらうべきだと言うことができる。

ここに、（国籍を持たずとも政治に参加できる存在を認める、ということで）「国民」概念を拡げることによって、在日の人たち（さらには永住・定住外国人）に参政権を持ってもらうことの積極的な理由があるが、そもそもその「国民」概念を拡げる（国籍がなくとも政治に参加できる存在を制度的に認めるという）やり方は、それ自体で日本社会のシステム、構造を組み替えることにもなりえ、その意味でも優れた方法であると言える。

今一緒に住んでいる同じ人間なのだから参政権を与えてあげればいいではないか、というBの姿勢は、違いを視野に入れない、平板な平等観に基づくものである。それだけでは閉じた国家観を変えることにならず、自己及び自己の形成する社会の成長をもたらさない。そこでの人間関係は同化の論理に留まるか、相互の成長のための対話が始まらない関係に終わる恐れがある。この点で、「国家国籍の意味を考えようともしない日本人」「国家意識の欠落」という櫻井よしこの批判は当たっている。[27]しかし、国籍を持ってから初めて日本の政治にものを言うべき、というのは、日本の国家の今までの行動、内容を無視し、国家を中立的存在として都合よく美化した見方であると思われる。そしてさらによりよき国家、よりよき社会を作り上げていくためには、国家や社会の歪みの中で苦しむもの、声なきものの声を拾い上げていくことこそが、その第一歩となっていくであろう。矛盾の中に苦しむ存在に社会の表舞台に立ってもらうこと、すなわち矛盾を抑圧隠蔽せず向かい合い認めること。このことにより、相手の理解、そして自分が意識していなかったけれども抱えている問題性に気づく自己理解により深いレベルで到達でき、それ故に互いに真に交わり手を繋いでいく「こころを繋ぐ」関係が生み出されるのである。「違うからこそ認めるべき」

という平等の姿勢こそが、国家と社会を変え、自己を変え、成長させていくものであると思われる。

四 「地方」参政権と「国政」参政権――国家の論理を超えた存在の重要性

(一) なぜ「地方」参政権か

しかしなぜ、「地方」参政権なのか。私は、まずは「地方」を出発点にすることが大事ではないか、と考えている。国民国家は近代の産物と言ってよいであろう。そして民主制を旨とする近代的国民主権国家は、社会契約論に見られるように、あるいは「人民の人民による人民のための政治」というリンカーンの言葉に表されているように、国民による人為的手段的産物と観念されることが一般であろう。しかし、人間の営みは、人間が意図的に組み立てた人為的枠組みによって完全にコントロールできるものではない。そのほころびが現在、教育、医療、経済、環境など様々な領域で具体的な問題として生じていることは周知のところである。そしてほころびはまずもって、人々のナマの「生活」の中に現れてくるものではないだろうか。例えば、教育問題のほころびは子どものこころに、医療問題は深刻な病気や不治の病を抱える患者に、経済問題のほころびは中小企業の経営者や労働者に、環境問題のほころびは産廃処理場や原発が作られる過疎の町村に、とりわけ鮮明な形で表れてくるように思われる。それらは最初から抽象的な理論的論争として登場するのではなくて、まずは現実の生活問題として、人々の具体的なうめきとして現れてくるものと言える。そのような諸問題と同時に解決の出発点と方向性もまた、それ故、ナマの「生活」現場が最もよく教えてくれるのである。政治で言えば、「国家」ではなくて、生活現場により近い「地方」がそれらをより明確に教えてくれる可能性が高いと言えよう。従って、「地方」の政治に、「国家」の矛盾、抑圧の対象となってきた存在が参加することは、政治を生きたものにしていくための大きな可能性を秘めていると考えられるのである。

(二)「国政」参政権の可能性

しかしさらにこの考え方を敷衍すると、国政への参政権を何らかの形で永住・定住外国人に認めることも誤りとは言えないことになる。例えば国家防衛に関して国籍のない者が関わることが許されないから参政権は与えられない、とよく言われる。しかし逆ではないだろうか。国防というのも一般的には、国家という枠組みとその中身を武力によって維持することを前提とした近代的観念である[28]。二次大戦前は朝鮮は、日本の帝国主義的な「国防」のための植民地政策の犠牲者となった。さらに二次大戦後に登場することを余儀なくされた在日韓国・朝鮮人は、冷戦の被害者でもある。戦後、朝鮮半島に帰れなかったのは、冷戦におけるイデオロギー対立と大国の論理による朝鮮半島の分断のためでもあることを忘れてはならない。それに対し二一世紀は、もはや国家を戦争と力の外交によって守ろうとする発想を乗り越えるべき時代であると位置づけるべきではないだろうか。だとすれば、その新たな国家防衛のための議論の出発点として、日本国内的には、沖縄、長崎広島、そして「在日」からスタートすることが、歴史的使命であると思われる。国家と戦争に翻弄されてきた存在こそが、二一世紀の日本や世界のあるべき方向性を考える大きなきっかけを与えてくれるであろうからである。この点で、地方を超えて、国政レベルでの参政権を在日の人たちに何らかの形で認めて、「国家」の意思形成にむしろ積極的に参加してもらうべきとさえ言えるのである。

近代国家の論理は、ここまでが自国の領土、この人が自国民、それ以外は自国と無関係とする「二元論」に親和的である。自国の領土、国民は一〇〇%自国に属し、他国は介入してはならないという、イエスかノーかという枠組みを基本的に持つのである。しかし世界中の多くの紛争は、この二元論から生じると言えるのではないか。とすれば、その二元論の暴力の中にあり苦しんでいる者の視点こそが、暴力の構造を変えるヒントを与えてくれると思われる。そして、そのような苦しんでいる者たちの視点を取り入れることこそが、民主制をとることの積極的な意味になるのではないだろうか。この積極的意味の民主制は、多数者の「力」に基づくものではない。「多数決の民主」は数の暴力に結びつきやすい。そうではなくて、少数者の声に耳を傾け、問題を別の面から見たり考えるきっかけを大事にすること。このような「少数者を取り込む民主」こそが、二一世紀の可能性を開いていく枠組みとなろう。そのような民主の在り方が政治レベルで展開されるとき、近代国家の国内的及び国際的諸問題を解決する平和への糸口になりうるものと考えられる。この点はさらに次の第６章（特に第２節）で詳細に扱うことになろう。

第３節　「こころを繋ぐ」平等と「向き合うこと」への自由

一　違いに向き合う在日の若者たち

以上、違う存在だから「こそ」在日の人たちに参政権を認めるべき理由を挙げた。お互いの「こころを繋ぐ」国家や社会となり、そのことを通して人々が人間として成長していくために、「違うから認めるべき」という平等の姿勢が必要なのである。とすれば、次に問題になるのは、違いを認めること自体が重要であるとしても、違いを「どのように」認めるべきであるのか、ということであろう。違いを否定したり、違いから目をそらすのではなく、違いに「向き合うこと」が重要であるとしても、どのように向き合うのか、あるいは違いにどのように「関わる」べきであるかが、次に模索されなければならない。この問題に一つの明確な答えを出すことは難しいし、むしろ模索し続けることが大事だと言えるのかも知れない。しかし、そのヒントを、既に違いへの向き合い方を試行錯誤して模索している「先輩」から学ぶことは可能であり、また必要であると思われる。そこで、本節では、「違い」に直面せざるを得ない状況におかれて生活している在日韓国・朝鮮人の生き方から、違いを「どのように」引き受け、向き合うべきであるのか、その幾つかの道筋を辿ってみることにしよう。題材とするのは、テレビ番組で放映された在日韓国・朝鮮人の三人の若者である。(29)

(一) 二つの名前で生きる——徳山性文（洪性文：ホン・ソンムン）

洪性文さんのお父さんは、在日として、国なき民族の悲哀をいやというほど感じてきたが、歴史、文化を知ることによって、自分の位置づけができるようになった。それ故、子どもの教育も、自分のルーツを見つめた上で共存することが大事であると考え、民族学校に通わせた。そういうわけで性文さんは高校まで民族学校に通っていたが、歯科医師を目指して大学に入り、日本社会、日本人に多く触れるようになった。そこで日本社会で暮らしてきた在日の人たちにも出会う。その人たちの多くは通名で生きていた。

彼らに出会うことで、通名を使って生きている在日の人たちはいじめられる中で本名を隠して暮らしているという暗いイメージが変わった。差別を跳ね返すくらいの明るさを持っていて、通名でも気持ちをしっかり持っていられればいいかな、と思ったのである。そして、自分が歯科医師になったとき、通名で働くことにした。

お父さんは、自己のアイデンティティを確立する上で、本名を使うことは大事だと考え、妥協は、自分を喪失させるのでは、と心配する。しかし、性文さんは、今は、二つの名前を使い分けて生きている。あらまった時には本名を名乗るが、そうでもない関係においては通名を用いる。しかし気持ちの上ではずっとコリアンであり、本名を変えるつもりはない。通名を使うのに深い意味はない。本名で行くと、必ず「なんて読むんですか」ということになり、面倒くさい、ということだけである。

（二）本名で生きる――鄭順一（チョン・スニル）

鄭順一さんは、郵便局員であり、仕事の上でも民族名を使っている。本名で出会った方が、自分のルーツがきちんと伝わった上でコミュニケーションが始まるから、と考えている。通名は「竹本順一」であり、両親は今でも「ジュンイチ」と呼ぶ。小学校から高校まで日本の学校に通い、在日韓国人であることを表には出さなかった。その間、いつも嘘をついているというコンプレックスがあった。積極的に嘘をついているわけではないが、自分を偽って生きていることの罪悪感があった。いつかばれるのではないか。ばれたときにはどうしようという不安があり、それから解放されたい、という思いをずっと持っていた。

高校生活を締めくくるに当たって、このまま卒業するか、本名を名乗るか悩んでいたときに、同級生の「本名で行けばええやんか」という一言によって押し出された。卒業式の時呼ばれた名は、「チョン・スニル。」その同級生と結婚した。妻も姓を鄭とし、子どもたちには、ハングル文字の名前をつけた。鄭と八倉（妻の旧姓）という、名前が語る家族の歴史を、子どもたちに時間をかけて伝えていきたい、と考えている。

しかし結婚して十年経ち、鄭さんは、日本の国籍をとることも考えている。自分が参加している社会は、韓国よりも日本だということは明らかだからである。だとしても、名前は変えるつもりはない。ルーツを表現するためのツールとして、大事にしたいのである。

(三)　名前は「二つのルーツ」――蒔田朴沙羅（マキタ・パクサラ）

蒔田朴沙羅さんの名前は、自分が二つの民族のどちらにも属さないことを意味する。お父さんは在日韓国人、お母さんは日本人であり、彼女は実際に二つの国籍を持つのであるが、両親は名前にも父母両方のルーツが含まれるようにした。彼女は自分について次のように述べている。

日本に暮らし、日本語を使い、日本の高校に通う。友だちも日本人がずっと多い。だから名前ぐらいは韓国語でなければバランスがとれないという感じがしている。日本人兼韓国人、だからどちらでもない。それ故に、名前に両方入っていていいと思っている。

「曖昧さ」が自分の生き方にはつきまとう。学校の人権学活で在日への民族差別が取り上げられたとき、自分はどのような顔をすればいいか戸惑ってしまった。日本人なら反省できる、韓国人なら歴史と差別に怒ることができる。しかし自分はどんな顔をすればよいのだろうか。

父は、日本生まれの朝鮮人。それだけで差別を受けた。それで深く傷つき、差別に怒り続けることで自分の大切な部分を作ってきた。父にとって朝鮮人であることはとても大切なこと。それに対し、母は、大人になるまで、ごく当たり前の日本人として育った。しかし、私はどれほど日本人として育ち日本文化を愛したとしても、日本人ではない。明日から韓国で暮らし、韓国語を話し韓国人でありたいと望んでも、韓国人でもない。けれども今はこう思うことにしている。日本人でも韓国人でもないなら、とりあえず国からは自由にいられるのでは。曖昧で中途半端ならではの楽しみも、きっと世の中にはあるだろう、と。

彼女は、韓国の伝統芸能である三連太鼓を学んでいる。自分の存在の手掛かりを得ようとしているのである。(30)

二　違いに向き合う三つの生き方

ここに挙げた三人に共通する点は、「違い」に向き合って生きよう、そして「違い」を自分なりに引き受けて生きようという姿勢であると言える。しかし、その違いの引き受け方は三者三様で、その結果どのような人間関係に繋がっていくかという点でも、内容が違ってくるように思う[31]。

（一）「多元的併存」の姿勢

第一の洪性文さんは、大学時代、通名を名乗っている在日の人たちの自由な姿を目にしたことがきっかけで、自分の生活場面や相手によって（患者さんには通名、もっと重要な人間関係においては本名というように）、無理をせず本名と通名を自然な形で使い分けていくようになった。

彼は、通名を名乗っている在日の人たちが想像に反して明るく生きていると感じたと語っている。日本社会を「否定」して背を向けることの方が暗くかたくなな生き方で、むしろ日本社会を否定せず、向き合っている彼らの（全面的でないにせよ）「肯定的な」姿に、自由と明るさを感じたのだろう。そこで無理に背を向けることから自由になって、自然な形で必要に応じて名前を使い分ける生き方を選んだ。どちらにも固執しない、自然体の生き方、「二つの名前で生きる」生き方である。これは矛盾をそのまま矛盾として引き受ける生き方と言ってもよいであろう。

彼の生き方は、「多元的併存」の社会関係に繋がるものだと思われる。違いや矛盾をありのままに受け入れ、容認する関係である。これはとても寛容な姿勢だと言える。

しかし問題もある。彼の「こころ」の中には二つの生き方が併存しているのだが、それをどう統合すればよいか、という悩みが絶えることがないであろう。「自然にまかせる」だけでよいであろうか。結局こころの二つの部分が分裂したまま、状況に応じて「使い分け」をするだけになるのではないか。「統合」は必要ないとすればそういうことになってしまう恐れがあろう。その場合、こころの二つの部分の間には「対話」が生まれてこず、人間として「成長」していく契機を見ることができないようにも思われる。この人格内部の分化は、他者との関係でも現れてくることであろう。通名としての顔を見せる人と本名としての顔を見せる人の分化が生じることになるが、そうすると自分を認めてくれる人にはこころを開くが、そうでない人には「自然体」の帰結として表面的関係だけで済ませる恐れが出てくる。人間関係の二分化と閉鎖性の危険性が、「多元的併存」の生き方、社会関係にはつきまとうのである。

とはいえ、矛盾を矛盾として引き受け、分裂状態を無理に拙速に統一することをせず、時間をかけて自分なりの統合性を見出す、という姿勢は、それ自体とても魅力的である。「多元的併存」関係が豊かな生き方に結びつくためには、高度の忍耐力が必要なのである。

(二)「多元的共存」の姿勢

二番目の鄭順一さんは、通名で生きている自分への後ろめたさ、日本社会を恐れ本当の自分を「否定して」自分に背を向けていることの不自由さから、高校の卒業式を機に脱却して、本名を名乗り、素直に自分に向き合う生き方を選んだ。

彼は、自分の出自に素直に向き合うという選択をしたわけである。しかしルーツにかたくなにこだわっているわけでもない。彼は、現在の自分の生活様式、つまり日本人と同じ生活、経済の枠組みで日本語を使って日本に住んでいるという事実にも、素直に向き合おうとしている。それ故に、国籍は日本であっても構わない、という発言が出てくるのである。しかし名前は本名で生きるのだという確信は変わらない。

前の洪さんと同様、「素直」に違いや状況に向かい合うという姿勢を持っているが、しかし鄭さんの場合は、相手や状況によって自分の名前、他者に見せる自分の側面を使い分けることはしない。彼は在日韓国人であるという自分の出自が自分の人格を統一する重要な部分であり、その側面を含んだ鄭という一個の統一した人格として、他者と関わり合うことを求めるのである。

彼の生き方は、「多元的共存」の社会関係に繋がるものだと思われる。「多元的共存」の場合には、対話、相互関係の中で、考え方や生き方が修正されていくことを積極的に認めるであろう。柔軟に、素直に自分が変わっていくことを肯定するけれども、しかしこころの通った対話に入るためには自分の「立脚点」がなければならず、そのような対話の中での成長発展の出発点となるのは、彼の場合、在日として生まれ育ったことであり、それを否定することは自身の人格と人間的成長を否定することになると考えているのである。[32]

このようにして、多元的共存の姿勢からは、（現段階にあって）自己のアイデンティティをしっかり持つ異なった者同志が、確固とした人格の立脚点を持った存在として共にお互いを認めあって、積極的に「国」や「地域」という枠の中で生活を共にして関わり合いながら対話の中で生きていく、といった社会関係が生まれるであろう。

(三)「多元的融合」の姿勢

三人目の蒔田朴沙羅さんは、姓はお母さんの姓、名前の方に「朴」というお父さんの姓を入れた、二つのルーツの名前を持ち、そのことを積極的に受け止めて生きようとしている。

彼女は韓国人でも日本人でもない、と言うが、さらに複雑なことに「在日」韓国人でも日本人でもない存在と言える。だから鄭さんのように、出自に素直に向き合うことで自分のアイデンティティを確認することができない。洪さんのように、併存させようとする在日の側面を出発点として持っているわけではない。鄭さん、洪さんは出自において「在日」としてのアイデンティティを持っており、それを一つの柱とした上で日本（人）という側面にどのように向き合うかというスタンスに立つが、彼女はまずアイデンティティの出発点そのものを探し求めなければならないのである。

在日韓国・朝鮮人と日本人が、両者の歴史の中で一般的には反目し合うものであったとすれば、二つのルーツを両方内在させたアイデンティティ形成はかなり難しい試みであろう。そのことは、日本人は歴史と差別を反省でき、在日韓国・朝鮮人は差別に怒ることでアイデンティティの出発点とすることができるが、自分はどうすればいいのか、悩む彼女の言葉に表れている。

しかし彼女は、どちらかのルーツを否定してどちらかだけに同化するのではなく、また両方を否定してルーツは自分にとって大事なものでなく要は実力で生きていくことなんだ、といったように根っこのないコスモポリタンになることも求めない。自分の持つ二つのルーツを自分の中で統合することをあきらめずに、その「曖昧さ」を引き受け続けていこう、考え続けていこうとしているのである。それは、在日、日本人という二つのルーツのいずれも「柱」とすることなく、両方をいわば「つる」のように編み上げて「融合」させていく生き方と言えよう。「曖昧」な存在であり続けるとは、そのような相対立する側面を柔軟に結びつけていくなかで、いずれとも異なる姿形に「融合」された新たなアイデンティティを編み続ける生き方なのである。

この生き方は、いわば「多元的融合」の社会関係に繋がっていくものと思われる。社会はその中のある側面、いずれかの集団が（一本であれ複数であれ）「柱」になって形成されるのではなく、様々な側面、様々な集団を「融合」させて編みあげられていくものということになる。いろんな側面、様々な人々を粘り強く柔軟に結びつけていく姿勢が社会関係の中で展開されていけば、「併存」「共存」社会よりももっと人と人が繋がりあった「融合」社会を見ることができるであろう。但し、異なったものをただ足し算するだけでなく、一つのものに「融合」させるためには、やはり結びつけるための何らかの筋が必要ではないだろうか。ここで、逆に「多元的共存・併存社会」の場合よりももっと明らかな形で、民族やルーツを超えた視点から「違い」を見つめる、ある種の「客観的視座」による「統合」が求められるようになると思われる。(33)

三　「向き合うこと」への自由

(一)　自由は「向き合う」こと

三者に共通している姿勢は、「違い」に向き合って、自分なりに違いを引き受けて生きようという姿勢であると述べた。第一の洪性文さんの場合には、二つの名前で生きることで、今までと異なり、彼なりに「日本社会で生きていくということ」に向き合ったと言えるであろう。鄭順一さんの場合は、本名を名乗ることで「自分の出自・ルーツ」に向き合うと同時に、「日本社会に生きているという現実」も引き受けてしっかり向き合おうとしている。蒔田朴沙羅さんの場合は、反目しあいがちな「二つのルーツ」から目を逸らさずに向き合っている。

「向き合うこと」（そして引き受けること）は、目をそらさない＝逃避しない（本章のテーマに則して言えば、コスモポリタンにならない）、拒絶しない（日本に背を向けない）、無批判に迎合しない＝同化しない（日本人になりきろうとしない）ことであると言える。(34) 逃避せず、拒絶せず、納得なしには迎合せず、自分の抱える問題に正面から向き合うことができる、これが人格的意味での「自由」ということにもなるのではないだろうか。

（二）向き合う自由から「こころを繋ぐ」関係が始まる

この意味での自由は、こころを繋ぐ関わりを呼びかけるものである。何かに「向き合う」姿勢は、「向かい合う」相手方や状況との関係を断ち切るのではなく、むしろ関わり合いを呼びかける姿勢と言える。三人の若者とも、自分のルーツに向き合っているだけでなく、それぞれの形で日本社会にも向き合おうとしている。「自由」は本来、他者との関係を開いていき、こころを繋いでいく関係に向かうものではないだろうか。その意味で、恐れずに向き合うことのできる「自由」な生き方を持つことが、「こころを繋ぐ」平等な関係を作り上げていく出発点と言えるであろう。

（三）こころを繋ぐ関係の条件１――「お互いに」自由になること

しかしながら、「自由」がこころを繋ぐ関係に結実していくためには、さらに二つの条件が必要だと思われる。まず第一に、「こころを繋ぐ」には、相手方が必要である。例えば在日韓国・朝鮮人の側は、こころを開いて「日本社会」に向かい合おうとしているとしよう。その場合、この彼らの自由な生き方がこころを繋ぐ関係を生み出すかどうかは、日本社会の（多数者の）側が、彼らに向き合うことができるかどうかにかかっているであろう。「お互いに」自由になるとき、すなわち「お互いに」目を逸らさず相手に向き合って引き受けるとき、こころを繋ぐ関係は生み出されると思われる。

例えば、在日の学校教育はかなり変わってきた（祖国の枠組みではなくて在日独自のアイデンティティを求めて、朝鮮半島と日本の架け橋づくりの教育を始めている)[35]。それでは、日本の学校教育は在日に「向き合う」なかで教育の在り方を考えるようになってきているであろうか。(慰安婦問題等の記述の教科書からの削除、教育現場で日本の国家意識を強めるための国旗国歌の法制化、そして二〇〇六年の教育基本法改正のなかに、日本国内の少数者に向き合う側面を見て取れるであろうか。)また、在日の若者の意識は、自分のルーツと日本の両方に向き合うようになってきた。それでは、日本人の若者はどうであろうか。日本国内の少数者に「向き合う」なかで、自分たちの在り方やルーツを考えるようになってきているであろうか[36]。

当人の「自由」な生き方がこころを繋ぐ関係を生み出すためには、当人だけでなくその相手の方にも「向き合おう」とする自由な姿勢が必要なのである。目を逸らしたり(在日問題を無視、知ろうとしない、関係ないと言う)、拒絶すること(社会生活で差別抑圧する)、あるいは反対に、無批判に違いがないかのように接することは、いずれも相手に「向き合っている」とは言えないであろう。

(四)こころを繋ぐ関係の条件2——矛盾や曖昧さの時空の拡大

もう一つの条件は、「向かい合う」時間と空間を拡げていくことであろう。三人の若者は、不条理な、あるいは自分の責任によらないけれども背負わなければならない問題に悩んでいる。それは自分の中に、「違った」二つの側面があることの矛盾、曖昧さによる葛藤である。けれどもその矛盾、曖昧さは彼らの内部の問題だけに留まるものではない。なぜなら、それらは日本社会が(故意に)生み出してきた矛盾、曖昧さでもあるからである。彼らに「向き合う」ことは、日本人が自分自身に「向き合う」ことでもあり、その意味ではこの矛盾や曖昧さに「向き合う」ことは、日本人自身がもっと自由になっていくチャンスなのである。このように、ある社会の中の矛盾や曖昧さが隠されることなくそのまま浮かび上がってくる時間と空間、正面から考える時間と空間、つまり矛盾や曖昧さと向かい合う時間と空間が大きいほど、その社会の全構成員がより成長し、より自由になっていくと思われる。

その意味で、矛盾や曖昧さを見えなくしてしまう、イエスかノーかの「二元論を排する」ことが重要である。例えば国籍があるかないかで社会参加の資格を決めて、国籍がないけれども社会生活を営んでいるという曖昧な存在を一律に社会の外側に置いてしまうならば、その社会が自分の抱える矛盾や問題点に「向き合う」ことが極めて困難になる。私たちが疲れたり病気気味になったとき、そのシグナルは一番弱い部分（例えば胃が痛くなる、肩がこる、目が痛い）に出ると言われる。社会の問題も、その社会の中心部分ではなくて周辺部分、その社会の中に存在するけれども矛盾や曖昧さを感じているその部分に現れてくるのではないだろうか。その意味で、国家や社会生活の中にある矛盾を最も強く感じ経験している曖昧な存在である人たちの声に耳を傾け、「向かい合う」時間空間を持つことが、社会全体をより自由に、より健康健全にしていく鍵となるであろう。だから第二節で述べたように、「国籍」がないから参政権を与えられないと言うのではなくて、逆に、「国籍」がないから「こそ」参政権を認めて、社会の矛盾と曖昧さを明らかにしてもらうべきだ、と言うことができると思われる。民主主義がすべての人々が成長していくためにすべての人が協力すべきであるということを意味するならば、それは多数者の声に従うことではなく、少数者の声に耳を傾けることを意味するべきなのである。「違うからこそ認めるべき」という姿勢が「平等な取り扱い」という法原理の内容であるべき根拠の核心は、ここにある。

四　結　び――「平等な取り扱い」原理の果たすべき役割

感情による結びつきもこころを繋ぐために必要であろう。しかしそれだけが絆になる場合、仲良し集団の中に閉じてしまった成長のない、そして不安定な繋がりに終わってしまう。広がりのある人間関係、自分が成長していけると実感できる人間関係、しっかりと自分の足で立っているという主体性の確信のある人間関係を繋いでいくためには、「違うから認めるべき」という平等観に立った関係形成がなされなければならない。そしてそのような関係形成に着手できるためには、関わり合う各人が「矛盾や曖昧さ」に向き合うことのできる自由を獲得していかなければならない。そのためには、「矛盾や曖昧さ」に出会う時間空間が大きいほどよいであろう。

先に挙げたAとBの姿勢は結局のところ、イエスかノーか（同じか違うか）という観点に基づく二元論に帰着する。なぜなら、何を同じであると見るか（国籍のような属性が同じであるか、人間として同じであるか）について鋭い対立があるとしても、結局は「同じであるかどうか」が取り扱い方を決定づけているからである。これに対し、そのような二元論によっては見えてこない「矛盾や曖昧さ」を、公的空間（参政権や公務員就任権）にせよ、社会的空間（労働、教育、地域生活場面）にせよ、もっと私的な空間（家族・結婚や友人関係）にせよ、どんどん浮かび上がらせていくこと。これがCの姿勢が可能にする人間関係の在り方であり、それ故「違うから認めるべき」という姿勢に基づいた場合の「平等な取り扱い」という法原理が果たすべき役割なのである。

今日本ではインバウンド政策が功を奏して、訪日外国人数が激増している。二〇一二年には一千万人以下であったのが、二〇一六年には二千万人を突破し、二〇一八年には三千万人を越えるに至っている。また在留外国人すなわち日本で生活している外国人は二〇一七年には二五〇万人を越えた。そしてさらに二〇一八年一二月入管法（出入国管理及び難民認定法）改正により、外国人労働者受け入れ拡大に大きく舵が切られた。少子高齢化による労働力不足対策として新たな在留資格が創設され、一定の知識・経験が必要な業務（いわゆる単純労働）を「特定技能一号」とし最長五年（家族帯同は不可）、熟練した技能が必要な業務を「特定技能二号」とし期間更新で最長十年（配偶者と子の帯同可能）の在留を認めることとなった。

このように、「違い」との出会いの機会が増大していることは確かである。しかし現在展開されている政策や法の改定は、「矛盾と曖昧さ」の時空拡大を求めての動きとは言いがたい。インバウンドは一時滞在、在留者増加は労働力の確保補充の限度での受け入れであり、社会を共に形成する「仲間」という位置づけではない。必然的に「管理」（出入国管理）というスタンスでの向き合い方となっている。一時的であったり周辺にとどまる場合は受け入れるが、「同じでないもの」が中心に入ってくるには大きな壁があるのである。

その入管法（出入国管理及び難民認定法）が出入国管理と並んでもう一つの対象とする「難民認定」に関する実態を見る限り、違いに対する「壁」は極めて分厚い。[37] 確かに難民認定申請者数の激増は、二〇一〇年に導入された難民支援策（申請から六ヵ月経過後、認定手続終了まで就労を認める）の悪用によるところが多いとされるが、しかしそのことは別にしても、難民認定審査は極めて厳格であり、第三国定住難民の受け入れもごく限定的である。[38] スローガンとして掲げられる外国人との「共生」社会とは逆に、[39] 日本は「鎖国」社会と言われる所以である。[40]

Aの姿勢なら難民を受け入れないのは一貫しているが、それならどうして「違う」外国人を労働者として急速に日本に受け入れようとするのか。それが社会存続発展の手段としてであるならば、対等な人間として相手を見なしていないことになろう。これに対し、例えば外国人労働者も「同じ」人間、というBの姿勢が日本社会に普及しているとしても、それならばなぜ「同じ」人間として難民の苦境を共有できないのか。国境、国籍は関係ないとどうして言えないのか。この矛盾・限界を乗り越えなければならないとするならば、単に「同じ人間」というだけでなく、国境、国籍の「違い」に由来するところの各人の個別具体的な課題を共有し、苦境に共感（共苦）することが不可欠である。そのためには、「違うからこそ認める」というCの姿勢に基づき、違いに向き合うことが必要となる。

世界を見るとき、あらゆる局面で平等が唱えられている。しかしそれが対立と断絶をもたらす平等となるか、「こころを繋ぐ」平等となるかの分岐点に、時代は立っていると言えよう。「違い」との出会いが拡大している日本社会は、今こそ真剣に平等について考えることができるチャンスの中にあり、また考えなければならない時代状況にある。しかしながら外国人の受け入れが共生社会の実現に結実するために必要なことは、[41] 既に日本社会の中に、すなわち定住外国人とりわけ在日韓国朝鮮人（へのこれまでの日本社会の向き合い方）の中に十分に見いだすことができるのである。共生社会実現の鍵となるのは、本章で検討した平等原理、すなわち「こころを繋ぐ平等」であると言わなければならない。

＜はじめに＞

（1）ここでは主として在日韓国・朝鮮人を扱うが、同じような歴史的背景を有する者として、在日台湾人もいる。従って、本章で「在日」とだけ表す場合は、在日韓国・朝鮮人に限らず、二次大戦終結以前から日本に居住していた旧植民地出身者及びその子孫を広く指すことにする。

（2）二〇〇三年に、文部科学省が外国人学校卒業生の日本の大学への入学資格を拡大する省令を改定し、二〇〇四年には法務省が朝鮮大学校卒業生に個別資格審査に基づく司法試験第一次試験免除、二〇〇五年には厚生労働省が朝鮮大学校卒業生の社会保険労務士受験資格、国税審議会が税理士受験資格を認めるに至っている。司法試験に合格した在日朝鮮人に最高裁が司法修習を認めたのは一九七七年であるが、それは例外としての容認であった（欠格事由として「日本国籍を有しない者（最高裁判所が相当と認めた者を除く）」と括弧が加えられただけであった）が、二〇〇九年に国籍要件は撤廃された（田中宏『在日外国人——法の壁、心の溝　第三版』岩波書店、岩波新書、二〇一三年、一四八頁）。

しかしながらその後、二〇一〇年高校無償化法施行に際し、外国人学校の中で朝鮮高級学校は適用除外されることとなる（朴三石『教育を受ける権利と朝鮮学校——高校無償化問題から見えてきたこと』（日本評論社、二〇一一年、二四四—二四五頁）。また、インターネット上で蔓延していた差別が二〇〇九年頃から「現実世界に躍り出てきた」。その特徴は「組織性、集団性」である。それまでは「チマ・チョゴリ事件をはじめとする朝鮮人に対する差別と犯罪は、個人が前面に出ていた」が、「最近は、組織的集団的に押しかけて脅迫や暴力を繰り返している。」。典型的なのが、二〇〇九年一二月の「京都朝鮮学校事件」である。『朝鮮学校が公園を不法占拠している』という言いがかりをもとに、……『差別されている朝鮮人は日本から出て行け』『スパイの子ども』『朝鮮学校はテロリスト養成機関』などと執拗に差別発言を繰り返し、犯罪的な嫌がらせを続けた」事例である（前田朗『増補新版ヘイト・クライム――憎悪犯罪が日本を壊す――』三一書房、二〇一三年、一〇―一一頁、一八頁）。この事件に対しては、二〇一〇年四月の徳島県教組乱入事件と併せて、二〇一一年四月京都地方裁判所が四人の被告に懲役一年から二年（執行猶予四年）の有罪判決（威力業務妨害罪、侮辱罪、器物損壊罪、建造物侵入罪）を下している。しかしその後もヘイト・スピーチ、ヘイト・クライムは収束することなく、ますます過激に展開され、二〇一三年の流行語大賞にもノミネートされている（前田朗『ヘイト・スピーチ法研究序説――差別煽動犯罪の刑法学』三一書房、二〇一五年、三五―三九頁、一四頁）。二〇一六年に「本邦外出身者に対する不当な差別的言動の解消に向けた取組の推進に関する法律」（ヘイトスピーチ解消法）が成立したが、理念法であり禁止規定も罰則もない。

（3）　差別関係の解消のためには、単に財や機会の配分の平等を実現しようとするだけでは足りないというのは、配分の平等にも様々な類型が考えられるからである。そのうちのどの類型に立つべき（でない）かは、「配分の平等」という言葉を持ち出すだけでは見いだせない。

丸いケーキを兄弟三人（A九歳、B六歳、C三歳）で分ける場面を想定してみよう。どのような「平等」な分け方が考えられるだろうか。第一には、三人なのだからABCが三分の一ずつ均等に分けるという分け方がある。これは、兄弟として、さらには人間として対等だから、年齢や身体の大きさにかかわらず同じ配分を受ける権利があるという「形式的平等」と言えよう。第二には、同じ兄弟であるとしても年齢や身体の大きさが異なり、食べる量も大きく異なるという点に着目し、身体の大きさ、例えば体重に比例した分をそれぞれ受け取るという分け方がある（例えばAが二分の一、Bが三分の一、Cが残りの六分の一）。しかし第三には、第二の場合と同様に年齢と身体の大きさの違いに着目しながらも、第二と異なり、現在年齢や身体が小さいからこそ、将来もっと大きくならなければならない必要性があると判断して、身体の大きさ、例えば体重に「反比例」した分をそれぞれ受け取るという分け方もあり得る（例えばAが六分の一、Bが三分の一、Cが二分の一）。第二も第三の分け方も、現に存在する実質的な差異に応じて配分を受ける権利があるという「実質的平等」に基づく。しかし第二の場合は、現在「持っているが故に」持っている分に応じて配分するという「自然主義的（あるいは実力主義的）平等」であり、第三の場合は、現在「持っていないが故に」その人の将来の必要性に応じて配分するといういわば「福祉主義的平等」と言うことができよう。

「形式的平等」「自然主義的平等」「福祉主義的平等」のいずれが平等な配分の仕方であるかは、ケースごとに異なってこよう。

しかしいずれかの「配分」によっている限り、「配分の平等」それ自体だけから具体的な配分の仕方を批判することはできない。その際、兄弟三人の話し合い（が成り立つとして）と多数決によって解決を見いだそうとするかも知れない。この場合、当事者の手による、すなわち直接「民主制」による平等実現となる。これに対し、いつまで経っても兄弟げんかがやまないので親が割って入り強権的に決定を下す場合、「君主制」的な平等実現ということになろう。もっとも、親（君主）が自分のためではなくあくまで子どもたち（被治者）のために決定を下すならば、それは「民主主義」的な君主制と位置づけることができる。しかし「民主制」にしろ「民主主義的君主制」にしろ、そこでの決定が単なる数の暴力や独善的な考えの押しつけに貶められることもありうる。ところが、もし平等な取り扱いということが財や機会の配分の平等のみに限られるとすれば、何らかの形で配分の平等が確保されている限り、その結果や過程がいかに暴力性、独善性さらには差別性に満ちていても、平等に反しないことになってしまう。本章は、そのような「悪」平等を批判しうるような平等概念を求めようと試みる。

＜第1節＞

（4）　富田麻予「ついに『携帯』を買う」朝日新聞二〇〇一年一月二一日（ひととき欄）。

（5）　日韓覚書に従った一九九二年外国人登録法改正により、改正以降一六歳になる永住者および特別永住者は、指紋押捺から解放された。しかし、既に採られた指紋は政府の手元に残されたままであった（田中宏『在日外国人　新版』岩波書店、一九九五年、九八—一〇〇頁）。法務省入国管理局はその後も、外国人登録原票をマイクロフィルム化することにより、在日の指紋を半永久的に保存する作業を進めてきたが、一九九六年七月二六日、指紋は抹消するという通達が出された。但し、必ずしもすべての指紋が抹消されたわけではない。対象は一九九三年の改正法施行以降に書き換えをすませた永住者であり、登録の切り替え拒否者については指紋が残されるということである（仲尾宏『Q＆A在日韓国・朝鮮人問題の基礎知識』明石書店、一九九七年、一三一—一三四頁）。その後結局、一九九九年改正により、非永住者も含め、指紋押捺制度は全廃されるに至っている。

なお、外国人登録証明書の常時携帯義務違反に関する罰則については、同じ一九九九年の法改正により、刑事罰から行政罰に変えられたが、義務それ自体は維持されたままであった。二〇〇九年法改正により二〇一二年から導入されたＩＣチップ入りの「特別永住証明書」（一般の在留外国人は「在留カード」）には常時携帯義務はないが、受領義務とともに、提示を求められた場合保管場所に同行して提示する義務は残っており、義務違反には一年以下の懲役又は二十万円以下の罰金の処罰規定が定められた。

（6）　判例タイムズ九〇九号（一九九六年八月五日）六四—七三頁。なお、憲法は国の統治作用に直接的はもちろん間接的に関わる公務員にも就任することを保障していないが、後者について法律により権限授与することは憲法上禁止されているものではない、とされる。

(7) 判例タイムズ九六〇号（一九九八年三月一五日）七九―八四頁。「中には、管理職であっても、専ら専門的・技術的な分野においてスタッフとしての職務に従事するにとどまるなど、公権力を行使することなく、また、公の意思の形成に参画する蓋然性が少なく、地方公共団体の行う統治作用に関わる程度の弱い管理職も存在するのである。……職務の内容、権限と統治作用との関わり方及びその程度によって、外国人を任用することが許されない管理職とそれが許される管理職とを分別して考える必要がある。」とする（八三頁）。

(8) 判例タイムズ一一七四号（二〇〇五年五月一五日）一二九―一四六頁。本判決では「住民の権利義務を直接形成し、その範囲を確定するなどの公権力の行使に当たる行為を行い、またはこれらに参画することを職務とするもの」を「公権力行使等地方公務員」としている（一三六頁）。但し最高裁は、それまでの「当然の法理」とは異なり、より限定的な「想定の法理」とでも呼ぶべき判断を示している（近藤敦「外国人の公務就任権――最高裁平成一七年一月二六日大法廷判決」別冊ジュリスト一一七号・憲法判例百選Ⅰ第6版、二〇一三年一一月、一二一―一三頁。石川健治「外国人の公務就任権――東京都管理職選考受験訴訟」法学教室別冊三〇六号［判例セレクト二〇〇五］、二〇〇六年二月、五頁）。

(9) 同じことは公立学校の教員に関しても言える。一九七九年に三重県で初めて在日朝鮮人が教員試験に合格し採用された。しかしその後、文部省は国公立の初等中等教育機関で外国人任用を認めない姿勢を崩さず、一九九一年の「日韓覚書」を受けて、ようやく教員採用試験の受験を認めるに至った。しかし、合格者は「教諭」ではなく、「常勤講師」として別枠で採用されることとされている。そして、管理職に関する壁があることは同様である（田中宏・前掲『在日外国人　第三版』一五〇―一五四頁。「平等どう教えたら・教頭試験拒まれた先生」朝日新聞一九九六年八月四日参照）。

(10) 横浜地裁昭和四九年六月一九日判決。判例時報七四四号（昭和四九年八月一一日号）二九―三七頁。

(11) 毎日新聞二〇〇〇年八月二六日。

(12) 仲尾・前掲書六〇頁。

(13) 孫・片田晶「『在日である自己』をめぐるコミュニケーションの現在――『就職差別』の潜在化と在日の自己顕示の越境の戦略」京都社会学年報第一七号（二〇〇九年）、一一八頁。

(14) 前掲論文で、孫・片田は、「在日の現在世代では、採用拒否などの形で企業の労働市場自体から排除されることはほぼない。しかし、面接の場におけるコミュニケーションの中で、企業側の人間が持ち出す、あるいは無意識に依拠している『われわれ日本人』から在日であるがゆえに暗示的に排除されるというレベルでの排除に注目する必要がある」とする（一一五頁）。そしてその排除の現実と突破の試みを、在日の就職面接における自己提示の事例を通して明らかにしようとする。

孫・片田は、佐藤裕（『差別論・偏見理論批判』明石書店、二〇〇五年。新版二〇一八年）の「人権論」と「差別論」の切り分け（「『人権』概念では基礎づけられない問題領域として、『われわれ』と『われわれでない者』という非対称な関係自体の問題」すなわち「差別論」領域が存在する）に従い、「人権論」としての「客観的な結果としての不平等や取扱上の差異（格差）」が一定の解決を見たとしても、「差別論」の問題領域は残る、と考える（一一五頁）。非対称な関係自体の問題をどのように取扱い、どのように克服するか、という問題意識は、本章の「こころを繋ぐ平等」の模索と共通するものである。

佐藤裕の「差別論」は、差別者・被差別者の二者関係でなく、差別者が第三者（共犯者）を「われわれ」へと巻き込み被差別者を他者化していく三者関係を前提とし、「われわれ」の「同化」形成過程に着眼点を置く。佐藤は人権論（二者関係を前提とした結果からのアプローチ）と差別論（三者関係を前提とした原因からのアプローチ）を明確に切り分け、不当性についての議論の混乱を避けるため、混在させてはならない（佐藤裕・前掲『新版・差別論――偏見理論批判』二〇一八年、一八五頁）、原因としての差別解消のためには人権論的な視点（他者の対象化）を持ち込まないことが基本であるとするが（二〇八頁）、本書の「違うからこそ認めるべき」という平等原理は、差別論に基づく解放を展開する場を切り拓く（マジョリティの「われわれ」への巻き込み過程を顕在化し遮断して、差別・同化を無効化し、排除を解体し、さらに新たな関係性へと誘う公共空間を生み出す）法理論を生み出す可能性を持つと考える。

(15)　公益財団法人人権教育啓発センター（法務省委託調査研究事業）『外国人住民調査報告書――訂正版――』（二〇一七年六月）。毎日新聞二〇一七年六月八日社説。

(16)　福岡安則『在日韓国・朝鮮人――若い世代のアイデンティティ』（中央公論新社、中公新書一一六四、一九九三年）二二二―二二三頁。

(17)　福岡・前掲書二二六頁。

(18)　前掲の就職面接を題材とした孫・片田論文でインタビューされているF君の事例もまた、国籍・出自を問題としない、違わないから認めるべき（能力と適性で判断すべき）、という（抽象的）平等を実現するために設定されたはずの就職面接の場において、敢えて「違い」を持ち出そうとする試みである。F君は帰化しているため、国籍や出自は関係なくそのまま自分の能力と適性のみをもってマジョリティの日本人と同じ土俵で就職に挑むことができる状態にあるにもかかわらず、「日本名、日本国籍のF君を企業は日本人だと思うので、F君の方から『僕も在日朝鮮人で、民族名は○○というんですけど』と切り出す。」その理由は、「日本国籍の在日が、日本人だと見なされていることを、在日が『見えなくなる』ことのひとつだとすれば、その不可視化に抵抗していきたい」という。（一三〇―一三一頁）その言をそのまま引用しよう。

自分から言わん限り、僕の場合は、朝鮮人やって規定される場面より、日本人やって規定される場面の方が圧倒的に多いんですよ。そういう、自分から言っていかないと、日本人として見られるっていうか、それが取りあえず嫌で。……僕が、日本人として規定されるのがまずおかしいと思うんです。帰化するときに、ぼくのアボジオモニ、今も多分そうなんですけど、帰化するときって、どれだけ、その人らが日本人になれるかどうかみたいな［日本人化の強要のような］ことが、あるじゃないですか。それがたぶん他の国と違うと思う。だからそういう審査をくぐってきて、日本からは日本人としてみられてっていうのが、やっぱりすごい差別的。（一三一―一三二頁）

またF君は、就職差別についても、隠されつつも存在していると思っている。

［日本社会では］在日朝鮮人がどういう存在かっていうのが見えなくなってるのに、そんな、就職、そこに出てくる差別とかも、そりゃやっぱり見えなくなるっていうか。……日本国籍でも在日ってわかったら不利になるって部分もあるんじゃないかなって。就職っていうのだけに限ったわけじゃなくて、普通に日本におったらある［ことで］、外国人ってのを知ったときに、ちょっと、なんか、えっ、て思われたり、……普通に人と接してる場面で、多分日常的にそういうのがあると思うですよ。それが、就職っていう場面でも同じようにあると思う。就職するときだけ、そんな、差別がないとか、まあその企業によってはもちろんそういうのもないところもあるやろうし。でもやっぱり就職のときって、もっと、なんかもうちょっとシビアっていうか、ただ単に人と接するときとかよりも、もっと色濃く、社会で今在日朝鮮人がどう思われてるかってのが、見えへんけど、実際にはあるんじゃないか［と思う］。（一三一頁）

「ただし、F君は実際自分が在日だから落とされたということは今までなかったと思っている」とされるが（一三一頁）、だとしても、F君の自己提示に対する面接担当者とのすれ違いは存在し、それは「違わないから認めるべき」という抽象的平等のスタンスがもたらす拒絶と言えよう。「被差別部落出身者の身元明かしの意味がマジョリティに伝わらないのと似て、F君の自己提示は、合理性や能力主義の規範を背景とした『なぜ言わなくてもいいことをわざわざいうのか』という非難や当惑を招く側面がより強いと考えられる」とされる通りである（一三四頁）。

F君が感じている差別というのは、昔ながらの「違いを排除」する民族差別（違うから認めない）とともに、「違わないことへと閉じ込めようとする」違いの不可視化の強要、こころを繋ぐことの拒絶という（「違わないから認めるべき」の論理が持つ）差別（排除）なのである。

＜第２節＞

(19)「定住外国人選挙権訴訟上告審判決」判例時報一五二三号（平成七年五月二一日号）四九―五七頁。後藤光男「外国人の地方参政権」『憲法判例百選Ⅰ（第四版）』（有斐閣、別冊ジュリスト一五四号、二〇〇〇年九月）一二―一三頁参照。

(20)二〇〇二年一月一八日に、滋賀県米原町議会で、永住外国人に住民投票資格を認める条例が可決された。これが永住外国人参政権容認の初めての例となる（朝日新聞二〇〇二年一月一八日夕刊）。しかし選挙権を付与する法案が出されることがあっても成立を見ることはなく、二〇〇九年七月解散による廃案以降は、国会法案提出もない。他方韓国では、二〇〇五年に法改正により、永住外国人に地方選挙権が付与されている（田中宏「戦後日本の外国人政策を検証し、現在を憂う」世界九一五号、二〇一八年一二月、一一一頁）。

(21)もっとも、在日朝鮮人による「朝鮮総連」は、地方参政権を認めることは「在日同胞を日本社会へ同化させる道を開く危険なもの」であるとして、反対の立場をとっている（鄭大均『在日韓国人の終焉』文藝春秋、文春新書一六八、二〇〇一年、三八頁参照）。

(22)田中・前掲『在日外国人　第三版』六三―六八頁。

(23)例えば、「国民」としての保護者は憲法第二六条により子どもに教育を受けさせる就学義務を負うが、外国籍の保護者は対象外という解釈に基づき、日本に住民登録している義務教育年齢の外国人のかなりの数が「不就学」「就学不明」という実態が生じている。二〇一八年毎日新聞による住民登録している外国籍児の多い上位一〇〇自治体対象アンケートによれば、外国籍児約七万七五〇〇人のうち、二割にあたる約一万六〇〇〇人以上が就学不明だったという。これに対し、文部科学省は二〇一九年三月にようやく「就学の促進と就学不明児の実態把握調査」への協力を求める通知を出した（毎日新聞二〇一九年三月一八日）。但し、これが憲法解釈の変更を意味するかどうかは定かではない。（近藤敦「持続可能な多文化共生社会に向けた移民統合政策」世界九一五号、二〇一八年一二月、七九頁参照。）

(24)例えば、平等条項は「マッカーサー憲法草案」を受けた「外国人は、法の平等な保護を受ける」といった条文から、「すべての自然人は、その日本国民であると否とを問わず、法律の下に平等にして、人種、信条、性別、社会上の身分もしくは門閥または国籍により、……差別せらるることなし」に変えられ、さらに、現行の第一四条では「自然人」が「国民」に、「国籍」は「門地」に変えられていった（田中・前掲『在日外国人　第三版』六二―六三頁）。

(25)　高野幹久「国籍条項の合憲性――台湾住民元日本兵戦死傷者の損失補償請求事件」前掲『憲法判例百選Ⅰ（第四版）』一八―一九頁参照。二〇〇〇年五月三一日には在日旧軍人の重度戦傷病者、その遺族、戦没者遺族に対する「在日旧軍人・軍属給付金法」が成立したが、これはあくまで一時金の支給を内容とするものである。
(26)　これは明確な「加害者」が見えてこない「構造的暴力」の問題である。「人為的暴力」の場合はたとえ「集団の一員としての組織的な行動であっても、その暴力をたどれば直接手を下した個々の人間の行為に結びつけることができる」けれども、「構造的暴力においては暴力は構造のなかに組み込まれていて、不平等な力関係として、またそれゆえに生存機会の不平等として表れる」のであり、従って「加害者不在」の「見えにくい潜在的暴力」となりがちなのである（岡本三夫、横山正樹編『新・平和学の現在』法律文化社、二〇〇九年、五八頁）。この構造的暴力は、本書第6章のキーワードである。
(27)　櫻井よしこ「永住外国人参政権に異議あり」週刊新潮（二〇〇〇年一〇月一二日号）五六―六〇頁。
(28)　一般的には国家の境界線（あるいは国民）を守るという名目で防衛がなされ、そこでは武力による戦争、すなわち近代兵器を使って大量殺戮を行うとともに生活領域も破壊する近代的戦争形態が念頭に置かれていると思われる。

＜第3節＞

(29)　ＥＴＶ２０００「変わる在日コリアン③名前と国籍・私の選択」（ＮＨＫ教育、二〇〇〇年九月一三日放映）。
(30)　この番組放映時、蒔田朴沙羅さんは中学生であったが、現在は優れた社会学者として活躍されている。朴沙羅『外国人をつくりだす――戦後日本における「密航」と入国管理制度の運用』（ナカニシヤ出版、二〇一七年）。また、伯父伯母の聞き取りにより自らの一家の歴史を著した書として、『家の歴史を書く』（筑摩書房、二〇一八年）を公刊している。
(31)　福岡は、在日韓国・朝鮮人の若者世代のアイデンティティ構築を、「共生志向」「祖国志向」「個人志向」「帰化志向」に分類する。この分類に基づくならば、ここに挙げた三つの生き方は、「共生志向」内部での三パターンということになろう（福岡・前掲書八九―九二頁）。
(32)　これに対し「多元的併存」の場合は、違いを否定することはしないが、無理に対話したりまとめ上げようとしないでそのまま自然体を通すことで、新たな展開に常に開かれた生き方、関係の持ち方となる。
(33)　今井弘道は在日韓国・朝鮮人のアイデンティティ構築を、次のように類型化する。日本での様々な差別から逃れるために「表面的な同化志向」をもつタイプ。様々な被差別に起因する不合理の回避のために、ジレンマを敢えて捨象し、帰化して日本人として生きようとする「内面的な同化志向」をもつタイプ。民族としての自覚に生き、もって自己のアイデンティティを確立しようとする「祖国志向型」タイプ。「在日」であることに固有の意味を見出し、日本人でも韓国人／朝鮮人でもない「在日」としてのアイデンティティを積極的に追求する「在日志向型」タイプ。さらに、日韓あるいは日朝の二つの、場合によっては三つの文化／政治体制を相対化し、また「在日」であること自体からも距離を取り、それらに対して等しく批判的に構え、それらを自由に「接合」したり、「編集」したりする主体として、つまり「マルチ-アイデンティティをもつ主体」として反省的に生きようとするタイプ。今井は、最後の「マルチ-アイデンティティ」タイプに、多文化時代における最も大きな可能性を見出そうとする。（「多文化主義への法哲学的接近、あるいは法哲学への多文化主義的接近」日本法哲学会編『法哲学年報一九九六・多文化時代と法秩序』有斐閣、一九九七年、一〇一―一〇六頁）。

　この分類で考えると、蒔田朴沙羅さんの姿勢は、「マルチ-アイデンティティ」タイプに近いようにも見えるが、それとも異なるものである。決して自己に内在する異なるアイデンティティの諸側面を「相対化」したり、「批判的に構え」たりせず、「曖昧」なまま受け止めるのであり、性急に「自由に『接合』したり『編集』したり」はしない姿勢であるからである。この点に鑑み、今井の示すタイプを「マルチ-アイデンティティ接合編集」タイプ、蒔田朴沙羅さんを「マルチ-アイデンティティ志向」タイプと呼ぶことができるかも知れない。私は後者の姿勢の方が、可能性が大きいと考える。アイデンティティは、異なった側面の単なる足し算や好き勝手な切り張りに終わる「接合」や「編集」で、うまく構築できるとは思われないからである。もっとも前者の示す「反省的に生きようとする」生き方の重要性は否定されるべきではないだろう。曖昧さに身を委ねるだけで反省的生き方がなければ、アイデンティティが豊かに構築されていくことは難しいと思われるからである。但し、単に自由な接合編集が行われていくだけならば、その生き方は「無反省」な試行錯誤に終わる。それ故、反省にあたっては、自己を省みるための（一つの文化や民族に閉じることのない）何らかの「客観的視座」が必要になってくると考えられるのである。多文化時代においてこそ客観的視座が必要であることについては、拙著『自然法論の必要性と可能性――新自然法論による客観的実質的価値提示』（成文堂、二〇〇九年）の第三章第二節「多文化主義と新自然法論――共約不可能な複数の基本善」（一二一―一四三頁）を参照。

（34）　福岡・前掲書九二―九八頁。

（35）　前掲ＥＴＶ２０００番組では、朝鮮学校が一九九三年から北朝鮮の教科書を使うことをやめ、日本の歴史と地理を学ぶようになり、朝鮮の歴史の教科書も変わり（金日成を扱わない）、日本語の授業において北朝鮮文学の翻訳から日本の作品をそのまま使うことにした、ということが報じられている。これは教育方針の大きな転換である。「祖国」にだけ向いていた教育から、「日本」に向き合う教育に変わったのである。そして両者を橋渡しする人間を作ることを新たな目標として掲げている。今まで朝鮮学校は、日本政府や社会と様々な戦いを経験してきた。特に在日朝鮮人は主として北朝鮮に向いていて、日本には背を向けてきた歴史があった。しかしその朝鮮学校が日本に「向き合う」というのは大きな方向転換の決断である。この決断は、実は「日本」に向き合うだけでなく、在日自身の置かれている「現状」に向き合うものであり、教育を受けた後社会に出ていく「子どもたち」の将来に向き合う決断と言える。人格的意味での「自由」とは、このように今までこだわってきたことを捨てることができる勇気のことであり、新たに発生してくる状況や問題から目を逸らさずに「向き合う」勇気を持っている、ということではないか、と思われる。

そして「二〇〇三年から二〇〇六年のカリキュラム、教科書の改編においても、民族性を前面に押し出し、在日朝鮮人社会と日本、国際社会で活躍できる人材を育成する方向で改編された」という（朴三石『教育を受ける権利と朝鮮学校――高校無償化問題から見えてきたこと』日本評論社、二〇一一年、一八八頁）。

(36)　情報メディアにおいて、その中核的な担い手である若者に限らず、向かい合う対話よりもむしろ、自らと異なる相手に対する一方的暴力的攻撃が展開されてきていることは言論・表現の自由における重要な問題となっているが、さらに社会全体が「中立」という名目のもとに、自治体、教育、テレビ、映画やコントまであらゆる場面において、違いに向き合う場の形成を放棄し排除し始めていることは、「向き合う」自由の観点からすると、極めて深刻な問題である。毎日新聞特集「萎縮する社会――不寛容時代に：①自治体後援『中立』の壁――護憲集会への対応『政権批判』で一変、②平和の旅に批判の目――歴史認識絡む訪問先『偏った企画』、③『面倒』避けるテレビ――放送法持ち出す政権に過敏、④多様な主張耳貸さず――政治ネタ敬遠／米映画に『反日』批判、⑤ネットの悪意に恐怖――異なる意見認め合う場にも」（二〇一五年六月一〇日―一四日）参照。

(37)　難民認定者数は二〇〇八年五七名から減少し、二〇一三年には六名、その後わずかに増えるものの二〇一四年から二〇一七年は、一一名、二七名、二八名、二〇名にとどまっている。他方、難民認定申請数は二〇〇八年一五九九名から、二〇一三年には三二六〇名、その後二九一四年から二〇一七年は、五〇〇〇名、七五八六名、一〇九〇一名、一九六二八名と急増している。申請者の中には偽装的な者が多いという理由で、二〇一八年一月から難民申請者を四つに区分して申請処理する見直しが行われた。しかしそのことと難民認定者の数の少なさは別問題であろう。申請者が少ない時代からずっと継続して認定者数は少ないままである。二〇一六年アメリカのトランプ政権が誕生し、難民受け入れを半減させることが宣言されたが、その数は五万人以下ということであり、日本とは桁が大きく違っている。

(38)　長有紀枝は、難民認定基準の厳格すぎる適用を、一次審査不認定に異議申立した結果認定された人の数（条約難民として認められた七〇八人のうち約二割に当たる一三二人）に見る。第三者定住難民に関しては、日本は二〇一〇年ミャンマー難民の受け入れを三年間のパイロットケースとして始め（当時アジアで初の第三国定住）、その後も継続している。しかし対象は依然としてミャンマー難民に限定され、その数は二〇一七年末で合計三九家族一五二人に留まる（長有紀枝「難民が来ない国の難民鎖国」世界九一五号、二〇一八年一二月、一二六―一三一頁）。

（39）法務省の二〇〇〇年『第2次出入国管理基本計画』において既に、「これからの出入国管理行政は、社会の安全と秩序を維持しながら、人権尊重の理念の下で、社会のニーズに応える外国人の受入れを推進することにより、社会のあるべき姿の実現に貢献し、また日本人と外国人が心地よく共生する社会の実現を目指していくものである。」と「はじめに」において述べられている。二〇〇五年の『第3次出入国管理基本計画』には「共生社会」という言葉を見ることができないが、二〇一〇年『第4次出入国管理基本計画』では、「3（2）外国人との共生社会実現に向けた取り組み」といった独立の項が立てられ、二〇一五年『第5次出入国管理計画』では「4在留管理制度の的確な運用等による外国人との共生社会実現への寄与」という章となっている。

（40）例えば、毎日新聞二〇一五年一〇月六日夕刊二面参照。

（41）法務省は二〇一八年一二月に「外国人材の受入れ・共生のための総合的対応策」を公表した。

第6章　平和の創出——構造的暴力から考える

はじめに——平和という概念

(一) 自由、生命、福祉、平等と平和

我々が豊かな人生を展開するためには、自由であることが不可欠である。しかし、自由な生き方が豊かな人生に結びつくためには、人生の物語性（第1章）と尊厳ある人間としての人格的及び身体的生命（第2章）を尊重しなければならないと同時に、前章最後に述べたような、人間としての成長に繋がる「向かい合うこと」への自由行使でなければならない。そしてそのための環境として、二人称的（例えば家族との）、二・五人称的（例えば医療者や福祉従事者などとの）及び三人称的（例えば違う側面を持った他者、周辺・中心の位置づけにある者との）人間関係が必要であるが、その人間関係はケアの関わりとしての福祉（第3章、第4章）、こころを繋ぐ平等（ひいては民主）（第5章）に貫かれることが求められる。人生や人間関係の具体的内容は多様であり、その評価も様々であり得るだろうが、それが豊かなものたりうるためには、私たちの生き方の骨組みあるいは社会的基盤が、ここまで述べてきたような自由の尊重、生命の尊重、福祉の実現、平等の取り扱いといった法原理で構成されることが条件となろう。しかし、個々人の自由な

生き方も、人間の生命それ自体も、そして福祉や平等（や民主）に基づく豊かな人間関係も、人間のあらゆる価値や活動が前提としなければならない社会状態がある。それが「平和」である。

(二) 戦争のない状態としての平和

従来、平和とは国家間の戦争のない状態を指していた。「二〇世紀は世界戦争と全面核戦争の危機の時代」であり、「二度にわたる世界戦争とヒロシマ・ナガサキ、それにひきつづく冷戦下の米ソ全面核戦争の危機は人類社会を破滅の瀬戸際に立たせることになった」ことから、平和研究においても「戦争・紛争の防止と解決がその主要な課題とされたのは当然のことだった。[1]」確かに、戦争によって引き起こされる被害は深刻である。とりわけ「国民を総動員し、また戦闘員への無差別攻撃を行う総力戦へと戦争形態が変容するにつれ、非戦闘員の犠牲者は増大し」ていったのであり、戦争によって数多くの人命が失われている。二次大戦後の五〇年間で犠牲者の数は二三〇〇万人にのぼり、とりわけ民間人の占める割合が年とともに飛躍的に増大している。また死を免れたとしても、難民や国内避難民をはじめとして、数多くの人々が生活の基盤を奪われ、ひいては飢え、病気等に苦しむことになる（一九九七年には難民一三二〇万人、国内避難民二五〇〇万から三〇〇〇万人だったのが、二〇一七年には難民二五四〇万人、国内避難民が四〇〇〇万人へと増加している）。もちろん、人々が生活基盤を喪失し、住む所も失ってしまう事態は、社会全体の経済にとっても大きな打撃を与える。また治安を維持するシステムも機能しなくなるであろうから、略奪や暴行等が横行する無法状態となることが予想される。人命喪失、生活基盤の剝奪、経済的打撃、治安の崩壊（人権侵害の横行）を一挙にもたらす二〇世紀的な戦争は、人間が人間として生きていくためには、あってはならないことは言うまでもない。ましてや、そのような破壊状態を、あらゆるレベルで回復不可能にする核兵器が登場したことにより、戦争の回避が真剣にかつ緊急に追求されなければならない人類の課題となったのは必然のことである。[2]

（三）直接的暴力がない状態としての平和

しかし、人命の喪失、生活基盤の剝奪、経済的打撃、治安の崩壊（人権侵害の横行）は、必ずしも戦争によって引き起こされるだけではない。兵器を用いない場合でも、個人あるいは小集団による犯罪的暴力行為によって、我々の人間的活動が根底から破壊されてしまうことがありうる。それ故、平和を人間的活動の前提となる状態と考えるならば、単に戦争がない状態というだけでなく、戦争を含めた「直接的暴力」が存せずあるいは「直接的暴力」から守られた状態と言うべきであろう。その意味で、生命、自由、財産等の人権及び基本的な権利が（一般的には国家により）保全され保障されている安定的な社会状態まで、「平和」概念は広げられなければならないであろう。もちろん、そのような安定的な社会状態を根底から破壊するのが戦争であり、その重大性に鑑みて、戦争なき状態を、（最狭義の）平和概念と位置づけることは否定されるべきではない。

（四）構造的暴力もない状態としての平和

ところが、たとえ安定的な国家状態が一応確保されているとしても、直接的な暴力以外の原因によって、人々の人間的活動の基盤が破壊されることがある。「交戦による死傷者より、環境破壊や食料・医薬品の不足などで間接的に犠牲とされる人々のほうがしばしば多い」のである。[3]平和学の父と言われるヨハン・ガルトゥングは、このような加害者なき人間的活動の基盤破壊の原因を、「構造的暴力」と名付けた。そして、「構造的暴力」を含め、「暴力の不在」状態が「平和」であるとし、それを「積極的平和」と概念づけたのである（従って、直接的暴力の不在状態は「消極的平和」ということになる)[4]。戦争が否定されるべき根拠が、戦争の引き起こす破壊的な事態によるのだとすれば、同様の事態を引き起こす戦争以外の暴力も否定されるべきであり、その暴力はたとえ明確な加害者が存在しないとしても、原因として存在する限り、克服されるべき問題として位置づけられなければならない。つまり、人命喪失、住居剝奪、飢餓、不衛生による病気、貧困、その他の様々な不利益享受が、加害者の明確な直接的暴力以外によっても生じるとするならば、その原因が除去されない限り、「平和」が実現されたとは言えないということである。そういった原因を顕在化させる平和概念こそが、人間活動全体を支える法原理の内容として意義を有すると言えよう。従って以下、広義の「平和」すなわち「積極的平和」の内容を検討するとともに、その意味での平和を創出するために必要な視点を提示していきたい。

第1節　暴力の不在としての平和——構造的暴力と権原アプローチ

一　暴力と平和

(一)　暴力の不在としての平和

上述のように、ガルトゥングは、平和と暴力という言葉の密接な関係に着目し、平和を「暴力の不在」として、最初に暴力を定義するところから始める。そのような概念づけは、「単純でその言葉の通常の用法にかなったもの」であるだけでなく、「平和的社会秩序を点ではなく領域として定義」することになり、「暴力が存在しない社会秩序という広い意味」で解することになるからである、とされる。しかし、ガルトゥングは狭義の暴力概念を採用しない。「肉体的無力化または健康の剥奪という行為（その極端な形態が殺人行為である）が、行為主体により意図的に行われた場合」のみが暴力であるとするならば、「理念としての平和を追求する上で、この暴力概念はあまりに寛大といわねばならない」からである。そこで彼が採用する暴力概念は次のようなものである。「ある人に対して影響力が行使された結果、彼が現実に肉体的、精神的に実現しえたものが、彼のもつ潜在的実現可能性を下まわった場合、そこには暴力が存在する。[5]」

「現実に実現しえたもの」が「潜在的実現可能性」を下回るというギャップがあること、そしてそのギャップが何らかの形での影響力行使に基づくこと、これらが暴力の要件ということになる。この定義により、平和の課題が単に戦争をはじめとする直接的暴力の不在（消極的平和）に限らず、「実現可能であったものと現実に生じた結果との間のギャップを生じさせた原因」となる何らかの形での「影響力」のすべての不在（積極的平和）に広げられることになる。

（二）潜在的実現可能性の曖昧さと限定性

しかしこの定義の弱点は、「現実に実現しえたもの」として何をとりあげるか、すなわち「潜在的実現可能性」をどのように設定するかによって内容が流動的であることであろう。潜在的に実現可能と言える内容およびそのレベルをどのように定めればよいのであろうか。

まず潜在的実現可能性の内容として、何を考察対象とすることが可能であろうか。ガルトゥングは、「とくに、コンセンサスが比較的容易な人間の肉体的側面ではなく、精神的側面が問題となる場合に」意見が分かれるのであり、「けっして満足のいくものではないが、ここでの指針は、実現されるべき価値に関してかなりの程度の合意が得られるかどうかということにならざるをえない」と述べ[6]、厳密な確定を断念し、合意可能な事柄についてのみ、さしあたり考察対象とすることに甘んじざるをえないと考えるのである。

しかし、このように考察対象が限定されることは、平和に関する研究と活動の幅が狭められるという代償を支払わなければならないことになるのではないか、という疑念が生じてこよう。その疑念は、潜在的実現可能性のレベル設定の曖昧さによって、さらに大きくなりそうである。

例えば、「寿命」の長さを考察対象とし、寿命が不当に短くされたことが暴力であるということについてはそれほど異論があるとは思われない。そしてガルトゥング自身、次のような例を挙げる。「もし、世界中に医学上のあらゆる救済手段が備わっている今日、人が結核で死亡するならば、われわれの定義によれば、そこには暴力が存在する。同様に、もし人が今日地震で死亡したとしても、暴力という観点からそれを分析することは妥当とはいえないであろう。」また「平均寿命がわずか三〇歳ということは、新石器時代にあっては暴力の発現ではないが、今日、同じ寿命しかないとすれば（その原因が戦争であれ社会的不正義であれ、あるいはその両方であれ）、われわれの定義にしたがえば、それは暴力とみなされる。」つまり、「潜在的実現可能性のレベルとは、所与の知識と手段でもって達成可能なレベルを意味する」のであり、どのような知識と手段が所与であるかは、時代によって異なるというわけである[7]。

しかし、知識と手段が当該時代において手に入れられうるものであるとしても、全世界、すべての社会にとって所与であるとは限らない。例えば、今まで不可能であった脳神経外科手術が高度の精密な医療器具と技術の開発により可能になったとしよう。その手術を受けることは、最貧国の人々にとっての潜在的実現可能性と言えるであろうか。

この場合には、その手術が開発された国の人々でさえ、そのような手術を受けられる人は限られているのであるから、最先端の技術に関しては「達成可能なレベル」に達していないので、なおほとんど誰にとっても「潜在的実現可能性」とすることはできないと考えられるであろう。しかし、一定の国や社会においては一般的に入手可能な知識や手段が、他の国や社会では入手困難である場合はどうであろうか。先進国で開発された致死的病の特効薬が途上国の人々にとっては高価なため、それを手に入れることができない状況が生じている場合には、特効薬という手段が先進国のみならず世界中のすべての人にとって所与の手段である「べき」と言えるかも知れない。但し、その場合でも薬の値段が「不正」に設定されていないと考えるならば、入手できない国や社会にとってはその薬は「所与」の手段と言えず、平和と暴力の問題と言うよりも、単に慈善や人道的援助の対象になるに過ぎないのだ、という帰結に至りうる可能性がある。もちろん、薬の値段自体が不正でないとしても、（収入の格差や特許権が壁になって安い薬を作ったり輸入できないといったような）薬が買えない状況自体が「不正」であると考えることも可能であり、そう考えるならば、その薬を入手できない状況にあるどの人も、潜在的実現可能性を奪われていると考えることもできる。(8)

いずれにせよ、潜在的実現可能性の「レベル」を設定する段階でも、どのくらい一般的になった段階で知識と手段が「所与」と言えるのか、一定の時代に一定の人々にとって所与と言えるものが他の国や社会、ひいては全世界の人々にとって所与と言えるのか、言えるとすればどのような条件のもとでか、ということに答えることが求められよう。但し、現段階においてほぼ全世界的に利用可能あるいは普及させることがそれほど困難ではないと言える知識や手段、例えばごく基礎的な医療や衛生（及び初等教育など）の知識や手段については、「潜在的実現可能性のレベル」設定に含まれることに、さほど異論はないであろう。「かなりの程度の合意が得られるかどうか」というガルトゥングの指針に従うならば、その考察対象の内容を「肉体的側面」に限定した上、ここでさらに可能性のレベルをごく基礎的な知識や手段にとどめるという、さらなる限定を加えることにならざるを得ない。

このような限定は、「潜在的実現可能性」を一般的に利用可能な概念として構成し、平和に関する議論と実践に多くの人々を巻き込んでいくためには賢明なやり方であるかも知れないが、それは「潜在的実現可能性」を低く見積もるという譲歩を強いることでもある。それ故、次のような批判が提起されることになりはしないであろうか。すなわち、潜在的実現可能性を限定的に考えるということは、暴力の範囲の限定、ひいては創出されるべき平和の内容の矮小化につながることになり、結局、構造的暴力という観点を含みつつ構成される平和概念は、消極的平和に取って代わるほどの積極的な枠組みを実体的に提供しうるかは疑問であり、にもかかわらず積極的な主張を展開しようとするならば、それは学問的厳密さを欠いた一種の政治的スローガンとして利用されるだけのものになってしまうのではないか、と。

(三)　積極的平和概念の可能性

しかしたとえ潜在的実現可能性の曖昧さの故に、合意可能なところまで、内容とレベルを後退させることを認めるとしても、なお、潜在的実現可能性という概念を通して構造的暴力を視野に含ませようとする積極的平和概念は、従来の消極的平和概念よりも質的に大きく異なり、また量的にもはるかに広い影響力を持った概念であると思われる。

まず、潜在的実現可能性の内容がたとえ「寿命」だけに限られるとしても、寿命が不当に短縮されるケースは、戦争や直接的な暴力行為による場合に限らない。そういった唐突な生命の断絶に、飢饉などによる場合も含まれることになる。さらに、衛生状態の劣悪や慢性的貧困による栄養不足といったような継続的な悪影響の蓄積の結果として寿命が短縮される場合も含まれるのである。

そして、それらのケースのうちどれが暴力によると言いうるかは、潜在的実現可能性のレベル設定如何にかかっているのであるが、その検討により、流動的であるとは言え、一定の時代と社会において明白な暴力状態を浮かび上がらせることは可能である。ガルトゥングは、「潜在的寿命がいかに定義されるべきかは、決して明白ではない」としながらも、それは最高齢の死亡者の寿命でも当該社会全体の平均寿命でもなく、「既に利用可能な洞察や資源の十分な恩恵を受けている社会階層P％の平均寿命をもとにして、今日実現可能な寿命を計算することは少なくとも可能なはずである」とする。(9) この定義からすると、同じ飢饉の状態にある国や社会内で、すべての人々が同じような飢餓に苦しんでいるとするならば、少なくともその国や社会内は（不幸ではあるが）暴力状態にはない。それに対し、飢餓に苦しむ階層とそうでない階層が存し、両者の死亡率が大きく隔たっているとすれば、その国や社会には暴力が存するということになる。(10) また、飢饉に関しては一時的局地的な問題とされる余地があるかも知れないが、例えば慢性的貧困に関しては、さらに範囲を世界全体に拡げて考えうる可能性が高い。世界の中には明らかに慢性的貧困に苦しむ階層（国々）とそうでない階層（国々）があり、そのことが両者の平均寿命の違いにかなりの程度で反映していると考えられるならば、世界レベルで暴力が存するということになるのである。このように、「寿命」のみを潜在的実現可能性の内容項目にしたとしても、それに基づく暴力及び平和概念は、従来の直接的暴力及び消極的平和概念よりもはるかに広く大きな射程を有するのである。

またこの暴力の捉え方からすると、飢饉や慢性的貧困が一定の人々を襲って上に述べたような潜在的寿命とのギャップを生み出す場合、その社会には暴力があるということになるが、このような見方は、最も深刻な形で被害が顕在化するところに着眼しようとするものと言えよう。すなわち、暴力が構造的背景を有する場合には、目に見える形であらわれてくる問題は、その背景にある構造的矛盾を顕在化したものであると考えられるのである。従って、着目する対象が、ごく限られた一点であったとしても、その一点を通して、その背後に潜在的に存在する構造全体が浮かび上がってくると考えることが十分可能である。従って、この暴力の捉え方は、限定的な事柄を出発点とした場合でも、暴力を構造的に理解しようとする限り、その一点を社会全体の構造の理解と変革の切り口と位置づけることによって、消極的平和の場合とは大きく異なる平和への構想につながっていくのである。

二　構造的暴力

(一) 構造的暴力の特徴

このように、積極的平和概念は、内容やレベル設定の曖昧さを残しながらも、人間の人間らしい活動を支えるための「平和」原理を構成する中身として魅力的である。この積極的平和概念を採用することによって、平和への取り組みは、戦争や暴力を回避するための消極的防衛ではなくて「現実に実現し得たものが潜在的実現可能性を下回るというギャップ」を埋めていくための積極的創出に転換することになる。[11] そうだとすると、次にそのギャップを生み出している暴力、とりわけ「構造的暴力」の特徴が、もう少し明らかにされる必要があろう。

岡本三夫は、構造的暴力の特徴を「①社会構造にビルトインされており、②暴力の主体が匿名ないし不明であり、③この暴力による死傷は緩慢であり、④日常的かつノーマルであって、劇的な殺傷風景を連想させる通常の暴力とは著しく異なる」ものであるとまとめる。そして途上国における貧困を構造的暴力の結果として例に挙げ、「多くの途上国における構造的暴力の原因が、数世紀に及んだ植民地支配における搾取、奴隷経済、略奪農法、単品栽培などに起因することは否定できない。加えて、廉価な原料供給と付加価値の高い完成工業製品の輸入という交易条件の不公平と、それを固定化している資本主義的国際経済構造がある。さらに、先進工業国の高賃金と贅沢で無駄の多い生活スタイルも途上国の貧困に拍車をかけている」と述べる[12]。ここに挙げられている途上国の貧困の例は、構造的暴力の典型であり、四つの特徴をよく表していると考えることができよう。しかし貧困のすべてが必ずしも暴力、とりわけ構造的暴力によって引き起こされるとは限らない。

(二)　選択肢の剝奪状態であること

ガルトゥングの定義によれば、潜在的実現可能性が現実のものとなっていないことが「ある人に対して影響力が行使された結果」であるならそのギャップは暴力に由来すると考えられて平和創出の課題となるが、そのギャップがいわば不慮の偶然や不運による場合には人為的影響力の結果とは言えないので、直接的には平和創出の課題とはならない（それでも少なくとも福祉の課題にはなろう）。どこまでが平和創出の課題であるかを枠づけるためには、たとえギャップが大きい場合であっても、それが構造的暴力によると言えるかどうかが鍵となる。それは構造的暴力とはどのようなものであるのか、ということの検討によらなければならない。さらにその検討は、積極的平和の創出の方策を練るためにも不可欠であろう。

例えば、自らの意志に基づいて、清貧・貞潔を旨とする修道生活を送る場合が考えられるし、また自らの浪費や怠惰により財産や就労機会を失ってしまう場合もあろう。後者の場合には浪費や怠惰な生活を送るに至った背後にある社会構造やその人を取り巻く人間関係の構造を問題にすることができるかも知れないが、浪費しうるほどの財産が他者から奪われることなく手元にあり、また望むならば十分な就労機会があるとすれば、そしてまた浪費や怠惰へと心理的にも強いられているというのでなければ、さしあたりその人は暴力にさらされてはいないと言うことができよう。暴力と言いうるためには、一定の事柄に関して「選択肢が剝奪されている」状態になければならず[13]、その原因を具体的個人による剝奪行為に特定することができない場合、構造的暴力の課題となるのである。

（三）不平等な力関係

それでは、（上述の一で挙げた最も異論のない内容とレベルでの）潜在的実現可能性に関して、実現手段や選択肢が「剝奪されている」状態にあるすべてのケースが、構造的暴力によるものと言えるのであろうか。例えば、貧困や飢餓が旱魃や自然災害に起因すると考えられる場合はどうであろう。まず、食料が入手できないのは自然の影響力であり、「人為的な影響力」によるのではない、という議論が出てくるかも知れない。[14]そしてまた次のような議論も出てこよう。すなわち、一定の国や社会の中にいるすべての人が餓死するわけではない以上そこで食料の奪い合いが存し、飢餓に苦しむ人々はその「人為的」奪い合いの犠牲になったと言えるかも知れないが、そのようなケースでの「人為的影響力」による「選択肢の剝奪」は、やむを得ない緊急事態に置かれた人々の間で生じた事柄であり、これを暴力と位置づけることは適切でない、と。これらの点に関してはアマルティア・センが説得力ある反論を提起しており、次の三で検討することにしたいが、「人為的な影響力」が直ちにすべて暴力と言えるとは限らないのは確かである。暴力概念が単なる事実概念ではなく（否定的な）評価を含んだ概念である以上、暴力は「不正」な人為的影響力である、とするべきであろう。人為的影響力の働いている「選択肢剝奪」がすべて暴力に由来するのだと主張するとしても、それはその剝奪状態に関して人為的影響力が働いているからではなくて、そこで働いている人為的影響力が不正なものであるから、という根拠によらなければならない。ガルトゥングは、「構造的暴力が存在する状態を社会的不正義と呼ぶ」と述べ、構造的暴力の場合、その不正義は「不平等な力関係として、それゆえに生活の機会の不平等としてあらわれる」とする。[15]この指摘に基づくならば、「不平等な力関係」によって選択肢の剝奪状態がもたらされる場合に構造的暴力が働いている、ということになろう。

(四) 構造的暴力のメカニズム

そのような「不平等な力関係」はどのようにして発生するのであろうか。ガルトゥングは、「行為主体、システム、構造、ランク、レベル」という概念によって、まず社会的関係のメカニズムを以下のように説明する。関係が形成されるためには「行為主体」(例えば国家)が複数存在しなければならない。そして「行為主体間に相互作用が行なわれている」という意味で、行為主体は「システム」を形成している。通常その相互作用は複数のシステムに及ぶのであり(政治、経済、文化など)、そういった相互作用システムの集合が「構造」である。システム内ではある行為主体は高い「ランク」を占め、別の行為主体は低い「ランク」に置かれることとなりうるが、構造の中には様々なシステムが存するため、同じ行為主体が各システムにおいて様々なランクを占めうる可能性がある。また行為主体も、外見上は一つの行為主体であったとしても、様々な「レベル」から複合的に形成されていると考えられる(例えば、領土の観点からすると、国、地区、自治体、個人)。[16]

このように、行為主体間に展開される行動や出来事は、重層的立体的関係に取り巻かれているのである。すなわち具体的現象として表面に現れる行為主体間の交流や活動は、既に前提となっている両者間のシステム、そのシステムにおけるランクの違い、その関係を取り巻く他のシステムも含めた構造、さらには各行為主体内のレベル、といった諸関係を反映した現れということになる。

以上は社会的関係一般のメカニズムの説明であるが、それが構造的暴力をもたらすメカニズム、つまり「不平等な力関係」になっていくのはどのような場合であろうか。ガルトゥングは六つの要因を挙げる。第一に「直接的序列順位」の存在、すなわちシステム内でのランクの上下が完全に固定している場合。第二に「循環的相互作用パターン」の存在、すなわち行為主体のつながり方が一つに限られていること。第三に「ランクと中心性との間の相関関係」の存在、すなわちランクの高い行為主体が相互作用の中で中心的な位置を占めていること。第四に「システム間の調和性」の存在、すなわち相互作用が展開されるシステムの間に構造的類似性がみられること。第五に「ランクの一致」の存在、すなわち高いランクを占める行為主体が別のシステムでも高いランクを占める傾向があること。第六に「高いランクのレベル間の結合」の存在、すなわちレベル間を結合するのはレベル内で一番高いランクにある行為主体であること。(17) これらの要因が相互に影響しあって、不平等な力関係が作り上げられていく、とされるのである。

(五) 平和創出の基本姿勢と方法

興味深いことに、ガルトゥングは「意図的かつ継続的妨害がないところでは、社会システムはこれら六つのすべてのメカニズムを発展させる傾向がある」と考える。これがシステムに関する一般的命題と言えるかどうかは議論の余地があるかも知れないが、少なくとも現状の観察による経験的命題として受容できよう。(18) とするならば、平和創出のための基本姿勢は、不平等な力関係を生み出すメカニズムへの「意図的かつ継続的妨害」であるということが示される。すなわち、社会関係は何もしなければ不平等な暴力関係に向かっていく傾向をもつということであれば、第一に、「行動」を「意図的」に起こさなければならない。第二に、一定の行動を起こしたことで状況が改善されたとしても、その後何もしなければ再び不平等な暴力関係に向かう傾向があるというのであるから、その行動は「継続的」に展開されなければならない。そして第三に、その妨害行動はメカニズムに対するものであり、「構造を変化させる」ことが目的であるので、「相互作用網やランク構成などに体系的変化をもたらすような構造的な」方法をとるべきである。[19] 例えば暴力的国家体制に対し、武力によって直接的な破壊攻撃を加えたり、暴力的な革命で政権を奪取することは、必ずしも社会に内在する暴力的メカニズムを解体することにはならず、新たな暴力メカニズムに取って替えるだけになりかねない。さらには社会システム自体を崩壊させてしまう危険性があり、積極的平和創出の構想からすれば、あまり有効でないばかりか、有害でさえある。積極的平和創出の構想は、構造的暴力を廃止するためであっても直接的暴力を手段とせず、「構造」それ自体に働きかける意図的行動を地道に継続していく基本姿勢を持つべきと言えよう。

このような基本姿勢に基づく暴力的構造への「意図的かつ継続的妨害」の試みとしては、どのような方法が考えられるであろうか。上述の六つのメカニズムが機能することの妨害手段がとられるであろうから、それらを裏返しにして考えてみると、第一には「システム内における行為主体のランクの流動化」、第二には「行為主体のつながり方の経路の複数化」、第三には「ランクの高さとシステムの中心性の切り離し」、第四には「多様な内容のシステムを構造の中に展開させること」、第五には「構造内の高ランク主体の多元複数化」、第六には「レベル間の結合を低ランクを経由しうるようにすること」がなされるべき事柄ということになろう。そこで浮かび上がってくる特徴は、関係の流動化、複数化、多元化、多様化、周辺や底辺にあるものの中心化といったものである。しかしそれは具体的にはどのような試みとなるのであろうか。[20] その試みの具体的例示と検討は次節で詳細に行うこととするが、その前に構造的変革という方法の有効性について、論じておく必要があろう。次のような疑問が予想されるからである。すなわち、例えば「多元的な民主社会」への変革といういかにも間接的で迂遠に感じられる方法をもってして、本当に問題の解決が可能となるのであろうか。とりわけ人の生死に関わるような問題、例えば飢饉については、それらの構造的変革の取り組みよりも、直接的に必要とされる行動や援助を迅速に展開した方が有効ではないだろうか。そこで次に、この問いに対して、アマルティア・センの議論を追いながら、答えを求めていくことにしよう。

三　飢饉と権原アプローチ

(一) 貧困と飢餓と飢饉

センは、貧困という概念はかなり曖昧なものであるが、「栄養不良が貧困を認識する際の中心的位置を占めるべきであることは、明らかなことのように思われる」とし、「我々の貧困概念の中には、それ以上減らすことのできない絶対的剝奪という核心部がある。このために餓死や栄養不良、そして目に見える窮状が報道されれば、相対的状況をまず確かめることをしなくても貧困という診断を下すことができる」と述べる。従って「貧困の計測は、一般に認められている必需品という基準によって人々の苦境を評価する記述的行為」とされる。そして「飢餓は明らかに、貧困の最も際立った側面」であり、「飢饉は、その社会内部における相対的な状況がどのようなものであっても、極貧の事例であると問題なく認められるであろう」と述べられる。このようにして、「餓死と飢餓の問題」は「貧困概念の中心に置」かれることになり、その中でも飢饉の検討を通して、貧困の問題状況の基本的理解が可能になると考えられるのである。[21]

さて、飢饉は「人々が十分な食料を得られない」という飢餓によって、「広範に死者が出るという、とりわけ悪性の現象を指す。」つまり飢饉は主として「食料消費水準の突然の落ち込み」の問題であると言えるのだが、この点から考えるとき、食料供給が増加傾向にあり、「日常的飢餓が着実に減少している時ですら、飢饉は発生しうる」と、センは言うのである。[22]

（二）ＦＡＤアプローチ

突然の飢饉発生は、しばしば天災をはじめとする様々な要因による「総供給量の減少」（Food Availability Decline：ＦＡＤ）によって説明される。例えば死亡者数が一五〇万人とも三〇〇万人とも言われる一九四三年のベンガル大飢饉の主要な原因は、飢饉調査委員会によれば「ベンガルでの消費可能な米の総供給量が大幅に不足したこと」にあるとされ、またブリンは「一九四二／四三年度にはサイクロンと洪水のために、ベンガルの米生産は三分の一ほど減少した。これと日本支配下に入ったビルマからの輸出の停止および不十分な救済とが重なった結果、基金や伝染病（マラリア、コレラ、天然痘）が発生し、広範な飢餓がそれに輪をかけた」と説明する。また死亡者一〇万人を越える一九七二―七四年のエチオピア飢饉は明らかに旱魃によって始まった。一九七三年にピークを迎えその年に一〇万人の死者数を数えたと推計されているサヘル地域の飢饉も、旱魃が要因とされる。そして政府推計では二万六〇〇〇人の死亡者をもたらした一九七四年のバングラデシュ飢饉は、洪水をきっかけにしたものである。[23]このような現実に鑑みて、飢饉は災害などに基づく食料不足に起因するというＦＡＤの考えに基づき、食料不足を補うために外国や国際機関などによる救援物資の搬入が展開されている。

しかしセンはこのＦＡＤアプローチに疑問を呈する。ベンガル飢饉に関しては、飢饉調査委員会自身の報告書の米の供給量に関するデータからして、「四三年の現供給量は四一年よりも一三％高いが、もちろん四一年に飢饉は起きていない。」そして米以外の小麦に関するデータや食料の輸入量、古米の持ち越しなどを四三年の供給量が少なくなるようなバイアスをかけつつ計算に含ませてみても、「悲惨なベンガル飢饉がベンガルでの顕著な食料不足のために生じたものではないと結論して、ほぼ間違いないものと見られる」と結論づける。エチオピア飢饉に関しては、「大雨期の雨不足の後に農業省によって行われた一九七二年一一月の農業生産調査」を、生産が通常より多い郡を大幅ではないが通常より少ない郡でうち消すこととし、通常よりかなり生産の少ない郡を全く収穫がないと理解するとしても、「通常の生産の七％がなくなったこと」を意味するにすぎず、「食料穀物生産における七％の低下は、（とりわけ主に降雨に依存した農業を営む経済では）決して壊滅的な食料供給量の減少ではない。」さらに「エチオピア全体として、前年に比べて飢饉の年に農業生産量のわずかな増加が見られたことが、エチオピア国立銀行によって記録されている」し、七三年の「カロリー摂取量の推計は何ら大きな減少も示しておらず、前年からのかなり大きな増加を示しているようである」と指摘する。バングラデシュ飢饉に至っては、飢饉のあった七四年が七一年から七五年の米生産量及び食料の総供給量のピークであり、「経済全体の食料総供給量から判断するならば、飢饉が七四年に起こる可能性は他のどの年よりも考えにくいことなのである」とする。サヘル飢饉においては、「一人あたりの食料生産量は、確かに大幅に低下した」が、その場合でも「飢饉のピークである一九七三年において一人あたり食料供給量の低下は、雨の多い一九六〇年代初期と比べてもマリ、モーリタニア、ニジェール、オート・ヴォルタではかなり小さく（一人あたりカロリー摂取可能量の一五％未満の低下）、セネガルに関しては全く低下しなかった」と述べるのである。(24)

（三）権原アプローチ

天災や人災により食料生産や輸入が不十分となり、食料不足が全般的に深刻となって飢饉が発生するのだ、という直感的には常識のように感じられるＦＡＤの見方に反し、「食料供給量の全般的な低下が起こらなくても飢饉が進展しうる」ということを、センは現実の大飢饉を題材にしながら、以上のように立証している。(25)もっとも、この指摘が正しいとしても、飢饉という事実は存在し続けたままである。従って次には、なぜ人々が食料を持つことができなかったのかについて、ＦＡＤアプローチに代わる別の説明が必要とされる。そしてセンが提示する説明枠組みは、「権原（entitlement）アプローチ」というものである。

食料供給量が全般的な不足に至っていないにもかかわらず、飢饉が存在するということは、食料それ自体の不足ではなく、飢餓に苦しんでいる人々が食料を手に入れられる「能力」が不足していると考えざるを得ない。この「食料――さらにはその人が手に入れ、もしくは保持したいと望むいかなる財――を自分の自由にする能力は、その社会において所有と使用のルールを定めている権原関係に依存している。その能力は、自分の所有するものは何か、その人にいかなる交換可能性が開かれているか、無償でその人に与えられるものは何か、そしてその人から取り上げられるものは何かに依存している。」それ故、「ある人が十分な食料を手に入れて飢餓を避ける能力を持つかどうかを左右するのは、権原関係全体なのであり、食料供給はその人の権原関係に影響を与える多くの要因の中の一つにすぎない」というのである。[26]

センによれば、大ざっぱには、次の四つの権原関係がありうる。すなわち、①交易に基づく権原、②生産に基づく権原、③自己労働の権原、④相続・移転の権原、である。[27] 食料に関して権原の具体的中身を示すとすれば、①交換によって食料を入手しうるだけの財を有していること（例えば自分の所有する土地や家畜その他の財を持っていてしかもそれらが交換に値すること）、②自己の土地や借地において直接生産した食料を自分のものとなし得ること（例えば食料がほとんどとれない場合、また税や地代として生産したものを取り上げられる場合は、自ら生産したとしてもこの権原がないあるいは奪われていると言える）、③食料を購入しうるだけの賃金を得る仕事に就くことができること、あるいは労働の対価として生産物を直接受け取る仕事に就くことができること、④他者から食料（または食料購入可能なだけの財貨）を得られる機会があること（例えば、家族や近しい人からの援助、国内外からの食料配給、社会保障による金銭給付など）、といったところになろう。飢饉はこれらの食料権原の失敗、例えば自分で消費するための食料生産が減る「直接的権原の失敗」や、自ら所有する財を食料と取り引きする交易によって得られる食料が減った「交易権原の失敗」によって発生しうるとされる。[28]

そしてこの権原の失敗は、集団において発生するという特徴がある。直接的権原の失敗は農業に従事する集団の中に発生するであろうし、交易権原の失敗は売れなくなってしまったあるいは価値が低下してしまった財を所有する集団の中に発生するであろう。飢饉の犠牲者は様々な職業集団にまとめることができるが、最多数の飢饉犠牲者が出た職業は、ベンガル飢饉の場合には農村労働者、エチオピア飢饉では農民と牧畜民、サヘル地域飢饉では牧畜民、バングラデシュ飢饉では農村労働者であった。

ベンガル飢饉では、戦時景気の恩恵を受けた都市部で米価が高騰し始め、人々のパニックと投機的操作の影響によりさらに上昇していくことによって、農村部のほとんどの住民は実質購買力を失ってしまった。ところが小農と分益小作農はその影響を受けなかったのである。エチオピアにおけるウォロ州の飢饉は、局所的な飢饉であったため、エチオピア全土で食料価格は急騰することはなかった。しかし、被災農民は「所得を得るために売りに出すものがほとんどないため、他の地域から食料を買い入れる手段を持たなかった」故に、今度は小作農と小規模自作農に代表される農民たちが飢餓に陥ることになった。サヘル飢饉では、環境と気候条件の変化により家畜が多数死亡し、牧畜民は残された家畜を売却して穀物を得ようとしたのだが、それと同時に穀物も減少していたため、穀物に対する家畜の価値が大幅に低下した。そのことによって、さらに家畜を多く販売することとなり、飢餓が深刻化していった。バングラデシュ飢饉では、賃金雇用が失われることから即座に飢饉が発生した。「夏の洪水によって田植えのための雇用労働が断たれてしまった直後に、土地無し農村労働者たちに困窮の最初の兆候が見られた」のであるが、「この現象は、被害を受けた作物が実際に収穫されるよりもはるか以前に起こったのである。」このようにして、「飢饉は特定地域において、一つあるいは複数の職業集団が権原を失うことと結びついている」ということになる。(29)

四　積極的平和のための構造的変革

(一)　権原回復

権原アプローチからすると、飢饉は災害による単なる悲劇ということですまされず、食料への権原が一定の集団には保持されながら別の集団からは剝奪されたり、適切に付与されないという、「不平等な力関係」による「選択肢の剝奪」によってもたらされる「現実に実現し得たものと潜在的実現可能性のギャップ」、すなわち構造的暴力の問題となろう。従って、そこで提示される解決の方策は、構造的暴力を生み出すメカニズムへの「意図的かつ継続的妨害」の具体的方法の重要な例を示してくれるものと思われる。

まず、飢饉による飢餓が権原喪失に基づくとするならば、その最も端的な対策は、「最低水準の所得と権原を回復させること」である。まずなすべきことは「飢餓回避に必要な最低限の購買力」を付与することであって、必ずしも食料を搬送したり、キャンプに人々を収容して配給を行うことではない、ということになる。その際に最も効果的方法は、センによれば「現金賃金による公的雇用」であるとされる。施し物による救済ではなく雇用であるべきなのは、施しが悪用される可能性があるからであり、「最低限の賃金で無条件に雇用を提供することは、本当にそれを必要としており、雇用機会を喜んで受け入れようとする人々を自動的に選び出す篩の役割を果たすだろう」からである。また直接的な食料配給でなく現金支払いであるのは、「雇用を通じた保護を与えることは、一時しのぎの炊き出し所に人々を押し込めることと比べれば、犠牲者たちの経済・社会・家庭生活を崩壊させない」からである[30]。

国際機関などによる食料援助も決して否定するわけではないが、しかしそのような緊急手段とは別個に、所得の再創出の試みがなされなければならないというのである。それは、政府や国際機関が動き出すためには被害が甚大になった後になるとともに、実際に食料を動かすために物理的な時間がかかるのに対し[31]、「現金支払いは、潜在的な飢饉の犠牲者の手に新たに作り出された需要が、通常の取引・輸送経路を通じて満たされることを可能にする[32]」からでもある。後者の場合、きわめて迅速に食料の調達が可能となるのである。この権原確保のための公的賃雇用という提案は、権原という社会構造における人々の関係を変革する試み（構造的暴力のメカニズムへの意図的妨害）が、直接的な援助や行動よりも有効であるとともに迅速な対応を生み出しうる重要な例であると言えよう。

(二) 民主化

このような飢饉阻止の試みを実践することはそれほど困難でないにもかかわらず、取り組まれないことがしばしばあるが、それはＦＡＤアプローチへのこだわりのためというよりも、センによれば「飢饉の不利益が被害にあった公衆によって負担され、統治する政府には負担されないからである[33]。」つまり、構造的暴力の観点から言い換えると、その国における不平等な力関係が固定化されていて、ガルトゥングが指摘するように、何らかの「意図的かつ継続的妨害がない」限り、「社会システムはこれら六つの［不平等な力関係と配分を維持するのに役立つ］すべてのメカニズムを発展させる傾向がある」ためである[34]。それ故、権原関係の変革を可能とするためには、さらにもう一段階、構造的暴力のメカニズムへの意図的妨害の試みが展開されなければならない。それは民主化と報道の自由である、とされる。センは、「もしその政府が、選挙、自由な報道や検閲されない公然の批判を通じて公衆に責任を負うことになったとすれば、政府もまた非難、そして最終的には否認を避けるために飢饉を撲滅すべく最善を尽くす十分な理由を持つことになるだろう」と述べ、「世界における飢饉の過酷な歴史の中で、検閲を受けない報道が許された民主的な独立国家において飢饉が起こった事例がほとんどない」と指摘する。餓死の事例の早期における報道は「飢饉の脅威について政府と公衆に警告」する情報伝達の役割を果たすことができるとともに、「一般大衆の苦境に対して敏感かつ同情的になるよう、政府に常に圧力をかける」ことで、「対抗的」機能を果たすことができる。そして報道に対応して実際に政府が「圧力」を受けて動くようなシステム、すなわち飢饉救済に失敗した政府が（国民及び野党によって）批判にさらされ政権を失う可能性があるような民主的なシステムが存在する必要がある、とするのである。(35)

（三）民主的主体としての公衆と教育

しかし政治的な民主化だけでは暴力構造を変革することができないことは、一九九〇年代以降に急激に民主化していったにもかかわらず、かえって内戦が勃発し、貧困解消にも結びつかなかったアフリカ諸国の現実を見るならば、認めざるを得ない。「アフリカの動向は、民主化が必ずしも平和をもたらさないこと、それも民主化は貧困からの解放には有効な手だてではないことを示唆しており、民主的平和論の限界を示すものでもある」と指摘される通りである。(36)アフリカ諸国における民主化は経済的援助と絡んだ外圧による面が大きかったことを考えると、国際的な政治経済システムの構造的暴力性を問題にしなければならないかも知れないが、ここではその大きな問題はしばらく措いて、構造的暴力のメカニズム阻止のために当該国家及び社会内部でなすべき、恐らくは最も重要な事柄を取り上げておきたい。それは「公衆の積極的行動」である。

センは、「飢餓撲滅のための公共行動」という論文を、次のような結語で締めくくる。「結局、公共行動が効果を上げるか否かは、法律だけではなく民主主義を実践する強さや活力次第でもあるのだ。現代世界において飢餓を根絶するためには、様々な分野において同時に前進する必要がある。公衆は飢餓根絶の受益者であるだけではなく、重要な意味で、その主要な行為者となるべきだ。そのための第一歩は公衆を、単に長い間苦しんできた受難者としてではなく、積極的な行為主体として見ることである。(37)」

報道の自由や政治的民主化が有効に機能するためには、単にシステムが民主的であるだけでは不十分で、公衆自身が情報を受け止めるアンテナを持ち、実際に行動に移す力とエートスを有していなければならない。そのためには、まず第一に、公衆を積極的な行為主体として「見ること」、すなわち政府だけでなくすべての人々が、自分たち自身を含めすべての公衆を公的な場における参加主体として位置づけ、そして実際にそのように「扱う」ことが求められる。これはシステムの周辺や底辺に置かれている者たちを中心に据えようとする広い意味での民主化の試みであり、不平等メカニズムへの根元的な「意図的継続的妨害」でもあると言えよう。

そして第二に、公衆が実際に、そのような積極的行為主体で「あること」が求められる。まず、情報を受け止めたり政治的な発信をなし得るためには、読み書きの能力と最低限の知識が必要である。また自分を含めすべての公衆を対等な主体として見なし、同時に積極的に行為していくエートスを実際に有していることが必要である。そういった能力、知識、エートスは自然に身に付くものというよりも、「教育」によって形成されていくものであろう。それ故、「教育」は、積極的平和への構造的変革の基底部分であると言っても過言ではないと思われる。

この「教育」は、公衆を政治的主体として育成するだけでなく、自立した経済的主体形成という意味も持つ。これはそれ自体、貧困からの解放につながるものである。センは、飢饉による飢餓は慢性的貧困がない所にも発生しうるので、両者は異なった原因に由来すると述べるが、両者の関連性を否定するわけではない。一国の経済成長が慢性的貧困や飢饉回避に必ずしもつながらないとしても、「より豊かで成長しつつある経済では、飢饉予防策を講じることがより容易になる」ことは確かである。そして公衆全体が経済主体として経済活動に参加することで経済的成功を遂げた「参加型成長」の場合には、貧困解消や死亡率低下につながっている。教育が公衆全般に対する基礎教育という形をとる場合、経済的にも公衆全般に様々な形での権原への道が開かれるため、慢性的貧困、ひいては飢饉回避に大きく貢献するものと思われる(38)。

また「教育」は、公衆を生活主体として育成する側面も持つ。慢性的貧困が苦境であるのは、貧しさそのものよりも衰弱、病気、死亡率増加、寿命短縮という貧しさに起因する現象であるとも考えられよう。センによれば、それらは慢性的な栄養不良によるところが大きく、「不十分な食料摂取の問題」と言えるが、単純に食料入手が困難であるというだけでなく、「例えば栄養不良は、しばしば寄生虫による病気によって引き起こされる」し、また「伝染病は広範な栄養不良をもたらすことがある。」従って、食料の剝奪は「保健医療」から独立して論じることはできない。そして、公衆のレベルで言うならば、保健医療サービスを利用する上でも、また予防のためにも、保健医療に関する「基礎教育」が重要になってくる。センは、平均寿命と識字率の高さ、とりわけ女性識字率の高さの関連を取り上げ、とりわけ「女性の教育」が鍵となっている事実を指摘している(39)。

五　結　び——実現されるべき積極的平和状態と生存権

(一)　潜在的実現可能性の再検討

以上から、飢饉という緊急を要する問題に関しても、構造的なアプローチの仕方が現実の暴力状態の理解だけでなく解決にとっても有効であることが示されたと思われる。最後に、暴力に対する構造的アプローチが目指す積極的平和状態とはどのようなものであるのかを模索して、本節の結びとしよう。これは、先に述べた人間の潜在的実現可能性について再び取り上げることである。潜在的実現可能性の内容の曖昧さの故に、飢饉という異論なき問題に限定して構造的暴力について論じてきたが、その中で浮かび上がってきた、より実質的な潜在的実現可能性の内容を、ここで取り上げることとしたい。

飢饉に対する構造的変革の取り組みとして上に挙げられたのは、権原回復、民主化、主体育成のための教育などである。つまり、飢饉において問題となり、現実に実現されるべきであった事柄は、飢餓状態からの解放だけでなく、飢餓にある人々の権利、他者との関係性、その人々を取り巻く環境の改善に及ぶ。従って、暴力に対する構造的変革のアプローチは、当人が現在抱えている顕在化した課題が解決されることがさしあたりの目標であるとしても、その背後にあり潜在化している構造が改善されない限り、その取り組みを終えることができない。それは永続的なプロセスであるかも知れないが、しかし、少なくとも取り組みの方向性を見極めるためにも、また取り組みの効果を確認するためにも、それが目指す積極的平和状態の枠組み程度のものは示される必要があろう。

(二) 平和ならざる状態と積極的平和状態

星野昭吉は、平和状態を平和ならざる状態と対応させ、広く全体的に鳥瞰したイメージを提示している。すなわち、暴力によって侵害されているのは、「人間の尊厳」であり、平和は「人類の共有・共存という人間尊厳の立場、人格の確立と尊重に立脚したものでなければならない」として、平和が表面的な苦境の背後にある具体的個人の「人格」に深く関わることを基本としつつ、現に苦境に立っている人々（例えば南の世界の底辺の人々）のそれ以外の人々

（北の住民）との共存「関係」も内容として含むものとする。この指摘に従うならば、積極的平和について考える枠組みに関して、次のようなことが言えるであろう。(40)

まず第一に、具体的な平和ならざる状態としては、物理的生存が奪われるおそれのある「戦争・内戦」状態や、飢餓、栄養失調等に現れてくる「経済的不平等」状態のみならず、「反自由」状態、すなわち人種差別や政治的抑圧に現れるような「個人の価値や自由」や「思想、言論、運動、集会、結社などの政治的自由」といった人権の抑圧状態が含まれることになる。そして、これらの「平和ならざる状態」は「有機的関連性を持ち、相互に強化しあう関係を構成している。(41)」従って、一つの問題が表面上改善されたように見えても、別の側面についても同時に取り組まれない限り、その改善は一時的で、真の解決には至っていない。しかし逆に、迂遠に思える取り組みが問題の大きな改善に結びつく可能性もあると言うこともできる。それ故、平和ならざる状態が具体的個人の「人格」の問題であるという認識に基づくならば、「人格」へのまなざし、個々人の人権や自由確保への取り組みこそが、平和創出の軸になると考えられるのではないだろうか。

第二に、具体的な平和ならざる状態は、その背後に当該状態をもたらす構造を有しているので、平和創出のためには、平和ならざる状態の別の具体的側面と同時に、その状態の背後にある政治的文化的経済的その他の構造も視野に入れなければならない。「反自由」の背後には、政治的不安定や文化的対立がある場合が多いであろう。「経済的不平等」の背後には、その国の経済力の弱さや経済的政策の失敗の他にも、人口増大や自然環境の変化などがありうる。「戦争・内戦」の背後には、政権の軍事化、政治的緊張の激化、武器の安易な移転などがあると考えられる。これらのような、具体的な平和ならざる状態の背後にある問題が解決され、ひいてはそれらをもたらす構造が変革されない限り、当該社会とその住民が積極的平和状態にあるとは未だ言えないのである。

第三に、平和ならざる状態が具体的に発生していない国や社会であっても、他の国や社会で具体的な暴力状態が発生している以上、その暴力の存在の故に、自分の国や社会が積極的平和状態にあると言うことができない。積極的平和状態は、グローバルな平和状態であると言えるであろう。これは一つには、とりわけ現代においては、ある国や社会の問題は他の国や社会の在り方によって大きな影響を受けるためである。例えば核保有という一国の決定は人類滅亡の危機を意味することであり、それは核を持たない国の問題にもなる。また上にも挙げたようなグローバルな兵器移転は他国の軍国主義体制を強化することに結びつく。独裁政権などへの援助なども同様である。また、経済的相互依存の深化のために、経済活動やライフスタイルの在り方は、他の国や社会、とりわけ経済的に豊かな国のそれらによって大きく左右される。いわゆる環境問題においても、同様のことが生じていることは言うまでもない。そして政治的不安定も、以上のような他国との政治・軍事・経済関係や文化のグローバル化の影響を受けていることは否定できないであろう。このように、自分の国や社会が、他の国や社会の暴力状態に構造的影響を与えているとするならば、その国や社会を構成している人々は、自らが意識しているか否かにかかわらず、積極的平和の主体どころか暴力的な主体であるということになる。そしてもう一つには、たとえ他の国や社会の暴力状態に対してそれほど大きな影響力を与えていないと主張されるとしても、「人類の共有・共存という人間尊厳の立場」に立つならば、すべての人が人類社会の構成員であるのであり、その意味でどの場所における暴力状態も、自分の社会の問題であり、それぞれの立場に見合った「平和への努力」が求められるからである。

(三) 生存権から考える潜在的実現可能性の範囲

このように見てくると、積極的平和への取り組みは、個人の内面的なレベルから、それと構造的につながっている世界の隅々のあらゆる領域まで、どこまでも広がっていかざるを得ないもののように思える。そういった取り組みを展開していくことは、もちろん望ましいことであろうが、しかし、どこまでが国々や人々にとって必須の義務であり、どこからは努力目標と位置づけられうるのであろうか。これは、現時点でどこまでが人々にとって潜在的実現可能性であるかと言い換えられうる。潜在的実現可能性を現実のものとすることへの要求は、誰にとっても正当な権利と言えよう。しかし、それ以上のものを実現することは、確かに望ましいことであり、将来における潜在的可能性を高く引き上げるために不可欠であるけれども、現時点でその実現を人々の具体的権利と言うことは困難であろう。

それでは、具体的権利として要求でき、他者がその実現を法的に義務づけられる範囲を、どのように定めればよいのであろうか。このことに関しては、日本国憲法第二五条の生存権規定が参考になろう。第二五条第一項では「すべて国民は、健康で文化的な最低限度の生活を営む権利を有する」とされ、第二項では「国は、すべての生活部面について、社会福祉、社会保障及び公衆衛生の向上及び増進に努めなければならない」と規定されている。条文を素直に見ると、「最低限度」に関しては国民の「権利」であり、「向上及び増進」は「努めなければならない」と書かれてあるのに気づく。生存権の権利性については諸説があり、私見では一項生存権は具体的な法的権利であり、二項生存権の努力目標も何らかの形で法的権利として構成されるべきと考えるが、いずれにせよ、最低限度かそれ以上かによって、社会福祉などの取り組みのスタンスが一応別個となるということは言えよう[42]。

この生存権理解に対応させて考えるならば、潜在的実現可能性は平和状態の「最低限度」ということになるが、それはどの範囲であろうか。まず考えられるのは、伝統的な消極的平和の内容である①「戦争の不在」状態と、積極的平和に関わる中でガルトゥングが比較的コンセンサスが容易とする「人間の肉体的側面」すなわち②「肉体的に健康な生存」状態である。しかし私見では、最低限度は「人格的存在」としての最低限度でなければならないと思われる。それ故、ガルトゥングがコンセンサスが困難と考える精神的側面も含ませるべきであろう。その際に何よりも、上述の具体的な平和ならざる状態の中の反自由状態の不在、逆に言えば③「基本的人権と自由の保障」状態は最低限度と言わなければならない。

そして、以上のような状態が現段階で維持されているとしても、近い将来失われる脅威にさらされているとするならば、人間的な生活を送ることはできない。人間は時間的な存在であり、将来に向けて人格展開をしていくことを生きる前提としているからである。従って、④「安全で安定した生活」状態も最低限度と言うことができよう。さらに、人間が社会的存在であることを考えるならば、一定の所属集団、例えば家族や地域共同体の中で生きる⑤「社会生活」状態が必要である。また、能動的に自己を展開していくことが人格の基本であるとするならば、自分が納得した上で社会活動や労働などを行い、そのことが社会的にも承認されるような⑥「主体的活動の場が存在する」状態も内容とされるべきと思われる。[43]

これらの状態は、結局は自由、生命、福祉、平等（そして民主）といった法的倫理的価値の最低限度の実現状態と言い換えることができる。ただ積極的平和はそれらの重要な価値の実現が「暴力」によって妨げられていないかどうかを問題とするのである。これらの価値が実現されていればいるほど直接的及び構造的暴力が少ないと考えられるから、それらの実現状態が平和状態であり、それらの最低限の実現状態が、目指すべき最低限の平和状態の目安になるということである。

従って、少なくとも以上のような六つの状態のいずれかが何らかの意味での暴力によって喪失されている場合には、迅速にその原因となっている暴力を除去することがあらゆる国々と人々にとっての義務であると思われる。[44]そこでの取り組みは、問題が生じてきた構造の完全なる変革としては不十分であるかも知れない。しかし暴力が構造的背景をもつものであるならば、そのことを意識しつつとられた具体的行動は、構造の変革の少なくとも「第一歩」になりうる可能性を有している。私たちは極端な理想主義に立つことはできないが、同時に悲観主義に陥ることもない。重要なことは、私たちには平和状態の最低限度の実現のために小さな第一歩を踏み出すことへの「義務」があること、そしてその一歩が暴力の構造を切り崩す積極的平和創出の確かな礎になるのだ、ということをしっかりと認識することではないだろうか。

第２節　平和創出の試み――社会変革から人間変革へ

一　平和創出としての貧困解消

(一)　暴力的構造変革の基本姿勢と知恵を学ぶ必要性

前節において、平和という概念を有意義なものとするためには、構造的暴力を視野に取り込んだ積極的平和概念を構想しなければならず、平和に向けた取り組みは、単に戦争や暴力を回避するための消極的防衛だけではなくて、暴力によってもたらされた「現実に実現し得たものが潜在的実現可能性を下回るというギャップ」を埋めていくための積極的構造創出でなければならない、と述べた(二(二))。すなわち、そのギャップが構造的暴力によってもたらされているとするならば、平和創出の試みは、ギャップをもたらすメカニズムへの「意図的かつ継続的妨害」に基づきつつ暴力的構造を変革することでなければならないが(二(五))、その変革は同時に暴力的でない新たな社会メカニズムの積極的な創出に結びつくことになろうからである。そしてその方法が有効であり得ることを、センの権原アプローチによる飢饉阻止の構想を通して示した（三）。権原アプローチからすると、飢饉は食料への権原の剝奪に原因があるので、所得再創出などによる「権原回復」がまず第一に取り組まれるべきであるが、そのような取り組みが可能となるためには政治的「民主化」、さらには民主的主体となるべき公衆への「教育」が必要である（四）。「権原回復」「民主化」「教育」によって、不平等な社会関係の変革が根底からもたらされることになるならば、上述のところからすると、平等な社会関係が新たに生み出されることでもあるはずである。そのようにして生み出されるべき積極的平和状態とその最低限度についても、枠組み程度のものは提示することができ、その枠組みを尺度として変革を評価することも、ある程度可能であると考えられる（五）。

暴力的構造が変革されれば、暴力による剝奪状態（例えば飢饉による飢餓）という結果は阻止され、将来的にも回避されうる。この論理それ自体は明快であり、説得力がある。しかし平和創出に実際に取り組んでいくためには、どのような取り組みがどのように構造の変革につながり、それが暴力による剝奪状態にどのような影響を与えることになるのか、といったもう少し具体的なプロセスの検討が必要となろう。権原回復、民主化、教育が必要だと言っても、当該国家や社会における所与の権利関係、政治状況、子どもや女性の置かれている状態は様々である。従って、何をどのように変革するのかを個別具体的に考えなければ、実際に平和創出につながり得ない。一般的道筋を措定するだけでは事柄は始まらないのである。その意味では、個別の取り組みをそれぞれの社会で積み重ねていくしかないのであるが、しかし構造変革の具体的プロセスが様々であり得るとしても、その基本姿勢と知恵は共有できるものであると思われる。本節では、バングラデシュにおける貧困解消への取り組みを取り上げ、そこから平和創出に向けて持つべき基本姿勢と知恵を学んでみたい。

（二）貧困を取り上げる理由

貧困を取り上げるのは、第一に、飢饉が現象としては一時的であるのに対し、貧困は慢性的日常的傾向を持つからである。それだけに貧困という現象には社会に組み込まれている構造がより色濃く反映されていると考えられ、従って貧困解消への取り組みは構造的変革という観点からすれば、飢饉撲滅やさらには戦争防止も包み込んだ、より包括的に平和創出につながる試みとして、注目に値するものと言えるであろう。

第二に、貧困は二一世紀における人類最大の問題であると言われているからである。世界銀行は一九九〇年に、人間の基本的必要の最低限を満たすために必要な年間所得をもって「貧困ライン」を設定し、一人当たり三七〇ドルを下回る場合を貧困（「絶対的貧困」）と定義した。貧困者数は一九八五年段階で約一一億一五〇〇万人、途上国人口の三分の一である[45]。その後、貧困者数は減少することなくかえって増大し、しかも貧富の格差も拡大する一方であった[46]。国連は一九九六年を「国際貧困解消年」と定め、九七年から「国際貧困解消の一〇年」として貧困解消に取り組んできた。

二〇〇五年に貧困ラインは一人当たり一日一・二五ドルへ、さらに二〇一五年一〇月には実質的な購買力を反映させて、一日一・九〇ドルへと改定された。幸いなことに「ミレニアム開発目標（Millennium Development Goals：ＭＤＧｓ）」の達成年度である二〇一五年、この貧困ライン以下の貧困者数は、世界人口の一〇％を切り、七億三一〇〇万人へと大幅に減少している[47]。とは言え、これは必ずしもＭＤＧｓへの取り組みの成果であるとは限らず、世界経済の成長に負うところが大きいとも言われる[48]。そして厳しい現実はなお現存し、ＵＮＩＣＥＦとＩＬＯは、一日一・九ドル以下の極貧状態にあるうちの約半分が子どもであること、すなわち世界の子どもの五人に一人に当たる三億八五〇〇万人が極貧にあり、また世界の子どもの四五％が一日三・一ドル以下で生活している（さらに先進国であるＯ

ＥＣＤ加盟国の子どもの貧困率が一〇％を超えている）ことを問題提起している。またＩＬＯは、二〇一八年の世界の生産年齢人口五七億人のうち職に就いているのは三三億人、その中で非正規雇用が六一％に昇り、低中所得国の労働者の四分の一以上が一日三・二ドル以下で生活していると報告している。[49]

そのような状況の中で、二〇一五年九月の国連持続可能な開発サミットで全会一致で採択された「持続可能な開発目標（Sustainable Development Goals：ＳＤＧｓ）」では、二〇三〇年までに貧困を根絶することが第一目標として掲げられた。依然として貧困は（構造的な観点に基づき）緊急に解決が求められている地球規模の課題なのである。

第三に、貧困という概念は広がりを有する概念だからである。上述の「絶対的貧困」は、人間らしい生活を営むために必要な消費財の購買力を基準としているが、所得では表せない側面も人間らしい生活の最低限を構成しているはずである。国連開発計画（ＵＮＤＰ）はこのような人間的側面を考慮に入れて「人間開発指数」を提示すると共に、長寿で健康な生活（四〇歳まで生きられない出生時確率）、知識（成人非識字率）、人間らしい生活水準（医療保健サービスの利用し易さ、浄化された水を使用していない人の割合、五歳未満の低体重児の割合）の三つの割合を合成して、開発途上国の「人間貧困指数」（ＨＰＩ−１）を算出している。[50]この「人間的貧困」という考え方は、第一節五で見たような、基本的人権、自由の保障や、自己を展開していくことのできる社会的環境、[51]さらには「こころの豊かさ」といったレベルまで含めていくことのできる可能性を秘めているものと思われる。それは貧しさ、豊かさという概念が、本来的に広がりのある概念だからであるが、そのことは、（所得における）貧困解消に向けた平和創出の取り組みが、単に経済や政治の問題にとどまらず、また先進国途上国という枠組みを越えて、人間としての「豊かさ」を模索していく、人間としての共同作業に展開していく可能性を有していることを示唆している。

（三）バングラデシュを取り上げる理由

そしてバングラデシュでの取り組みを取り上げるのは、「援助の実験場」と言われるほど、貧困解消のための試みが数多くなされてきたことによる。[52] バングラデシュには独立以来、洪水のように援助が押し寄せたが、その成果は十分ではなく、援助する側に「援助疲れ」と呼ばれる現象も生まれてきた。もっとも、最近になって状況は改善されてきており、貧困ライン人口割合は着実に減少している。[53] 二〇一五年には国民総所得（一人当たり）の増加により、世界銀行の所得グループ分類において、低所得国（Low Income Countries）から低中所得国（Lower Middle Income Countries）に格上げされた。そして人間開発指数についても徐々に順位を上げ、二〇一三年から中程度人間開発国（Medium Human Development）グループに入っている。[54] さらに二〇一八年、国連開発政策委員会（ＣＤＰ：UN Committee for Development Policy）により、後発開発途上国（ＬＤＣ：Least Developed Countries）すなわち最貧国からの卒業資格を得たとされ、三年単位の審査を経て二〇二四年に卒業が見込まれるに至っている。[55]

もちろん貧困が解消されたと言えるまでには未だ道のりは長いが、ここまでの長い歩みにおいて数多く試みられてきた取り組みの中から、貧困を生み出す構造的暴力に適切に切り込んできた成功例と言えるものを見いだすことができる。それらを辿りながら、積極的平和創出の基本姿勢と知恵を探ってみることにしたい。[56]

二　平和創出の基本姿勢１——国内の観点から：社会変革の二つの方式

（一）ＢＲＡＣの「ターゲット方式」

平和創出の基本姿勢と知恵について、まずはバングラデシュのＮＧＯであるＢＲＡＣの働きから学んでみることにしよう。ＢＲＡＣ（Bangladesh Rural Advancement Committee）は、バングラデシュ独立戦争が終結した後、帰還し始めた難民の定着支援のために、一九七二年にファズル・ハッサン・アベッドによって創立されたバングラデシュ人によるＮＧＯである。当初、その活動は、北東部のシレット県スラ地域という遠隔地で展開された小さなものであった。それが現在、様々な開発プログラムをもってほぼ全国に展開し、さらに世界に活動を広げており、「世界でもっとも大きな途上国ＮＧＯ」となるに至っている。その活動は政府や国際的なドナーおよび他のＮＧＯから敬意を得てきたが、それはＢＲＡＣが実際に農村をはじめとしてバングラデシュにおける「貧困の悪循環を大きく打ち破っ」てきたからである。(57)なぜＢＲＡＣは成果を上げることができたのだろうか。

最初ＢＲＡＣは、難民の定着支援として、家を建てたり仕事をしていくための資材や道具を輸入して提供したり、医療センターやコミュニティ・センターを設立運営したりしていた。しかし一年後、それが「単に一時しのぎの方法に過ぎない」と考え、長期的な方策として、コミュニティの「総合開発プログラム」に着手した。このようにして救済組織から開発組織へと発展し始めたのであるが、このコミュニティ全体を対象とするやり方は失敗に終わった。「村出身で教育を受けた若者をボランティアとして募り、識字学級での指導、保健、家族計画分野などでの仕事に当たらせた」けれども、十分に機能せず、汚職や搾取を行う「タウト」に変貌する者もいた。ＢＲＡＣは貧しい農民の考え方の調査によって、コミュニティ全体としての総合開発を阻む、農村部の社会構造の三つの特徴を見いだした。すなわち、「断絶性」（村は幾つかの世帯ごとに派閥を形成する傾向があり、階層があって金持ちのメンバーが重要な役割を発揮して結束しているが、派閥間での結束や協力はないこと）、「依存性」（それ故、貧しい村人は、自己の属する派閥の豊かな土地所有者の保護に頼らなければ、生計を維持していくことも、直面した困難を解決することもできないので、土地所有者を社会的政治的にも支持することになる）、「不利な立場」（従って貧困は偶然に発生しているのではなく、富裕世帯への完全な経済的依存の結果、貯蓄がないために現状を改善できなくなっていることに由来するのであるが、それは村の中で認知されている名声や権威に裏付けられた社会的権力関係に結びついている）といった社会構造を有するが故に、「コミュニティ全体を対象としたプログラムでは、利益のほとんどが豊かな人に集中し、非常に貧しい人々を素通りする」ことになってしまう、と分析されたのである[58]。

そこで、一九七七年以降、新たに採用されたやり方は、「ターゲット方式」と呼ばれるものである。それは、対象を土地なし農民を中心とする「最貧困層」に絞り、その人々を連帯責任のある幾つかの集団に組織した上で、それらの「集団内のメンバーの相互扶助とＢＲＡＣが提供する機会の両方を利用しながら」プログラムを展開していくやり方である。「不利な立場」にある最貧困層を中心に位置づける組織を作り、そしてコミュニティ外部にあるＢＲＡＣが直接その組織に関わっていくことによって、「断絶性」「依存性」に支配されない社会構造を新たに創出していくという戦略をとることになったのである[59]。

「ターゲット方式」における村落組織形成は、ＢＲＡＣのプログラム・オーガナイザーが、実際に家庭訪問調査を行って対象世帯を選定し、抱えている問題と組織化による解決法について何ヶ月もかけて話し合った後になされるという、極めて草の根的なやり方がとられる。そして注目すべきは、必ず女性の集団が男性の集団よりも先に組織化されるということである。社会において最も周辺的な存在を、最も中心に据える姿勢が現れていると言えよう[60]。

「農村開発プログラム」は、家禽や家畜の飼育、養殖、養蚕、管井戸の運営、織物の生産などの所得獲得活動を展開することが中心になるが、組織形成後、直ちにそういった活動や具体的な訓練が開始されるのではなく、まず最初に、「意識化」のための「機能的教育」コースを受講することになる。この授業の目的は「村人が政治的意識と、自分の環境や可能性についての認識をもつようにすること」で、そこでは「みんなで環境について議論や分析を行い、依存的な関係を考察し、生活の中の問題点や可能性を分析する」という作業が展開される。このような、貧しい村人のほとんどにとっては初めての「参加型学習経験」により、「階層的な依存性よりも横のつながりの重要性が認識され」、グループの結束感が生まれることになるのである。このコースが行われている間に、同時にメンバーは貯蓄プログラムを開始し、またグループ内で選ばれたリーダーとなりうるような人はＢＲＡＣにより提供される組織的訓練や技術的訓練を特別に受ける。そうして、コース終了後、積み立てられた貯蓄を資本を元に、訓練されたリーダーを中心にして、小規模な活動が開始される。(61)

このように「ターゲット方式」と「意識化」を軸として展開された「農村開発プログラム」は、どんどん普及していった。その中で、様々なプログラムやプロジェクトが登場してきた。例えば、機能的教育コース（それには識字と計算を学ぶ選択的コースも含まれている）に参加した土地なし農民の親の要請に応え、一九八五年からは「ノンフォーマル初等教育プログラム」が開始され、また村落組織により選ばれた最貧困層家庭の女性をヘルス・ワーカーとした「全国経口補水療法プログラム」（乳幼児死亡の最大原因である下痢に伴う脱水症状の緩和剤を家庭で簡単に作り使用することの普及）なども広く展開されていった。(62)また、「農村開発プログラム」自身も広がりを見せ、公機関の不公正や、ダウリ（結婚持参金）に伴う不当な慣行や、遺産相続や土地に関わる問題等において、村人が権利を守ることができるように、一九八六年からは「法律補助員プログラム」が開始され、一九九〇年代の「社会開発プログラム」に受け継がれている。(63)さらには、諸々のプログラムを通して成熟してきた村落組織について、外部からの意識化や組織化のための仲介活動なしに経済活動を展開していくことを目指して、ＢＲＡＣは一九八九年に自前の銀行を設立し、農村開発に携わっていた地域事務所を銀行の支部としていく「農村融資プロジェクト」を展開し始めた。この銀行プロジェクトも順調に成果を収めてきた。そして「農村開発プログラム」と「農村融資プロジェクト」、そして深刻化している都市スラム地域の貧困層を対象とした「都市部プログラム」（一九九八年開始）が、二〇〇一年には「ＢＲＡＣ

開発プログラム」という形で統合されるに至っている。[64]このように「無担保での少額融資『マイクロ・ファイナンス』を貧困層に行い、これに保健・農業、養鶏・畜産業、人権教育、環境、女性のエンパワーメント、ノンフォーマル教育等のプログラムを結びつける総合的な社会開発アプローチ（ホリスティック・アプローチ）」は大きな成果を上げ、二〇一四年報告によれば「職員数約一二〇万人、三〇〇〇の地域オフィス、年間予算約六八四億円の事業規模を誇る世界最大の開発ＮＧＯに成長している。[65]」

以上をまとめるならば、ＢＲＡＣのアプローチは、貧困層の「権原」を阻害する社会構造を、「民主化」と「教育」によって変革し、新たに獲得していこうとするものであり、それ故に成功を収めることができたと言えよう。その具体的な試みの基本姿勢は、最貧困層とりわけ女性への「ターゲット方式」「意識化」へのこだわりである。一九七七年における、この二つを軸に据えることへの決断が、その後の躍進を生み出したのである。

なぜそのような決断ができ、また状況変化や組織拡大の中で二つの基本姿勢を貫き続けることができたのか。その知恵として、様々な事柄が挙げられようが、ここではセンゲの言う「学習する組織」(Learning Organization) であり続けていることが鍵となっている、ということをラヴェルに倣って挙げておきたい。すなわち、スタッフ間の「共通のビジョンの確立」、個人が現実を正確に把握し自分のビジョンをもつための「自己学習」の重視と機会提供、「固定概念の払拭」が可能な柔軟性、対話の中での「チーム学習」、そして「システム思考の推進」という五つの特徴を維持し続けることが、様々な知恵を生み出す源泉である、とラヴェルは指摘するのである。[66]

(二) グラミン銀行の小規模融資

バングラデシュにおける貧困解消への試みと言えば、「グラミン銀行」（グラミンは農村という意味）を取り上げないわけにはいかない。「グラミン銀行」とは、経済学者ムハマド・ユヌス教授が一九八三年に創設した、土地なしの貧困層だけを対象に貸し付けを行う銀行である(67)。

そもそも、担保がなく返済能力もないと予想される貧困層にお金を貸すというのは、銀行にとって「常識破り」も甚だしいことであろう。そのような「非常識」な発想が生まれたのは、一九七六年に起こった一つの出会いからである。ユヌス教授は、庶民の生活から生きた経済学を学ぼうとよく村を訪れていたが、ある日道ばたで腰掛けを売るソフィア・カトゥーンという女性に出会った。彼女が丹誠込めて作った腰掛けから得られる稼ぎは一日一タカ(二・五円程度)だという。なぜなら、材料の仕入れのために、腰掛けを買い取ってくれる仲買人から借金をするしかないが、そうすると仲買人の言い値で売るしかなく、そこから利子を差し引くとほとんど手元に残らないからである。そこでユヌス教授はポケットから仕入れのために一〇タカを貸したところ、彼女の稼ぎは一日六〇タカ以上にもなったのである。この経験をきっかけにして、「たとえ貧しくとも、人は自分の持つとりえを活かして立派に生計を立てることができる。問題はそのための元手がないことだと知ったユヌス教授は、貧困層向けの融資システムを編み出すことに取り組み始めた」のである。最初は自らが保証人になって銀行から融資を受け、「グラミン銀行プロジェクト」を始め、成功を収めていった。しかし「資金は出しても自分では貧困層を相手にしようとしない銀行の姿勢にしびれを切らし」、ユヌス教授は貧困層だけを対象にし、貧困層が所有する銀行を創ることを決意し、苦難の末、一九八三年に「グラミン銀行」がスタートするに至った(68)。

その後、グラミン銀行は大きく発展している(69)。そしてグラミン銀行の融資を受けた人々は、実際に所得を大きく引き上げることができただけでなく、栄養や衛生、教育、住宅など日常生活の面でも大きな改善を見せることができたのである(70)。

なぜ、このような成果を上げることができたのであろうか。まず、やはり「ターゲット方式」と言いうるやり方をとったことを挙げるべきであろう。グラミン銀行は、土地なし貧困層（土地を持っていても〇・五エーカー未満）だけを対象とすることで、貧困層の適正な経済活動を妨害する構造に対し、大胆に、徹底的に切り込んでいった。その姿勢はＢＲＡＣと同様、「女性」を中心に置くというところにも現れている。メンバーの女性比率は圧倒的であり（二〇一七年には九六・六五％）、最高意思決定機関の理事会一三人のうち、九人のメンバー代表はすべて女性である。そして、個人の自己責任と集団の自己責任（連帯責任）を組み合わせた民主的なグループ・システムを採用したことが重要である。融資に当たり、五人のグループが作られるが、融資は各個人に対するものであって、グループにではない。しかし個々人の融資対象と融資額について全員の賛成が必要であり、毎週の返済が滞ると他のメンバーが借りられなくなるというシステムを採ったのである（但し、二〇〇二年より、グラミン銀行は「グラミン総合システム」［Grameen II］と名づけた新しいシステムを取り入れ、返済に関しては連帯責任ではなく個人責任によるものに変更されている）[71]。

グラミン銀行の基本姿勢は、「企業家精神への信頼」「ターゲット方式」「自治と自己責任」にまとめることができよう。その基本姿勢が活かされる融資を展開するための知恵を、組織の在り方について例示してみるならば、「徹底した現場主義」が挙げられよう。これは行員のほとんどが現場の支部勤務であるということと共に、普通の銀行は「借り手が銀行まで足を運ばねばならない」が、グラミン銀行は「村のなかに支店を置き、そこから行員が徒歩や自転車で借り手の所まで出向いていく」といった点に、具体的に現れている。また、メンバーが一人一株以上買って、全員株主になることを義務づけていることも、企業家精神、自治と自己責任を養う知恵であると言えよう[72]。

(三)　小規模融資の限界

このようにして、グラミン銀行は、「農村貧困層はけっして教育されたり、指導されなくても、適正な資金を得られれば自ら雇用機会を創出できる」という信念に立ち、「すでに農民がもっている能力をまず活用し」て「直接の収入につながる活動を進めていった。」[73] その大きな成功はバングラデシュ国内だけでなく、国際的にも注目され、「途上国はもちろん、欧米の先進地域を含む五〇カ国で取り入れられ」、さらに一九九七年二月には「小規模融資サミット」がワシントンで開かれて、「二〇〇五年までに世界の貧困層一億人に、グラミン方式をはじめとする小規模融資を提供する」という行動計画が採択された。[74] そして、ムハマド・ユヌスとグラミン銀行が二〇〇六年ノーベル平和賞を授与されたことは特筆すべきである。

しかし、貧困層の人々が皆、「企業家としての素質」を持っているのであろうか。藤田幸一は、「貧困層であれ富裕層であれ、一定の資金を元手にして、所得を恒常的に生み出してくれるようなＩＧ（収入向上）プロジェクトを成功裡に実施することが、あらゆる者に可能であるとする想定は、われわれの『常識』に照らして、全く納得できないものである」という疑問を呈し、自ら行った調査を元にしつつ、グラミン銀行メンバーの「大半は商業活動とは無縁である」し（四分の一か、せいぜい三分の一）、他の有力なプロジェクトである家畜の飼育についても、わずかなシェアしか占めていない（一二％）と指摘する。しかも、商業活動は伝統的に男性だけが行うことのできる職種であり、女性が借り手となっているとしても、夫や息子など家庭内の男性が「代行」している可能性が高い。従って、小規模融資が女性の収入と地位向上に、直接的に寄与している割合は、必ずしも大きくないかも知れないのである。[75]

それでは、融資を用いる主たる用途と目的は何であるのか。藤田は、使途の中で「土地の質受け」が目立つことに注目する。すなわち融資を受けたお金を土地を質受ける形で土地所有者に貸し付けることによって、返済までの間その土地の用益権が手に入るのであり、結局、その土地で農耕をすることが最終目的ということになる。しかし、このような土地なし貧困層から土地所有者層への資金の流れは、「グラミン銀行の介入とは無関係に生じている現象であ」り、グラミン銀行はむしろ、「こうした大きな資金フローの実態がすでに存在するなかで登場し、その融資資金の一部が、そうした流れにのって、土地の質受けに投資されたと見るべき」と言うのである。そしてグラミン銀行が貧困緩和につながっているメカニズムについての仮説を次のように展開する。すなわち、まず加入後二年くらいまでの初期段階では、女性が収益率の低い伝統的なプロジェクトを我慢しながら行うか、家庭内の男性に商業活動などの収益が比較的高いプロジェクトを代行してもらい、次第に資金を蓄積していく。次に三、四年目になると、メンバーの投資先は次第に資産形成に向かい、まずは家畜の購入、そして土地の質受けも始まり、「この時点で貧困からの脱却が目立つようになる。建家ローンの申し込みが始まるのもこの頃である。」さらに五年目以降になると、「より遠い将来展望を見据えた社会的投資」（子どもの教育、家の改築、ダウリのための貯蓄など）が増加していく、といった仮説である。この仮説に従うならば、貧困解消への道は、企業家的精神の開花によるプロジェクト収益ではなくて、「資産形成に伴う資産所得の獲得」に鍵があるということになる。(76)

もっともたとえこのような分析に従うとしても、グラミン銀行の融資は無意味ではない。元金返済により質受けした土地の用益権は失われるが、また新たな土地を質受けするならば「無期限に一定の土地を確保することもできる」のであり、融資資金がそのために投資されている以上、「実質的に土地改革の役割を果たしている」点で意義が大きいと言うことはできよう。(77)

このような本来意図されていなかった使われ方も含み、小規模融資が貧困層の収入増に貢献しているということは確かである。それ故、ＢＲＡＣは「グラミン銀行の活躍にともない、いち早く小規模無担保ローンを活動の中心に大規模に導入した」[78]。しかしBRACでの導入過程では、「アウトリーチ・プログラム」（融資をともなわない開発）と「農村融資訓練プログラム」を並行して試みた後、融資を取り入れた「農村開発プログラム」に両者が統合されていった。その試行の調査結果において、「村人たちに既存の地元資源の動員を促す『アウトリーチ・プログラム』の方法は重要であり、その視点は失われるべきではない」と報告されており、融資はあくまで「意識化」からスタートする農村の構造的変革の一環の中に位置づけられていると言える。[79]「BRACによって組織化された農村部の貧困層は、グラミン銀行の融資利用者と比べ、より意識化され自信を身につけていた。また地元の資源を動員する活動に積極的で、態度や行動に変化が見られ、社会的により活発であることがわかったのである。但し、グラミン銀行の融資利用者の方が経済的には豊かであった」という、微妙な相違が現れてくるのはそのためであろう。[80]「企業家」精神は重要で有効であるが、それは自分の力で「自立」し「自治」を行っていくという「民主」的精神に繋がるからであり、「意識化」による民主化の働きによる構造の変革がしっかりと中心に置かれていなければならない、というのがBRACのスタンスなのである。

（四）村のボスの「巻き込み方式」による包括的な構造変革

このように、BRACとグラミン銀行は、スタンスの違いを見せながらも、しかし貧困層への小規模金融を積極的に展開することで、貧困改善に結びつく農村開発に寄与してきたことは共通している。しかし、バングラデシュにおいて貧困が十分解消されて問題がなくなったとは依然として言えない状況にあるのも事実である。その理由として様々な原因が考えられようが、社会構造変革による貧困解消を模索する立場からすると、「マイクロ・クレジットによって喚起される私的な投資の収益性は、農村インフラという公的な投資の水準によって相当に影響されるものと考えられる」ので、「小規模インフラへの整備がほとんどなおざりにされたまま、前者のマイクロ・クレジットへの傾斜がますます進展しつつある事実」に問題があるのではないか、という藤田の指摘は、傾聴に値する[81]。確かに、灌漑などについてはいずれの組織も取り組んできており、またグラミン銀行は、携帯電話による通信事業などを展開している。しかし、土地なし農民層だけで作り上げることが困難なインフラもある。例えば、道路は当該地域に在住するすべての人々に関係する基礎的施設である。道路は経済活動にとって極めて重要なインフラであるから、道路整備が土地なし農民層の所得改善にとって大きな影響を有することは明らかである。しかし、道路整備は土地なし農民層以外の富裕な人々の問題でもあるから、そのインフラ改善に関して貧困層のみを対象とする「ターゲット方式」は、壁にぶち当たるのではないだろうか。この壁を乗り越えて、貧困解消を現実のものとしていくには、「ターゲット方式」をもう一歩超えた、さらなる構造変革の基本姿勢が必要とされるように思われる。その模索として、ここでは、「ターゲット方式」で除外された地域のボスを、逆に積極的に巻き込んでいく「巻き込み方式」とでも言うべきやり方を取り上げてみよう[82]。

国際協力事業団（JICA）による一九九二—九五年にわたるタンガイル県ドッキンチャムリア村（D村）やシャハデブプール・ユニオンでの農村開発実験において、まず最初に取り組まれたのは、D村における国道までのフィーダー・ロード（支線）整備事業であった。そのために村落であるグラムに村落委員会が組織され、村の全体集会（グラム・ショバ）でマタボールと呼ばれる在村のリーダーが委員に選ばれた。そうして住民の労働奉仕による整備が試みられたが、村人たちの積極的参加が得られなかった。そこで村落委員会との真剣な話し合いにより、一般の村人が事業内容の選定と決定にもっと参加できる「パラ・ミーティング」という制度を発足させた。パラはグラムよりもっと小さな生活コミュニティである。そのミーティングには「貧富の差にこだわることなく、世帯主と自他共に認めている男性たち」が集まり、「村人たちの共通の利益」として事業が検討され、以後、参加意識は改善されることとなった。この経験により、他の整備事業もパラ・ミーティングを基礎に展開されることになった。[83]

ついで試みられた一九九三年七月からのＤ村の道路整備事業計画は、氾濫原であるこの地域において歓迎されたが、しかし新しい道路にかかる土地は「無償寄付」によることを条件としたため、道路をどこに通すかについて、パラ・ミーティングは困難を極めた。そこでの鍵になったのが、「マタボール……たちの粘り強い交渉」であった。さらに一九九四年には、ユニオン（村に最も近い行政単位、「行政村[84]」）を通したＤ村以外の三つのパラでの集落道路整備が試みられた。ユニオンでの連絡会議で、プロジェクトが提示した条件は、「パラの住民の合意ができていること」「住民は一日の土盛り作業を、労働奉仕もしくは人夫賃の寄付で代用すること」「パラ住民が未納分のユニオン税を完納すること」「事業実施のため、パラにおいて集落道路整備事業委員会を作ること」などであった。パラ・ミーティングでパラの意向を決定し、パラの委員会によって住民とユニオンとの調整を図り、住民の労働や寄付を伴いつつ、ユニオンという行政単位を軸にしたインフラ整備を行う、という試みである。住民の自治と参加を基盤とするが、「税などによる住民の直接的な負担による住民参加型のインフラ整備」のためには、ユニオンという行政単位が機能しなければならないと考えられたのである。[85]

もっとも、ユニオン評議会は、ＦＦＷ（Food for Work：小麦支給によって雇用対策を行う援助）など、国から支給される各種の援助を分配することが業務となっており、その際に多くの金品が有力者の懐に入っていき、また政治的思惑から恣意的な分配がなされることが常態となっていた。それ故、住民の側も、ユニオンに税を納めたり、さらにはユニオンによる道路整備事業を、自らの無償労働あるいは資金提供によって支える気持ちになり得ないのは当然であろう。その悪循環を断ち切るためには、なされるプロジェクトが従来のユニオンの事業とは全く異なるルートのものであること、住民の労働奉仕を不可欠とすること、すなわち「村人の福利」のために住民も行政も協力しあわなければ成功しない事業であることを、ユニオン議員、有力者、住民が納得しなければならないと考えられる。そのためにこのプロジェクトでも様々な説得やアプローチの工夫が必要であったが、従来の道路整備事業の問題点を考えるならば、真に「村人の福利」のための事業であることを示す最も説得力ある手法は、資金の流れを示すことであろう。安藤は、「不正もなく、提示された予算どおりに仕事が実現されたことで、プロジェクトが村人の信頼を得た」のであろう、と自己評価している。その納得を得たとき、住民は土盛り作業に参加し始め、有力者は不法占拠している公道部分の返却に関する争いを調停したり、住民をとりまとめて作業をリードしていった(86)。

このＪＩＣＡのプロジェクトは、「ターゲット方式」では意図的に排除されていた、ユニオンという行政単位とマタボールという地域の有力者を巻き込んで、包括的に農村開発を展開していく試みとして、注目に値する。その際、派閥及びボスの利益ではなく「村人の福利」のために村人全員が協力する体制を作り上げるためには、プロジェクトの目的と内容の粘り強い説明と説得、とりわけ流用と不正を許さない資金の透明性を確保提示することが鍵となったことが強調されている。これは、中途半端な援助によって受け手の腐敗、依存体質が形成されてしまっていることの反省と共に、開発協力が成功するか否かは、資金という切り札を有しているプロジェクト提供側の姿勢に大きく左右されるということの「意識化」を、開発協力者の側に迫る指摘であると言えよう。このようにして、村人全員による体制が、全員の納得とマタボールのリーダーシップによりもたらされたのであるが、しかしリーダーシップが自己の派閥の利益のためではなく全体の利益につながる形で発揮できたのは、さらに、そのことを可能とした社会枠組みが存在していたためではないか、ということを安藤は指摘する。

まずは、住民を動かすためには、行政単位であるユニオンでも、地理的に広がりを有するグラムでもなく、「生活の場であり、地縁・血縁の隣人関係が作っているコミュニティ」であるパラの意向に最も耳を傾けなければならない。パラ・ミーティングでの合意を基盤とし、集落道路整備委員会もパラに設置したことが、リーダーシップが円滑に発揮された一つの理由であると言えよう。

しかし、BRACの当初のプロジェクトが失敗に終わった原因とされている派閥による断絶性、依存性の問題をどのように考えればよいのであろうか。生活に密着しているが故にリーダーに依存せざるを得ず、そのことのために外観上あるいは一時的に一致が見られるだけであるとすれば、たまたまこのプロジェクトが国外組織の介入によってうまくいったに過ぎないかも知れないのである。これに対し、安藤は、パラでの委員会は、パラの人々によって選ばれたのであるが、その委員構成は当該パラの有力者が恣意的に支配することのできない枠組みを有していた、と分析する。委員には、他のパラに住むマタボールが数人、委員として招かれており、「この事実を指摘すると、パラでの争いを解決するためには、揉め事が起きたパラに住むマタボールは、たとえグラム・マタボールであろうと、パラの住民の信頼を得るため他のパラのグラム・マタボールの助けが必要であると言う筈が村のスタッフや村人たちから返ってきた」という。すなわち、調整役として他のパラのマタボールが求められるのは、日常生活を共にしている隣人との緊張関係を避けたいという隣人感情と、第三者の判断が入っていた方が親戚同様の関係にあるパラの人々にとっては権威的なものとして受け容れやすい、ということである。このように、「借用する権威」による「開放系社会」の仕組みをバングラデシュの農村が伝統的な知恵として有しているとすれば、パラにおけるこの仕組みを無視した援助アプローチこそが、断絶や依存を緩和する伝統的社会枠組みを機能麻痺させて、ボスや派閥の悪弊を固定化させてしまう働きをしたのではないか、という疑問すら生じてくる。そのことは措いておくとしても、伝統的手法を用いた「巻き込み方式」は、「ターゲット方式」よりも有効な社会構造変革の方策と言えるかも知れない。

伝統的やり方であるとするならば、住民にとって理解しやすく負荷の少ないやり方と言えるし、何よりも有力者層と貧困層のいずれも排除しない包括的な構造であるからである。[87]

「ターゲット方式」は、ボスや富裕層に利益が集中するばかりでなく横取りされ搾取されることによって生じる「貧困層の排除」の構造に対抗するための、「富裕層の排除」の仕組みと言える。それは「貧困層の排除」構造を明らかにし、否定すると共に、排除されていた者たちの可能性を切り開くものであった。しかし、切り開かれた可能性をさらに豊かな現実にするまでには至り得ない恐れがある。なぜなら、対立する存在（富裕層）を組み込まない逆の「排除の構造」の危険性を有しているからである。そもそも「一つの社会は貧しい人だけで構成されているわけではない。富める人、権力のある人、貧しい人、権力のない人もいてはじめて社会は成り立っているのである。[88]」一定の人々を排除している限り、社会にある資源を十分に活用することができず、自己の持つ潜在的可能性を十分に実現することができないし、また消極的な意味での平和もあり得ない（常に対立と恐れと嫉妬がつきまとう）。それは富裕層中心の構造だけでなく貧困層中心の構造においても言えるのである。

もちろん、社会においてより周辺にある存在に目を向けるという「ターゲット方式」の視座は、決して否定されるべきでない。しかし、そのまなざしが周辺だけでなく中心においても共有され、社会全体に貫かれていくような構造変革が、最も理想的なのではないだろうか。社会の他の人々との相互の協力によって、各人の可能性が大きく現実のものとなっていくのだという認識に基づき、排除しあい対立構造にあった者たちが一緒になって「共に生きる」構造を、伝統的な知恵も用いながら作り上げていくことが、積極的平和の豊かな実現への王道なのだということを、以上に検討してきたバングラデシュにおける開発の試行錯誤が教えてくれているように思われる。

マイクロクレジットの発展形態としてユヌスの提唱した、援助事業でも単なる営利事業でもないソーシャル・ビジネスが社会開発の新しい手法として注目を集め、特に二〇一〇年代に入り、急速に拡大の様相を呈している。[89] そこでは例えば、貧困削減・生活改善のために再生可能なエネルギーを遠隔地や農村部の人々に手頃な値段で提供することを目的とした「グラミン・シャクティ」はコミュニティに活動を受け容れてもらうために「ユニオン（行政村）議長やカレッジ（高等学校）の校長といった土地のリーダーに説明し、彼らとの関係を築くための対話を重ねる」といった巻き込みを行っている。[90] さらにソーシャル・ビジネス自体が市場を「巻き込む」手法であると言え、グラミンは二〇〇六年ダノンとの合弁会社設立をはじめとして、グローバルに欧米や日本の企業との連携を見せている。市場を巻き込むことにより「ターゲット」がぶれることにならないかという懸念もあるが、そのことも含め、この流れが社会構造変革につながるものと言えるかの判断は、どれだけ「巻き込み方式」となっているかが基準になるのではないかと考えられる。

現在、開発の対象となる「当事者」が参加する「参加型開発」が、開発や貧困削減のキーワードとされるに至っている。[91] 問題は、当事者は誰か、ということである。「巻き込み方式」は貧困層だけでなく富裕層も含めた地域共同体全体を当事者として設定する、より野心的な「参加型開発」類型と言うことができる。しかし巻き込みによる構造変革という観点から考えるとき、「誰が当事者か」という問いかけは、次のように、さらなる広がりを持つことになろう。

三　平和創出の基本姿勢2――国を越えた観点から：パートナーシップそして人間変革へ

(一)　援助からパートナーシップへ

ここまで、バングラデシュ国内における貧困解消のためのプロジェクトに焦点を絞って、平和創出の基本姿勢と知恵を探ってきた。しかし一国内の社会は自己完結的に閉じた存在ではなく、他国との様々な関係の中に置かれている。とりわけグローバル化が様々なレベルで進んでいる現在、国内問題がその国を越えたグローバルな国際社会の構造の中に組み込まれていることに異論を挟む者はいないであろう。[92] とするならば、久木田の指摘するように、貧困解消のためには「二つの大きな変革が必要である。」その一つは「貧富の格差の底辺にある途上国の人々が力をつけ、貧困から脱却するための効果的な開発活動を行うこと」であるが、もう一つは「貧しい人々を直接・間接に搾取し経済的なパワーを吸い上げている、豊かな先進国の人々の生活と価値観を変えていくこと」である。この指摘に従えば、途上国を越えた観点からの平和創出の基本姿勢は、「生活と価値観を変えていくこと」すなわち「日本を含めた先進国での政策や生活の見直しによって、身勝手な消費や経済的な搾取の構造を緩和し、もっと地球環境と貧困問題に配慮した社会に変えていくこと」であると言える。[93] それは、「援助」という基本姿勢から「パートナーシップ」という基本姿勢への転換を意味するのではないかと考えられる。

例えば、途上国の貧困が日本に関係ない（あるいは自己の「生活と価値観」を揺るがすような問題ではない）事柄であると考えるならば、日本はよき援助者になり得ても、途上国の真正なパートナーにはなり得ない。日本は援助する側、途上国は援助される側という関係は固定したものであって、その関係性は基本的に対等でないのである。とは言え確かに、「援助」という姿勢に立つとしても、具体的場面で平等で建設的な関係を持つことはある程度可能である。「途上国のエンパワーメント」のための援助において、日本が一方的に援助の仕方を決めたり指導するのではなく、相手の主体性を認めつつ、相互に対等な立場で話し合う中でプロジェクトを進めていく姿勢が貫かれるならば、それは方法としては平等な援助と言いうるであろう（上述の「参加型開発」の方法である）。しかし、当該プロジェクトにおいて変革がもたらされるべきなのが途上国側だけであり、日本はモノや資金や技術やノウハウを「与える」だけであるならば、途上国は日本を「不可欠」にしているかも知れないが、日本は途上国を「不可欠」としてはいない。共に取り組んでいる問題解決に関して、相手の「不可欠」性を一方の側しか有していない場合、いかに平等な方法をとったとしても、両者の関係は基本的に対等でない「援助」と「被援助」の関係に留まるのである。

これに対し、もし日本政府や日本のＮＧＯ、日本の人々が、「生活と価値観」ひいては自己の社会（日本社会及び地球規模の社会）の変革を迫られる問題として途上国の貧困を捉えるならば、両者の関係は「援助」を超えて「パートナーシップ」になっていく。

実際、貧困問題がグローバルな構造的暴力に由来すると考えるならば、途上国の「貧困解消」は途上国自身の社会構造の変革と同時に、日本を含め各国とりわけ先進国の社会構造の変革をも課題とすることになる。この認識に立った「貧困解消」という共通目的に基づく共同作業は、豊かな側と貧しい側の両者それぞれに対等に、しかし異なった形での自己変革の課題を課すであろう。その変革は、今までの生活と価値観を見直す作業であり、それは生活や生き方に関する今までとは異なった「豊かさ」「貧しさ」の概念を見いだし、それに基づいて新たな社会構造を構築していくことを意味しよう。この新たな「豊かさ」「貧しさ」概念の発見と社会構築の作業は、従来の貧富という枠組みにおいて相異なった位置にある者同士によってこそ（例えば最貧国の一つと言われるバングラデシュと最富国の一つであると言える日本）、実りある展開が期待されるのではないだろうか。ここに、日本と途上国が対等であると共に相互に不可欠なパートナーになりうる可能性と必要性があるのである。そこで以下においては、途上国の国外にある者が持つべき平和創出の基本姿勢はそういった意味での「パートナーシップ」であるという前提に基づきつつ、日本の途上国との関わり方について考えてみることにしよう。

（二）日本は「援助」者か「パートナー」か

日本の拠出する政府開発援助（ＯＤＡ：Official Development Assistance）の額は一九八九年に世界一となり、二〇世紀末までほとんどの時期第一位を占めていた。二〇〇〇年には支出純額は一三五億ドルに達したが、その後減少し、二〇一六年には一〇四億ドル、第四位となっている。それでも、二一世紀に入っての支出総額（貸付の返済額を相殺しない額）は毎年の増減は激しいものの一九九〇年代の額と大きく変わりはない。二一世紀に入り、ＯＤＡ予算は圧縮され続けているが、その意味では日本はなお援助大国と言えるかも知れない。そしてバングラデシュにおける二国間援助は突出した実績を持つ。

さて、藤田雅子は二〇世紀の日本の開発協力を次のように批判する。すなわち、「多額の有償資金協力と平行しながら、無償資金協力では、病院や学校などの建物、幹線道路や大規模な橋、最新の器材やトラックなどを供与してきた。したがって日本の開発協力の相手国は、途上国の中でも低中所得国が多く、次が低所得国であった。人間の基本的ニーズを尊重し、地方の農村にはびこる貧困を改善する必要のある後発開発途上国にはあまり関心を示さない。バングラデシュは日本が多額の経済援助を供与する数少ない後発開発途上国の一つではあるものの、開発援助の内容は低中所得国と同じである。」そして実際、バングラデシュにおける二国間ＯＤＡ総額（一九九七年で七億一五三〇万ドル）の使途は、日本が力を注ぐ交通、通信の分野が突出して多額であり（一億七五四〇万ドル）、日本のバングラデシュに対する無償資金協力のうち社会の開発に役立ちそうな内容を見てみても、「道路や橋、潅漑など大型プロジェクトが多数をしめる」と指摘する。[94]

この指摘に従うならば、従来の日本の援助の在り方は、第一にモノ中心で「人間へのまなざし」に欠ける嫌いがあり[95]、第二に相手方を見る際に「底辺や周辺にあるものへのまなざし」に欠ける嫌いがある[96]、とまとめられよう。

また、一九九二年に政府として閣議決定され、その後の指導理念となっている「ODA大綱」では、確かに貧困解消が第一の理念として掲げられているが、その内容は「世界の大多数を占める開発途上国においては、今なお多数の人々が飢餓と貧困に苦しんでおり、国際社会は、人道的見地からこれを看過することはできない」というものである。[97]「人道的」という概念は様々に解することができるが、一般的には、困っている人を助けることは人間としての道義的責任であるという考えにまとめられるのではないかと思われる。そのこと自体は否定されるべきではないが、しかし飢餓や貧困が、博愛主義的美徳の課題と位置づけられるとき、それらの構造的背景が看過されてしまう恐れがあろう。この点からすると、日本の援助の在り方は第三に、道義感情に基づくモティベーションは強いかも知れないが「構造的暴力へのまなざし」に欠ける嫌いがあった、と言えるであろう。

なぜこれらのまなざしの欠如が生まれるのであろうか。それは、関わり方の基盤に、持てる国が持たざる国へ「援助」する、という基本姿勢があるからだと思われる。「人道的配慮」の他に、援助の基本理念として九二年「ODA要綱」でも掲げられているのは、「相互依存性の認識」「環境保全」「自助努力支援」である。「自助努力支援」を基本理念として掲げるのは、「戦後の日本が被援助国として長期間にわたり世界銀行や米国から多額の援助を受け、その間に血の滲むような自己努力を続けて復興と発展を成し遂げた自らの経験と深いつながりがあ」り、「経済発展は、その国自身（政府・国民）の発展に向けた懸命な主体的努力なくして実現し得ない、という経験に裏打ちされた確信」があるからである、とされる。[98]しかし、この論理の前提には、「持たざる」国から「持てる」国になったことが日本の成功であるという現状認識と、現在「持たざる」国も、日本と同様に「持てる」国になることが望ましく、その道備えを手助けするのが日本の役割であるという自負心があると言えよう。従って、日本の「生活と価値観」の在り方は、ある程度の修正を認めるとしても、基本姿勢としては変革の必要がなく、結局、途上国の貧困解消という課題に関しても、対等に同じ問題を背負い合うパートナーとしてよりもむしろ、もはやその問題は卒業した先輩として指導してあげる「援助」者としての姿勢にならざるを得ないのである。[99] そしてその場合、「持てる」国かどうかの尺度は「モノ」すなわち物質的豊かさである。「人間へのまなざし」は主たる課題とされていない。このため、実際には物質的豊かさを急速に獲得していった日本の経済的発展の陰には、様々な犠牲があったのではないかと思われるが、全体を「成功」とひとくくりにすることによって、成功の陰にある「底辺や周辺へのまなざし」が消し去られることになる。

二一世紀に入り、これらの「まなざし」が獲得されていく方向に進んでいるであろうか。二〇〇三年に「ODA大綱」は改定された。そこでは新たに、基本方針の中に「人間の安全保障」の視点が明記された。これは特筆すべきであろう。しかし同時に、従来と同様のトーンで、「開発途上国の自助努力支援」が「我が国の経験と知見の活用」と並んで基本方針に掲げられている。そしてODAの目的は「国際社会の平和と発展に貢献し、これを通じて我が国の安全と繁栄の確保に資することである」と冒頭において宣言されている。ここでの援助の目的は本質的には、問題を抱えている国の「人間」、とりわけ「底辺や周辺」に置かれている人々の安全と繁栄でなく、「我が国」(これも我が国の人びとではない)の安全と繁栄というのである。

二〇〇三年改定のもう一つの大きな特徴は「平和の構築」をODAと結びつけたことである。これは対テロ戦争勃発という世界情勢を受けたものであるが、「我が国の安全と繁栄」が既存の国際政治・経済構造の枠内での国益の観点からの判断に基づくものであるとするならば、そもそもテロも対テロ戦争ももたらす背景となっている構造の暴力性へのまなざしには結びつきがたいであろう。[100]

二〇一五年に「ODA(政府開発援助)大綱」はさらに、「開発協力大綱」へと改定された。この名称変更は途上国の発展に関わる資金も開発協力の主体も多様化してきて、政府のODAが主役ではなくなってきたことによる[101]。この改定においては、「国際社会が直面する課題の解決のために開発途上国と協働する対等なパートナーとしての役割をさらに強化すべく、日本のODAはさらなる進化を遂げるべき時を迎えている。」とされ、「パートナー」という言葉が登場している。そして「自由、民主主義、基本的人権の尊重、法の支配といった普遍的な価値の共有や平和で安定し、安全な社会の実現のための支援を行う」とされ、「開発」概念が広く捉えられるに至っている。しかし同時に、「従来のODA大綱に対比して、開発協力大綱の特徴は日本の国益が前面に出ていることだ」と指摘される通り、今までは明示されていなかった「国益」という言葉が冒頭から何度も用いられている[102]。

「国益」に基づく援助・開発協力という基本姿勢に立つ場合、「環境の保全」をめざしたり途上国を「相互依存性の認識」のもとに援助しなければならない理由は、自己のよって立つ社会構造と基本姿勢を守るため、ということになる。それでも環境や途上国に対する具体的な関わり方に一定の修正は加えられるかも知れないが、それは自己に都合のいい修正であり、結局、自然や途上国との間に築かれている構造を温存し、強化するための修正となるであろう。この場合、変わることが求められているのは、日本の側ではなくてその外側にある他国および環境の方である。そのような関わり方からは、自己のよって立つ社会構造とそれを支える「生活と価値観」が、実は環境問題や途上国問題をもたらしている根源的原因であるかも知れず、自己の在り方の方が根本的に変わらなければならないのではないか、という「構造的暴力へのまなざし」はやはり生まれてこないだろう[103]。

しかし、「環境問題」は「持てる国」の「豊かさの尺度」の暴力性に対する自然からの警鐘であり、「途上国問題」はその物質的豊かさを実現する社会システムを形成促進していこうとするとき噴出してくる矛盾であるかも知れない、という可能性に気づくならば、相手方の抱える問題の解決への協力は同時に、自己の社会ひいては「生活と価値観」への問い直しを伴ったものになっていくであろう。そうなったとき、問題解決に関わる国や人々が、各々の課題を対等に背負いつつ、自己の課題の解決のために、相手方を不可欠に必要とする真正な「パートナー」に変わっていくのである。

「一九九〇年代に日本のODAでは理念面、概念面では大きな変化が起こった。日本のODAは経済的利益追求型から、人間中心型、人間の安全保障重視へと変わろうとしている。しかしながら、高度成長期に形成された日本のODAのシステムは依然として『追いつき追い越せ』時代の原型に則っている。」このように述べた後、西川潤は、「従って、新しいグローバルな理念をODAの実際面に生かしていくことは容易な業ではない。人権の尊重から、政府・市民社会の連携による社会開発を可能とさせる政策環境作りに至るまで、私たちがとり組まなければならない課題は大きい」と続ける。[104] 実際二一世紀以降のODA大綱、開発協力大綱の中にも、貧困などの国際開発問題への関わり方を変えていくための「言葉」（理念、概念）はすでに幾つも用意されている。思うに、その「新しいグローバルな理念」を「実際面に生かしていく」あと一歩は、それらの言葉を用いる基本姿勢の転換である。この一歩は「生活と価値観」の転換を意味するため、「容易な業ではない」かも知れない。しかしどうしても「とり組まなければならない課題」であると思われる。それではどのような取り組みが可能であろうか。

（三）「豊かさ」の転換に向けて――ACEFの「気づき」へのアプローチ

日本が開発協力において「援助者」から「パートナー」に転換すべきだとするならば、その転換はいかにしてもたらされうるであろうか。上に述べたところに基づくならば、「人間へのまなざし」「底辺や周辺へのまなざし」「構造的暴力へのまなざし」を身につけ、回復していくことから始めることができるのではないかと思われる。その営みは、「生活と価値観の転換」、すなわち自己、他者、社会、世界の見方、捉え方や日常的関わり合い方の変化を意味するものであり、いわば新たな「文化」を生み出していくことである。それ故、一人一人の「気づき」から始まる内面的変革の積み重ねによってしか進展していくことはないだろう。パートナーとしての開発協力は、一方で相手国内での活動を進めていくと同時に、それがもう一方で自国内での人々の「気づき」を喚起することにつながっていかなければならない。それは、単に国際開発に携わる人材づくりだけでなく、広く自国における平和文化の創出活動でもある。そのような視点から積極的に様々なアプローチを国内においても展開していくことがNGOの重要な役割だと思われる。ここではACEFという小さなNGOの働きを取り上げてみよう。

ACEF（The Asia Christian Education Fund：アジアキリスト教教育基金）は、「バングラデシュに寺子屋を贈ろう」という目的で、一九九〇年に発足したNGOである。バングラデシュのスラムや農村で幼児・初等教育に取り組み始めた現地NGOのSEP（サンフラワー教育計画：現在はBDP［Basic Development Partners］と改称）からの呼びかけに応えて設立され、寺子屋幼稚園や小学校の施設及び運営の資金を支援している。発足当初は幼稚園一〇クラス（一六三名）に過ぎなかったが、二〇一八年には六つの地区に四二校、幼稚園生から小学五年生まで五六四〇名が学び、さらに九三名が職業訓練を受けている。[105]

ACEFとBDPはバングラデシュの基礎教育のための「共働」者としてお互いを位置づけている。ACEFは資金を提供する単なる「援助」者ではない。一対一の強い結びつきの中で、BDPの自主性が尊重されつつも、綿密なコミュニケーションのもと活動が決定され進められており、実際のプロセスにおいて「共働」が展開されている。ACEFはバングラデシュの貧困や教育の問題を「私たち自身の問題として取り組む」という姿勢に立っている。日本そして日本のＮＧＯが「アジアの叫び声にいかに応えるのか」という課題に対して、ＡＣＥＦは、最貧国の最貧層の子ども及び女性の教育（貧しさのために学業を続けられない女子中高生を教師として奨学金を付与。母親識字学級等。）に現地のＮＧＯと「共働」して取り組むという答えを出したのである。

ＡＣＥＦにとってＢＤＰとの共働の目的はもちろん、教育を通してバングラデシュの極貧層の子どもと女性に生き方のチャンスを広げ、貧困の中での悪循環を断ち切ることである。しかしそのことと並んで、「私たちがアジアに関わるのは私たち自身が変えられるためである」という目的が中心に据えられている。バングラデシュの教育、人々、社会、自然に触れることによって、日本の教育の在り方、ライフスタイル等について日本の人々が考え、問い直していく機会を提供することが、ＡＣＥＦの活動のもう一つの目的となっているのである。献金や寄付も「参加」の一形態であり、そのことを通して「私たち自身が変えられる」ような「気づき」が得られるはずである。しかし実際にバングラデシュの寺子屋を訪問し、ＢＤＰのスタッフや子どもや教師、村の人々に接する「体験」をするとき、その「気づき」はリアルで大きく深いものとなるであろう。ＡＣＥＦは、設立当初から毎年夏と春に、寺子屋訪問スタディ・ツアーを行っており、これが活動の重要な柱となっている。そして年二回セミナーが開催され、深い「学び」が行われる。また、以前はアルミ缶、現在は書き損じ葉書や古書回収によって得られた資金を「バングラデシュの学校のために送ろう」という運動も行っている（一〇円で生徒一人が一日勉強できる）。わざわざ回収に労力を払うよりも現金を出した方が簡単であるかも知れないが、日本とバングラデシュのライフスタイルの相違や経済格差を知るきっかけとなると共に、資源の大部分が途上国から輸入されているにもかかわらずその国の人は使うことができず、環境破壊や温暖化といった負の見返りがもたらされているという現実を知るきっかけにもなろう。そして「何でもお金で」という考え方を問い直すきっかけになることに、大きな意味があるということである（ＡＣＥＦでは「使い捨て」にチャレンジ、「何でもお金で」にチャレンジ、「自分のためだけに」にチャレンジという標語にまとめている）。このように、ACEFは、日本における「気づき」のための活動として、ツアーという「体験」、セミナーという「学び」、回収運動という「実践」に取り組んでいる。バングラデシュの寺子屋づくりは、「バングラデシュのため」であると同じぐらい「日本のため」にも展開されている活動なのであり、その意味でACEFとBDPは、真正な「パートナー」として「共働」していると言うことができよう。そしてそこで展開されている「気づき」に向けたアプローチは、パートナーシップという基本姿勢を日本の中に生み出すための取り組みの知恵として、学ぶところが大きいと言える(106)。

同じくバングラデシュで活動展開しているシャプラニールも、同様の認識に立っている。「一九七二年に発足した本会の当初の理念は、『ヘルプ・バングラデシュ・コミティ』という当時の組織名に示されているように、『よりよい援助（ヘルプ）』であった。しかし実際には、文房具を子どもに配ったり、農村に日本人青年が住み込み、率先して村人の生活改善を行ったりという形は『よりよい援助』にはならない、ということをバングラデシュの人々から教えてもらったのが七〇年代であった」。そして「ヘルプするどころかヘルプされている、という教訓を土台に、活動の方針を再度大きく変えたのが八〇年代であり、ほぼ同じ時期に会の名前を『シャプラニール＝市民による海外協力の会』に変更した。」ところが、「二一世紀を迎える頃になって、なぜバングラデシュやネパールを対象に協力活動をしているのか、日本の市民としての活動は、一方的な協力でいいのか、という問いが繰り返されるようになった。バングラデシュやネパールで、人々が自分たちの生活や社会を変えようとしているのに、私たちは、自分たちの生活や社会を変革しなくていいのだろうか？」と考えるに至った。そこで二一世紀に入り、「一方通行的な協力ではなくて、同じ地球に生きるもの同士が自ら力をつけて自分たちの社会を変えていこうとするつながり、つまり『共生』こそが、二一世紀にこの会が掲げるべき理念なのだ」と方向転換するに至っている。「ヘルプから協力、そして共生へ」という基本姿勢の転換を遂げてきているのである。[107]

四　結　び――「気づき」から「人間変革」による積極的平和創出へ

(一)「人間へのまなざし」獲得

ＡＣＥＦなどのＮＧＯで試みられているような体験、学び、実践を通した「気づき」は、とりわけ先進国で生活する者にとっては「豊かさの尺度」への疑問に現れてくると思われる。スタディ・ツアーに参加した人たちの多くは、極貧層の子どもたちの目の輝き、人々の暖かさに触れて、この国の人たちは紛れもなく「豊か」であると感じる。そして日本に住む自分たちの方が「貧しい」のではないかという疑問を抱く。[108] そこから示唆されるモノによらない「豊かさの尺度」は、人間の位置づけと関わり方、すなわち「人間関係」の在り方と言うことができよう。

(二)　自己の社会の抱える構造的暴力へのまなざし獲得

西川潤は、「本当の貧しさとはじつは、物の多少よりも、社会関係からの孤立、人間関係の切断にある」と指摘する。確かに、この点で日本が貧しくなっていることは、様々に指摘されている通りである。しかし、それは孤立による寂しさを埋めるべく、人との交わりを求めればよい、というほど単純な問題ではない。なぜなら、「物の富、一人当たりＧＮＰといった尺度が世の中、そして他人を判断する基準とな」る場合、「そうした富がいかに多くの人々や資源の協同した力の上に成り立っているかが見えなくなってしまう」だけでなく、「その富をつくるのに携わる人間までもがもっぱら物、使い捨ての対象としてしか見えなくなってしまう」からである。[109] つまり、孤立や断絶という人間関係の貧しさは、それを生み出す構造を有しているのである。それ故その飢え乾きは、たとえ一時的な慰めを断続的に得られるとしても、すぐに貧しい状態に戻ってしまい、その努力は人間関係における「援助疲れ」に至る恐れが大きい。人間関係の豊かさを持続的に享受するためには、人間関係の新たな構造を創出していくしかないのである。

(三)「人間変革アプローチ」による平和創出

それでは、人間関係において豊かな社会を積極的に創出していくためには、「気づき」に続いてどういう取り組みをすればよいのであろうか。西川はモノによらない「もう一つの豊かさ」への道のヒントを、物理的実力やモノによって戦争や貧困に立ち向かうことをしなかったガンジーとマザー・テレサに求める。すなわち、両者に共通する姿勢は、「自らを社会の中の一番貧しい人の立場に置くこと」であった。ガンジー博物館の二階の正面には「あなたが行動に迷ったとき、まずそれがもっとも貧しい者の立場に立っているかどうかを考えなさい」というガンジーの教えが大書してあるという。しかしそれは、単に貧しい者の立場「になる」だけではなくて、自らが貧しい者「である」という認識の転換を伴ったものでなければならない。マザー・テレサの「貧しい者は誰か」という詩は、「貧しい者は物質的及び精神的に窮乏している人である」から始まり、「貧しい人はともかくも――私達自身である」で終わる。この「あなたも私も、渇いている貧しい者なのだ」という認識転換に、「ガンジーが洋服を脱ぎ捨て、白い木綿のインド衣装をまとい、マザー・テレサがサリーを身に着ける理由がある」のである。この認識転換から「自ずと、貧しさを克服する方法が生まれてくる。」それは「愛」することであり、他者すなわち弱い人間同士の「共感交感」である。西川はこれを、慈善アプローチとも、ノーマライゼーション・アプローチとも異なった貧困克服の方法として、「人間変革アプローチ」と呼ぶ。それは「自らが変わることによって社会が変わり、自らが非暴力＝愛に生きることによって、平和な社会が生まれる」という確信に立った、社会構造変革に向けた最も根源的な取り組みなのである。[110]

人間変革アプローチは、ガンジーとマザー・テレサが「インド」における「貧困克服のために選んだ方法」ということになるが、それはモノにおいて豊かな国における「人間関係の貧困」克服にそのまま通じる方法であろう。途上国と先進国（例えば、バングラデシュと日本）のパートナーシップは、モノにおける貧困と人間関係の貧困という違いがあるが、究極的には同じ「貧困解消」という目標を共有しうるし、さらには共有すべき理由があるということが、この人間変革アプローチに立つとき明らかになる。そして、このアプローチは、「物質・経済優先文明の下で『周辺的』立場におかれた『社会的弱者』のあいだから」提起されたオールタナティブであり、[111]その意味で言えば、この貧困解消における「パートナーシップの先進国」は、経済的レベルの途上国の側なのである。

西川によれば、ＳＤＧｓを定めた二〇一五年国連サミット採択「持続可能な開発のための二〇三〇年アジェンダ」には、これまでの開発目標にはない二つの特徴がある。一つには社会問題に加え環境問題が目標に掲げられたこと。もう一つには、「遅れた南を先進国の北の世界がどう引き上げるか」という発想から「開発は南北共通の問題」という立場をとるに至ったこと。この世界の流れは、我々の課題が環境問題に見られるように経済システムを支える生活スタイルひいては生き方、考え方の根源的問い直しを迫るものであり、人間変革すなわち「価値観の転換」が迫られていること、そしてその価値観転換は「南北共通」すなわちパートナーシップへ、換言すれば「共生の世界を実現する方向を目指す」ものであることを示唆している。[112]

もっとも、（経済的）上下を（人間的）対等へ、という価値観転換は容易でない。それは先進国側だけでなく、途上国側も同様である。考え方や生き方だけに、簡単にパートナーにはなれないという現実もある。そこに存在する壁を低くしあるいは風穴を空けていく途は、この壁がこころの中、こころの間の壁である以上、個別具体的なパートナーシップを目指す真摯な関わりの継続しかないであろう。(113) そのような途を開き、我々をいざない続けることが平和の創出という法原理の究極的目的・役割と言えよう。(114)

＜はじめに＞

（1）岡本三夫、横山正樹編『新・平和学の現在』（法律文化社、二〇〇九年）四三頁。

（2）臼井久和、星野昭吉編『平和学』（三嶺書房、一九九九年）一〇五―一〇七頁。戦争の定義は一般的には、「一〇〇〇人以上の死者を伴う大規模武力紛争」とされている。

（3）岡本、横山編・前掲書四三頁。例えば20世紀末においても「九億六八〇〇万人が浄化された水源を利用できないでいる。（一九九八年）」「二四億人が基本的な衛生設備を利用できないでいる。（一九九八年）」「三四〇〇万人がＨＩＶに感染している。（二〇〇〇年末）」「二二〇万人が屋内空気汚染で毎年死亡している。（一九九六年）」「一億六三〇〇万人の五歳未満低体重児がいる。（一九九八年）」「一一〇〇万人の五歳未満児が予防可能な原因で毎年死亡している。（一九九八年）」と報告されている（「表一・一　生活の多くの側面で見られる深刻な剝奪状態」ＵＮＤＰ（国連開発計画）『人間開発報告書二〇〇一・新技術と人間開発』国際協力出版会、二〇〇一年、一三頁）。

その後、国際協力の働きの成果にどれだけよるかについては議論があるが（本章注四八参照。また、「『国際協力』はそもそも『国家間の協力』であり、日本政府が行う『国際協力』がその中心である」のであって結局国益を目的とする、という国際協力批判もある。藤岡美恵子、越田清和、中野憲志『脱「国際協力」――開発と平和構築を超えて』新評論、二〇一一年、一七頁）、状況は大きく改善されてきている。例えば、一九九〇年に七六％であった改善された安全な水を利用できる人は、二〇一五年には九一％を越えるに至っている。しかしなお、二一億人が自宅で必要なときに自由に安全に管理された飲み水を飲むことができず（lacking safty managed drinking water services）、そのうち二億六三〇〇万人が改善された水を手に入れるのに往復三〇分以上かかり（limited service level）、四億二三〇〇万人が改善されていない井戸や湧き水を飲み（unimproved service level）、一億五九〇〇万人が河川や湖などの地表水（surface water）を直接飲み水としている。またトイレに関しては、六八％が基本的な衛生が保たれたトイレを使っているが、四五億人は安全に管理された自宅のトイレを持たず（without safely managed sanitation services）、そのうち六億人は改善されたトイレを使っているが他の家族と共有しており、八億五六〇〇万人は改善されていないトイレを使い、八億九二〇〇万人が屋外で用を足している（open defecation）。WHO and UNICEF, Progress on Drinking Water, Sanitation and Hygiene 2017, pp. 3–4, p. 8, pp. 23–24, pp. 28–29.

　ＨＩＶの新規罹患数も死亡者数も減少してはいるが、二〇一七年にＨＩＶ陽性者は三六九〇万人おり、そのうちなお一五〇〇万人は抗レトロウイルス療法を受けていないと推定されている。UNAIDS, Fact Sheet World Aids Day 2018, p. 4.

　世界の五歳未満児死亡率は一九九〇年から二〇一七年の間に、千人当たり九一人から三九人へと五八％も減少したが、依然として五四〇万人が死亡しており、そのうち生後一カ月以内の死亡は二五〇万人に上る。UNICEF, Levels & Trends in Child Mortality Report 2018, p. 2, p. 8.

（4）　ヨハン・ガルトゥング（高柳先男、塩屋保、酒井由美子訳）『構造的暴力と平和』（中央大学出版部、一九九一年）三頁。なお、本書第5章第2節で述べたように、在日韓国・朝鮮人問題も、この意味での構造的暴力と「積極的平和」の課題と言える。そしてそこで掲げた、平和創出の糸口は「少数者を取り込む民主」にあるという考えは、本章の基本的スタンスでもある。

　なお、軍事同盟に基づく集団的自衛権行使はもちろんのこと、抑止力増大であれ、さらにはＰＫＯであったとしても、軍事力・武力を積極的に用いて紛争を解決しようとすることは、「消極的平和」の課題であっても、概念上「積極的平和」の課題ではありえない。最近日本で政策的スローガンとして掲げられている「積極的平和主義」は（「国家安全保障戦略について」平成二五年一二月一七日国家安全保障会議決定・閣議決定）、平和学における「積極的平和」とは正反対の内容を含む主張である。ガルトゥングはこの用語の用い方に対して、「『積極的平和』というのは、私が一九五八年から使い始めた用語である。……消極的平和を積極的平和と言い換えるだけならたんなる無知だが、こうまであからさまな対米追従の姿勢を積極的平和というのは悪意ある言い換え、許しがたい印象操作である」と強く批判している（ヨハン・ガルトゥング〔御立英史訳〕『日本人のための平和論』ダイヤモンド社、二〇一七年、一九頁）。

〈第1節〉

（5）　ガルトゥング・前掲書三—五頁。

（6）　前掲書七頁。

（7）　前掲書六—七頁。

（8）ＨＩＶ薬がまさにそうであったが、幸いなことに今現在は、薬価が安価に設定されるに至っている。それでも、注三で触れたように治療を受けていない患者が相当数に上っている。

（9）前掲書五五頁。

（10）飢饉と飢餓の関係については、本節三（一）を参照。

（11）伝統的な「戦争防止や平和創造の視座は、主として軍縮や軍備管理によって、さらには戦争の禁止によって国家間の戦争を防止しようとする試みを評価するものであった」（臼井、星野編・前掲書一〇九頁）とすれば、そこで言われる「平和創造」は、前向きな積極的創造的行動や政策というよりも、実質的には禁止や防止に重点を置いた消極的「防衛」の行動や政策を意味したと言えよう。

（12）岡本三夫『平和学――その軌跡と展開』（法律文化社、一九九九年）一〇九頁。なおガルトゥングは、次のように構造的暴力を特徴づけている。「構造的暴力は静かで、目には見えない。それは本質的に静的なものであり、それは穏やかな水面そのものである。静的社会では、個人的暴力は人の注目をひくが、構造的暴力は空気と同じくらいに自然なものとして誰も気がつかないかもしれない。反対にきわめて動的な社会では、個人的暴力は悪で有害だが、それでも自然の秩序にかなったものと見なされるのに対し、構造的暴力は、水の自由な流れを妨げ、あらゆる種類の渦や乱流をつくりだす、小川に横たわる巨大な岩のように目立つので、だれの目にもあきらかである。それゆえに、本質的に静的と考えられる社会秩序のもとで（ユダヤ・キリスト教とローマ法の伝統にしたがった）個人的暴力に対する思想が発展してきたのにたいして、（マルクス主義の伝統にしたがった）構造的暴力にたいする思想が、きわめて動的なヨーロッパ北西部の社会で発達したのはそれほど不思議ではない。換言すれば、構造的暴力は一定の安定性を備えたものとみることができるのにたいし、（集団間の紛争一般、とくに戦争の犠牲者の数で測定できるように）個人的暴力は時間的に大きな変動を見せる。……このような理由で、戦争の再発を心配して戦後期には個人的暴力に注意が向けられると考えられる。しかし、もしも個人的暴力が大規模に行使された記憶が忘れられるに十分な期間、戦争がない状態がつづくならば、関心は構造的暴力に向けられることになろう。その場合、安定は不自然な状態であるとだれにもおもえるほどに、その社会はダイナミックな社会である必要がある」（ガルトゥング・前掲書一八―一九頁）。

（13）ガルトゥングの論述には、「選択肢の剝奪」という言葉は明示的には現れてこないが、その考えの中に当然に含まれるものと解される。「選択肢の剝奪」がどのような暴力形態においてなされるかに関しては、様々なケースがあり得る。ガルトゥングの暴力の分類に従うならば、物理的か心理的か（物理的の中でも身体的能力を減少させる「生物学的暴力」か人間の移動の自由を制約する「物理的暴力」かに分けられる）、積極的か消極的か（例えば積極的な罰によらずに報酬を与えることによって人々の行動範囲を狭める場合、暴力の消極的行使である）、直接的か間接的か（「傷つけられる客体が存在するか否か」という客体に着目した分類。ただしガルトゥングは「直接的」「間接的」暴力をこの意味で用いず、「個人的」「構造的」暴力と同義とする。）、意図的か非意図的か、顕在的か潜在的かといった観点に基づき、類型化可能である。個人的か構造的かということも主体に着目した一つの分類であるが、ガルトゥングは「もっとも重要な区別」であると位置づける（前掲書八—一六頁）。

(14)　旱魃や自然災害が人間の経済活動や膨大なエネルギー消費による地球温暖化等に基づくとすれば、もちろん構造的暴力の問題になりうる。

(15)　前掲書一一、一三頁。「生活の機会の不平等」（本書第5章〈はじめに〉の表現で言えば財や機会の「配分の不平等」）として現れる不平等な力関係（暴力）を克服した積極的平和状態における理想的な平等関係が、第5章で論じた「こころを繋ぐ平等」ということになろう。逆に言えば積極的平和は、何らかの意味で「こころを繋ぐ平等」を要素とした営為によって実現されていくと考えることもできる。

(16)　前掲書二三—二四頁。

(17)　前掲書二五—二六頁。

(18)　前掲書二七頁。例えば、社会システムを市場原理に委ねるべきとする議論は、逆に人為的な「意図的かつ継続的妨害」をなくすことによって、自由で平等な社会関係が展開されうるのだ、という楽観論に立つと思われる。もっともその場合でも、（例えば国家の市場に対する）「意図的かつ継続的妨害」を除去するための、何らかの（市場原理貫徹に向けた）「意図的かつ継続的妨害」が（国家に向けて）なされるべきことが必要であると考えられうるので、より大きな理論的枠組みとして、この命題を受け入れることは可能であるのかも知れない。しかし市場原理によってはこれらのメカニズムを抑制することができなかったからこそ、例えば国家における民主化や三権分立等が「意図的かつ継続的妨害」の一策として考案され実施され続けてきた、ということを看過すべきではなかろう。

(19)　前掲書四〇頁。

(20)　一応のところ、次のような試みが考えられよう。第一の「システム内における行為主体のランクの流動化」については、例えばシステムの重要な地位にシステム内の誰でもがつくチャンスがあり、あるいは誰がその地位につくかを選ぶことができる、という参政権をはじめとする参加機会の確保（国家間で言えば、国際社会での対等な発言権や重要なポストを占めうる権利の確保など。国内的には参政権や職業選択、経済活動の自由の拡大などであり、本書第5章で考えた在日韓国・朝鮮人の法的権利拡大の意味もここにある。）、そして実際にその地位において十分な仕事ができるだけの実質的能力の確保（国家間で言えば、様々な国際支援を受けられること、国内的には教育の普及など）が求められよう。

第二の「行為主体のつながり方の経路の複数化」については、各行為主体の活動する領域自体の多元化（国家間で言えば、政府間の政治的交渉のルート以外に例えば文化的交流や人的交流があること、国内で言えば各人が複数のシステムやネットワークに属していることあるいはそれだけ複数のシステム等が存在すること）と行為主体間（権力者及びシステム内の人々と）の意志疎通に第三者が介入しうる余地の拡大（国際的には国際機関やNGOや第三国の介入が可能であること、国内的には例えば、民間団体や弁護士、行政が介入する道と逆にそれらの機関や人々に助言相談する道が開かれていること、また裁判による救済の実質的確保と簡易化など）が求められよう。

第三の「ランクの高さとシステムの中心性の切り離し」については、システムの意志決定機関の構成員に、ランクの高くないものが入り込む余地を作ったり（例えば、安保理に大国でない国が入る余地を残しているやり方、またどんな小さな国にも一票を認める国連総会のような仕組みがもっと機能する仕組みを作ったり、他の領域にも広がっていくこと、またランクの高くない者たちの世論をシステムの中心に押し上げていく仕組み、例えば報道・情報発信交換システムを形成していくこと）とシステムの中心に位置するのはランクの高い者ではないという建前を徹底すること（「国民主権」と「代議制」の理想を高度な倫理性をもって追求する枠組みと教育を展開することなど）が求められよう。

第四の「多様な内容のシステムを構造の中に展開させること」は、既存のシステムとは異なった活動形態を持つシステムや主体をシステムに取り込んでいくこと（政治システムに関しては草の根的なNGOなど、経済システムに関しては徹底した有機農法や産直流通システム、営利を求めないNPO活動など、文化システムに関しては少数民族文化など、それぞれの領域において低ランクに置かれていたりシステム外に置かれているような主体やシステムに積極的な位置づけを与えていくこと）が求められよう。そのことが、第五の「構造内の高ランク主体の多元複数化」、第六の「レベル間の結合を低ランクを経由しうるようにすること」につながっていくものと考えられる。

(21)　アマルティア・セン（黒崎卓・山崎幸治訳）『貧困と飢饉』（岩波書店、二〇〇〇年）二〇、二四、二九、一七、二三一―二四、三一頁（なお本書は二〇一七年に文庫版が刊行されている。該当箇所は、文庫版二四、二七、一九、二七、三六頁）。なおセンは一九九八年にノーベル経済学賞を受賞している。

(22)　前掲書六二―六四頁（文庫版六九―七一頁）。

(23)　前掲書八八、一三三、一九五頁（文庫版九七、一四八、二一七頁）。

(24)　前掲書八八―九五、一三三―一三八、二〇二―二〇三、一七四―一七六頁（文庫版九七―一〇五、一四八―一五四、二二五―

二二六、一九三―一九六頁）。

(25)　前掲書二二三頁（文庫版二四九頁）。但し、センの値が正確であるかどうかについては異論もある（前掲書二八四―二八五頁［文庫版三一九―三二〇頁］）。

(26)　前掲書二二四―二二五頁（文庫版二五〇―二五一頁）。

(27)　前掲書二―三頁（文庫版二―三頁）。これらは私的所有に基づく市場経済における権原として想定され、その他に政府の政策により与えられる権原も考えられるとされる（八―九頁［文庫版九―一〇頁］）。確かに政府による権原は市場経済それ自体に由来する権原とは言えないけれども、それには市場経済の補完という意味もあり、議論を包括的なものとするために、本章では、これも広く移転の権原に含ませることにしよう。

(28)　前掲書七八頁［文庫版八五頁］。ここではセンの明示的記述はないがさらに、例えば労働の機会を喪失したり、食料を手に入れられるほどの賃金を手に入れられなくなるとき「労働権原の失敗」、社会保障などのサポートが得られないとき「社会的支援権原の失敗」と呼ぶことができよう。

(29)　前掲書二五八―二六〇頁（文庫版二八八―二九〇頁）。さらに、ベンガル飢饉については一〇四頁（文庫版一一四―一一五頁）、エチオピア飢饉については一四八頁（文庫版一六五頁）、サヘル飢饉については一七九―一八〇頁（文庫版一九八―二〇〇頁）参照。なお、牧畜民の飢餓の深刻化は、エチオピア飢饉において、サヘル飢饉と基本的に同様のメカニズムで生じた。「牧畜経済と農業経済との間の交換関係の性格ゆえに、価格の動きが家畜数の減少を――その歯止めになるのではなく――促進させて、牧畜民の飢餓が深刻化した。旱魃で打撃を受けた牧畜民は、市場メカニズムによって殺されたのである」（一六一―一六二頁［文庫版一八〇頁］）。なお、ウォロ州のエチオピア飢饉において最もひどい打撃を受けたアファル牧畜民における家畜の減少は、乾季の避難場所であった放牧地が、商業作物栽培のために、外国の大企業によって開発されてしまったことにより、大いに増長されたと指摘されている（一五二―一五四頁［文庫版一七〇―一七一頁］）。

(30)　前掲書二六〇、二六四―二六五頁（文庫版二九〇、二九五―二九六頁）。

(31)　例えばエチオピア飢饉では、「二ヶ月後、外国からの救援が大規模に届き始めたときまでには飢餓の危機のピークは既に過ぎており、キャンプの人口は一万五〇〇〇人まで減少していた」という（前掲書一三二頁［文庫版一四七頁］）。援助救済のミスマッチが見られる典型例であろう。但し、バングラデシュ飢饉の場合、「たとえ不十分なものとはいえ大規模な救済活動がなかったならば、死亡者数がずっと多かったであろうことは、ほぼ間違いない。政府による救済活動に加えて、被災村外での救済活動と村内での自助運動の両面で、各種ボランティア団体が重要な役割を果たした」とも指摘される（一九九頁［文庫版二二二頁］）。

(32) 前掲書二六六頁（文庫版二九七頁）。
(33) 前掲書二七〇頁（文庫版三〇一―三〇二頁）。またセンは、飢饉の脅威に直面した際、「雇用保証」制度を採用して飢饉が回避されたインドのマハーラーシュトラ州の例をとりあげ、その際に重要な点として、「食料消費の減少が、他の――より裕福であるか、あまり影響を受けなかった――集団にも同様に負担されたこと」を指摘する（二六八頁［文庫版三〇〇頁］）。
(34) ガルトゥング・前掲書二七頁。括弧内は河見による。
(35) セン・前掲書二七〇―二七三頁（文庫版三〇一―三〇五頁）。
(36) 臼井、星野編・前掲書一二五頁。
(37) セン・前掲書二七五頁（文庫版三〇七頁）。
(38) 前掲書二四六―二五一、二六一頁（文庫版二七五―二八一、二九一―二九二頁）。
(39) 前掲書二四九―二五〇頁（文庫版二七八―二七九頁）。
(40) 星野昭吉『世界政治の変動と権力』（同文舘、一九九四年）四一五―四二二頁。星野は「平和ならざる状態」として、①基本的人権の抑圧を核とし、それを取り巻くものとしてまず②文化の侵略と反民主主義（政治的不安定・差別）、そして次に③生態的危機（人口・資源・海洋・汚染）と経済的不平等（支配―従属）、さらに④軍備拡大競争（兵器移転・局地戦争・内戦）と核戦争の危機を挙げる。②と③が構造的暴力であり、④を直接的暴力と位置づけている。これらに対応する「平和状態」は、①基本的人権の保障を、②抑圧からの自由、③公正な経済発展、④平和的生存が重層的に取り囲んだ状態が想定されている（第一〇・一図、四一六頁）。
(41) 前掲書四二一頁。
(42) 河見誠「社会福祉の法と行財政」今泉礼右編『社会福祉の構造と課題』（同文書院、二〇〇六年）一一五―一三二頁。
(43) 以上は、本書第三章〈はじめに〉で触れた、マズローの人間欲求の五側面を念頭に置きつつ例示した。なお、人格的側面を考慮に入れた「全体としての人間」の、生存権に関する最低限度については、前掲拙稿「社会福祉の法と行財政」一一六―一一九頁参照。
(44) 特に憲法前文で「われらは、全世界の国民が、ひとしく恐怖と欠乏から免かれ、平和のうちに生存する権利を有することを確認する」というように、全世界の国民の「平和的生存権」を明文規定している日本には、このような意味での平和実現の義務が明確に存すると言える。
但し、暴力によらないでここで述べたような喪失状態が発生しているとすれば、厳密にはそれらの状態からの回復は「平和」

の課題ではなくて、「福祉」のみの課題となろう。もっとも、上述のような暴力の「構造」性の理解に基づけば、これらの喪失状態は何らかの意味で「構造的暴力」に帰されうることが多いであろうから、多くの場合（「福祉」と同時に）「平和」の課題と言うことができると思われる。そして、それらの基本的価値の喪失状態からの回復への取り組み方は、「福祉」の場合には個別的な支援となるであろうが、「平和」の場合は暴力の除去、とりわけ暴力を生み出す構造の変革に向かう。もちろん、それは理論的な分類の話であって、実際には両者は相互に重なり合いつつ展開されていくであろう。

〈第2節〉

(45)　さらに、二七五ドルを下回る場合を極度の貧困とし、その数は極貧者数は六億三三〇〇万人とされた。世界銀行（日本語版）『世界開発報告一九九〇・貧困』（イースタン・ブックサービス、一九九〇年）二四―二七頁。

(46)　一九九八年段階で、絶対的貧困者数は途上国人口の四人に一人となったが、人口としてはむしろ増大している（The World Bank, *World Development Report 2000/2001, Attacking Poverty*, Oxford University Press, 2000, pp. 21–23）。さらに、「全世界の絶対的貧困者総数は一九八七年の一二億人から、今日一五億人に増加し、この傾向が続くのであれば、二〇一五年までには一九億人になる。最近の東アジアの危機にともない、この成功した発展途上地域においても、貧困率は再び上昇した。もし貧困水準を一日当たり二ドルに設定すると、タイでは一九九七年から二〇〇〇年にかけて貧困層が一九・七％増加すると予測されている」と述べられている（世界銀行〔日本語版〕『世界開発報告一九九九／二〇〇〇・二一世紀はどうなるか』東洋経済新報社、二〇〇〇年、四〇頁）。

(47)　The World Bank, Regional aggregation using 2011 PPP and $1.9/day poverty line, (http://iresearch.worldbank.org/PovcalNet/povDuplicateWB.aspx)

(48)　「ＩＭＦ・世界銀行のモニタリング・リポートが認めるように、世界の経済成長、とりわけ中国やインド等のアジアの新興国の成長が一次産品ブームを呼び起こし、それが呼び水になって世界経済の成長が高まり、その結果として途上国の貧困人口が減少したのだ。となると、過去四半世紀の貧困人口の減少をＭＤＧパラダイムに帰すわけにはいかない。」またＭＤＧｓがその目標から外れた開発問題の軽視、すなわちエネルギーやインフラ構築が脇に置かれる、という難点を持つことも指摘される。同様のことはＳＤＧｓにも言えるであろう（浅沼信爾・小浜裕久『ＯＤＡの終焉――機能主義的開発援助の勧め』勁草書房、二〇一七年、一二七頁）。

(49)　Towards Universal Social Protection for Children : Achieving SDG 1.3, *ILO—UNICEF Joint Report on Social Protection for*

Children, 2019, pp. 5-7. ILO, World Employment and Social Outlook：Trends 2019, pp. 5-6.

(50) ＵＮＤＰ（国連開発計画）（日本語版）『人間開発報告書二〇〇一・新技術と人間開発』（国際協力出版会、二〇〇一年）一七―一九、二六一、二六三頁。「人間開発指数」は、出生時平均余命、知識（成人識字率、総就学率）、人間らしい生活水準（一人当たりＧＤＰ）をもって算出する。

(51) ＵＮＤＰは人間開発に関する指数に「政治的自由度」も組み込もうとしたが、途上国からの抗議によって中断されたということである。なお、人間貧困指数の改訂として「社会的疎外」度を取り込んだ指数（ＨＰＩ-２）も考案され、特定のＯＥＣＤ諸国ではデータが出されている（ＵＮＤＰ・前掲書一八、一七四―一七五頁）。また、西川潤は南北格差、地域格差、貧富格差など社会構造の不公正を貧困の定義に組み入れる試みとして、イギリスＮＧＯのＯＸＦＡＭの考え方を例に挙げている（『人間のための経済学――開発と貧困を考える』岩波書店、二〇〇〇年、二二六、二四一―二四二頁）。

(52) 佐藤寛「援助の実験場としてのバングラデシュ」佐藤寛編『開発援助とバングラデシュ』（アジア経済研究所、一九九八年、以下『開発援助』と略す。）三〇五頁。なお、個人的理由としては、私自身が二〇〇一年八月に、後述のＡＣＥＦによるスタディ・ツアーに参加して、実際にバングラデシュの地を踏んだことが大きい。そのことを契機に、現在ＡＣＥＦの理事を務めるようになり、その後も二〇一一年三月、二〇一九年八月に訪問の機会を得た。

(53) 一九九六年にバングラデシュで一日一ドル以下で生活している人の割合は全人口の二九・一％、二ドル以下は七七・八％であったが（The World Bank, *op. cit.* [*2000/2001*], Table 4. Poverty, p. 280）、二〇一六年には（改定された貧困ラインの）一日一・九〇ドル以下が一四・八％、三・二〇ドル以下が五二・九％と減少している（The World Bank, *World Development Indicators*, Table 1.2 Poverty rates at international poverty lines, 2019）。

(54) 二〇一三年には一八七カ国中一四二位であったのが（一四五位より低人間開発国［Low Human Development］グループ）二〇一七年には一八九カ国中一三六位となった（一五二位より低人間開発国グループ）。平均余命は七二・八歳に達し、平均実績就学年数五・八年に対し平均期待就学年数一一・四年、つまり二五歳以上の人は平均五・八年しか学校教育を受けられなかったが、現在の就学年齢（六歳）の子どもは一一・四年学校教育受けることが期待できるとされている。UNDP, *Human Development Indices and Indicators*, 2018 Statistical Update, Statistical Table 1.

(55) LDC Graduation：What it means for Bangladesh, *The Daily Star*, March 20, 2018.

(56) バングラデシュという国について簡単に説明しておこう。

バングラデシュの特徴は、第一に「川と水の国」であること。雨季と乾季を伴う熱帯モンスーン気候帯に属し、九〇％以上が低平な沖積平野である。それ故、雨季には「洪水」が発生する。洪水は、多毛作や稲の三期作を可能にする肥沃な土壌をもたらすと共に、漁場も産み出してくれる「自然の恵み」であると言える。しかし十年に一度は大洪水が発生し、大きな被害をもたらしている。

第二に、「狭い国土と人口の多さ」である。バングラデシュの国土は北海道の二倍程度の広さであるが、人口は年々増大し、二〇一八年現在、一億六千万人を超えるに至っている。人口の多さは労働力の豊富さを意味しており、必ずしも社会にとってマイナス要因とは言えないが、労働の機会や収入が十分でない場合には貧困者の増大につながる。例えば、農村での人口増加は土地なし農民の比率を高め、貧困者を増大させる要因となると共に、農村から都市への人口移動を促進させ、都市におけるスラム問題を深刻化させることにもなっている。従って都市部においては、開発の成果が上がって貧困層のパーセントが下降したとしても、貧困者の数はさほど減少せず、むしろ増加するといった現象が生じてくる。貧困解消に向けた開発は、人口問題に大きく影響を受けるのである。

第三に、「独立の歴史」をもつこと。第二次大戦以前は、イギリスの植民地であるインドの一部であった。イギリスがインドから撤退したあと、この地域もイスラムをアイデンティティとする一九四七年のパキスタン独立に加わったのであるが、西のパキスタンからは遠く離れた辺境として扱われ、経済的には西パキスタンの植民地的な支配を受けてきた。大量に流入した外国援助を西パキスタンは西側の産業育成に重点的に用い、東で行われたジュート工業や綿工業は、西の財閥による投資市場として利用されただけであり、利益の多くは西にもたらされた。東の農産物に関しても、輸出による外貨収入は西パキスタンの輸入に充当され、また生産者が得るべき利益は西の商人に移転するシステムとなっていた。また、民族としても差別的に取り扱われてきた。特に、パキスタンの公用語として西のウルドゥー語を唯一の公用語とするという西側の強硬な姿勢に対し、ベンガル語公用語化運動が展開されていたが、その言語運動から端を発した自治権獲得運動に対する強硬な弾圧がかえって、ベンガル人としてのナショナリズムに基づく「第二の独立」をもたらしたと言える。

このような背景のもと勃発したパキスタンからの独立戦争は九ヶ月に及び、一〇〇〇万人に及ぶ難民がインドに脱出した。そういった苦難の末の一九七一年独立は、バングラデシュの人々にとって、まさに民族の解放であり、喜びであったと言えよう。しかし、独立後の社会基盤は非常に貧しいものであった。戦争による破壊はもちろんであるが、それ以前の植民地的支配のため、自国内での産業や企業が育成されておらず、資本も技術も産業基盤も不十分であり、農業の生産性も低く、国民の識字率も二五％を切るといった状態であった。

第四に「ムスリム・ベンガリー」の国であること。以上の歴史からわかるように、バングラデシュの社会や文化は、イスラムとベンガル民族を軸として形成されてきていると言える。しかし、国民すべてが「ムスリム・ベンガリー」であるわけではなく、一割程度のヒンドゥー教徒、さらには少数ではあるが仏教徒、キリスト教徒もいる。また、チッタゴン丘陵地帯をはじめとしてベンガル民族ではない少数民族も存在する。

　バングラデシュを概観できる書として、大橋正明、村山真弓、日下部尚徳、安達淳哉編『バングラデシュを知るための六六章（第三版）』（明石書店、二〇一七年）参照。

(57) キャサリン・H・ラヴェル（久木田由貴子、久木田純訳）『マネジメント・開発・NGO――「学習する組織」BRACの貧困撲滅戦略』（新評論、二〇〇一年）六三、三九頁。

(58) ラヴェル・前掲書六四、六九―七四頁。

(59) 前掲書七五頁。

(60) 前掲書八三―八四頁。

(61) 前掲書八四―八五頁。

(62) 前掲書九八―一一九頁。二〇一七年段階で、約四万四千の学校・センターに三八〇万人の子どもが通うに至っている（BRAC Bangladesh Annual Report, 2017, p. 32）。保健プログラムにはさらに、保証金導入により治療完了率を大幅に改善した「結核治療プログラム」（一九八四年開始）（尾崎敬子「住民参加型結核プログラムにおける保証金制度の役割――バングラデシュ農村における一NGOの事例――」『開発援助』二五九―二七七頁参照。）、経口補水療法の教育機会を利用して、予防接種やビタミンAカプセルの配布と言った予防的な保健対策を行う「子どもの生存プログラム」（一九八六年開始）、さらには農村開発プログラムと教育プログラムと結合する形で「女性の保健と開発プログラム」（村の組織から選ばれた若い女性を対象に、保健問題が意識的に組み込まれている初等教育の後、村の保健担当者として働くというプログラムや、出産介添人の在職訓練等。一九九〇年開始）といったものもある。

(63) ラヴェル・前掲書九三―九四、二七〇―二七二頁。

(64) 前掲書九六―九八、一四二―一五一、二八一―二八四、二九五頁。

(65) ジョマダル・ナシル「バングラデシュ社会開発へのBRACの革新的なアプローチ」（金沢星稜大学論集第四九巻、二〇一六年二月）七九―八〇頁。

(66) 前掲書二四七―二五一頁。ピーター・M・センゲ（守部信之訳）『最強組織の法則』徳間書店、一九九五年）一二一―一二一頁。
BRACの活動の実際（現地調査）については、鈴木弥生『バングラデシュ農村にみる外国援助と社会開発』（日本評論社、二〇一六年）の第4章「内発的発展を担う市民社会――タミッラ県ダウドゥカンディ郡」参照。そこでは次に扱うグラミン銀行の活動も調査報告されている。この書は、戦後アメリカと日本によって展開された開発援助がもたらした社会矛盾、そこで排除されてきた最貧困層の女性のエンパワーメントと参加によって克服していこうと試みる市民社会（BRAC、ASAといったNGO、グラミン銀行）の活動を、現地での息の長い調査により丁寧に検討した労作である。

(67) ユヌスの歩みについて、ムハマド・ユヌス、アラン・ジュリ（猪熊弘子訳）『ムハマド・ユヌス自伝――貧困なき世界をめざす銀行家』（早川書房、一九九八年）、その後自ら考え出し新たに始めたソーシャル・ビジネスとその展開について、ムハマド・ユヌス（猪熊弘子訳）『貧困のない世界を創る――ソーシャル・ビジネスと新しい資本主義』（早川書房、二〇〇八年、ムハマド・ユヌス（岡田昌治監修、千葉敏生訳）『ソーシャル・ビジネス革命』（早川書房、二〇一〇年）参照。

(68) 渡辺龍也『「南」からの国際協力――バングラデシュ・グラミン銀行の挑戦』（岩波書店、岩波ブックレット四二四、一九九七年）八―一二頁。

(69) 二〇一七年段階で、二五六八支店が国内の九三％近くの八一四〇〇の村に行き渡り、メンバー数は八九三万人、開始以来の貸出総額は一兆六五二〇億タカ（二三六億ドル）に至っている。Gramin Bank, *Annual Report 2017*, p. 9, pp. 40-41.

(70) 渡辺・前掲書三五、三九―四一頁。

(71) 前掲書一三―一九、三七頁。Grameen II では他にも、返済困難なときにはフレキシブル・ローンに移行できること、物乞いの加入を奨励するなど、大きな改革が行われた（坪井ひろみ『進化するグラミン銀行――ソーシャル・ビジネスの躍動』秋田魁新報社、二〇一六年、二二―二九頁）。

(72) 前掲書三五、一三、三四頁。グラミン銀行の実際については、坪井ひろみ『グラミン銀行を知っていますか――貧困女性の開発と自立支援』（東洋経済新報社、二〇〇六年）、坪井・前掲『進化するグラミン銀行』参照。

(73) 下沢嶽「バングラデシュのNGOの現状」『開発援助』六三頁。

(74) 渡辺・前掲書六〇―六一頁。

(75) 藤田幸一「農村開発におけるマイクロ・クレジットと小規模インフラ整備」『開発援助』二八三―二八五頁。

(76) 前掲論文二八七―二九一頁。

(77) 前掲論文二八九頁。

(78) 下沢・前掲論文六三頁。

(79) ラヴェル・前掲書一二九―一三四頁。

(80)　前掲書二三七頁。なお、グラミン銀行の限界として、「五人グループによる緩やかな連帯責任制をとっているため、グループの組織化の際に、資金返済が困難であろうとみなされる者は自然に排除されてしまう」ので、「村の最貧困層」がメンバーから排除される可能性が高いという点がしばしば指摘されてきたが（藤田・前掲論文二九三頁）、この連帯責任制に関しては前述のようにGrameen II以降廃止された。BRACとグラミン銀行の相違が実際の活動にどのように現れてくるかについては、注六六に掲げた鈴木『バングラデシュ農村に見る外国援助と社会開発』第4章の調査報告が貴重な具体例を示している。

(81)　藤田・前掲論文二八二頁。

(82)　以下のJICAのプロジェクトはかなり以前の試みであるが、「巻き込み方式」と言うべき構造変革の手法をよく体現している事例であるので、ここで取り上げることとした。

(83)　安藤和雄「農村開発における在村リーダーシップとインフラ整備事業の可能性」『開発援助』二〇三—二〇七頁。なお、この農村開発実験では、集落道路整備の他に、ハット（定期市）整備、コンクリートの橋の設置、村の郵便局開局の四つのインフラ整備事業が行われた（二三〇—二四七頁）。

(84)　地方制度に関しては、臼田雅之、佐藤宏、谷口晋吉編『もっと知りたいバングラデシュ』（弘文堂、一九九三年）一七〇—一八〇頁、大橋他編・前掲『バングラデシュを知るための六六章（第三版）』三一八—三二一、三四〇—三四五頁参照。

(85)　安藤・前掲論文二一二頁。

(86)　前掲論文二一二—二一七頁。

(87)　前掲論文二一九—二三〇頁。

(88)　佐藤寛・前掲論文三三二頁。

(89)　大橋他編・前掲『バングラデシュを知るための六六章（第三版）』二六二—二七一頁。

(90)　坪井ひろみ「グラミン・ファミリーのソーシャル・ビジネス」池本幸生、松井範惇編著『連帯経済とソーシャル・ビジネス——貧困削減、富の再分配のためのケイパビリティ・アプローチ』（明石書店、二〇一五年）六四—八四頁。同書の五章、六章ではそれぞれヨーロッパ企業、日本企業とグラミンの合弁事業の概要が説明されている。坪井・前掲『進化するグラミン銀行』五六頁以下も参照。

なお、BRACも「学習して発展する組織」として、「援助や開発によってユニオン評議会議長・議員に集中した権限の分散化を図ろうとしている。貧困の要因は単一ではないという視点から、BRACによるバングラデシュ農村での取組みも多岐にわたっているが、農村内の社会問題を解決するためにユニオン評議会議長・議員をはじめとする農村内の既得権益者に働きかけていることも特徴の一つといえる」（鈴木・前掲二三九頁）と、巻き込みに取り組んでいることが指摘されている。

(91)　西垣昭、下村恭民、辻一人『開発援助の経済学――「共生の世界」と日本のＯＤＡ（第四版）』（有斐閣、二〇〇九年）六二―六八頁。

(92)　例えば二一世紀に入った当初、地球温暖化の影響で、バングラデシュは二〇三〇年にはモンスーン雨量が一一％、二〇七五年には二七％増加すると予測され、逆に冬の乾季には湿度と水位の低下により作物を収穫できない可能性がある。また、二〇三〇には海水レベルが三〇センチ上昇して水没する地域が出てくるので、塩害に強い米を開発しなければならない、と警告されていた（'Bangladesh may become worst victim of global climate change', Article in Bengali newspaper : *The Daily Star*, Aug. 13, 2001）。然るに実際二〇一九年において、バングラデシュの環境学者アティク・ラーマンによれば「すでに二〇センチほど海面は上がり、異常気象が起きている。ヒマラヤ山脈からは大量の土砂が運ばれて堆積し、増水した水が行き場をなくしてあふれる。そしてサイクロンだ。これまでも一〇年か一五年おきに大きなサイクロンに襲われてきたが、いまはより強大なサイクロンが、より頻繁に来るようになった。一方で、北方の乾燥した地域は干ばつにも悩まされている」という（「温暖化が直撃する国に資金が来ない『気候変動とカネ』の厳しい現実」, The Asahi Shinbun Globe +, 2019. 03. 12, in : https://globe.asahi.com/article/12200981）。具体的な被害については、「温暖化対策にも利益を追求『世界は助けに来ない』貧困国の嘆き」（The Asahi Shinbun Globe +, 2019. 03. 06, in : https://globe.asahi.com/article/12182439）参照。

(93)　ラヴェル・前掲書一五頁（「訳者まえがき」）。

(94)　藤田雅子『国際福祉論――スウェーデンの福祉とバングラデシュの開発を学ぶ』（学文社、二〇〇〇年）一四三―一四六頁。

(95)　藤田雅子は、「建築、設備、備品中心の日本の海外援助」のバングラデシュにおける現れを具体的に例示している（前掲書一四五―一四六頁）。

このモノ中心の援助というスタイルは、援助の付与形態（贈与か政府借款か）によっても支えられるものであった。「世銀、アジア開発銀行といった主要な援助機関の協力資金はすべて借款であり、最大の援助国である日本の協力も借款の比率が高かったため、社会開発分野はプロジェクト援助の対象になり難かった（長田満江「バングラデシュ経済と開発援助」『開発援助』四二―四三頁）。教育、保健、人口・家族計画といった人間生活に密着した社会開発に、今まであまり手を伸ばすことができなかったのは、このような援助形式の構造にもあったのである。

また、援助が十分に機能しない理由として、プロジェクトがハード面の整備で終わってしまうことがしばしば挙げられる。「ハード面の整備が、それを利用する上で必要なソフト面での整備を伴わないならば、十分な効果は得られない。建設しさえすればその利用に難しいソフトを必要とせずに大きな経済効果を期待できる道路や橋でさえ、メインテナンスというソフトがなければやがて経済効率の悪いものになっていく。電力、ガス、港湾、空港、通信などの分野では、それらを使いこなすために、さまざまな、時には非常に高度なソフトを必要とする。こうしたソフト面の整備、そしてこれらソフトを担う人材の育成もまた、インフラ整備には欠かせないのであり、今後はプロジェクト援助の部門別配分において、こうした面についても考えていく必要があろう」（長田・前掲論文三四―三五頁）。このことも「人間へのまなざし」が十分でないことを示していると言えるかも知れない。

(96)　日本の二国間援助が低中所得国や低所得国に集中しているのは、「地理的、歴史的、経済的関係の深いアジアを主要対象地域とし、移民の多い特定の南米諸国を重点国としてきた」が、それらの国、とりわけ東アジアや東南アジア諸国が大きな経済成長を遂げたにもかかわらず、「既得権益的な漸増主義によるＯＤＡ配分」がなされてきたからだとされる（篠塚徹「日本のＯＤＡ戦略」渡辺利夫編『国際開発学Ｉアジア国際協力の方位』東洋経済新報社、二〇〇〇年、三一五頁。）。

(97)　「政府開発援助大綱」（一九九二年六月閣議決定）１基本理念の冒頭。後述の「開発協力大綱」（二〇一五年二月改定）でも重点課題の第一に貧困撲滅が掲げられているが、その中にやはり「人道的」という文言を見ることができる。すなわち「特に様々な理由で発展の端緒をつかめない脆弱国、脆弱な状況に置かれた人々に対しては、人道的観点からの支援、そして発展に向けた歯車を始動させ、脆弱性からの脱却を実現するための支援を行うことが重要である。」と述べられている通りである。この後半部分「そして発展に向けた……支援」が社会構造変革への支援となりうるかが鍵と言える。

(98)　篠塚・前掲論文三一六頁。

(99)　この姿勢を極めて明確に表現しているものとして、一九八三年経済審議会経済協力小委員会の『一九八〇年代の経済協力の展望と指針』（大蔵省印刷局）の発展段階説が挙げられる。すなわち発展は、農業が優勢な第一局面から、工農業の生産性向上、都市人口増加が始まる第二局面、軽工業優勢の第三局面、重化学工業が進む第四局面へと進んでいくものであり、日本がたどったこの発展段階を途上国に及ぼし、それぞれの段階に応じた経済協力を行うことにより「できるだけ早期に発展途上国を先進国へ卒業させるよう努めることは、経済協力の古くからの課題である」とするのである（西川潤・前掲『人間のための経済学』二〇六頁）。

(100)　村井吉敬編『徹底検証ニッポンのＯＤＡ』（コモンズ、二〇〇六年）四六―五〇頁。藤岡美恵子、越田清和、中野憲志『脱「国際協力」――開発と平和構築を超えて』（新評論、二〇一一年）二七―三一頁、六七頁。

(101)　「ＯＤＡの役割がただ単に途上国の開発のためにカネを提供することならば、ＯＤＡの役割の役割は終わったとはいえないまでも、主役ではなくなった。今日では、ＦＤＩ（多国籍企業による直接投資）、国際金融・資本市場からの資金の流れ、それに途上国を離れ海外で働く労働者から本国への送金がＯＤＡを遥かに凌駕するようになった。ＯＤＡは途上国へのカネの流れのチャネルとしては、ワン・オブ・ゼムになっている。」（浅沼、小浜・前掲『ＯＤＡの終焉――機能主義的開発援助の勧め』はしがきⅰ）。

実際に「先進国から途上国への『資本移動』の中身をみると、一九六〇年代にはＯＤＡが全体の七〇％を占めていた。ＯＤＡに代表される援助関係予算そのものはその後も総額で増え続けたにもかかわらず（図1-1、図1-2）、二〇一〇年の時点でそれは『資本移動』の一三％をなすにすぎず（ＯＤＡと『その他の公的資金』を合計した図1-3の『公的資金移動』では割合は一八％）、残りは『民間資金移動』が担っていた」（加藤剛「第一章・グローバル支援の歴史的位置づけ――「開発援助」の生成と変容」信田敏宏、白川千尋、宇田川妙子編『グローバル支援の人類学――変貌するＮＧＯ・市民活動の現場から』昭和堂、二〇一七年、三六頁）。

(102) 浅沼、小浜・前掲書一二三頁。また、アジアで最初の先進国となった過程で培ってきた「日本の経験と知見、教訓及び技術」といったソフトパワーに基づく「日本の持つ強みを活かした協力」が実施上の原則の一つとなっており、浅沼と小浜は、このような日本のＯＤＡ政策の展開を、「経済外交の顔」から「国連外交の顔」、さらに広義の開発課題をカバーする「アジア地域のヘゲモンの顔」が浮かび上がってきた、とする。

もっとも浅沼と小浜は、特に「バイのＯＤＡは必然的に国益を考慮せざるを得ない」のであり、「ＯＤＡ大綱に、日本のＯＤＡは日本の国益を考慮すべきだと書き込むかどうか……は些末な事柄で大して重要ではない」とする。大綱の「より重要な役割は、時の政府が『国益のため』と称してＯＤＡを受け入れ途上国の開発と貧困削減という本来的な目的から逸脱した形で使うのを抑制することにある」からである。しかしそもそも現在、ＯＤＡが途上国の開発と貧困削減に役立っているとは言えないとして、ＯＤＡの機能不全、ひいてはＭＤＧ／ＳＤＧパラダイムの内容の空虚さ（一八六頁）を批判し、機能主義的ＯＤＡ（ＭＤＧパラダイムの「ＮＡＴＯ（No Action, Talk Only）でもなく、また自国の輸出・投資促進に重点を置いたＯＤＡではなく、途上国が経済成長と貧困削減を達成する過程で現れるいろいろなギャップ――技術や資源や政策・制度等々――を埋めるＯＤＡ」）を提唱する（終章、特に二〇二―二〇四頁）。

(103) また、環境に関する深刻な問題については、自然との「共生」が大事であるとしばしば語られるが、この言葉が「仲良く」することで解決を図ろうとするニュアンスで用いられるとすれば、自己に内在する問題を深く反省する切り口が回避される恐れもある。そういう意味での「共生」感覚からは、やはり自己のよって立つ「生活と価値観」と社会に対する「構造的暴力」へのまなざし」は生まれてこないであろう。

(104) 西川潤「日本のＯＤＡと人間の安全保障」（アジア太平洋討究第二号、二〇〇〇年）四八頁。

(105) BDP Annual report, 2018. ＢＤＰ生徒数、教師数の推移については、『エイセフコミュニケーション』五五号（二〇一八年）参照。

(106) エイセフ・コミュニケーション各号（年二回発行）、特に一号（一九九一年）、二号（一九九一年）、三号（一九九二年）参照。

(107) シャプラニール『進化する国際協力ＮＰＯ――アジア・市民・エンパワーメント――』（明石書店、二〇〇六年）三二一―三二四頁。

二一世紀に入り、「自らが思い切り楽しむ」、すなわち途上国の人たちに笑顔になってもらい自分もまた笑顔になる輪を作っていくという、言わば肩肘張らない自然体のスタンスを大事にするＮＧＯが出てきている。「共生」の新しいスタイルとして注目したい。楽しむことは、経済的格差、言葉の違い、年齢の違いに関わりなく、誰とでも共有できることである。そしてそのなかで、自分は日常生活で本当に楽しんでいるのか、本当の楽しさとは何か、という「気づき」へと自ずと誘われていくであろう。楽しさは豊かさの一つの表れと言えるが、「豊かかどうか」よりも「楽しいかどうか」の方が、自らの本音が直截に問われ、むしろ自分により正直に向き合わせられる問いかけになるかも知れない。このような新しいスタイルのＮＧＯの一つと私が捉えているGLOBE JUNGLE（グローブジャングル、略称グロジャン）は、若者はもちろん様々な世代からのスタディ・ツアー参加とサポートを得て、カンボジアの子どもたちのための活動を拡げていっている。孤児院運営、個々の子どもたち支援、農村の小学校運営といった活動を行うなかで、さらに子どもたちを支えるためには家族が村で生活できることが必要で、それ故母親に仕事をということで水草のバッグや小物を制作するNATURAL VALUE工房を立ち上げてフェアトレード・ビジネスを開始した。またその村での学校教育システムの不備を補うMANGO Schoolという補習学校を建てるなど、短い期間に幅広く取り組みを展開するに至っている。その中で、「楽しさ」から始まり構造変革へ、という流れが自然に生み出されていることは興味深い。

「日本で一番敷居の低いＮＧＯ」と自負しているグロジャンは学生たちを惹きつける魅力がある。本務大学ではＡＣＥＦに加えてグロジャンにも協力を得て、ＮＧＯスタディ・ツアー参加を内容とする実習授業を設けており、多くの学生が参加している。そしてグロジャンには新たな試みとしてサービス・ラーニング・ツアーの授業を共同開発させていただいているところであり、グロジャンはＡＣＥＦと並んで、本務大学にとって重要な「パートナー」となっている。

(108) 例えば、二〇一四年高校一年生で参加した川嶋乃笑さんは次のように感想を述べている。

少し前までバングラデシュは世界最貧国と言われていました。今でもアジアの中ではそうかもしれません。最初は確かにとても不便だと思いました。しかしだんだんそうは思わなくなりました。逆に日本人の方が、ある面では貧しいのではないかとも考えるようになりました。確かにバングラデシュではすぐに停電し、お湯は出ず、トイレも水洗ではなく、日本には普通にあるものがバングラデシュにはありません。けれども、子どもをBDPの小学校に通わせているお母さんが「今困っていることは無いか」と聞かれ、「子どもを学校に通わせることができて、子どもがとても嬉しそうだから無いわ」と答えるのを聞いて、ベンガル人には家族の温かみ、本当の勉強の楽しさ、もっと勉強したいと思う意欲、周りの人を思いやり皆で協力しようとする気持ちを感じました。これらのことは、お金や電気など目に見える物よりもずっともっと大事だと思います。それがベンガルの人にはありました。（エイセフ・コミュニケーション四八号、二〇一四年。）

川嶋さんは高校三年生の時に、この二週間の体験を書にまとめて刊行している。『乃笑の笑み——一番行きたくなかった国バングラデシュ——』（サンパウロ、二〇一六年）。

もう一つ、エイセフ立ち上げ間もない一九九二年にツアー参加した、丹羽輝子東洋英和幼稚園元園長の文章も挙げておこう。「さよなら！セミナーであいましょう」と成田で別かれを告げた私は、一人でスカイライナーに乗りこみました。やがて目の前に開けた日本の田んぼは、実りの色に塗り替えられていました。バングラデッシュの青々と一八〇度に広がる田んぼの風景が重なりました。何かが違う。そうです。バングラデッシュの稲は、小さな米粒をつけた茎は上を向いて立ち、カラカラと音を立てそうでした。けれども今、目の前に見る稲は何と重々しく、ずしりと垂れ下がっていることか、改めてその違いを感じました。それにしても人の姿が見えません。誰も歩いていなければ働いてもいません。家の窓々は全部閉め切っています。ただ沈黙の世界です。これが人が生活している世界なのか、と帰国第一歩の大衝撃を受けました。あのみんなが働く姿の見える所へまた行きたいとの思いが、早くも頭をもたげました。人が生きている、生活しているあの生活に入れて貰えたのが夢のようです。……朝早くから夜遅くまで私達の為に献身的に働いてくれたあの、さわやかな接待、その奥に潜む回教の戒律、その厳しさは私達には計り知る事が出来ない世界のように感じ、この事についてはもっと学ばねばならないと思っていますが、そのような中で明かるく生きる低収入の人々、その貧しさを包み込んでいる豊かな心、物は何もないのに感じられるホッとするやさしさと豊かさ、その様な世界へ、豊かと云われる国から来た私達が残してきたものは何だったのでしょうか。（「新らしいかかわり」エイセフ・コミュニケーション四号、一九九二年。）

このように、時代の隔たり、立場や世代の違いにかかわらず、ツアーでの出会いにより「豊かさの尺度」への問いかけが生み出されることがわかる。

（109）西川・前掲『人間のための経済学』一六四—一六五頁。

(110) 西川・前掲書一八〇—一八三頁。この「人間変革アプローチ」は、「共生主義」とも表現されていることからもわかるように（西川潤、マルク・アンベール編『共生主義言——経済成長なき時代をどう生きるか』コモンズ、二〇一七年）、本書第4章で見た「ケアの関わり」に通じるものと考えられる。
なお、マザー・テレサの詩の全文は次の通りである。

貧しい者は誰か

貧しい者は物質的及び精神的に窮乏している人である
貧しい者は空腹であり渇いている人である
貧しい者は着る物を必要とする人である
貧しい者は家なく避難所なき人である
貧しい者は病んでいる人である
貧しい者は身体的に精神的に不利な人である
貧しい者は老齢の人である
貧しい者は投獄されている人である
貧しい者は孤独な人である
貧しい者は無知で疑い深い人である
貧しい者は悲しみに沈む人である
貧しい者は慰めの無い人である
貧しい者は助けの無い人である
貧しい者は迫害された人である
貧しい者は不正を耐えた人である
貧しい者は不作法な人である
貧しい者は機嫌が悪い人である

貧しい者は罪人であり、あざける人である
貧しい者は私に悪事をなす人である
貧しい者は望まれない人、社会に見捨てられた人である
貧しい人はともかくも——私達自身である

（マザー・テレサ著（森谷峰雄訳）『心の静けさの中で——カルカッタのマザー・テレサ及び共労者の黙想集——』シオン出版社、一九九〇年、二〇—二一頁。）

(111)　西川・前掲『人間のための経済学』一七七頁。

(112)　西川潤『２０３０年　未来への選択』（日本経済新聞出版社、二〇一八年）三—四頁、二一三頁。

(113)　価値観転換の難しさ、豊かさの壁の厚さ、それ故簡単にはパートナーにはなれないが時間をかけた関わりの継続の中で、風穴が少しずつ空いていく例として、五十嵐理奈氏のエッセイを挙げておこう。

ベンガル語で相手をさす語には、大別して尊敬を表す「あなた」と対等もしくはそれ以下に対して使う「君」とがあります。私は修士論文のために「ノクシカタ」をつくる村と女性たちを調査し、一年間バングラデシュに滞在しました。そのうち約半年をある農村で過ごしましたが、村の人々の中に溶けこみたいという私の意志に反して、結局最後まで私は「あなた」と呼ばれ、「対等」な付合いをすることができなかったように思います。

よく考えてみるとこれは至極当たり前のことだったのですが、バングラデシュを支援するＮＧＯであるＡＣＥＦに属し、援助する者と援助される者の対等な関係という幻想をかすかに抱いていた私にとり、「対等」ということの困難さを考え直す大切な経験となりました。

もちろん、半年という短期間で対等な者として扱ってもらうのはおこがましいことですし、「君」と呼ばれたからといって対等になったと単純に言えるものではありません。しかし、調査者として村に滞在していたはずの私は、車とテレビとラジオを生産しバングラデシュの河に地元の観光名物になるような橋をかける日本という国の代表なのでした。私は「いがらしりな」という個人として見られることはなく、背後に豊かさのオーラを放つ日本人の一人でした。

私のいた村の女性たちは、毎日朝十時から夕方四時まで手工芸品センターに座り、ＡＣＥＦで販売されているような「ノクシカタ」をつくり、労賃をもらいます。しかし、かつて彼女たちは娘の結婚のため、また孫の誕生祝いにと着古したサリーを重ね合わせた刺し子刺繍、ノクシカタをつくっていました。細かな刺繍は家事の合間をぬって何年もかけて刺され、色取り鮮やかに、独自のデザインが白布の上にほどこされました。娘が婿の家へ嫁いでいった後も、母のぬくもりを感じることのでき

る唯一のものがノクシカタでした。しかし、独立戦争の困難な時期を経て、また様々なプリント柄の布が市場に出まわるようになり、ノクシカタはどんどん廃れていきました。この状況に対して、各NGOは女性の手仕事の技術を使って現金収入の道を開こうと、「ノクシカタ」復活作戦をはじめました。NGOは販売ルートを確保し、商品企画をし、刺繍用の布と糸を買い付け、村の女性たちに新しいステッチを教えました。こうして、村の女性たちの手仕事に支えられた「ノクシカタ」の生産、輸出が始まり、私たちACEFのメンバーの手にも届いているのです。

村の人々にとってNGOというのは、村の中から生まれた寄り合いではなく、外からやって来た集団です。彼らはより幸せに生きられるさまざまな方法を示し、教育活動や小さな事業のための融資などもしてくれます。NGOと同じように外からオーラを背負って村へ来た私に対して、人々は親しく声をかけてくれましたが、決して「君」と呼ぶことはなく、「上から降ってきた人」と表現しました。私がどんなに同じものを食べ、同じ水を飲み、同じ言葉を話し、同じ生活習慣を身につけ、さらに努力をしても、両者の隔たりは狭まるものではありませんでした。私は早朝に起き、朝から夕方までを一緒に刺繍を習いながら、お喋りを交わし、作業が終わると刺繍に来ていた誰かしらの家を訪ねノクシカタを見せてもらい、暗くなる前に自分の部屋へ戻るという毎日を送っていました。さまざまなことを考えながらも、こうした日々が続き、私はだんだん村の中での自分の立場を苦しく感じるようになっていきました。

ところがある日、いつもと同じように女性から刺繍を習っている時に、外から来た人と村の人ではなく、同じように歌いながら刺繍を楽しむあなたと私という対峙する二人の存在にふと気付き、さあっと地平が開けたように感じられました。やはり彼女は年下の私を「あなた」と呼んでいましたが、その呼び方とは別に「ノクシカタ」をつくる女性と私との間の水路に水が流れたように私は感じました。

この経験を経て私は、人と人とはなかなか「対等」にはなり得ないのだというところから出発し直したいと思うようになりました。そしてなぜ「対等」でありたいと願うのか、また援助する者と援助される者という関係にある者同士がどうしたら新しい関係性を築いていくことができるのかを探していきたいと思っています。（「村の『ノクシカタ』づくりの女性たちと私」エイセフ・コミュニケーション一九号、二〇〇〇年。）

(114)　本節では第1節で提示した平和の法原理に基づいて、構造的暴力不在としての積極的平和実現の具体的道筋（壁を低くし風穴を開けていく途）を検討したが、同時に直接的暴力（とりわけ戦争）不在としての消極的平和実現の具体的道筋を積極的平和をも展望した平和創出の観点から検討することも、現代社会の課題として、劣らず重要である。このことについては、戦争賛成反対と問われるとほとんどの人は「反対」と答えるであろうが、「絶対的に」反対かと問われたときに感じるであろう「躊躇」を共通基盤としたときに対話が展開可能となり、「敵」と想定される相手方との壁を低くし風穴を空ける平和（武力によらない紛争解決）の方向への途が開かれることを別稿で論じているので参照されたい。河見誠「戦争賛否論における対話可能性」（青山学院女子短期大学総合文化研究所年報第一五号、二〇〇七年一二月）九五―一一二頁。それを一部加筆修正した論考として、河見誠「絶対的非暴力への『躊躇』が開く対話の可能性」（福音と世界第七一巻八号、二〇一六年八月）二六―三一頁。

あとがき

旧版のあとがきでは、次のような文章を冒頭に書いた。

恩師ホセ・ヨンパルト先生は数多くの著書を公刊されているが、私の大学院時代には、いわゆる法哲学プロパーの専門書の他に、『刑法の七不思議』『人間の尊厳と国家権力』（共に成文堂）等も出版された。それらの校正刷りを読ませていただいたり、（先生が自らサービスしてくださる日本茶をいただきながら）ゼミナールで勉強させていただいたことが、今でも懐かしく思い出される。そしてその中で特に教えられたことは、法哲学は「生きた」法哲学でなければならないこと、思弁の殻に閉じこもることなく、実定法上の問題ひいては社会的な問題をしっかり受け止め、積極的に応答していく姿勢をもつべきである、ということであった。本書はそういった姿勢を私なりに精一杯受け継ぎ、展開したものである。先生の目から見れば、不十分で不完全な中身であるに違いないが、ともあれ何とかこの「あとがき」まで到達することができたのは、愚鈍な弟子に対し、大学院在学中はもちろん卒業後も長く忍耐をもって暖かく指導を続けて下ったヨンパルト先生のおかげであると確信している。その意味で、本書はまずもって、恩師ヨンパルト先生にお捧げしたい、というのが今の正直な気持ちである。

その後、二〇一二年四月にヨンパルト先生は帰天された。特別寄稿〈ホセ・ヨンパルト先生を偲んで〉（『法の理論三一』成文堂、二〇一二年）に、そして『法哲学年報二〇一二』（有斐閣、二〇一三年）に門下生として追悼文を共同執筆した兄弟子の葛生栄二郎先生も、二〇一八年七月に五九歳の若さで天に召された。ヨンパルト先生同様、葛生先生には研究においても人生においても数多く相談に乗っていただき、幾度となく助けていただいた。その恩は計り知れない。二人の偉大な学問と人生の師・先輩から頂いたものに比して、あまりに実りの少ない成果しか上げられない自分に愕然とするばかりであるが、天国から愛情のこもった叱咤と激励を送って下さっていることを信じ、感謝の思いと共にここに新版を上梓させていただくこととしたい。

今まで述べてきたことを要約しよう。

第1章「自由の尊重」では、近代以降、私たちにとって中心的価値として位置づけられてきている「自由」は、「法的決定」と「自己決定」の領域が確定され、その上で「自己所有権テーゼ」に表れるような近代的な人格観と身体観から、物語としての人格観とそれを担うアクター（記号）としての身体観への転換がはかられるとき、人生を豊かに展開する自由として改めて捉え直され、適確に尊重されることになるだろう、ということを、脳死・臓器移植を題材にしつつ論じた。

第2章「生命の尊重」では、それが「人間としての」生命の尊重であるとするならば、人間が自己決定しうる主体であるよりも深い次元で「苦悩しうる主体」であること、そして人間の身体は一分一秒でもという延命や逆に思いのままの統御支配の対象化につながる「肉体としての身体」ではなくて独自の存在性を有する「からだとしての身体」であることに基づいて、苦悩しうる限り、また「からだ」が生きようとする限り人間的生命として尊重しなければならないであろう、ということを、安楽死を題材にしつつ論じた。

以上のような自由の尊重、生命の尊重の理解は、疾病や問題を抱えつつも「人間として健康」に生きること、苦悩を抱えつつも人生を豊かに展開していくことが可能であるという提言（人間理解、人生理解）に繋がっていくが、しかしそのような生き方は必ずしも本人だけで実現できるものではなく、状況が深刻になるほど本人以外の人たちの支援的関わり、すなわち福祉が必要になってくる。従って第3章「福祉の実現1」では福祉を、人生の物語を自由に展開していく人間的生命の営み、人間としての健康を支える「ケアの関わり」と捉えたうえで、その関わりが「人格共同展開モデル」に立つ家族（隣人）関係を念頭に置いて展開されるとき、福祉の目的が最もよく実現されることになるだろう、ということを、家族問題（夫婦別氏論議と東海大学安楽死事件における家族）を題材にしつつ論じた。

第4章「福祉の実現2」では、人格共同展開としての「ケアの関わり」は自立支援のケアだけでは不十分で、その基底として関係形成のケア、さらにその基盤として「共にいる」ケアをも内容とし、このケアの重層構造に基づいた法と社会の在り方が今求められていること、そして自立も自律もできない状態においてなお展開されうる「存立」（尊厳ある存在として立つことへ）のケアがあり、そこにケアする人とケアされる人が共に居続け、共に揺れ「共に生きる」共生の世界が生まれることを、介護保険とホスピス、認知症の人と末期患者のケアを題材にしつつ論じた。

第5章「平等な取り扱い」では、平等な取り扱いはあらゆる人間関係維持のために重要な法原理であるが、それが「配分の平等」と捉えられる場合しばしば関係を引き裂き排除を正当化する結果をもまたもたらしうること、それに対し「違うからこそ認めるべき」という姿勢（多元的併存・共存・融合）に立つときに、「こころを繋ぐ」平等に結びつく取り扱いがなされるであろうこと、そのような平等な取り扱い原理を通して、（本人の生き方を支える家族や社会福祉・医療現場の直接的な支援関係を超えた）社会・国家レベルにおいても「共に生きる」世界が共生社会として拡がっていくことになるであろうということを、在日韓国・朝鮮人に関わる問題を題材にしつつ論じた。

第6章「平和の創出」では、積極的平和を構造的暴力の不在と捉え、構造変革のアプローチ（ターゲット方式から巻き込み方式へ）、究極的には「人間変革アプローチ」（共生という生き方への気づき）によって、平和は最も豊かに創出されることになるだろう、ということを、飢饉と貧困、特にバングラデシュにおける貧困解消の取り組みを題材にしつつ論じた。

最後に、第5章で提示したこころを繋ぐ平等の実現も、第6章で提示した積極的平和創出の働きも「ケアの関わり」に基づく共生社会への取組であることを確認しておこう。まず「ケアの関わり」を簡潔に総括した第4章第2節六の最終段落を引用しよう。

> そしてさらに、そのdoingとは異なるbeingという「共にいる」「共に居続ける」ケアは、（狭義の）自立・自律モデルとは異なる生き方のモデルを、ケアする側にもケアされる側にも生み出す。すなわち、自立から存立に向けてケアの目的が転換していくにつれて、ケアは、支える、支えられるという「支援」を超えてさらに「共に生きる」という関係への道を拓くものになっていくのである。（二一四頁）

この引用に照らし合わせて言うと、第5章の日本における外国人の処遇問題においては、「違わないから認めるべき」という平等観に基づいた差別解消のdoingに留まることなく、違いと向き合い続けるbeingの関わりへ、そしてそこから違いと併存・共存・融合しつつ共に揺れ共に生きる関わりへの転換がもたらされること。これが共生社会における平等のゆくえ、外国人（をはじめとする多種多様な人々）との共生社会実現のプロセスと言うことができるであろう。

同じように、人道援助を超えて国際協力（doing）の形での途上国の構造変革へ、そのなかで人間変革の必要性に気づいたときに支援・被支援を超えたパートナー（being）としての関わりへと深まっていき、そしてさらに共に揺れ共に生きる世界が拡がっていく。これが共生社会における平和のゆくえ、平和創出のプロセス、ということになろう。平和創出もまた、グローバル世界のなかで貧困等に苦しむ人たちの「自立」（＝援助・協力）「関係立」（＝パートナーシップ）そして「存立」（＝「共に生きる」）に向けての関わり、すなわち「ケアの関わり」に基づく共生社会への取組と言えるのである。

かくして、ケアの関わりが家族・隣人関係から社会全体、国家、さらにはグローバル世界まで貫かれていくことで、十全な共生社会が実現するということがわかってくる。共生社会を生み出すケアの姿勢はどのレベルにおいても基本的に共通したものである。その観点から言えば、どこからスタートしても、各々がケアの関わりをもって人間関係を形成していくことが、連鎖の中で共生社会実現への道を大きく開くことに繋がっていくであろう。

法原理の意味内容をこのように捉え直し、位置づけ直す、というのが、現代社会の諸問題から突きつけられた根元的問いかけに対する私の応答である。基軸に据えたのは、法原理の理解において見失われていると思われる人間的意味の回復を、できうる限り追究することである。これは法哲学的に言えば、法（原理）の焦点的意味を道徳的視点から見いだそうとする試みに着手したものである（『自然法論の必要性と可能性——新自然法論による客観的実質的価値提示』成文堂、二〇〇九年、第二章）。分裂と分断が常態となりつつある混沌とした二一世紀を生きる私たちにとって、人間的意味を取り戻し、（人格と身体の、人と人の、社会・国家・グローバル世界の）関係・調和を回復させる共生社会の法原理の探究は急務であろう。本書がその幾ばくかの契機になることを願ってやまない。

事項索引

著者紹介

河見　　誠（かわみ　まこと）

1964年　徳島県生まれ
1986年　早稲田大学法学部卒業
1991年　上智大学大学院法学研究科博士課程修了
2011年　博士（学術）
現　在　青山学院女子短期大学現代教養学科教授
専　攻　法哲学

＜主な著書＞
『現代社会と法原理』（成文堂）
『自然法論の必要性と可能性』（成文堂）
『いのちの法と倫理』（法律文化社）（共著）
『社会福祉の構造と課題』（同文書院）（分担執筆）
『よくわかる法哲学・法思想』（ミネルヴァ書房）（分担執筆）

新版　現代社会と法原理
―共生社会の自由，生命，福祉，平等，平和を求めて―

2019年9月20日　初版第1刷発行

著　者　河　見　　誠
発行者　阿　部　成　一

〒162-0041　東京都新宿区早稲田鶴巻町514番地
発行所　株式会社　成　文　堂
電話　03(3203)9201(代)　Fax　03(3203)9206
http://www.seibundoh.co.jp

製版・印刷　三報社印刷　　製本　弘伸製本

ISBN 978-4-7923-0653-3　C3032　検印省略
定価（本体3400円＋税）